CONSIDÉRATIONS SUR LES MAXIMES ÉTERNELLES

PRÉPARATION À LA MORT

SAINT ALPHONSE-MARIE DE LIGUORI

Traduites de l'italien par le Vicaire-Général et Chanoine de Nancy
ABBÉ MARGUET

CONSIDÉRATIONS SUR LES MAXIMES ÉTERNELLES
PAR LE BIENHEUREUX
ALPHONSE DE LIGUORI
ÉVÊQUE DE SAINTE AGATHE DES GOTHS, DANS LE
ROYAUME DE NAPLES ET FONDATEUR DE LA
CONGRÉGATION DU TRÉS-SAINT RÉDEMPTEUR.

TRADUITES DE L'ITALIEN
PAR L'ABBÉ MARGUET
VICAIRE-GÉNÉRAL ET CHANOINE DE NANCY

PREMIÈRE PUBLICATION À NANCY
EN FRANCE, 1832.

TABLE DES MATIÈRES

AVIS DU TRADUCTEUR.   1
AVERTISSEMENT DE L'AUTEUR   3
PRÉCIS DE LA VIE DU BIENHEUREUX ALPHONSE DE LIGUORI.   8
PRIÈRES AVANT ET APRÈS LA MÉDITATION   31

CONSIDÉRATIONS SUR LES MAXIMES ÉTERNELLES

PREMIÈRE CONSIDÉRATION
Portrait d'un homme mort depuis peu.

Première partie   37
Deuxième partie   40
Troisième partie   43

IIE CONSIDÉRATION
Tout finit à la mort.

Première partie   49
Deuxième partie   52
Troisième partie   55

IIIE CONSIDÉRATION
Brièveté de la vie.

Première partie   61
Deuxième partie   64
Troisième partie   67

IVE CONSIDÉRATION
Certitude de la mort.

Première partie   73
Deuxième partie   76
Troisième partie   79

V^E CONSIDÉRATION
De l'incertitude de l'heure de la mort.

Première partie	85
Deuxième partie	88
Troisième partie	91

VI^E CONSIDÉRATION
Mort du pécheur.

Première partie	97
Deuxième partie	100
Troisième partie	103

VIIE CONSIDÉRATION
Sentiments d'un moribond qui a vécu dans l'oubli de Dieu, et qui a peu pensé à la mort.

Première partie	109
Deuxième partie	112
Troisième partie	115

VIIIE CONSIDÉRATION
Mort des Justes.

Première partie	121
Deuxième partie	125
Troisième partie	129

IXE CONSIDÉRATION
Paix d'un juste à la mort.

Première partie	135
Deuxième partie	138
Troisième partie	141

X^E CONSIDÉRATION
Moyens pour se préparer à la mort.

Première partie	147
Deuxième partie	150
Troisième partie	153

XIE CONSIDÉRATION
Le prix du temps.

Première partie	159
Deuxième partie	161
Troisième partie	164

XIIE CONSIDÉRATION
Importance du salut.

Première partie	171
Deuxième partie	174
Troisième partie	177

XIIIE CONSIDÉRATION
Vanité du monde.

Première partie	183
Deuxième partie	186
Troisième partie	189

XIVE CONSIDÉRATION
La vie présente n'est qu'un voyage pour se rendre à l'éternité.

Première partie	193
Deuxième partie	196
Troisième partie	199

XVE CONSIDÉRATION
Sur la malice du péché mortel.

Première partie	205
Deuxième partie	208
Troisième partie	211

XVIE CONSIDÉRATION
De la miséricorde de Dieu.

Première partie	217
Deuxième partie	220
Troisième partie	223

XVIIE CONSIDÉRATION
Abus de la miséricorde divine.

Première partie	229
Deuxième partie	233
Troisième partie	236

XVIIIE CONSIDÉRATION
Du nombre des péchés.

Première partie	241
Deuxième partie	244
Troisième partie	248

XIXE CONSIDÉRATION
Combien est avantageuse la grâce de Dieu, et combien il est affreux d'être dans l'inimitié du Seigneur.

Première partie	253
Deuxième partie	256
Troisième partie	259

XXE CONSIDÉRATION
De la folie du pécheur.

Première partie	265
Deuxième partie	268
Troisième partie	271

XXIE CONSIDÉRATION
Vie malheureuse du pécheur. Bonheur de celui qui aime Dieu.

Première partie	277
Deuxième partie	280
Troisième partie	283

XXIIE CONSIDÉRATION
Du péché d'habitude.

Première partie	289
Deuxième partie	293
Troisième partie	296

XXIIIE CONSIDÉRATION
Faux prétextes que le démon inspire aux pécheurs.

Première partie	301
Deuxième partie	304
Troisième partie	307

XXIVE CONSIDÉRATION
Du jugement particulier.

Première partie	313
Deuxième partie	316
Troisième partie	319

XXVE CONSIDÉRATION
Du jugement universel.

Première partie	325
Deuxième partie	328
Troisième partie	331

XXVIE CONSIDÉRATION
Des peines de l'enfer.

Première partie	337
Deuxième partie	341
Troisième partie	344

XXVIIE CONSIDÉRATION
De l'éternité de l'enfer.

Première partie	351
Deuxième partie	354
Troisième partie	358

XXVIIIE CONSIDÉRATION
Remords du réprouvé.

Première partie	363
Deuxième partie	366
Troisième partie	368

XXIXE CONSIDÉRATION
Du ciel.

Première partie	373
Deuxième partie	377
Troisième partie	381

XXXE CONSIDÉRATION
De la prière.

Première partie	387
Deuxième partie	390
Troisième partie	393

XXXIE CONSIDÉRATION
De la persévérance.

Première partie	399
Deuxième partie	403
Troisième partie	407

XXXIIE CONSIDÉRATION
De la confiance en la protection de Marie.

Première partie	415
Deuxième partie	418
Troisième partie	421

XXXIIIE CONSIDÉRATION
De l'amour de Dieu.

Première partie	427
Deuxième partie	430
Troisième partie	433

XXXIVE CONSIDÉRATION
De la sainte communion.

Première partie	439
Deuxième partie	442
Troisième partie	445

XXXVE CONSIDÉRATION
De l'amour qui force Jésus à demeurer sur l'autel dans le saint Sacrement.

Première partie	451
Deuxième partie	455
Troisième partie	458

XXXVIE CONSIDÉRATION
De la conformité à la volonté de Dieu.

Première partie	465
Deuxième partie	468
Troisième partie	471
Existe également	475

AVIS DU TRADUCTEUR.

L'onction la plus douce est le caractère distinctif des œuvres du bienheureux Alphonse de Liguori. C'est un saint qui écrit, on le sent ; tout y respire une piété tendre, un amour ardent. Ses entretiens avec Dieu, ses affections, ses prières, ont quelque chose d'inimitable. Il sort de tout ce que lui dicte son cœur embrasé, une vertu qu'on trouverait bien rarement ailleurs. Les motifs qu'il présente sont de nature à faire rompre à un pécheur les liens qui l'attachent à l'iniquité ; et nous ne pensons pas qu'après avoir sérieusement réfléchi sur les importantes vérités dont ces considérations lui offrent le développement, il puisse poursuivre la carrière de ses désordres. Les âmes qui tendent à la perfection, y puiseront de nouvelles forces pour surmonter les difficultés qu'elles rencontrent dans la pratique du bien. Tous auront à s'applaudir des fruits de bénédiction que produira en eux la lecture attentive de cet intéressant ouvrage. Il paraît pour la première fois en entier dans notre langue : dix considérations, seulement, ont été traduites et publiées il y a quelques années, et comme les vingt-six autres ne leur sont point inférieures, nous avons cru devoir donner la traduction complète. Le style est d'une très-grande simplicité ; c'était une des conditions à laquelle tenait spécialement le pieux auteur, pour les discours et les livres destinés à répandre parmi les fidèles, la connaissance et l'amour de leurs devoirs.

Le précis que nous offrons de la vie du bienheureux Liguori, nous a paru devoir être un peu détaillé, pour faire apprécier à nos lecteurs le mérite de ce grand évêque, dont l'histoire est encore à peu près ignorée parmi nous. Cette vie édifiante a été donnée en un gros volume in-8°, par M. l'abbé Jancard, de Marseille*.

---

* Voir aussi : *Vie et institut de saint Alphonse-Marie de Liguori - Biographie - Version intégrale* par le Cardinal Clément Villecourt, disponible chez Alicia ÉDITIONS.

AVERTISSEMENT DE L'AUTEUR

SUR LE BUT QU'IL S'EST PROPOSÉ DANS CET OUVRAGE.

On a désiré de me voir donner des *considérations* sur les maximes éternelles, en faveur des âmes qui ont à cœur de se fortifier dans la piété, et d'avancer dans la vie intérieure ; d'autres, ensuite, réclamèrent une série de sujets qu'on pourrait prêcher dans les missions et les retraites spirituelles. Alors, pour ne pas multiplier les volumes, et éviter un surcroît de dépenses, j'ai jugé à propos de mettre au jour cet ouvrage, tel qu'il est, dans la pensée qu'il atteindrait ce double but. Voulant faciliter aux laïques l'utile exercice de la méditation, j'ai divisé les matières en trois parties ; chacune d'elles suffit pour une méditation ; et, dans cette vue, j'y ai ajouté des affections et des prières.

Je conjure le lecteur de ne point regarder comme fastidieuse la demande, si souvent répétée, des grâces de la persévérance et de l'amour de Dieu ; car ces deux conditions sont les plus indispensables pour le salut. Le don de l'amour divin, dit saint François de Sales, renferme en lui tous les autres dons, parce que, comme la sagesse, cette vertu qui nous unit au Seigneur, emporte avec elle toutes les autres vertus*. Quiconque, en effet, aime Dieu est humble, chaste, obéissant et mortifié ; il possède, en un mot, toutes les qualités qui distinguent le fidèle. *Aimez Dieu*, disait saint Augustin, *et faites tout ce que vous voudrez*. Oui, avec ce sentiment profond, on

---

* Sag. 7. 11.

cherchera à éviter tout ce qui peut lui déplaire ; et l'on se proposera uniquement de se rendre agréable à ses yeux.

En second lieu, c'est la persévérance, qui nous fait obtenir la couronne éternelle, mais cette couronne qui est promise, dit saint Bernard, à ceux qui entrent dans le chemin du ciel ; on ne la trouve que quand on est arrivé au terme. Or, cette persévérance, selon la doctrine des saints, n'est que pour ceux qui la sollicitent. Le docteur Angélique assure que, pour entrer dans le séjour de la gloire, il faut la mériter par une prière continuelle. Notre Seigneur avait dit avant lui : *il faut toujours prier**. Aussi, quand nous voyons une foule de misérables pécheurs ne pas conserver la grâce, bien que Dieu leur ait pardonné, nous devons attribuer leur malheur à l'omission de la prière. Ils reçoivent, il est vrai, la rémission de leurs péchés, mais ensuite, oubliant, surtout dans les tentations, de demander la persévérance, ils retombent dans leurs premiers égarements. Quoique cette faveur soit toute gratuite et que nos œuvres ne puissent nous en rendre dignes, néanmoins, selon l'opinion du Père Suarez, nous l'obtiendrons infailliblement, à condition, toutefois, que nous la demanderons ; c'est à ce prix, d'après saint Augustin, que nous pouvons nous la procurer†.

Cette nécessité de la prière, nous l'avons prouvée au long, dans un petit ouvrage à part, qui a pour titre : *Le grand moyen de la prière*‡. Cet opuscule peu dispendieux m'a cependant coûté beaucoup de travail et il est très-utile, à mon avis, à toutes les classes de la société. Aussi, je le dis, sans balancer : parmi tous les ouvrages ascétiques, il n'en est point, il ne peut y en avoir de plus nécessaire que ceux qui ont pour objet la prière, parce que c'est par elle que nous réussissons dans l'affaire de notre salut.

Ces *considérations* sont aussi destinées à l'usage des prédicateurs qui ont peu de livres, ou que de continuelles occupations empêchent de se livrer à l'étude. J'y ai fait entrer, en quantité, des textes de l'Écriture et des Pères ; ils sont assez courts, j'en conviens, mais vifs, et tels qu'ils doivent être pour servir à la composition des sermons. Les trois points réunis peuvent suffire pour un discours. J'ai mis aussi à contribution un grand nombre d'auteurs qui m'ont offert des réflexions saillantes et qui m'ont paru les plus propres à toucher. Il y en a de différentes espèces, assez abrégées ; le lecteur choisira ce qui lui plaira davantage ; il les étendra à son gré. Que tout soit pour la gloire de Dieu !

---

* S. Luc. 18. 1.
† Du don de la persév., c. 6.
‡ *Livre disponible chez Alicia ÉDITIONS.*

Je prie ceux qui liront ce livre de me recommander à Dieu, soit pendant ma vie, soit après ma mort. Je promets, en retour, de m'intéresser au bonheur de ceux qui m'accorderont cette grâce*.

Vive Jésus, notre amour, et Marie, notre espérance !

---

* Cette recommandation est désormais sans but. L'auteur jouit de la félicité des saints dans le ciel. Déjà proclamé bienheureux par l'organe de l'église, plusieurs diocèses lui payent un tribut d'hommages que lui ont mérité ses vertus. Bientôt, le père commun des fidèles, dans l'imposante cérémonie de la canonisation, le proposera à la vénération de tous les chrétiens. Avec quel respect ne devons-nous pas recueillir les sages leçons que nous prodigue le zèle éclairé de ce grand évêque qui a vécu de notre temps et dont nous voyons déjà les précieux restes exposés sur les autels ! Recommandons-nous à lui ; son crédit près de Dieu est attesté par de nombreux prodiges.

À Marie, toujours vierge sans tache ; à Marie, pleine de grâces, qui recueille les bénédictions de tous les enfants d'Adam ; à Marie, l'honneur du genre humain, les délices de la sainte Trinité, le palais de l'amour divin, le modèle de l'humilité, le miroir de toutes les vertus, la mère de la belle délectation et de la sainte espérance, la mère de miséricorde, l'avocate des malheureux, la défense des faibles, la lumière des aveugles, le médecin des infirmes, l'ancre sur lequel nous fondons notre espoir, la cité de refuge, la porte du ciel, l'arche de vie, l'arc-en-ciel de la paix, le port assuré du salut, l'étoile de la mer, l'océan de délices, la pacificatrice des pécheurs, le refuge de ceux qui sont dans le désespoir, le secours de ceux qui sont délaissés, la consolation des affligés, la force des mourants et la joie du monde ;
Un méprisable et indigne serviteur, mais qui est du nombre de ceux qui sont pénétrés pour vous de tendres sentiments d'affection et d'amour, vous dédie humblement cet ouvrage.
Le traducteur s'unit à cet hommage, rendu par l'auteur à Marie.

PRÉCIS DE LA VIE DU BIENHEUREUX ALPHONSE DE LIGUORI.

Alphonse naquit à Naples, en 1696. Ses parents, distingués par leur noblesse, l'étaient encore plus par leur piété. Un saint personnage, favorisé du don des miracles, l'ayant vu fort jeune, dit à sa mère : « cet enfant parviendra à une grande vieillesse, il verra sa 90e année ; il sera évêque, et J.-C. se servira de lui pour opérer de grandes choses. » L'événement justifia cette prédiction.

Qu'il est heureux, pour des enfants, d'avoir des parents chrétiens ! c'est une des faveurs les plus signalées que Dieu puisse leur accorder. La mère d'Alphonse cultiva avec soin les dispositions chrétiennes de cet enfant de bénédictions ; aussi, il répéta souvent par la suite : « qu'il ne pouvait assez reconnaître les peines que sa mère avait prises pour son éducation. » Il était pénétré d'une tendre dévotion envers l'adorable sacrement de nos autels et la très-sainte Vierge. On peut juger de là quels furent ses élans d'amour, à l'époque de sa première communion, et quels fruits abondants il recueillit de ses douces et intimes communications avec son Dieu !

Jamais on ne remarqua rien de puéril dans toute sa conduite. Un jour que, contre sa coutume, il avait cédé aux pressantes instances de quelques jeunes gens de son âge, pour prendre part à un jeu innocent, malgré son inexpérience, il gagna la partie. L'un d'eux, d'un caractère emporté, se permit des paroles grossières ; Alphonse ne put se contenir en entendant un tel langage, et la rougeur sur le front, il lui répondit d'une voix émue :

« Quoi donc, c'est ainsi que pour la plus misérable somme, vous osez offenser Dieu ; tenez, voilà votre argent, Dieu me préserve d'en gagner jamais à ce prix. » Il se retira, aussitôt, dans les allées du jardin où venait de se passer cette scène ; et, vers le soir, ses compagnons le trouvèrent prosterné devant une image de la sainte Vierge, qu'il avait attachée à un laurier. À ce spectacle attendrissant, le coupable consterné s'écria : Ah ! qu'ai-je fait ? j'ai maltraité un saint ! Il lui en fit des excuses.

À 16 ans, Alphonse fut promu au grade de docteur. Il était déjà assez versé dans la langue grecque, dans la langue latine, dans l'éloquence et la poésie italiennes, dans le droit civil et canonique, pour qu'on le jugeât digne de cet honneur. C'est là une preuve nouvelle, sur-ajoutée à tant d'autres, que la piété est loin de nuire aux progrès des études.

Sa ferveur jetait, dès ce moment, un très-grand éclat. On le voyait avec une touchante édification, tous les jours, pendant de longues heures, prosterné au pied des autels, payant un juste tribut d'hommages et d'adoration au sauveur renfermé dans nos tabernacles, où tant de chrétiens semblent le méconnaître. La bonne odeur des vertus qu'exhalait sa piété procura la conversion au christianisme d'un idolâtre, prisonnier de guerre que le père d'Alphonse avait mis au service de son fils.

Il exerça d'abord la profession d'avocat ; mais, ayant prêté son ministère à la défense d'une cause qu'il croyait juste, et qui ne l'était pas, il renonça pour toujours au barreau. Rentré chez lui, après l'audience, il versa un torrent de larmes devant son crucifix, et refusa obstinément, pendant trois jours, de se montrer et de prendre aucune nourriture.

Après plusieurs retraites qu'il fit pour retremper son âme, il conçut le dessein d'entrer dans l'état ecclésiastique. Il le communiqua à sa famille, et son père, qui avait déjà poussé fort loin les arrangements pour son mariage avec la princesse de Presiccio, en fut atterré. Tout ce que ce père désolé put faire, pour traverser sa résolution, fut inutile : Dieu l'appelait ; le monde eut beau jeter les hauts cris, ses clameurs ne firent nulle impression sur lui.

Dès ce moment, il n'est point de bonnes œuvres auxquelles il ne se livrât, pour sanctifier ses études théologiques. Il visitait les hôpitaux, les malades, catéchisait les enfants, etc. Son bonheur fut de s'attacher comme clerc à une église, pour avoir l'avantage si précieux, aux yeux de la foi, d'y servir la messe.

Étant diacre, il fut sollicité par le cardinal Pignatelli, de se livrer particulièrement au ministère de la prédication. Son premier sermon fut sur la divine Eucharistie, objet de son amour ; et ce début fit un tel effet, qu'il reçut de toutes parts de nombreuses invitations, et partout il était suivi d'un prodigieux concours d'auditeurs, qui retiraient de grands fruits, pour leurs âmes, des paroles de salut qu'il leur adressait. L'excès de ce travail le fit tomber dangereusement malade ; mais il fut tout à coup miraculeusement guéri par la protection de la sainte Vierge.

Promu au sacerdoce en 1726, à l'âge d'environ 30 ans, il donna les exercices spirituels au clergé de la ville de Naples, d'après les ordres du cardinal archevêque.

Il prêcha ensuite, tous les jours, tantôt dans une église, et tantôt dans une autre. Son père s'étant une fois trouvé, comme par hasard, dans une de ces réunions, fut vivement touché de son éloquence persuasive. Il ne put s'empêcher de s'écrier en sortant : « Mon fils m'a fait connaître Dieu ; » et il alla jusqu'à lui demander pardon de tous les chagrins qu'il lui avait causés.

Prêtre depuis un an, son humilité l'avait retenu loin des redoutables fonctions du tribunal de la pénitence ; mais le cardinal le força enfin d'user des pouvoirs qu'il lui avait donnés. Dieu se plut à verser par lui d'abondantes bénédictions sur les pécheurs ; la grâce parlait par sa bouche. Il accueillait, avec une inexprimable bonté, tous ceux qui se présentaient à lui. Il disait, dans sa vieillesse, qu'il ne se souvenait pas d'avoir jamais traité un seul pécheur avec dureté et avec aigreur. Il avait le privilège tout particulier de pénétrer les âmes d'un sincère repentir.

Chaque jour il réunissait, le soir, un grand nombre de personnes pour leur parler de Dieu. Le monde cria ; il fut sourd à ses clameurs. Maintenant, il y a encore à Naples soixante-quinze de ces réunions particulières, composées de 130 à 150 personnes chacune, présidées par des prêtres ; c'est à son zèle qu'on est redevable de ce grand bien.

On érigea à Naples un collège pour les missions étrangères ; Alphonse y entra, et donna les exercices spirituels dans l'église de cet établissement. Dès son premier sermon, treize demoiselles, d'un rang distingué, en furent si vivement touchées, qu'elles renoncèrent à toutes les espérances que leur offrait le monde, pour embrasser la vie religieuse ; plusieurs d'entre elles sont mortes dans le cloître, en odeur de sainteté.

Quelque temps après, il s'adjoignit aux missionnaires de la Propagande, et les suivit dans leurs courses apostoliques. Il était l'âme de toutes les missions auxquelles il prenait part, et les lieux arrosés de ses sueurs ne demeuraient jamais stériles en vertus. Il en revenait toujours chargé de glorieuses dépouilles. Ces succès étaient le résultat nécessaire de ses mérites devant Dieu.

Dans l'année 1731, un affreux tremblement de terre ayant causé d'étranges ravages dans une partie du royaume, les évêques crurent devoir fléchir la colère de Dieu en rappelant les peuples à la pénitence. Ils demandèrent, en conséquence, des missionnaires de différents corps ; Alphonse fut du nombre. Étant à Foggia, il fut favorisé d'un miracle éclatant opéré sur un tableau de la sainte Vierge. On célèbre chaque année, le 22 mars, dans cette ville, une fête en l'honneur de Marie, pour perpétuer le souvenir de ce prodige, que notre bienheureux attesta, avec serment, par un certificat donné en 1777.

En 1732, il travailla à l'érection d'une société de missionnaires pour l'instruction des peuples de la campagne. C'est aussi dans ces vues éminemment charitables, que saint Vincent de Paul, homme puissant en œuvres et en paroles, forma sa congrégation.

Liguori n'entreprit cette œuvre qu'après y avoir été déterminé par une âme sainte, favorisée d'une lumière toute divine. Il y fut comme forcé par les personnages les plus respectables, à qui il demanda des avis. Une fois bien assuré de la volonté de Dieu, il mit la main à l'œuvre ; mais on ne peut se former une idée de toutes les difficultés qu'il eut à vaincre. Son père vint lui livrer un assaut qui dura trois heures, à la suite desquelles Alphonse tomba dans d'horribles convulsions. La jalousie poussa les hauts cris. Tous les mauvais prêtres, en qui le démon rencontre toujours de puissants auxiliaires pour combattre l'œuvre du seigneur, et surtout les missions, le représentèrent partout comme un fanatique, comme un insensé. Étourdis de ce bruit, ses premiers compagnons, à l'exception de deux, l'abandonnèrent. D'autres vinrent se joindre à lui. On les accusa de tous les crimes ; ils vivaient disait-on, avec une femme débauchée qu'on désignait, et cette malheureuse, gagnée par argent, eut la scélératesse de déposer juridiquement, à l'appui de cette horrible accusation, déclarant avec effronterie que tous les missionnaires étaient coupables, sans en excepter Liguori lui-même. Des gens honnêtes, abusés par l'aveugle confiance qu'ils avaient en leurs persécuteurs, se joignaient à eux pour déclamer contre le nouvel institut. Un de ces indignes ministres des autels, qui s'était surtout signalé par sa haine, et qui venait de faire tomber un de leurs établissements, périt subitement, et alla rendre compte à Dieu. Quant à l'infâme créature dont la langue avait osé noircir d'une odieuse calomnie la vie la plus sainte, elle eut cette même langue horriblement rongée par les vers, et mourut ainsi en proie à de cruelles douleurs. On chercha à représenter les missionnaires comme dangereux même à l'état ; des frères de la société furent accablés de coups, et on venait même avec des armes autour de leur église, pour intimider la foule que la dévotion y amenait. Il n'est point de ressorts que l'enfer ne fit jouer contre eux.

Il n'y a rien en cela d'étonnant. Tout ce qui contribuera le plus à la gloire de Dieu, trouvera toujours des contradicteurs dans tous les états. On verra même, dans le sanctuaire, des prêtres confondre leurs déclamations à celles que font retentir les impies. Tout ce qui s'opposera, comme une digue, au torrent de la dépravation, excitera infailliblement les rugissements de la perversité. J.-C. lui-même n'a-t-il pas été, parmi les hommes, un sujet de contradiction et de scandale ? Les apôtres, qui étaient les premiers missionnaires, envoyés dans le monde par la sagesse éternelle, ne furent-ils pas, presque tous, condamnés au dernier supplice ? L'église elle-même, depuis son origine jusqu'à nous, n'a-t-elle pas été constamment battue par les tempêtes ? Elle n'a traversé les siècles qu'au milieu des tribulations de tout genre. Les missions ont dû participer à l'honneur des persécutions, dans un temps surtout où l'impiété déploie toutes ses ressources pour établir son funeste empire ; mais il est affligeant de voir des personnes, d'ailleurs chrétiennes, abusées par la calomnie, partager ces injustes préventions.

Benoit XIV, nonobstant cet acharnement de la haine, approuva, en 1739, les règles du nouvel institut, sous le titre de congrégation du Très-saint-Rédempteur. Alphonse en avait été nommé, à l'unanimité, Recteur-majeur ; et cette société naissante, sous un si habile maître, porta des fruits, je ne ne dis pas seulement abondants, mais presque miraculeux. Beaucoup d'esprits revinrent des idées défavorables qu'ils avaient conçues. Le père du saint fondateur, qui avait fait tant d'efforts pour s'opposer à l'entreprise de son fils, voulait être reçu en qualité de simple frère dans une des maisons de la congrégation, en remarquant les grâces prodigieuses que le seigneur daignait répandre sur les travaux de ces ouvriers évangéliques, mais Alphonse n'y consentit point.

Comment Dieu, en effet, n'eût-il pas favorisé un zèle si saint et une vertu si pure ? La vie de notre bienheureux avait tous les caractères de l'héroïsme ; et le peu que nous allons en dire suffira pour en convaincre, quoique nous soyons obligés de nous restreindre dans des bornes très-étroites, et de taire les détails qui montrent si bien la disposition d'une âme. Jetons un coup d'œil rapide sur sa conduite édifiante.

Il était d'une piété admirable. Son bonheur était de s'entretenir avec le seigneur, dans la méditation ; et outre celle qu'il faisait avec sa communauté, il se réservait encore plusieurs heures dans la journée pour vaquer à ce saint exercice. Son recueillement le tenait dans un état d'oraison habituelle. Il faisait souvent des aspirations, des oraisons jaculatoires, pratique excellente et d'autant plus recommandable, qu'elle est à la portée de tout le monde, et que, sans rien dérober aux devoirs de la vie active, elle réveille la ferveur, nourrit la dévotion, et maintient l'union avec Dieu. Il ne faut que l'aimer pour trouver continuellement des moyens de s'avancer dans son amour et d'attacher à toutes ses actions un véritable mérite ; mais quand l'âme est glacée, elle reste oisive et n'amasse rien pour le ciel. Quant à lui, ses jours étaient pleins devant Dieu. Il avait fait le vœu étonnant de ne jamais passer un instant inutile.

Par respect pour la présence du seigneur en tous lieux, jamais il ne se couvrait la tête : rien ne la garantissait ni des ardeurs du soleil, ni de l'intempérie des saisons.

Il était à l'autel comme un chérubin ; il y avait de fréquentes extases.

Sa confiance en Dieu était sans bornes. Un jour, n'ayant rien à donner aux membres de sa communauté, il se rendit dans l'église et alla frapper à la porte du tabernacle, en disant : « Mais, seigneur, ne savez-vous pas que j'ai ici quarante personnes à qui il me sera impossible de fournir à dîner ? » Cette sainte familiarité reçut, sur-le-champ, sa récompense, car une personne charitable vint apporter plus qu'il n'en fallait pour satisfaire aux besoins du moment.

Souvent, il était aux prises avec les rigueurs de l'indigence ; mais la pauvreté faisait ses délices. Il avait abandonné de grands biens, sans se réserver une pierre où reposer sa tête, et tout, dans les détails de sa vie, prouve l'amour qu'il avait pour cette vertu. Sa chambre était toujours, de préférence, la plus pauvre et la plus incommode. Ses habits étaient, la plupart du temps, ceux que d'autres pères de la communauté avaient déjà abandonnés ; ses souliers rapiécés tenaient par un bouton de cuir. C'est dans ce triste costume qu'il allait dans toutes les villes du royaume, qu'on le voyait dans les rues de Naples, et qu'il faisait des visites aux personnages de la plus haute distinction, tels que princes, évêques et cardinaux. Un jour, arrivant dans une mission, on le prit pour le frère cuisinier ; et étant monté en chaire, où il parla avec toute la force et l'onction qui lui étaient familières, les auditeurs se disaient : « Si le cuisinier prêche si bien, que sera-ce des autres ! »

Ses mortifications étaient effrayantes. Il ne manquait jamais de mêler de la poudre d'absinthe ou d'aloès dans ce qu'il mangeait. Le plus ordinairement il se contentait de soupe et de pain, et s'il y ajoutait quelques fruits communs, ce n'était jamais ni le mercredi, ni le vendredi, ni le samedi. Les veilles des fêtes de la sainte Vierge, pour laquelle il avait une dévotion si tendre, il se réduisait au pain et à l'eau ; et les autres jours, il prenait seulement un doigt de vin à la fin du repas. Son sommeil ne durait que cinq heures, et son lit n'était qu'une mauvaise paillasse presque vide, qui lui faisait sentir toute la dureté de la planche. Il se couvrait de cilices surchargés de petites chaînes de fer, où se trouvaient des pointes aiguës qui occasionnaient sur son linge des empreintes sanglantes. Outre cela, il prenait tous les jours, et quelquefois à plusieurs reprises, une rude discipline. Il fallait qu'il eût du lait de chaux pour effacer, avec un pinceau, les nombreuses taches de sang qui avaient jailli sur la muraille, sous les coups dont il se déchirait. Nous ne présentons à personne ce plan de saintes rigueurs comme devant servir de modèle ; il ne convient nullement au commun des chrétiens, qui peuvent se rendre agréables à Dieu par la pratique des commandements et l'exactitude aux devoirs journaliers de leur état : mais la sagesse du seigneur suscite, de temps en temps, des hommes extraordinaires, pour nous faire rougir de la lâcheté à laquelle nous nous laissons si facilement aller.

En hiver, jamais il ne s'approchait du feu ; seulement, comme le froid engourdissait ses mains, jusqu'à ne pouvoir plus s'en servir, il les réchauffait, au besoin, par le moyen d'un fer rougi, pour pouvoir continuer son travail. En été, il se refusait le moindre rafraîchissement hors des repas, même une goutte d'eau pour se désaltérer.

Tel était cet homme apostolique ; aussi, quels succès couronnèrent les effets de son zèle dans ses missions ! Un brave militaire disait, en style de guerrier « que les autres missions étaient des sièges, mais que celles d'Alphonse étaient des assauts. » Il se livra, pendant 36 ans, aux durs travaux de missionnaire ; tout le bien qu'il opéra est incalculable.

Tant de services rendus à la religion firent naître à quelques personnes puissantes l'idée qu'il fallait le nommer à un évêché. Charles III, roi de Naples, lui destinait l'archevêché de Palerme. La frayeur saisit notre bienheureux, qui voulait aller se cacher au fond d'une forêt, pour éviter ce fardeau redoutable. On respecta ses craintes, et le premier ministre fit comprendre au prince que l'œuvre des missions avait besoin d'un chef tel qu'Alphonse ; l'humble serviteur de Dieu eut gain de cause.

Ce ne fut pas pour longtemps : l'évêché de sainte Agathe des Goths étant venu à vaquer, le pape Clément XIII, qui connaissait personnellement le mérite de Liguori, l'y nomma de son propre mouvement. Il écrivit au Saint Père une supplique où il lui disait : « C'est là vouloir me faire mourir de douleur. » Le Souverain Pontife fut extrêmement attendri à cette lecture, et dit même à un cardinal qu'il voulait rassurer ce pauvre vieillard, en l'exemptant de cette charge qui le faisait trembler. Toutefois, le lendemain, il fit appeler l'éminence, et lui ordonna d'écrire à Alphonse qu'il prétendait qu'il fût évêque : « Votre Sainteté, dit le cardinal, n'a-t-elle promis hier de rassurer ce vieillard ? Cela est vrai, reprit le Pape ; mais, cette nuit, le Saint Esprit m'a inspiré autrement. »

Quand Alphonse eut reçu cet ordre, dont il entendit à genoux la lecture, il s'inclina profondément comme si J.-C. lui eût parlé par la bouche de son vicaire, et s'écria : *Je me suis tu, parce que c'est vous, seigneur, qui l'avez fait** ; Gloire au père, etc. En même temps, ses yeux se remplirent de larmes ; et s'adressant à ses compagnons, il leur dit, la voix entrecoupée de sanglots : « Mes frères, Dieu me chasse de la congrégation, c'est à cause de mes péchés ; après nous être aimés pendant trente ans, il faut que nous nous séparions ; mais j'espère que vous ne m'oublierez pas. » Ensuite, faisant un effort pour surmonter sa répugnance, il mit sur sa tête la lettre du Pape, et dit, avec l'accent d'une entière résignation : « Dieu veut que je sois évêque, eh bien, je veux l'être ! »

Il tomba peu après dans d'affreuses convulsions qui le privèrent pendant plus de cinq heures de l'usage de la parole ; il lui en resta une fièvre violente qui le mit aux portes de la mort. Le Pape, informé de son état, s'en affligea, mais il n'en persista pas moins dans sa résolution. « S'il vient à mourir, dit-il, nous lui donnons notre bénédiction apostolique ; et si, comme nous l'espérons, il en guérit, nous voulons qu'il vienne aussitôt à Rome. »

Alphonse rétabli se mit en route ; mais il profita du séjour que Clément XIII faisait alors à Castel-Gaudolfe, pour aller satisfaire à Lorette sa piété envers la mère de Dieu. Au retour de ce pèlerinage, où il avait goûté un si grand bonheur, il se présenta au Pape, et se prosterna pour lui baiser les pieds, Le Saint Père le releva, le fit asseoir, causa très longtemps avec lui, le consulta sur les affaires de L'Église, et fut tellement émerveillé de la sagesse de ses discours et de son éminente sainteté, qu'il dit à l'archevêque de Nazareth : « À la mort de Mgr Liguori, nous aurons un saint de plus à honorer dans l'église de Dieu. »

Sa réputation, qui l'avait précédé à Rome, lui attira la visite de tout ce qui s'y trouvait de plus grand, de plus pieux et de plus distingué ; et un miracle qu'il y opéra accrut encore la vénération profonde qu'on éprouvait pour lui.

Le Pape et plusieurs cardinaux voulurent assister à son examen, dans

---

* Ps.

lequel on lui demanda s'il était permis de désirer l'épiscopat. À cette question, on se mit à rire ; mais quant à lui, on lisait sur ses traits toute l'amertume de sa douleur. Au lieu des remerciements d'usage, il dit : « Très-Saint Père, puisque vous avez voulu me faire évêque, priez Dieu que mon âme ne se perde pas. »

Après sa consécration, il partit pour son diocèse, non sans avoir imploré avec une piété touchante la bénédiction du père commun des fidèles, à laquelle il attachait le plus grand prix. Il y fut reçu par une immense population qui bénissait Dieu et qui manifestait toute la vivacité de sa joie. Le lendemain de son arrivée, il ouvrit une mission dans sa cathédrale, pensant ne pouvoir travailler plus efficacement au salut de ceux dont il se trouvait chargé, qu'en leur procurant le bienfait de ces exercices, que, dans notre siècle, on envisage comme un fléau. Il renouvela ainsi sa ville épiscopale, qui tira de ce secours de sa charité, les plus précieux avantages.

Peu après, il livra un assaut général au démon, en faisant donner la mission dans toutes les paroisses de son diocèse. Il était loin d'avoir la prétention d'insulter les curés, en leur envoyant des ouvriers évangéliques. Il ne se bornait pas même aux secours que pouvait lui offrir le pays, il en appela encore d'étrangers.

Il s'était adressé, en même temps, aux missionnaires de la propagande de Naples, à ceux des conférences de la même ville, aux pères des œuvres pies, aux jésuites et aux dominicains. Chacun de ces corps divers lui envoya des ouvriers ; une seule congrégation lui en fournit 25 des meilleurs ; et, dans son propre diocèse, il établit plusieurs associations de prêtres, qui se réunissaient une fois la semaine, pour se former au genre de prédication simple et apostolique, tel qu'il est usité dans les missions bien faites. Après s'être suffisamment exercés, ils étaient attachés en qualité d'auxiliaires aux missionnaires du très-saint Rédempteur ; et plus tard, ils rendaient d'importants services au diocèse dans les diverses stations qu'ils avaient à remplir. Notre bienheureux se portait en tous lieux, prenant une part très-active aux travaux de ces hommes de Dieu. Dans une de ses prédications à Arienzo, il entra en extase, et parut tout rayonnant, semblable à un Chérubin embrasé ; l'éclat qu'il répandait illuminait toute l'église d'une splendeur céleste dont il serait difficile de donner une idée, il s'écriait en même temps, avec le ton de l'inspiration : « Voici Marie qui vient pour répandre des grâces. Demandez-lui ce dont vous avez besoin ; elle est prête à tout vous accorder, » Durant son épiscopat, il eut par trois fois des extases de ce genre, dans cette même ville, pendant qu'il prêchait.

Le même prodige s'est souvent aussi renouvelé ailleurs. C'était toujours en présence d'une nombreuse assemblée, et, on ne saurait révoquer en doute les dépositions d'une multitude de témoins.

Les missions, il les multipliait, et les faisait renouveler assez souvent dans le même pays. Il se rencontra, comme maintenant, des gens mus par diverses idées, qui osèrent blâmer son zèle ; mais il appréciait trop le bien qui en résultait pour se conformer aux vues étroites d'une prétendue modération qui ne vient pas de Dieu. Tant d'années d'expérience lui avait appris combien elles étaient utiles, pour que ces motifs ne fissent nulle impression sur lui. Tous les bons prêtres s'efforcèrent de le seconder en ce point. Il s'en trouva cependant qui, poussés par une basse jalousie ou par d'autres passions peut-être plus déshonorantes encore, n'entraient pas dans les vues de leur saint évêque ; mais il les forçait de recevoir les missionnaires, et fournissait, dans ce cas, de ses propres revenus, pour les frais d'une mission qui n'aurait pu avoir lieu sans ce sacrifice. Il lui arriva d'adresser des réprimandes assez sévères à ceux qui s'opposaient secrètement à ses intentions. Il y en eut même un qui osa lui répondre d'une manière peu respectueuse. Alphonse, outragé personnellement, pardonna ; mais il n'en fallut pas moins que le coupable se soumît à recevoir avec une apparente bonne grâce des hommes dont il ne se souciait pas.

Liguori est un saint, Vincent de Paul est un saint ; c'est le jugement de l'Église. Le premier, déjà béatifié, va recevoir les honneurs de la canonisation ; le second recueille dans tout l'univers les hommages des fidèles ; maintenant ils ne seraient plus que des fanatiques aux yeux de nos prétendus sages et de nos faibles chrétiens, qui, se laissant assourdir par les déclamations furibondes des ennemis de la foi, se joignent à eux pour rejeter ce puissant moyen de salut.

Je ne me permets pas de réflexions ultérieures ; elles se présenteront en foule à l'esprit des lecteurs. Seulement, les amis de la vérité et de la vertu doivent se mettre en garde contre ces hommes qui se déclarent les ennemis d'une institution si salutaire, ou qui n'en témoignent qu'un injurieux mépris ; il ne peut leur être inspiré par l'esprit de Dieu. On n'a point débité, de notre temps, d'objections nouvelles contre les missions ; ceux qui veulent s'en convaincre et s'éclairer, pourront lire deux brochures composées sur ce sujet par Liguori lui-même ; l'une est intitulée : *Lettre à un évêque, sur les missions* ; et l'autre, *du grand bien des missions**. Ils verront qu'il dépeint admirablement le caractère de ceux qu'il réfute.

---

* Chez Séguin, imprimeur à Avignon.

Jetons encore un coup d'œil sur la conduite édifiante du saint évêque, et dans l'intérieur de son palais, et dans le gouvernement de son diocèse. Dans sa vie privée, il était aussi simple, aussi pauvre, aussi mortifié qu'avant son élévation à l'épiscopat. Il portait toujours l'habit de sa congrégation, excepté dans ses fonctions ; à sa croix pastorale près, il n'y avait rien dans son costume ordinaire qui le fît reconnaître comme évêque. Obligé d'aller à Naples, il n'avait point de manteau long ; il s'en procura un à la juiverie, et il lui servit jusqu'à sa mort. Il avait à ses souliers des boucles en fer, la rouille s'y mit bientôt. Quelqu'un lui demandant un jour ce que c'était, il répondit plaisamment que c'était des boucles qui venaient des pays étrangers, et qui avaient bien leur prix ; il les avait, ajoutait-il, achetées à Rome pour sa consécration. Son frère lui avait donné un carrosse et deux mules. Sa croix pastorale était de métal doré ; elle tenait par un cordon de soie verte. La crosse, le bougeoir et l'aiguière d'argent dont il se servait dans les solennités, étaient la propriété du chapitre de sa cathédrale.

Dans son palais, il avait cédé à son grand vicaire les principales pièces. Pour lui, il n'avait que deux chambres très-peu commodes, l'une pour l'été et l'autre pour l'hiver. Celle-ci était partagée par un drap de lit de toile grossière, attachée au mur par deux cordes, et servait ainsi de paravent, meuble d'autant plus utile, que le saint évêque ne s'approchait jamais du feu.

Avec de telles vues, quel ne fut pas son zèle pour la sanctification des ouailles confiées à sa sollicitude ! I attaqua de front tous les vices. Il faisait exactement ses visites pastorales, qui se prolongeaient sept à huit jours dans chaque paroisse. Là, il s'informait, avec un soin extrême, de tous les scandales qui pouvaient avoir lieu, et employait les moyens les plus efficaces pour les faire disparaître. Sa douceur et un saint courage qu'il portait dans toutes les circonstances, procuraient habituellement la guérison de ces plaies ; il n'en venait à la rigueur que quand les autres ressources avaient été épuisées. C'est ainsi qu'il poursuivait les blasphémateurs, et leur faisait appliquer les punitions que la loi décernait contre eux. Il provoquait aussi des mesures sévères contre les femmes de mauvaise vie, dont l'incurable corruption avait résisté aux efforts de sa charité compatissante. Elles étaient irrévocablement chassées de son diocèse, ou on les renfermait dans des maisons de correction. Il payait lui-même leur nourriture. Des gentilshommes distingués, dont la conduite outrageait les mœurs publiques, étaient, à sa sollicitation, enlevés tout à coup par ordre du roi, pour aller expier dans les prisons, quelquefois pendant de longues années, leur immoralité scandaleuse. Il détermina aussi le monarque à promulguer une nouvelle loi très-sévère contre les duellistes. S'élevait-il des inimitiés ? il faisait venir, ou allait trouver lui-même les personnes parmi lesquelles s'étaient glissées des divisions funestes. Comme il avait un don merveilleux pour guérir les cœurs ulcérés, il remportait presque toujours dans ces cas de douces victoires. Il détournait des procès qui auraient été ruineux pour les familles, et pacifiait tout à l'avantage des partis opposés. Il visitait les malades et les affligés, les laissait remplis d'une grande confiance en Dieu, et touchés d'une juste reconnaissance pour, sa tendresse paternelle.

L'horrible prostitution, plaie si énorme pour les mœurs, il parvint à la bannir de son diocèse. Son activité à ce sujet était sans égale. Nous ne pouvons résister au désir d'en donner un exemple qui en fera juger. À la suite d'une maladie très-grave, Alphonse, d'après le conseil des médecins, était allé respirer un air plus pur à Nocéra, dans une des maisons de son institut, lorsqu'on lui apprit qu'une malheureuse qu'il avait fait expulser de son diocèse, avait profité de son absence pour y rentrer. À cette nouvelle, il n'a plus de repos ; il éprouve des inquiétudes et une agitation qu'il ne peut dissimuler, et se décide à partir sur-le-champ, au risque de compromettre étrangement sa santé par la précipitation de ce voyage. En arrivant à Arienzo, où avait paru cette infortunée, il l'a fait appeler, et par ses menaces, ses larmes et ses prières, il tire enfin d'elle une promesse sincère de s'amender. Il la fit entrer, à ses frais, dans la maison des repenties de Naples, où, le reste de sa vie, elle fut un modèle de pénitence et de régularité.

Il s'opposait avec fermeté à tout ce qui pouvait directement ou indirectement porter atteinte aux mœurs. Une foule de comédiens était venue à Sainte Agathe, sa ville épiscopale. Il leur donna ordre de partir aussitôt, même avant la première représentation. Comme ils hésitaient de se rendre à son injonction, il les fit menacer d'employer contre eux les moyens coercitifs les plus rigoureux. Ils vinrent alors le supplier de tolérer qu'ils représentassent une seule pièce qu'ils disaient très-honnête. Alphonse s'y refusa, et comme ils objectaient que c'était leur profession et leur unique moyen d'existence : « Demandez plutôt l'aumône, leur répondit-il, et l'on vous donnera. » Il leur fit remettre, en effet, une certaine somme d'argent, et ils partirent. Ce ne fut pas la seule fois qu'il montra la même fermeté contre ce genre de divertissement. Ce fait prouve au moins qu'en Italie comme ailleurs, les spectacles ne trouvent pas grâce aux yeux des saints. Cependant Alphonse n'est pas accusé d'un excès de sévérité, car on lui reprocha souvent, quoique sans fondement, une excessive indulgence et dans sa conduite à l'égard des pécheurs, et dans ses écrits.

Dans le temps du carnaval, de jeunes gens voulurent jouer une pièce de société ; mais il fit tant que la partie manqua. Les gens du monde se récrièrent, sans doute, à cette nouvelle preuve de zèle ; mais l'*ami du monde* est, par cela même, l'*ennemi de Dieu*.

Dans les statuts de son diocèse, il fit un cas réservé à lui seul des fréquentations isolées des jeunes gens qui se recherchent en mariage, et frappa d'excommunication et ceux qui se les seraient permises, et les parents qui les auraient autorisées ou tolérées. Il n'y a, en effet, qu'un prodigieux oubli des devoirs les plus sacrés, qui puisse être cause qu'un père, une mère laissent ainsi une jeune personne entretenir des rapports si dangereux, hors de leur présence, avec celui à qui elle doit unir son sort. Ces jeunes gens, livrés sans défense aux attaques du démon et de leur fragilité, sacrifient souvent, avec leur vertu, le bonheur de la vie présente et de la vie future. Il est ici question, en effet, d'une matière où tout, jusqu'à une pensée, un regard et un désir, est péché mortel. Ces parents imprudents auront un jour à répondre à Dieu de la profanation du sacrement, dont leurs enfants se seront rendus coupables, et des suites affreuses qui en résultent.

Il fit encore un cas réservé de la négligence qu'auraient mise les pères et mères, tuteurs et maîtres à envoyer au catéchisme leurs enfants, pupilles ou domestiques.

Par ses ordres, on lisait en chaire, tous les dimanches, un petit abrégé de la doctrine chrétienne, qu'il avait composé lui-même, afin d'obvier aux graves inconvénients de l'oubli, plus commun qu'on ne le pense, des premières vérités de la foi, dont la connaissance précise est indispensablement nécessaire au salut. Il avait pu, pendant ses longues années de mission, sonder toute la profondeur de cette plaie funeste.

Il étendit à tous ses diocésains la faveur dont jouissent les religieuses, de pouvoir se confesser, quatre fois par an, à un directeur extraordinaire, et ordonna aux curés d'appeler dans leurs paroisses respectives des confesseurs étrangers, pour faire éviter, par ce moyen, les nombreux sacrilèges dont se chargent des âmes timides qui n'osent faire l'aveu de leurs fautes à leur curé. Par suite de ces déplorables craintes, ils vont manger et boire leur jugement et leur condamnation à la table sainte, après une absolution criminelle. Il n'est pas un bon prêtre qui ne laisse à ses pénitents la liberté de s'adresser à des confesseurs exacts et zélés, et qui ne préfère mille fois voir ceux dont il désire la sanctification, se sauver par le ministère d'un autre, que de se perdre éternellement en recourant au sien.

Nous ne dirons rien de sa conduite envers son clergé ; il en chérissait tous les membres dont la conduite était marquée au coin d'une exacte régularité ; il recevait avec bonté ceux qui, ayant eu des torts, lui témoignaient un repentir sincère ; mais l'idée de son devoir lui inspirait une sévérité inflexible contre ceux que ses avis n'avaient pu ramener à de meilleurs sentiments.

Nous n'avons rien dit encore de sa charité envers les pauvres ; elle était immense. Son palais leur était continuellement ouvert, et personne n'était renvoyé sans soulagement. Il arrivait que des malheureux se présentaient au moment de ses repas ; comme il ne pouvait partager avec eux sa trop modique et trop chétive nourriture, il la leur donnait tout entière, disant qu'il n'avait pas la force de refuser ceux de ses enfants qui venaient lui demander du pain. Il était toujours environné de pauvres lorsqu'il sortait dans la ville, et chacun d'eux touchait sa petite rétribution, indépendamment d'une distribution générale qui se faisait tous les samedis à l'évêché.

Il exigeait des curés de son diocèse qu'ils lui présentassent, de temps en temps, un rapport circonstancié sur l'état des familles indigentes de leurs paroisses, et les besoins une fois constatés, chacune recevait une petite pension. Il avait, pour ainsi dire, à sa charge, toutes les infortunes de son diocèse. Les prêtres infirmes, les artistes et ouvriers sans travail, les cultivateurs privés de récolte, de condition sans ressource, les malades, les gens, les vieillards, les familles trop nombreuses, tous ressentaient les effets de son inépuisable charité. À ceux qui étaient retenus sur le lit de douleur, il leur portait lui-même certaines petites portions d'une nourriture plus délicate, et cette bonté paternelle causait à ces pauvres une sorte de ravissement. Lorsqu'il était question de personnes qu'une excessive délicatesse empêchait de faire part de leurs besoins, il s'y prenait avec une adresse merveilleuse ; c'est ainsi qu'il plaça sous le chevet de l'un de ces malades, une somme de douze ducats, sans qu'on s'en aperçût.

Dans l'exercice aussi continuel de cette belle vertu, le digne évêque fut quelquefois réduit à l'impuissance absolue de subvenir aux plus légères dépenses de sa maison. Il fallait qu'il empruntât pour se procurer les choses de première nécessité.

En 1754, une disette affreuse désola l'Italie. Comme si, éclairé d'une lumière divine, il avait prévu ce fléau, le saint prélat avait amassé quelques provisions. Cette ressource épuisée, il écrivit à plusieurs de ses amis, et surtout à son frère, pour lui demander autant de grains qu'il pourrait lui en procurer. En attendant, il voulut emprunter de l'argent ; mais il n'en trouva pas, car son âge et ses infirmités faisaient craindre qu'il ne pût s'acquitter ensuite. Il s'en dédommagea en vendant en secret le carrosse et les deux mules qu'il tenait de la libéralité de son frère. Il se défit aussi d'une croix pectorale en or et d'un anneau, qui lui venaient d'un de ses oncles, mort évêque de Troie. Il ordonna aussi de vendre les six couverts d'argent qui lui restaient ; il pensait sérieusement à faire aussi le sacrifice de son rochet et de sa montre ; mais on l'en empêcha. On ne servait plus sur sa table que de la soupe et du pain, avec quelques fruits.

Il tenait tous les jours des assemblées, où il réunissait les notables, les magistrats, les chanoines, etc., pour aviser aux moyens les plus efficaces de subvenir à une aussi grande misère. Dans ses prédications, il excitait sans cesse la charité des fidèles ; il exhortait, il pressait, il conjurait les riches, avec les plus vives instances, d'avoir pitié de son peuple, plongé dans la désolation. Il allait aussi, en personne, solliciter, on dirait presque mendier des secours près de toutes les personnes qui jouissaient de quelque aisance.

Malgré tant de sollicitude, le fléau se faisait toujours sentir davantage. Un soir, en allant se coucher, les domestiques trouvèrent dans l'antichambre d'Alphonse un jeune homme étendu sur un banc, et dans un tel état d'inanition, qu'il ne donnait plus aucun signe de vie. Il courut à son secours, l'arracha à la mort, le garda plusieurs jours dans son palais ; et quand il sortit, il lui recommanda de revenir toutes les fois qu'il n'aurait rien à manger.

Un autre jour, à la vue d'une multitude de malheureux qui venaient implorer son assistance, n'ayant rien à leur donner, il en pleura amèrement : « Mes enfants, mes chers enfants, leur dit-il, il ne me reste plus rien pour vous soulager. J'ai vendu carrosse, chevaux et tout ce que je possédais, et je ne sais plus que faire pour vos besoins. J'ai voulu emprunter, mais je ne trouve personne qui veuille me prêter. » À ces mots, tout le monde fondit en larmes, et il se retira lui-même, accablé de cette scène déchirante.

L'excès de la faim causa diverses révoltes ; le saint évêque usa de tout son ascendant sur ces infortunés, et réussit à les apaiser.

Si les maux physiques du prochain touchaient si vivement notre saint évêque, les maux spirituels de l'Église l'affectaient d'une manière bien plus sensible encore. Ses regards se fixaient sur la France, qui faisait déjà servir, alors, à la perversion du monde, cette puissance morale qu'elle n'avait reçue du ciel que pour entraîner les autres peuples dans les routes de la vérité et du bonheur. Séduite par des sophistes, elle s'abreuvait à longs traits des poisons qu'ils lui présentaient d'une main sacrilège. Il s'opposa de toutes ses forces à la propagation de leurs ouvrages, et ordonna aux prédicateurs de son diocèse, plus spécialement encore aux pères de sa congrégation, de s'élever, avec toute la véhémence de leur zèle, contre ces lectures coupables, par lesquelles l'ignorance présomptueuse et une jeunesse imprudente avalent le *fiel du dragon*, disait-il, *dans les coupes d'or de Babylone*.

Il fit plus, malgré son âge et ses infirmités, il travailla à un ouvrage qui fut publié sous le titre d'*Histoire des Hérésies* ou le *Triomphe de l'Église*, ouvrage singulièrement remarquable et que la France appréciera un jour à sa juste valeur, lorsque la traduction s'en sera répandue parmi nous.

Il voyait aussi, avec effroi, la secte des francs-maçons. « Elle doit être un jour, disait-il, la ruine de l'Église et de l'État ; ce sont les souverains eux-mêmes qui sont menacés, ils n'y prennent pas garde aujourd'hui ; mais le temps viendra où ils connaîtront, trop tard, quel mal ils se seront fait, en tolérant une association aussi pernicieuse. Les ennemis de Dieu sont les ennemis des rois. »

Il gémissait aussi de voir les souverains trompés par d'indignes ministres, relativement aux jésuites ; car il professait la plus haute estime pour cette société. « On conçoit, disait-il encore, que si les jésuites venaient à manquer, tous les impies seraient délivrés d'adversaires bien redoutables. Les rois ne voient-ils pas, ajoutait-il, que ces religieux sont très-utiles à l'Église ; que l'Église et l'État se tiennent comme par la main et que l'on ne peut ébranler l'une sans faire chanceler l'autre ? » Il écrivit en leur faveur à Clément XIII, qui les soutenait de toutes ses forces ; et le Pape, touché des accents de sa lettre, lui répondit par un bref de félicitation. Mais quelle fut la douleur de notre bienheureux, lorsque Clément XIV donna le 22 juillet 1773, le bref qui supprimait la compagnie de Jésus ! Son profond respect ne lui permit aucun murmure, mais on l'entendit s'écrier un jour : « Pauvre Pape ! que pouvait-il faire, dans les circonstances difficiles où il se trouvait, tandis que toutes les couronnes demandaient de concert cette suppression ! »

Après l'émission de ce bref, le souverain pontife fut en proie à des agitations cruelles ; Alphonse partageait ses chagrins ; il réclamait, de toutes parts, des prières pour obtenir que Dieu vînt au secours de ce pontife. Aussi, le ciel, fatigué par tant de vœux, se signala par un miracle de sa miséricorde, sur les derniers moments de Clément XIV. Nous pouvons d'autant plus sûrement rapporter ce prodige, qu'il se trouve contenu dans les pièces juridiques approuvées par la congrégation des rits, pour le procès de la béatification de Liguori.

Dans la matinée du 21 septembre 1774, Alphonse, après avoir fini la messe, se jeta dans son fauteuil ; il était abattu, taciturne ; et sans faire le moindre mouvement sans articuler un seul mot de prière, ni adresser une seule fois la parole à personne, il resta dans cet état tout le jour et toute la nuit suivante. Durant tout ce temps, il ne prit aucune nourriture. Les domestiques, qui, d'abord s'étaient aperçus de sa situation, se tenaient à portée de sa chambre, mais n'osaient entrer. Le 22 au matin, ils reconnurent que le saint n'avait pas changé d'attitude ; ils ne savaient plus ce qu'il fallait en penser. Ils craignaient que ce ne fut toute autre chose qu'une extase prolongée. Cependant, un peu plus tard Alphonse agite sa sonnette, pour annoncer qu'il veut célébrer la sainte messe. À ce signe, ce n'est pas seulement le frère laïc chargé de le servir à l'autel, mais toutes les personnes de la maison et d'autres étrangères, qui accourent avec empressement. Le prélat demande avec un air de surprise, pourquoi tant de monde ? On lui répond qu'il y a longtemps qu'il ne donne aucun signe de vie. « C'est vrai, dit-il, mais vous ne savez pas que j'ai été assister le Pape qui vient de mourir. » Une personne, qui avait entendu cette réponse, alla la porter le même jour à Sainte-Agathe ; elle s'y répandit aussitôt, comme à Arienzo, où résidait Alphonse. On crut que ce n'était là qu'un songe ; mais on ne tarda pas d'être informé de la mort de Clément XIV, qui avait expiré le 22 septembre, précisément à 7 heures du matin, au moment même où notre bienheureux avait repris ses sens. Le savant historien des papes, Novaès, n'a pas passé ce fait sous silence.

La confiance sans bornes dont jouissait ce saint évêque, excita le cardinal Castelli à lui demander, sur les abus à réformer dans tous les ordres de la hiérarchie ecclésiastique, une lettre qui devait être communiquée au conclave, afin de déterminer l'élection d'un Pape capable de remédier à tous les maux de l'Église. Alphonse fut effrayé et confus à la fois d'une semblable commission ; mais l'affaire était si importante, qu'il ne crut pas devoir refuser ce témoignage de son amour pour le bien général, et il écrivit sa lettre, qui respire d'un bout à l'autre l'esprit de Dieu.

Après sept ans d'épiscopat, il pensa à donner sa démission. Clément XIII s'y refusa, et lui fit répondre « que sa seule réputation suffisait pour opérer le bien dans le diocèse de Sainte-Agathe ; qu'en conséquence, il ne devait pas se mettre en peine de ce qu'il ne pouvait pas faire, ni songer à donner sa démission. » Il renouvela ses instances du temps de Clément XIV, qui fut d'avis « qu'une seule prière du saint évêque, adressée à Dieu de dessus son lit, était plus méritoire pour lui et plus utile à ses ouailles, que mille visites pastorales. » Il se résigna et dit qu'il fallait prendre patience, et attendre son successeur. On rit de la réflexion, parce que le pape avait dix-sept ans moins que lui, et jouissait d'une santé robuste. Cependant, cinq ans après, le pontife mourut. Pie VI, successeur de Clément XIV, accéda enfin à ses vœux en lui manifestant tous ses regrets. À cette nouvelle, il s'écria : « que Dieu soit loué ! Il m'a ôté une montagne de dessus les épaules ! »

Il serait difficile de peindre l'affliction de ses diocésains, accourus de toutes parts pour lui témoigner leurs regrets. Il partit pour se rendre à Nocéra-des-Payens, au milieu des pères de sa congrégation. Tout le mobilier qu'il emporta était dans une corbeille. À la suite d'une voiture de louage, un cheval portait le lit et les pauvres objets qui étaient à son usage. Ce spectacle fut encore, pour ceux qu'il quittait, un grand sujet d'édification.

Sa retraite ne fut pas inutile à la religion. Il prêcha encore ; mais on était obligé de le porter en chaire, et ses paroles pleines d'onction remuaient vivement le cœur de ceux qui voyaient ce saint vieillard consacrer à leur salut les derniers accents d'une voix que le zèle animait.

Il continua aussi la composition de ses ouvrages qui ont produit des fruits abondants. Le premier et le plus important est sa grande théologie morale qu'il dédia à Benoît XIV. Il y travailla pendant 17 ans. Ce savant pape, consulté sur une question délicate, ne voulut pas décider, mais répondit à celui qui s'adressait à lui : *vous avez votre Liguori, consultez-le*. D'après l'examen qui en fut fait à Rome, le pape Pie VI déclara *qu'il n'y avait rien de répréhensible*. Certaines personnes qui ne l'ont, sans doute, jamais lu, n'en prétendent pas moins qu'elle renferme des principes relâchés.

Les autres les plus importants sont le *Triomphe de l'Église*, la *Vérité de la foi contre les incrédules*, l'*Ouvrage dogmatique contre les prétendus réformés*, *Les victoires des Martyrs* et la *Réfutation de la déclaration du clergé de France en 1682*. Il disait à ce sujet « qu'il était prêt à défendre l'infaillibilité du Pape au prix de son sang et jusqu'à la mort » Il est aussi auteur des visites au Saint-Sacrement et à la sainte Vierge.

Il en est une multitude d'autres où respire la piété la plus sincère et l'amour le plus ardent. L'estimable auteur de la vie de Liguori en donne la nomenclature, et quoiqu'il ne soit pas sûr que la liste qu'il nous fournit les renferme tous, il en compte déjà soixante-dix-sept. On sera étonné sans doute de la prodigieuse fécondité de sa plume ; mais que ne peut pas faire un saint dévoré du zèle de la gloire de Dieu, et qui, ayant poussé sa carrière jusqu'à l'âge de 90 ans, s'était engagé par vœu de ne jamais passer inutilement un seul instant de sa longue vie ? Il a traité de tous les devoirs de la vie chrétienne dans chaque état ; il a défendu la religion contre toutes les attaques dirigées contre elle mais quand on réfléchit que presque tout le temps qu'il vécut il était tourmenté de violents maux de tête, on peut se faire une idée de la grandeur de son courage et des mérites de sa bonne volonté.

La peine qu'il éprouvait de voir notre patrie en proie aux ravages de l'impiété lui avait inspiré la pensée d'écrire au Roi de France, mais « que puis-je de si loin, disait-il, lorsque l'Archevêque de la capitale et tant d'excellents évêques de ce royaume ne sont pas écoutés ! » Il avait ressenti une joie bien vive en apprenant la fausse nouvelle de la conversion de Voltaire, à qui il voulait adresser une lettre de félicitation ; mais, ayant été bientôt détrompé, il fit les réflexions suivantes à un de ses amis. « Ces sortes de conversions ne sont pas, dit-il, des grâces ordinaires, mais des efforts très-rares de sa divine miséricorde. Dieu n'accorde guère ces faveurs extraordinaires qu'à ceux en qui l'erreur a eu pour principe une bonne intention, comme dans saint Paul ; mais, dans Voltaire, tout est très-mauvais, rien ne l'excuse. » Quand il eut connaissance de la mort de cet impie, il écrivait encore : « Voltaire est mort, comme chacun sait dans son impénitence, et le voilà dans la malheureuse éternité. » Quelques mois après mourut aussi Rousseau, et notre bienheureux disait dans une autre lettre : « je reçois la nouvelle de la mort de l'infortuné Rousseau ; Dieu soit loué d'avoir en peu de temps, délivré son Église de ses deux plus grands ennemis ! »

Alphonse était encore réservé sur la fin de sa vie aux plus pénibles épreuves. Il avait désiré, pour consolider sa congrégation, de la faire approuver par le gouvernement Napolitain, et ce fut là une source féconde de maux qui vinrent fondre sur lui. Un Père, chargé de poursuivre cette affaire, trahit ses intentions, et la règle donnée par Benoit XIV se trouva abolie. Un de ces judas, suscités par l'enfer, alla à Rome, pour calomnier Alphonse d'avoir donné les mains à la destruction de cette règle, et pour comble de malheur, la division qui régnait entre le Roi de Naples et Pie VI empêcha notre bienheureux de produire ses moyens de défense. Le Souverain Pontife trompé retrancha de la société les maisons du royaume de Naples, dégrada Liguori de sa dignité de Recteur majeur, le déclara même exclu de cette congrégation qu'il avait fondée, et nomma un président pour gouverner les établissements des états pontificaux. Peut-on supposer un coup plus accablant ! En outre, les meilleurs sujets du royaume de Naples se séparèrent de Liguori ; cependant, malgré des plaies aussi sensibles, il bénissait Dieu. Aucun sentiment, aucune parole de murmure ne souillèrent jamais ni son cœur ni ses lèvres. Il attribuait à ses péchés personnels les malheurs de ses enfants ; sa douleur était vive et profonde, mais il disait : « c'est le Pape qui a décidé, bénissons Dieu ; la volonté du Pape, c'est la volonté de Dieu. » Chose étonnante ! il se soumit lui-même à ce président établi dans les états romains, et ne fut content que quand celui-ci l'eut assuré qu'il le regardait comme membre de la congrégation. On traita ensuite de la réunion des établissements napolitains avec les maisons des pays soumis au Saint Père ; mais l'homme de discorde entrava toutes les mesures et l'on ne put réussir. En apprenant ce nouvel échec, Alphonse s'écria « depuis six mois, je ne demandais à Dieu que l'accomplissement de sa sainte volonté ; Seigneur, je veux ce que vous voulez vous-même » Tous ces assauts néanmoins lui causèrent une fièvre ardente, et par une admirable habitude de l'obéissance et de résignation, il disait jusque dans son délire : « le pape le veut, Dieu le veut et moi aussi ».

Il avait toutefois singulièrement à cœur que les pères napolitains ne fussent pas privés des grâces du Saint-Siège ; et le Pape, sollicité par presque tous les évêques du royaume, accéda à ses désirs. Les établissements de la société s'étant aussi séparés, c'en était fait de la société ; cependant, comme Liguori l'avait prédit, il n'y eut plus, quatre ans après sa mort, qu'un seul troupeau et un seul pasteur, par l'ordre même de Pie VI, qui fut enfin désabusé, parce que tôt ou tard Dieu justifie ses saints calomniés. Quant au perfide qui s'était constitué son persécuteur, il mourut dans les convulsions du désespoir ; et plusieurs autres, qui s'étaient joints à lui, périrent d'une mort tragique.

Qui sera étonné, sans doute, de voir un saint Pape, tel que Pie VI, se déclarer contre Liguori, à la mémoire duquel il rend un si bel hommage ; mais Dieu permet quelquefois ces erreurs, pour faire briller la vertu de ceux qui le servent. Pie VI avait été trompé ; Liguori victime de son erreur, montra le plus touchant exemple de soumission à la volonté de Dieu et à celle du Vicaire de J.-C. Il supporta patiemment cette disgrâce, et trouva sa consolation dans la vivacité de la foi qui réglait ses pensées et toute sa conduite. Il en est des peines de la vie comme des eaux de la mer, elles s'adoucissent en montant vers le ciel.

Le Seigneur voulut que toutes les eaux de la tribulation passassent sur lui pour lui donner occasion d'accroître ses mérites. Aussi, il fut en proie à toutes les douleurs et à toutes les souffrances du corps et de l'âme. Ses effrayantes austérités avaient altéré sa santé de bonne heure. Pendant dix-sept ans, il fut attaqué d'une sciatique qui lui causait des douleurs très aiguës. Il ne put, depuis cette époque, marcher qu'avec effort et en traînant la jambe. Vint ensuite un rhumatisme universel ; tout son corps s'était comme retiré ; sa tête était tout à fait recourbée sur sa poitrine, et toutes les articulations de ses membres étaient, en quelque sorte, paralysées. Au milieu de tant de maux, notre bienheureux conservait une tranquillité et une sérénité d'esprit admirables. Pas un mot de plainte ni d'impatience ; pas un seul trait de vivacité déplacée ; pas le plus léger reproche pour les personnes qui le servaient il était toujours content de leurs soins. Il avait dans son âme une douceur et une certaine gaieté paisible qui ne l'abandonnaient pas un moment. Immobile, et cloué près d'une année sur son lit, comme sur une croix, il ne demandait jamais rien ; il attendait, en silence qu'on vint lui rendre les services dont il avait besoin, et offrait l'image de la patience et du calme le plus parfait. Ceux qui venaient le voir se retiraient pénétrés de respect et d'admiration pour une vertu mise à de si rudes épreuves. Loin de se plaindre de la conduite du Seigneur à son égard, il s'écriait souvent : « Mon Dieu, je vous remercie de ce que vous me donnez quelque part aux douleurs que vous avez vous-même endurées sur la croix. Ô mon Jésus, je veux souffrir comme vous avez voulu souffrir vous-même ; seulement, donnez-moi la patience. » Puis il disait, comme saint Augustin : « Seigneur, brûlez, coupez, ne m'épargnez point ici-bas ; mais épargnez-moi dans l'éternité. On n'est point malheureux de souffrir ; les malheureux sont les damnés qui souffrent sans mérite. Ô qu'il est doux de mourir attaché à la croix ! J'aurais besoin de goûter un peu de sommeil, disait-il encore de temps en temps ; mais Dieu ne le veut pas, et moi je ne le veux pas non plus. » Voilà quels étaient ses sentiments ; sentiments dictés par un amour vraiment héroïque ! Qu'il serait à désirer que tous les chrétiens les partageassent dans leurs douleurs !

Il recouvra enfin, au moins en partie, l'usage de ses membres. Il put alors se tenir hors du lit, et se remuer dans sa chambre, à l'aide de quelque soutien ; mais il ne lui fut plus possible de relever ni de tourner la tête ; les six vertèbres du cou et les cartilages ne formaient plus qu'un seul os, et il demeura, dans cet état, pendant dix-sept ans qu'il vécut encore.

Depuis longtemps, il était aussi fort tourmenté de peines intérieures et de scrupules presque continuels. Ces tentations s'accrurent dans les dernières années de sa vie. Le jour, la nuit, il était sans cesse obsédé de pensées contre la foi. C'était un spectacle déchirant que de voir ce vieillard vénérable aux prises avec l'enfer, faisant retentir la maison de cris affreux, frappant des pieds contre terre, et s'efforçant de repousser les suggestions du démon par l'invocation des noms de Jésus et de Marie, et par des protestations toujours plus énergiques de sa foi et de son inviolable soumission aux enseignements de l'Église. La crainte d'avoir consenti à ces pensées le troublait si fort, qu'elle interrompait son sommeil, Son anxiété était si violente, qu'il fallait qu'un père de la maison vînt lui décider qu'il n'y avait pas de faute. Quelquefois, il dictait un billet où il exposait le sujet de son inquiétude ; on portait ce billet, même au milieu de la nuit, à son directeur, et ce n'était qu'après la réponse de celui-ci que notre pauvre vieillard pouvait se remettre de son agitation. Heureusement, sa vertu venait à son secours ; il était d'une docilité parfaite aux décisions de son Avanie. Il observait fidèlement, en cela, les règles qu'il avait lui-même enseignées dans un petit ouvrage qui a pour titre : *Quiétude des âmes scrupuleuses*. Il soumettait à son guide les actions même les plus indifférentes, et poussait l'obéissance jusqu'à avoir toujours sur lui la note de ce qui lui avait été prescrit pour la direction de sa conscience.

Enfin, arriva le moment où Dieu allait couronner la persévérance de son serviteur. Alphonse prédit l'époque de sa mort. Saisi d'une fièvre violente, accompagnée d'une grande dysenterie, sa maladie ne se prolongea que depuis le 18 juillet 1787, jusqu'au 1er du mois d'août. Alors, une paix profonde succéda à tant de troubles. Il lui semblait goûter, par avance, le bonheur du ciel. La pensée de Jésus et de Marie faisait ses délices ; la vue de leurs images ranimait sa confiance. Il s'endormit doucement dans le seigneur, à l'âge de 90 ans 10 mois et 5 jours.

De nombreux miracles opérés, pendant sa vie et après sa mort, excitèrent tous les rangs à faire parvenir leurs suppliques au pied du Saint-Siège, pour obtenir du Pape qu'on procédât sans délai à la béatification de celui à qui le ciel rendait de si éclatants témoignages. À Rome, on va lentement ; tout, dans des affaires de ce genre, est l'objet d'un examen mûr et réfléchi. Cependant il fut béatifié le 15 septembre 1816, c'est-à-dire, vingt-neuf ans après sa mort, et déjà, en 1830, Pie VIII a publié le bref de canonisation ; les troubles de l'Europe, depuis cette époque, ont pu seuls empêcher, jusqu'à présent, le Chef de l'Église de proposer publiquement ce saint Évêque à la vénération de tous les fidèles.

Quelle joie pour l'Église de pouvoir encore offrir à notre admiration de si héroïques vertus dans un siècle aussi pervers ! Voilà quarante-cinq ans qu'Alphonse de Liguori a quitté la terre pour aller occuper dans le ciel le trône que lui ont valu les mérites sans nombre qu'il a amassés dans le cours de sa longue carrière. Sa mémoire sera désormais éternelle comme la félicité dont il jouit.

PRIÈRES AVANT ET APRÈS LA MÉDITATION

PRIÈRE AVANT LA MÉDITATION

Monarque Suprême du ciel et de la terre, me voici prosterné humblement à vos pieds. Je suis la plus méprisable de toutes les créatures, et je me trouve comme écrasé sous le poids énorme des fautes sans nombre que j'ai commises. La pensée des châtiments que je mérite, et plus encore la douleur d'avoir outragé, offensé avec tant d'ingratitude un Dieu si bon, absorbent mon âme. Plongé dans cet abîme de misères, je ne devrais plus oser lever les yeux pour vous demander pardon... Mais hélas ! vous qui m'avez comblé de tant de bienfaits, daignez encore jeter sur moi un regard propice ; il suffit pour m'encourager et me fortifier.

Grand Dieu, source de la gloire, Dieu immense, je crois fermement que vous êtes présent en tous lieux ; j'ai recours à vous pour faire mon oraison, et je vous adore profondément. Je sais bien que mes péchés me rendent indigne de m'entretenir avec vous ; je sais encore que je suis incapable de produire une seule bonne pensée, et d'exciter en moi une affection qui puisse vous être agréable ; j'avoue, devant vous, mon extrême indigence ; je déteste vivement mes fautes, et je m'en repens de tout mon cœur.

Ah ! Seigneur, non, je vous en conjure, ne me repoussez pas ; par charité, ne me privez pas de votre divin esprit. Faites luire dans mon âme un rayon de votre lumière, et insinuez-vous dans mon cœur par l'onction de votre grâce. Faites, mon Dieu, par les mérites de Jésus, mon Sauveur, par l'intercession de Marie, ma bonne et tendre mère, et de mes saints patrons, que je médite d'une manière utile à votre gloire et au bien de mon âme.

PRIÈRE APRÈS LA MÉDITATION

Je vous rends grâce, ô mon Dieu, de l'assistance dont vous m'avez favorisé dans le cours de cette méditation, et vous demande pardon de toutes les imperfections que j'y ai commises. Je vous en conjure, par votre bonté et votre infinie miséricorde, rendez-en le fruit abondant et durable. Ainsi soit-il.

Un *Pater* et un *Ave*, etc., ou le *Salve Regina*, etc.

CONSIDÉRATIONS SUR LES MAXIMES ÉTERNELLES

PREMIÈRE CONSIDÉRATION

PORTRAIT D'UN HOMME MORT DEPUIS PEU.

Vous êtes poussière, et vous retournerez en poussière.

— GÉN. 3. 19.

PREMIÈRE PARTIE

Considérez que vous êtes terre et que vous retournerez en terre. Oui, il vous faudra mourir un jour ; et alors, livré à la pourriture, votre corps n'aura dans le tombeau d'autres vêtements que des vers*. Tel est le sort réservé à tous, aux nobles comme aux roturiers, et aux Rois comme aux derniers de leurs sujets. Votre âme, s'échappant avec votre dernier soupir, entrera dans l'éternité ; votre dépouille mortelle sera réduite en poussière†.

Représentez-vous une personne qui vient d'expirer. Voyez ce cadavre encore gisant sur le lit de mort ; la tête est penchée sur la poitrine, les cheveux sont en désordre et encore trempés des sueurs de l'agonie, les yeux enfoncés, les joues décharnées, le visage décoloré, la langue et les lèvres livides, le corps est froid et pesant ; voilà les premières traces que le trépas offre à vos regards effrayés. Tous pâlissent et tremblent à ce hideux spectacle. Ah ! combien en est-il qui, vivement frappés de ce lugubre tableau que leur offrait la mort d'un parent, d'un ami, ont pris le sage et généreux parti de changer de conduite, et de dire au monde un éternel adieu !

Mais quel surcroît d'horreur n'inspire pas la présence de ce cadavre, lorsqu'il commence à se corrompre ! Il n'y a pas encore vingt-quatre

---

* Isaïe, 14. 11.
† Ps. 103. 30.

heures que ce jeune homme a expiré, et déjà l'odeur qu'il exhale est insupportable. Pour que la maison n'en soit pas infectée, il faut aérer les appartements, brûler force parfums, faire bien vite transporter le corps à l'église, et l'inhumer ; fut-ce celui d'un homme riche, d'un noble, l'infection n'en sera que plus forte, selon la remarque d'un auteur ancien, parce qu'il a été nourri avec plus de délicatesse.

Quoi ! c'est donc là le terme où est venu aboutir cet orgueilleux, cet homme si peu réglé dans ses mœurs ? Naguère, hélas ! il recevait dans les sociétés l'accueil le plus flatteur ; il faisait les délices de ces réunions, et maintenant un seul regard jeté sur lui répand dans tous les cœurs l'épouvante et l'effroi. Ses parents eux-mêmes s'empressent de le faire enlever ; ils paient des mercenaires pour le porter à sa dernière demeure.

De son vivant, on ne parlait que de la délicatesse et de la solidité de son esprit, de l'agrément de ses manières, de l'à-propos de ses réparties ; il vient d'être frappé du coup de la mort, et déjà on l'a presque entièrement oublié*. Quand la nouvelle s'en répand, celui-ci dit : c'est un homme qui vivait honorablement, celui-là : il a laissé une belle maison ; voilà tout. Les uns, à la vérité, sont affligés en apprenant qu'il n'est plus ; mais pourquoi ? c'est parce qu'il leur était utile, qu'il leur rendait des services ; tandis que d'autres s'en réjouissent, parce qu'ils y gagnent. Du reste, sous peu, il n'en sera plus question. Dès les premiers jours, ceux qui lui tiennent de plus près par les liens du sang, pour ne pas réveiller leur douleur, ne veulent plus qu'on les en entretienne. Aussi, dans les visites de condoléance, on parle de toute autre chose, et si quelqu'un, par hasard, avait l'imprudence d'en ouvrir la bouche, de grâce, lui dirait-on, ne prononcez pas même son nom.

On fera pour vous, soyez en certain, ce que vous-même aurez fait pour vos amis, pour vos parents défunts. Ceux qui vous survivront se présenteront, pour s'emparer de vos biens, de vos places ; la seule chose dont on ne s'inquiétera plus, ce sera vous ; on échappera un mot, peut-être, mais voilà tout. Pendant quelques jours, vos proches paraîtront plongés dans l'affliction ; ils auront bientôt séché leurs larmes. Ils se consoleront, en recueillant la portion qui leur reviendra de votre héritage. Ils se réjouiront même au plutôt, de votre perte, et dans l'appartement où vous aurez rendu le dernier soupir et où votre âme aura été jugée par J.-C., on les verra se livrer aux plaisirs de la danse, de la table ; on y jouera, on y rira, comme de coutume. Et votre âme, où sera-t-elle alors ?

---

* Ps. 9. 7.

Affections et Prières.

Ô Jésus, mon Sauveur, je vous remercie de ne m'avoir pas fait mourir pendant que j'étais encore chargé du poids de votre disgrâce. Depuis combien d'années mériterais-je d'être précipité en enfer ! Si même vous m'appeliez à vous, dès aujourd'hui, dès cette nuit, quel serait mon sort pendant l'éternité ! Agréez le témoignage de toute ma reconnaissance, Seigneur, pour n'en avoir pas agi ainsi envers moi. J'accepte la mort, en expiation de mes péchés ; je l'accepte telle qu'il vous plaira de me l'envoyer, mais puisque vous m'avez attendu jusqu'à présent, attendez-moi quelques moments encore. *Laissez que je respire encore un peu dans ma douleur**. Accordez-moi le temps de pleurer mes fautes, avant de me présenter devant votre tribunal pour entendre la décision de mon sort éternel. C'en est fait, je ne veux plus résister à votre voix.

Qui sait, d'ailleurs, si ces paroles que je viens de lire ne sont pas la dernière invitation que vous m'adressez. Je ne mérite pas que vous ayez pitié de moi, je l'avoue, car après m'avoir tant de fois pardonné, je suis toujours retombé dans de nouveaux péchés, dans de nouvelles ingratitudes ! Néanmoins, *vous ne rejetterez pas, Seigneur, le sacrifice d'un cœur contrit et humilié*†. Puisqu'il vous est impossible de mépriser une âme qui s'abaisse devant vous et qui est touchée d'un vrai repentir, voici un traître qu'une amère douleur ramène à vos pieds. Ah ! je vous en conjure, *ne m'éloignez pas de vous*‡. Vous l'avez dit vous-même ; *je ne repousserai pas celui qui vient à moi*§. Je vous ai outragé plus que d'autres, j'en conviens, puisque vous m'aviez favorisé de plus de lumières et de secours, mais votre sang qui a coulé pour moi me rassure. Il m'offre mon pardon, si mes regrets sont sincères. Oui, bien suprême, je me repens de toute mon âme de vous avoir si indignement méprisé ; accordez-moi mon pardon et la grâce de vous aimer à l'avenir. C'est assez, c'est trop d'outrages envers vous. Non, mon Jésus, non, ce qui me reste de vie, je ne veux plus l'employer à vous offenser, mais bien plutôt à déplorer le malheur de vous avoir tant déplu, et à vous aimer, ô Dieu digne d'un amour infini !

Ô Marie, mon espérance, priez Jésus pour moi.

---

* Job, 10, 20.
† Ps. 50.
‡ Ps. 50.
§ S. Jean, 6, 37.

DEUXIÈME PARTIE

Cher lecteur, afin de vous pénétrer mieux encore de votre néant, approchez-vous d'un tombeau ; contemplez-y cette vile poussière, la cendre, les vers, et alors vous pousserez de profonds soupirs. Vous ne pourriez en supporter la vue, ni suivre les degrés de cette décomposition successive du cadavre qui y est renfermé*. D'abord de couleur livide, comme nous l'avons dit plus haut, il se noircit et se couvre ensuite d'une espèce de lèpre blanchâtre. Il en sort une matière glutineuse et infecte qui coule à terre. C'est dans ce cloaque que fourmille une multitude de vers qui trouvent dans les chairs leur horrible pâture... Les joues, les lèvres naguère si vermeilles, les cheveux, objets de tant de soins, se détachent ; les côtes se dépouillent les premières, puis les bras et les jambes ; enfin ces vers, après avoir dévoré leur proie, périssent eux-mêmes ; il ne reste plus qu'un hideux squelette. Encore avec le temps, les divers membres se séparent ; les os se détachent les uns des autres, et la tête ne tient plus au tronc. Oui tel est l'homme, un peu de poussière que le vent dissipe[†].

Le voilà donc ce cavalier qui passait pour être l'âme des sociétés dont il faisait les délices ! Qu'est-il devenu ! Visitez ses appartements, il n'y est

---

* Ces détails blesseront, peut-être, l'excessive délicatesse de certains lecteurs. Je les abrège, mais le respect que je professe pour le saint auteur qui les a tracés, m'empêche de les omettre tout à fait.

[†] *Redacta quasi in favillam œstivæ areæ quæ rapta sunt vento.* Dan. 2, 35.

plus ! Vous voulez peut-être voir encore son lit ? On l'a donné à un autre ; ses vêtements, ses armes ? D'autres s'en sont emparés ; on en a fait le partage. Si cependant votre intention est de le contempler une dernière fois, il est dans le tombeau ; c'est là que vous le trouverez mais vos yeux ne rencontreront que de la pourriture et des os décharnés.

Oh Dieu, à quelle triste situation est réduit le corps de cet homme pour qui il n'y avait pas de mets assez délicats ; qui était si magnifiquement vêtu et qui avait à son service un si grand nombre de domestiques, empressés à exécuter ses ordres ! Saints du ciel, vous avez donc eu la véritable sagesse ! Ici-bas, par amour pour Dieu, qui possédait toutes vos affections, vous avez su mortifier vos corps ; aussi maintenant vos os, restes précieux de votre dépouille mortelle, sont exposés à la vénération publique et la foule se réunit avec empressement autour de vos tombeaux. Quant à vos âmes, enrichies de vertus et de mérites, elles jouissent de Dieu, et au dernier des jours, elles se réuniront aux corps qu'elles ont habités pour qu'ils partagent leur gloire dans le ciel, après avoir partagé leurs souffrances ici-bas. L'amour que nous devons à notre corps consiste donc à le réduire en servitude, c'est le moyen infaillible de le rendre éternellement heureux. Sevrons-le de toutes jouissances, elles lui attireraient des douleurs qui n'auraient jamais de fin.

Affections et Prières.

Les vers et la pourriture ! voilà donc, mon Dieu, à quoi sera réduit ce corps qui m'a tant servi à vous offenser ! Cette perspective n'est pas ce qui m'afflige, Seigneur ; je me plais au contraire dans la pensée que cette chair criminelle, cause de tant de péchés par lesquels je vous ai perdu, ô Dieu suprême, sera en proie à la corruption et à une destruction totale, mais ce qui me peine, c'est qu'en me procurant des plaisirs coupables, je vous ai tant déplu ! Je ne veux pas, toutefois, désespérer de votre miséricorde. Si vous m'avez attendu, c'est pour me pardonner*, et vous voulez me pardonner, si je me repens. Oui, ô bonté infinie, je me repens, de tout mon cœur, de vous avoir méprisé. Je vous dirai avec sainte Catherine de Gênes : *non, mon Jésus, non, plus de péchés, plus de péchés !* Je ne veux point abuser davantage de votre patience. Je ne veux pas attendre, ô mon amour crucifié, pour me réconcilier avec vous le moment où un confesseur vous présentera à moi, aux approches de la mort. Dès maintenant je vous

---

* Is. 30. 18.

embrasse, dès maintenant je vous recommande mon âme, cette âme qui s'est, pendant tant d'années, prostituée au monde, et ne vous a pas aimé. Éclairez-moi, fortifiez-moi, afin que je vous aime tout le temps qui me reste encore à vivre. Je ne veux pas, pour vous aimer, retarder jusqu'à l'instant de ma mort. Dès cette heure, je vous aime, je vous presse, je vous serre contre mon cœur, et vous promets de ne plus jamais vous abandonner. Sainte Vierge, liez-moi à Jésus, et obtenez-moi la grâce de ne plus le perdre.

TROISIÈME PARTIE

Mon cher frère, vous voyez, dans ce portrait de la mort, ce qu'un jour vous devez devenir vous-même. *Souvenez-vous que vous êtes poussière et que vous retournerez en poussière.* Pensez que dans peu d'années, dans peu de mois, dans peu de jours, peut-être, vous ne serez plus que vers et pourriture. C'est cette pensée qui a fait de Job un saint. Voici ses paroles : *j'ai dit à la pourriture, vous êtes mon père, et aux vers, vous êtes mes frères et mes sœurs**.

Tout doit finir, et à ce dernier instant si vous avez perdu votre âme, tout est perdu pour vous. *Considérez-vous comme étant déjà mort, ou comme devant nécessairement mourir*†. Si maintenant vous n'étiez plus du nombre des vivants, que voudriez-vous avoir fait ? Puisque vous vivez encore, pensez qu'un jour viendra où vous sortirez de ce monde. Saint Bonaventure dit que le pilote, pour bien diriger la course de son vaisseau, se place à la proue ; ainsi l'homme, pour bien régler sa conduite, doit aussi se mettre par la pensée au moment de la mort. *De là*, dit saint Bernard, *regardez le commencement de votre carrière et rougissez.* Voyez les péchés de votre jeunesse, et que ce spectacle, vous inspire une confusion salutaire. *Envisagez le milieu de votre vie, et gémissez.* Oui, voyez les péchés de l'âge mûr et pleurez. *Considérez la fin et tremblez.* Envisagez

---

* Job, 17, 14.
† S. Laurent, Justin. de l'arbre de la vie, c. 4.

encore ces dernières années qui souillent votre vie ; frémissez-en, et empressez-vous d'y apporter remède.

Saint Camille de Lellis, méditant au milieu des tombeaux, disait : si ceux qui y sont renfermés pouvaient revenir à la vie, que ne feraient-ils pas pour se rendre dignes du bonheur éternel ! Et moi qui ai encore du temps, que fais-je pour mon âme ! Ce serviteur de Dieu s'exprimait ainsi, dans un sentiment d'humilité. Mais vous, mon frère, peut-être pourriez-vous craindre, à bon droit, d'être ce figuier stérile, dont parle le Seigneur : *Il y a déjà trois ans, dit-il, que je viens pour y cueillir des fruits et je n'en ai point trouvé**. Vous êtes depuis plus de trois ans dans le monde, quels fruits avez-vous produits ? Faites attention, ajoute encore saint Bernard, que le Seigneur ne cherche pas seulement des fleurs, c'est-à-dire qu'il ne se contente pas de bons désirs, de projets, mais qu'il exige des œuvres saintes. Sachez donc profiter des instants que vous donne la miséricorde de Dieu et n'attendez pas, pour faire le bien, qu'il n'en soit plus temps. Vous entendriez alors ces terribles paroles : *il n'y a plus de temps*, sortez promptement de cette vie, il faut sans délai quitter la terre, ce qui est fait est fait.

Affections et Prières.

Me voici, mon Dieu, je suis cet arbre maudit ; j'ai mérité d'entendre prononcer cette sentence : *coupez-le, pourquoi occupe-t-il inutilement la terre*†. Effectivement, depuis tant d'années que je suis ici-bas, au lieu de fruits, je n'ai produit que les ronces et les épines de mes péchés. Mais, Seigneur, vous ne voulez pas que je m'abandonne au désespoir ; vous avez dit : *cherchez et vous trouverez*. Je vous cherche, mon Dieu, et je réclame votre grâce. J'ai un grand déplaisir de toutes mes offenses, je voudrais pouvoir en mourir de douleur. Autrefois, je vous ai fui, mais je préfère maintenant votre amitié à tous les royaumes du monde. Je ne résisterai plus à vos invitations ; mon parti en est pris. Consentez que je vous sois entièrement dévoué. Je me donne tout à vous sans réserve ; oui, puisque sur la croix vous vous êtes donné tout à moi, je me consacre tout entier à vous. Vous l'avez promis : *si quelqu'un demande quelque chose en mon nom, il l'obtiendra*‡. Mon Jésus, je me fie à ce grand engagement de votre

---

* S. Luc, 13, 7.
† Év. S. Math.
‡ S. Jean, 14, 14.

part, en votre nom et par vos mérites, je cherche votre grâce et votre amour ; faites que cette grâce et ce saint amour abondent dans mon âme où a si longtemps abondé le péché. Je vous remercie de m'avoir inspiré de vous adresser cette prière ; c'est un signe que vous avez encore à cœur de m'exaucer. Oui, exaucez-moi, mon Jésus, donnez-moi un amour ardent, un grand désir de vous plaire, et la force dont j'ai besoin pour en venir à l'exécution.

Ô Marie, ma puissante avocate, vous aussi exaucez-moi, et priez Jésus pour moi.

IIE CONSIDÉRATION

TOUT FINIT À LA MORT.

La fin vient, la fin est proche.

— ÉZECH. 7, 6.

PREMIÈRE PARTIE

Les mondains n'envisagent comme heureux que ceux qui possèdent de grandes richesses, qui nagent ici-bas dans les plaisirs, qui vivent dans l'abondance et le luxe ; mais le trépas vient tout à coup renverser ce vaste échafaudage de félicité. En effet, *qu'est-ce que la vie ?* disait saint Jacques ; *une vapeur qui ne paraît qu'un instant**. Ne voit-on pas souvent des exhalaisons sortir de terre et s'élever ; traversées par les rayons du soleil, elles jettent un assez vif éclat ; mais combien dure-t-il ? Un souffle léger fait tout disparaître. Examinez un grand du monde ; aujourd'hui, environné d'un nombreux cortège, on le craint, on l'adore, pour ainsi dire ; hélas ! demain, frappé du coup de la mort, il sera un objet de mépris, de malédictions ; on le foulera aux pieds !

À la mort, on quitte tout. Le frère d'un grand serviteur de Dieu, de Thomas à Kempis, se félicitait beaucoup d'avoir fait construire une maison magnifique ; et un de ses amis lui répondit qu'il y remarquait un défaut essentiel. « Quel défaut ? reprit-il. — C'est d'y avoir fait une porte. — Comment ? une porte serait-elle un défaut dans une maison ? — Oui, lui répliqua cet ami ; car, un jour vous mourrez et il vous faudra sortir par cette porte, abandonner cette maison et tout le reste. »

Enfin, la mort dépouille l'homme de tous les biens dont il a joui. Quel affreux spectacle qu'un roi banni de son palais pour ne plus y rentrer ! On

---

* S. Jacq. 4, 15.

en voit d'autres s'emparer de son riche mobilier, de ses trésors ; en un mot, de tout ce qu'il possède. Ses courtisans le laissent dans le tombeau ; son cadavre est à peine couvert*. Plus de louanges, plus de basses flatteries ; souvent même on ne s'inquiète plus de l'exécution des ordres qu'il a donnés avant de rendre le dernier soupir.

Le puissant Saladin, qui avait ajouté à ses états tant d'autres royaumes de l'Asie, prescrivit, en mourant, qu'à ses funérailles on portât devant son cercueil un linceul suspendu à une lance, et qu'un hérault criât : Voilà tout ce qu'emporte Saladin dans le tombeau.

Le corps du prince une fois transporté dans sa dernière demeure, les chairs se détachent, et il ne reste plus de lui, comme de tout autre, qu'un squelette méconnaissable. « Regardez au fond de ces tombeaux, dit saint Basile, et voyez si vous pouvez distinguer le maître d'avec le serviteur. » Un jour Diogène, en présence d'Alexandre, était tout occupé à chercher quelque chose parmi des crânes. « Que cherchez-vous, lui dit Alexandre ? La tête de Philippe, votre père, et il m'est impossible de la trouver. Si vous pouviez la reconnaître, je serais curieux de la voir. » L'inégalité des conditions distingue les hommes à leur naissance ; la mort les rend tous égaux†. Elle met au même rang ceux dont la main était chargée d'un sceptre et ceux qui n'avaient qu'une houlette‡. À cet instant fatal, rien ne reste, on abandonne tout, et eût-on possédé d'immenses richesses, on n'emporte rien avec soi dans la tombe.

Affections et Prières.

Mon Dieu, puisque vous m'éclairez sur le néant et la vanité de tout ce que le monde estime, donnez-moi la force de m'en détacher avant que la mort elle-même ne m'en sépare. Malheureux que j'étais, combien de fois pour de funestes plaisirs et pour des avantages terrestres ne vous ai-je pas perdu, ô bien infini ! Ô Jésus, céleste médecin, jetez un coup d'œil sur la misère de mon âme ; regardez les plaies nombreuses dont mes péchés l'ont couverte, et ayez pitié de moi. Je sais que vous avez le pouvoir et la volonté de me guérir. *Guérissez mon âme, parce que j'ai péché contre vous*§. Je vous ai oublié, mais vous, vous ne m'avez pas perdu de vue un

---

* C'est ce qui arriva à la mort de Guillaume le Conquérant.
† Sénèque.
‡ Horace.
§ Ps. 40, 5.

seul instant : maintenant dites-moi que vous voulez ne plus vous souvenir de mes offenses si je m'en repens. *Si l'impie fait pénitence...* avez-vous dit, *je ne me ressouviendrai plus de ses iniquités**. Je déteste les miennes, je les ai en horreur, plus que tous les maux ; perdez donc le souvenir de tous les déplaisirs que je vous ai causés. À l'avenir, je suis résolu de tout sacrifier, même ma vie, plutôt que de perdre votre grâce. Et que me serviraient tous les biens sans cette grâce ! Oui, aidez-moi, vous savez combien ma faiblesse est grande ! L'enfer ne cessera de me dresser des embûches ; il s'apprête à me livrer mille assauts pour me soumettre à son empire ; non, mon Jésus, ne m'abandonnez pas. Je veux être dorénavant esclave de votre amour. Vous êtes mon unique maître, vous m'avez créé, vous m'avez racheté, vous m'avez plus prodigué de preuves de tendresse que tous les autres, et vous seul méritez d'être aimé ; je ne veux donc plus m'attacher qu'à vous.

---

* Ézech. 18, 21.

DEUXIÈME PARTIE

Philippe II, roi d'Espagne, sur le point de mourir, fit venir son fils, se dépouilla en sa présence de la pourpre royale, lui montra sa poitrine déjà toute rongée de vers et lui dit : « Prince, voyez les ravages de la mort, voyez comme finissent toutes les grandeurs de la terre ! »

Théodoret dit avec raison : « la mort ne recule ni devant les richesses, ni à la vue de la multitude des gardes, ni à l'aspect de la pourpre. » Il en est, en effet, des princes comme de leurs sujets ; comme eux, ils deviennent la proie de la pourriture et de la corruption. Une fois mort, fut-on roi, on n'emporte rien dans la tombe. Toute gloire s'exhale sur le lit où l'on rend le dernier soupir.

Saint Antonin raconte qu'à la mort d'Alexandre, un philosophe s'écria : « Voilà donc celui qui, hier, écrasait en quelque sorte la terre, aujourd'hui elle pèse de son poids sur ses dépouilles mortelles ; hier, il se trouvait trop à l'étroit dans l'univers, aujourd'hui une fosse de six pieds lui suffit ; hier, à la tête de ses armées, un de ses regards le faisait mouvoir ; aujourd'hui, quelques hommes payés le descendent dans le tombeau. »

Ah ! pénétrons-nous vivement de la vérité de ces paroles sorties de la bouche de Dieu même : Ne vois-tu pas, ô homme, que *tu n'es que cendre et poussière, pourquoi donc t'enorgueillir ?** À quoi consacres-tu tes pensées ? À quoi emploies-tu les années que tu passes ici-bas, si ce n'est à

---

* Eccl. 10, 9.

te distinguer des autres et à t'élever au-dessus d'eux ? La mort arrivera, elle sera le terme de tes grandeurs et des vastes projets que tu as formés ; car, alors, *toutes les pensées périront**.

Saint Paul l'ermite passa soixante ans dans une grotte ; mais combien sa mort fut préférable à celle de Néron, empereur romain ! Qui ne voudrait mourir comme saint Félix, quoique simple frère capucin plutôt que comme Henri VIII, roi d'Angleterre. Ce prince vécut, il est vrai, sous la pourpre, mais dans l'inimitié du Seigneur. Il faut faire attention que ces grands serviteurs de Dieu, dans le désir de se procurer le bonheur d'une mort aussi précieuse, ont quitté leur patrie, se sont arrachés aux délices, aux espérances, enfin, à tout ce que leur offrait un monde séducteur, pour embrasser un genre de vie pauvre, et qui les exposait au mépris. Ils se sont, en quelque sorte, enterrés tout vivants, pour ne pas être, après leur mort, ensevelis dans l'enfer.

Mais vous, mondains, qui passez vos jours dans le péché, au sein des plaisirs et à travers de continuels dangers, comment pouvez-vous espérer une bonne mort ? D'après les menaces du Seigneur lui-même, les pécheurs le chercheront et ne le trouveront pas†. Il leur annonce que ce ne sera plus, alors, le temps des miséricordes, mais celui des vengeances‡. La raison, d'ailleurs, ne suffit-elle pas pour nous en convaincre ? Car, à ce dernier moment, l'homme du monde qu'est-il ? Son esprit affaibli et enveloppé de ténèbres ; son âme, dégradée par l'effet de ses criminelles habitudes, est dans l'endurcissement. Les tentations seront plus fortes, et comment y opposer de la résistance, quand on s'est accoutumé à y céder toujours, et à se laisser vaincre par elles ? Cet infortuné aurait besoin, dans ces tristes circonstances, d'un secours plus puissant de la grâce, pour changer son cœur avili ; mais cette grâce, croyez-vous que Dieu soit obligé de la lui donner ? Ce coupable dont la vie s'est écoulée dans le dérèglement, a-t-il donc mérité cette faveur ? Cependant, il y va de son bonheur ou de son malheur éternel. Comment est-il possible qu'avec de telles pensées, celui qui a la foi ne fasse pas le sacrifice de tout pour se donner tout à Dieu, qui doit le juger selon ses œuvres.

---

* Ps. 55, 6.
† Jérém. 13.
‡ Deutér. 32. 15.

Affections et Prières.

Ah ! malheureux, combien de fois me suis-je livré à un sommeil tranquille, quoique chargé, Seigneur, de tout le poids de votre inimitié ! Ô Dieu ! dans quelle déplorable situation mon âme se trouvait-elle alors ! Elle était l'objet de votre haine, et cette haine était de son choix. Déjà condamnée à l'enfer, il ne restait plus que d'exécuter la sentence. Mais vous, mon Dieu, vous n'en avez pas moins couru après moi, pour m'inviter à recevoir mon pardon ! Qui m'assurera, néanmoins, que vous me l'avez accordé ? Me faudra-t-il vivre, ô mon Jésus, dans cette désolante incertitude, jusqu'à ce que je paraisse devant votre tribunal ? Cependant la douleur que j'éprouve de vous avoir offensé, le désir qui me presse de vous aimer, votre passion, tout, ô mon aimable Rédempteur, me fait espérer que je suis dans votre grâce. Je me repens de mes péchés, ô bien suprême, et je vous aime par-dessus tout. Je suis résolu de tout perdre, plutôt que de perdre votre grâce et votre amour. Vous voulez que la joie transporte le cœur de celui qui vous cherche, je m'abandonne à ce doux sentiment[*]. Je déteste, Seigneur, tous les outrages dont je me suis rendu coupable envers vous. Donnez-moi du courage et une tendre confiance ; ne me reprochez plus mon ingratitude, car moi-même, je la connais et l'ai en horreur.

Vous avez dit que vous ne *voulez pas la mort du pécheur, mais qu'il se convertisse et qu'il vive*[†]. Oui, mon Dieu, j'abandonne tout, je me convertis ; je vous cherche, je vous veux, et vous aime par-dessus tout. Donnez-moi votre amour, je ne vous demande rien de plus.

Ô Marie, vous êtes mon espérance ; obtenez-moi de persévérer saintement dans le service du Seigneur.

---

[*] I. Paral. 16, 10.
[†] Ézech. 3. 11.

TROISIÈME PARTIE

David compare la félicité de la vie présente au songe d'un homme qui s'éveille et dont les images s'effacent aussitôt*. C'est un songe, en effet, dit un auteur, parce que les sens plongés dans l'assoupissement se représentent comme quelque chose de grand, une ombre vaine qui disparaît en un instant. Ainsi les biens d'ici-bas semblent grands, et toutefois ils ne sont rien ; ils nous échappent. Cette pensée que tout finit à la mort, détermina saint François de Borgia à se donner entièrement à Dieu. Il accompagnait à Grenade, le corps de l'impératrice Isabelle qui venait de mourir. Quand on ouvrit son tombeau, l'horreur qu'inspire naturellement un cadavre, la puanteur qu'il exhalait firent reculer d'effroi tous les spectateurs ; mais François, éclairé d'une lumière toute divine, resta pour contempler dans ces dépouilles de la mort, la vanité du monde. Frappé alors de cet affligeant spectacle, il s'écria : « Êtes-vous donc mon impératrice ? Quoi, c'est devant vous que naguère tant de grands seigneurs se prosternaient respectueusement ? Ô Isabelle, qu'est devenue cette majesté, cette beauté qui brillait en vous d'un si vif éclat ! C'est donc de la sorte, dit-il en lui-même, que finissent les grandeurs ! C'est donc là le terme auquel aboutissent les têtes couronnées elles-mêmes ! Oh ! je veux dès maintenant servir un maître que la mort ne puisse me ravir ! » Aussi dès ce moment, il se consacra tout entier à l'amour de Jésus crucifié, et fit vœu

---

* Ps. 72. 20.

d'entrer en religion si son épouse venait à mourir. Il tint parole, en effet, et s'engagea dans la compagnie de Jésus.

Un homme désabusé des vanités du monde avait donc bien raison lorsqu'il écrivit sur une tête de mort ces mots dictés par *la sagesse : tout est bien peu de chose pour quiconque pense à vous !* — Effectivement, quand on réfléchit à ce redoutable passage, on ne peut aimer la terre. Et pourquoi y a-t-il tant de malheureux qui aiment le monde ? c'est parce qu'ils ne pensent pas à ce dernier moment. *Ô hommes, jusqu'à quand aurez-vous le cœur appesanti, jusqu'à quand aimerez-vous la vanité et chercherez-vous le mensonge** ? Misérables enfants d'Adam, comment, d'après l'avis de l'esprit saint, ne pas retrancher de votre cœur cet attachement à la terre, cet amour de la vanité et de la déception ? Il vous arrivera ce qui est arrivé à vos ancêtres. Ils ont habité ce palais que vous habitez maintenant, ils ont dormi dans le même lit où vous prenez votre repos, et actuellement, ils ne sont plus. Tel est le sort qui vous attend vous-mêmes.

Ainsi, mon frère, donnez-vous promptement à Dieu, avant que la mort n'arrive. *Ce que vous pouvez faire, faites-le vite*†. Ce qui vous est possible aujourd'hui, n'attendez pas à demain pour l'exécuter, parce que le moment présent passera et ne reviendra plus ; et demain peut venir la mort qui ne vous permettra plus de vous en occuper. Détachez-vous sans délai de ce qui vous éloigne ou peut vous éloigner de Dieu. Foulons aux pieds l'affection aux biens de la terre avant que la mort ne nous en dépouille de force. *Bienheureux ceux qui meurent dans le Seigneur*‡. Bienheureux ceux qui ne meurent qu'après avoir fait mourir en eux l'amour du monde. Une telle mort n'est pas à craindre, mais à désirer. Elle est de nature à exciter en eux une vive allégresse ; car, au lieu de les séparer des biens qu'ils aiment, elle les unit au seul bien suprême qui seul mérite leurs transports et qui, par sa présence, les rendra éternellement heureux.

---

* Ps. 4. 3.
† Eccl. 9. 10.
‡ Apoc. 14. 13.

Affections et Prières.

Mon bien-aimé Rédempteur, je vous rends grâce de m'avoir attendu ! Qu'en serait-il de moi, si vous aviez tranché le fil de mes jours quand j'étais loin de vous. Que la miséricorde et la patience dont vous avez usé envers moi soient bénites à jamais ! Je vous remercie des lumières et de la grâce dont vous m'avez favorisé. Alors je ne vous aimais pas et je m'inquiétais peu de me rendre digne de votre bienveillance ! Maintenant je vous aime de tout mon cœur, et ma plus grande peine est de vous avoir déplu, ô mon Dieu, qui êtes si bon ! Cette douleur est pour moi un tourment, mais ce tourment me plaît, parce qu'il m'inspire la douce confiance que vous m'avez pardonné. Mon tendre Sauveur, plût au ciel que j'eusse souffert mille morts et que je ne me fusse pas rendu coupable envers vous ! Je n'ai qu'une crainte, c'est de vous offenser encore à l'avenir. Oh ! faites-moi mourir dans les plus rudes angoisses, si je devais avoir de nouveau le malheur de perdre votre grâce ! J'ai été, pendant quelque temps, esclave de l'enfer, mais maintenant, ô Dieu de mon âme, je veux être un de vos serviteurs. Vous aimez ceux qui vous aiment, vous l'avez dit. Eh bien, je vous aime ; ainsi je suis à vous et vous êtes à moi. Je puis encore vous perdre plus tard, mais je vous demande de m'ôter la vie avant de faire cette déplorable perte. Vous m'avez comblé de tant de grâces que je n'avais pas réclamées, je ne puis craindre que vous refusiez de m'exaucer maintenant pour cette faveur nouvelle. Ne permettez donc plus que je vous abandonne, donnez-moi votre amour, c'est tout ce que je désire.

Marie, mon espérance, intercédez pour moi.

IIIE CONSIDÉRATION

BRIÈVETÉ DE LA VIE.

— Qu'est-ce que votre vie ? une vapeur qui ne paraît qu'un instant.

— S. JACQ. 4, 15.

PREMIÈRE PARTIE

Qu'est-ce en effet que notre vie ? n'est-elle pas comme une vapeur que le moindre souffle dissipe ? Il n'est personne qui ne sache qu'il faut mourir, mais la folie d'un grand nombre est de placer la mort à une si grande distance, qu'elle leur semble ne devoir jamais les atteindre. Ils se trompent cependant, et Job nous en avertit. *L'homme*, dit-il, *qui n'a que peu de jours à passer sur la terre... ressemble à une fleur qui, à peine épanouie, est foulée aux pieds**. Isaïe annonçait la même vérité : *Criez, lui dit le Seigneur, toute chair n'est que de l'herbe, le peuple est vraiment comme de l'herbe, l'herbe se sèche et la fleur tombe*†. Tel est l'homme, effectivement : la mort vient, c'est l'herbe qui se sèche et est coupée par la faux du moissonneur ; la fleur tombe, c'est-à-dire que toutes les grandeurs, tous les avantages que le monde étalait à nos regards disparaissent pour toujours.

Mes jours passent plus vite qu'un courrier‡. Oui, la mort vient à nous et nous allons à elle à pas plus précipités. Chaque instant nous fait avancer vers elle, que dis-je ? chaque démarche, chaque respiration nous en rapproche. Je trace ces mots, c'est autant de pris sur ma vie.

Nous mourons tous et nos jours s'écoulent comme des eaux qui ne

---

* Job, 14.
† Is. 40.
‡ Jos. 6.

reviennent plus*. Voyez un fleuve rouler ses flots, pour se rendre à la mer, ils ne reverront pas deux fois les mêmes bords. C'est ainsi, mon cher frère, que vos jours s'en vont et vous poussent vers le dernier terme. Plaisirs, divertissements, pompes, jeux, louanges, tout passe et que nous reste-t-il de tout cela ? un tombeau, rien de plus†. Nous y serons précipités et livrés à la corruption, réduits à un dénuement complet. Au moment du trépas, le souvenir de toutes les parties de plaisirs auxquelles on aura pris part pendant la vie, des honneurs dont on aura joui ne fera qu'accroître le chagrin du départ et l'incertitude du salut éternel. Ainsi dira alors ce partisan infortuné d'un monde trompeur : cette maison, ces jardins, ces meubles d'un goût si exquis, ces tableaux si rares, ces habits si magnifiques, bientôt, hélas ! ne m'appartiendront plus ! Non, il n'y a pas un seul de ces objets qui ne devienne un sujet de chagrin, pour quiconque y a attaché son cœur ! Mais cette douleur à laquelle le moribond est en proie, à quoi aboutit-elle sinon à rendre plus douteux son bonheur futur ?

Une expérience constante prouve que ceux qui ont prostitué au monde leurs affections, ne veulent prêter l'oreille qu'à ce qui a trait à leur maladie. Il n'est question pour eux que de tels médecins qu'il faut appeler, et des remèdes qu'il faut prendre. Leur parle-t-on de leur âme ? c'est leur causer un ennui mortel ; il faut, disent-ils, les laisser en repos, ils éprouvent un violent mal de tête qui leur rend trop pénible toute conversation. Si, par hasard, ils se décident à satisfaire aux questions qu'on leur adresse, leurs réponses sont confuses, ils ne savent que dire. Aussi, lorsque souvent un confesseur leur donne l'absolution, ce n'est pas pour avoir remarqué en eux des dispositions rassurantes, mais parce qu'il n'y a plus de temps à perdre. Telle est la manière dont finissent ceux qui n'ont presque jamais fait de la mort le sujet de sérieuses réflexions.

---

* 1 Rois, 14. 14.
† Job. 17. 1.

Affections et Prières.

Ô mon Dieu, ô mon Seigneur, ô majesté infinie, j'ai honte de paraître devant vous ! Combien de fois ne vous ai-je pas déshonoré en sacrifiant votre grâce à un plaisir honteux, à un mouvement de colère, à un pouce de terre, à un caprice, à une fumée ! J'adore et je baise respectueusement, ô mon Rédempteur, les plaies saintes que vous ont faites mes péchés ; par elles, j'espère mon pardon et la grâce du salut. Que je connaisse, ô mon Jésus, l'énormité de mes torts envers vous, qui êtes la source de tous les biens, puisque j'ai consenti à vous abandonner, pour étancher ma soif en buvant des eaux bourbeuses et empoisonnées ! que résulte-t-il pour moi de tant de péchés, sinon des peines, des remords de conscience, et des gages de l'enfer ? *Mon père, je ne suis pas digne d'être appelé votre fils**. Cependant, ne me rejetez pas. Il est vrai que je ne mérite plus ce nom si doux, mais vous êtes mort pour me pardonner. Vous avez dit : *Revenez à moi et je reviendrai à vous*†. Dès maintenant, je renonce à toute satisfaction, à tout plaisir que peut me procurer le monde, et je me tourne vers vous. Par le sang que vous avez répandu pour moi, faites-moi grâce, parce que je me repens de tout mon cœur des outrages dont je me suis rendu coupable envers vous. Oui, je m'en repens et je vous aime par-dessus tout. Je ne suis pas digne de vous aimer, mais vous méritez de l'être ; acceptez-moi au nombre de ceux qui vous aiment, ne dédaignez pas ces sentiments d'un cœur qui vous a, autrefois, méprisé. Si vous m'avez conservé la vie, lorsque j'étais dans l'iniquité, c'est par un effet de votre amour pour moi. Aussi, tout le temps qui me reste à passer sur la terre, je ne veux plus aimer que vous. Venez donc à mon secours, donnez-moi la persévérance et votre saint amour.

Et vous, Marie, mon refuge, recommandez-moi à Jésus, votre fils.

---

* S, Luc, 15, 21.
† Zach. 1. 3.

DEUXIÈME PARTIE

Le roi Ézéchias disait en versant des larmes : *Ma vie a été tranchée comme la trame par le tisserand, elle a été coupée lorsque je ne faisais que la commencer**. Oh ! combien en est-il qui, occupés à préparer l'exécution de projets conçus avec une rare prudence, selon le monde, sont surpris par la mort qui renverse tous leurs calculs. À la lueur de ce dernier flambeau, applaudissements, divertissements, pompes et grandeurs, tout s'évanouit ; c'est là le grand secret de la mort. Elle nous prouve que les amateurs du monde ne voient rien. La fortune, en apparence la plus digne d'envie, les postes les plus éminents, les triomphes les plus honorables, sont d'un bien faible prix, lorsqu'on les aperçoit de dessus un lit de mort. L'idée fausse que nous nous étions formée du bonheur se change alors en une juste indignation d'avoir pu devenir victimes d'une telle folie. Le trépas obscurcit de son crêpe funèbre toutes les dignités, même celle des rois.

Maintenant, les passions nous montrent les choses d'ici-bas sous une apparence bien trompeuse, mais au dernier instant, nous les apprécions à leur juste valeur, ils ne sont plus alors à nos yeux que fumée, boue, vanité et misère. Oh Dieu ! à quoi servent à ce moment suprême les richesses, les plus vastes possessions, les trônes mêmes, quand on ne doit plus avoir qu'un tombeau fait de quelques planches et un linceul ! De quel avantage

---

* Is. 38.

est la gloire lorsqu'il s'agit d'un convoi funèbre, de funérailles quelque pompeuses qu'elles soient, qui ne seront d'aucune utilité à l'âme si elle s'est perdue ! Que sont les agréments du corps pour quiconque n'est plus que vers, pourriture, un objet d'horreur même avant la mort, et qui, enfin, doit se réduire à quelques grains d'une fétide poussière.

Je suis devenu, dit Job, *la fable du peuple, j'ai été pour lui comme un exemple des châtiments de Dieu**. Un homme riche, un grand ministre, un vaillant capitaine vient à mourir ; la nouvelle s'en répandra partout ; mais s'il a vécu dans le désordre, il deviendra aussi la risée de la multitude, une preuve frappante de la vanité du monde, et un exemple de la justice divine, propre à servir à la correction des autres. Ensuite, il sera confondu, sans nulle distinction, avec les pauvres dans le tombeau, *car c'est là que se trouvent les petits et les grands*†. De quelle utilité sont les grâces de la beauté, lorsqu'on n'est plus qu'un amas de vers ? Que sert l'autorité qu'on a exercée pendant la vie, dès le moment où le corps est livré à la pourriture et l'âme précipitée dans les feux de l'enfer ? Oh qu'il est triste d'être pour les autres le sujet de pareilles réflexions, faute de ne les avoir pas faites pour soi-même ! Persuadons-nous donc que le temps convenable pour remédier au désordre de notre conscience n'est pas le temps de la mort, mais celui de la vie. Faisons, dès maintenant, ce qui nous serait impossible alors. *Le temps est court*‡. Tout finit et passe avec rapidité. En conséquence, agissons de manière que tout nous serve à l'acquisition du bonheur éternel.

Affections et Prières.

Ô Dieu de mon âme, ô bonté infinie, ayez pitié de moi, qui vous ai tant offensé ! Je savais bien qu'en péchant, je perdais votre grâce, et je voulais la perdre. Dites-moi ce que je dois faire pour la recouvrer. Vous voulez que je me repente de mes fautes, je m'en repens de tout mon cœur ; je désirerais en mourir de douleur. Vous me prescrivez d'espérer mon pardon, je l'espère par les mérites de votre sang. Vous m'ordonnez de vous aimer par-dessus tout ; j'abandonne tout, je renonce à tous les plaisirs, à tous les biens que le monde peut m'offrir, et je vous aime plus que tous ces biens, ô mon tout aimable Sauveur. Si vous voulez que je vous demande des

---

* Job, 17. 6.
† Job, 13.
‡ 1 aux Cor. 7, 29.

grâces, j'en réclame deux principales ; la première, c'est de ne permettre pas que je vous offense encore, et la seconde, c'est de vous aimer. Ensuite, traitez-moi comme vous le voudrez.

Marie, mon espérance, obtenez-moi cette double faveur, je l'attends de vous.

TROISIÈME PARTIE

Quelle folie de courir les risques de mourir de la mort des réprouvés pour de coupables plaisirs d'un moment, et de s'acheminer ainsi vers une déplorable éternité ! Oh ! de quelle importance est ce dernier moment, ce dernier soupir, ce terme de la vie ! Il y va de jouissances ou de tourments sans fin, d'une vie toujours heureuse, ou toujours malheureuse. Pénétrons-nous donc bien de cette pensée, que J.-C. n'a voulu se dévouer à des supplices si cruels et si ignominieux, que pour nous obtenir une bonne mort. S'il nous a appelés si souvent, s'il nous a donné tant de lumières, s'il nous a avertis et menacés tant de fois, c'était pour nous déterminer à nous procurer, pour ce dernier instant, l'avantage de posséder la grâce de Dieu.

Un païen même, Antistène, interrogé quel était dans le monde le plus grand bonheur répondit : *c'est une bonne mort*. Et que dira un chrétien qui, éclairé par la foi, sait à n'en pouvoir douter, qu'à ce moment commence l'éternité, que, d'un autre côté, sont des joies inadmissibles, et de l'autre, des tourments qui ne doivent jamais finir ? Si l'on jetait dans une urne deux billets sur l'un desquels on écrirait *enfer*, et sur l'autre, *ciel*, et que votre sort dépendît du choix que vous feriez, quelle attention n'apporteriez-vous pas pour prendre celui qui vous assurerait le ciel. Les infortunés condamnés à jouer leur vie, oh Dieu ! quel tremblement les agite, en jetant les dés, lorsque leur destinée dépend de cette chance ! Quel est le saisissement d'une âme, quand, sur le point de briser les liens qui l'attachent au corps, elle se dit : de l'heure à laquelle je touche, résultera, pour moi, la vie ou la mort éternelle. Dès maintenant, choisissez, ou d'être heureux, ou d'être malheureux pour toujours.

S. Bernardin de Sienne rapporte qu'à la mort, un Prince disait : « Voilà que j'ai possédé de si vastes états, j'ai tant de palais dans mon royaume ! cependant si j'expire cette nuit, j'ignore quelle sera ma demeure ! » Et vous, mon frère, si vous savez qu'il vous faut mourir ; qu'il y a une éternité ; qu'on ne meurt qu'une fois et que si vous venez à faire une mauvaise mort, ce malheur est irréparable, comment ne formez-vous pas la résolution de commencer, enfin pour vous assurer une mort précieuse devant Dieu ?

S. André Avellin tremblait, en disant : « *qui sait ce qui m'attend dans l'autre vie ! Serai-je sauvé ? Serai-je damné ?* » S. Louis Bertrand était dans de telles angoisses, qu'il ne pouvait prendre sommeil, en réfléchissant à cette pensée : *qui sait si tu ne seras pas damné ?* Et vous, qui avez amassé un si grand trésor de colère, vous ne craignez pas ? Hâtez-vous de remédier au mal ; décidez-vous à vous donner à Dieu, et, dès ce moment, au moins, prenez la sage résolution de vivre de manière à avoir à la mort, des motifs non de frayeur, mais de consolation. Vaquez à la prière ; fréquentez les sacrements ; évitez les occasions dangereuses, et, s'il en est besoin, quittez encore le monde ; assurez, par tout moyen, votre salut éternel. Faites attention surtout, que lorsqu'il y va d'une affaire aussi importante, on ne peut jamais prendre trop de précautions.

Affections et Prières.

Ô mon aimable sauveur, combien je suis touché de reconnaissance envers vous ! Comment en effet, avez-vous pu jamais combler de tant de grâces, un ingrat, un traître tel que moi ? Vous m'avez créé, et en me créant vous avez prévu l'insolence dont je devais vous donner tant de preuves ! Votre mort m'a racheté et vous voyez, dès ce moment, les nombreuses ingratitudes dont je payerais vos bontés. À mon entrée dans le monde, déjà votre ennemi, j'étais plongé dans la mort, j'exhalais une odeur infecte, votre grâce a ressuscité mon âme. J'étais aveugle, vous m'avez fait voir. J'étais perdu et vous m'avez retrouvé. J'étais votre ennemi ; vous m'avez rendu votre ami. Ô Dieu de miséricorde, faites-moi connaître l'étendue de mes obligations, pleurer les fautes que j'ai commises ! Vengez-vous, je vous en conjure, en me donnant une grande douleur de mes péchés, mais ne me punissez pas par la privation de votre grâce et de votre amour. Ô Père éternel, je déteste et j'ai en horreur, plus que tous les maux, les infractions auxquelles je me suis abandonné. Pour l'amour de J.-C., ayez pitié de moi. Regardez cet adorable fils mort en croix ; que son sang divin coule sur mon âme pour la purifier de ses souillures ! Ô Roi de mon cœur ; *que votre règne arrive !* Je suis résolu de renoncer à toute affection qui ne serait pas pour vous. Je vous aime par-dessus toutes choses. Venez régner seul dans mon âme ; faites que je vous aime et que je n'aime que vous. Je désire de vous procurer toute la satisfaction dont je suis capable et de vous plaire pendant tout ce qui me reste encore de jours à vivre. Bénissez, ô mon Père, ce désir ardent et donnez-moi les secours nécessaires pour vous rester toujours uni. Je vous consacre tous mes sentiments, et, dès maintenant, je ne veux plus être à d'autre qu'à vous, mon trésor, ma paix, mon espérance, mon amour mon tout, j'espère tout de vous par les mérites de votre fils.

Ô Marie, vous qui êtes ma reine et ma mère, aidez-moi de votre intercession. Mère de Dieu, priez pour moi.

IVe CONSIDÉRATION

CERTITUDE DE LA MORT.

Il est arrêté que tous les hommes mourront une fois.
— ÉP. AUX HÉB. 9. 27.

PREMIÈRE PARTIE

Une sentence de mort est portée contre tous les hommes ; vous êtes hommes, vous devez mourir. Saint Augustin disait : « Tous les autres événements heureux ou malheureux sont incertains, la mort seule est certaine. » On ne sait, par exemple, si cet enfant qui vient au monde sera pauvre ou riche, s'il sera d'une constitution forte ou d'un tempérament délicat ; s'il sera enlevé au printemps de ses jours, ou s'il parviendra à la vieillesse ; on est, sur tous ces points, dans la plus grande incertitude. Mais mourra-t-il ou ne mourra-t-il pas ? c'est sur quoi on n'élève pas le moindre doute. Nobles, Rois, tous verront trancher le fil de leurs jours, et quand arrivera la mort, toute résistance sera impossible. On résiste au feu, à l'eau, au fer ; on résiste à la puissance des monarques, mais on ne peut rien opposer à la mort[*].

On raconte qu'un roi de France arrivé au terme de sa carrière, s'écria : « voilà qu'avec toute ma puissance, je ne puis obtenir de la mort une heure de délai. » Quand on est parvenu au terme il n'y a plus à différer d'un instant. *Dieu a fixé les bornes de la vie, on ne les dépassera pas*[†]. Que vous prolongiez votre vie, mon cher lecteur, selon votre espoir, pendant un certain nombre d'années, il viendra, enfin, un jour et dans ce jour une heure qui sera pour vous la dernière. Quant à moi, qui trace maintenant ces

---

[*] S. August, sur le ps. 12.
[†] Job 14, 5.

lignes, et vous qui lisez ce livre, le jour, le moment est déjà fixé où je cesserai d'écrire et où vous-même ne me lirez plus. *Quel est l'homme vivant qui sera exempt de voir la mort ?** Oui, la sentence en est portée. Jamais il n'a existé d'homme assez insensé pour se faire illusion sur l'inévitable nécessité de mourir. Ce qui est arrivé à vos ancêtres, vous arrivera à vous-même. De cette multitude qui vivait au commencement du siècle passé dans notre patrie, il n'en existe plus un seul. De ces princes et de ces rois conquérants qui ont ravagé la terre, et que la mort a frappés sur leur trône ou à la tête de leurs armées, il ne reste qu'un mausolée de marbre, couvert il est vrai, de pompeuses inscriptions, mais qui nous apprennent que, maintenant, ces grands ne sont plus qu'une poignée de poussière cachée sous la pierre de leur sépulcre. « Dites-moi où sont les amateurs du monde ? demandait saint Bernard : il n'y a plus rien d'eux, répond-il, sinon des vers et de la cendre. »

Il faut donc chercher à acquérir non des biens périssables, mais des biens éternels, puisque nos âmes sont destinées à l'éternité. À quoi bon la félicité d'ici-bas (si, toutefois, on peut appeler félicité l'état d'une âme qui vit sans Dieu), si l'on doit être malheureux ensuite pendant les siècles des siècles ? Vous avez éprouvé une si grande satisfaction à élever cet édifice, mais pensez qu'il vous faudra bientôt en sortir pour être livré en proie à la corruption. Vous avez obtenu une dignité qui vous élève au-dessus des autres ; mais la mort, un jour, vous rendra semblable au dernier des hommes.

Affections et Prières.

Que je suis malheureux, ô Dieu de mon âme, de n'avoir pensé pendant si longtemps qu'à vous offenser ! Ces années si funestes se sont écoulées, et déjà, peut-être, la mort s'approche. Je ne trouve en moi que chagrins et remords de conscience. Insensé que j'ai été ! Plût au Ciel que je vous eusse toujours servi ; mais, Seigneur, depuis tant d'années que je suis sur la terre, au lieu d'amasser de nombreux mérites par une autre vie, je me suis chargé de dettes énormes envers votre divine justice. Mon aimable Rédempteur, donnez-moi la lumière et la force pour mettre ordre aux affaires de mon âme. La mort, peut-être, n'est pas loin de moi. Je veux me préparer pour ce moment important où doit se décider mon sort éternellement heureux ou malheureux. Je vous rends grâce de m'avoir attendu

---

* Ps. 88,49.

jusqu'à présent. Et puisque vous me donnez le temps de réparer mes fautes, me voici, mon Dieu, dites-moi ce que je dois faire pour vous. Vous voulez que je sois affligé de ma coupable conduite, mon affliction est sincère ; mon âme ressent un vif déplaisir de ses ingratitudes. Vous voulez que j'emploie le reste de ma vie à vous aimer ; c'est là l'objet de tous mes désirs. Oh Dieu ! autrefois, j'ai si souvent formé de bons propos, mais mes promesses ont été autant de trahisons ! Non, mon Jésus, non, je ne veux plus être ingrat, après toutes les grâces dont vous m'avez comblé. Car si, au moins maintenant, je ne change pas de vie, comment pourrai-je espérer à la mort mon pardon et le Ciel ? C'en est fait, je suis fermement résolu de mettre la main à l'œuvre et de vous servir désormais, mais fortifiez-moi et ne m'abandonnez pas. Vous ne m'avez pas abandonné, lorsque je vous offensais, j'espère de vous un secours infaillible actuellement que je me propose de tout sacrifier pour vous plaire. Ô Dieu, digne d'un amour infini, agréez donc que je vous aime. Recevez un traître qui, aujourd'hui, se repent, qui embrasse vos pieds sacrés, qui vous aime et cherche à exciter votre compassion. Je vous aime, ô mon Jésus, je vous aime de tout mon cœur, je vous aime plus que moi-même. Voici que je suis à vous. Disposez de moi et de tout ce qui est à moi, selon votre bon plaisir. Faites que je persévère dans l'obéissance à vos volontés saintes ; donnez-moi votre amour, puis, faites de moi ce qu'il vous plaira.

Marie, ma mère, mon espérance et mon refuge, je me recommande à vous, je remets mon âme entre vos mains ; priez Jésus pour moi.

DEUXIÈME PARTIE

Il est donc certain que nous sommes tous condamnés à la mort. *C'est un arrêt porté**. Nous naissons tous, la sentence de mort gravée sur nos fronts, et chaque pas que nous faisons nous approche du tombeau. Mon cher frère, de même que votre nom a été inscrit sur les registres de baptême, il figurera aussi un jour sur les registres de sépulture. Vous parlez de vos ancêtres, d'un père qui a laissé un souvenir honorable, d'un oncle, d'un frère ; vos descendants parleront ainsi de vous un jour. Vous avez entendu le son lugubre des cloches annoncer le décès d'un grand nombre, on annoncera aussi de même aux autres que vous avez cessé de vivre. Que diriez-vous, si vous voyiez un homme condamné au gibet s'avancer vers le lieu du supplice, en dansant, en riant, en regardant de tous côtés, et ne s'occupant que de comédies, de festins et de parties de plaisir ? Et vous n'allez-vous pas ainsi à la mort ? À quoi pensez-vous ? Jetez les yeux sur cette fosse où sont vos parents, vos amis ; la justice divine s'est déjà exercée contre eux. Quel sujet d'épouvante pour un homme condamné de voir attachés au gibet les compagnons de ses crimes, qui déjà sont morts ! Regardez donc ces cadavres ; chacun d'eux vous dit : *Hier c'était mon tour, c'est aujourd'hui le vôtre* †. Les portraits de vos ancêtres, les

---

* Épît. aux Héb. c. 9. 27.
† Eccl. 38 23.

mémoires qu'ils ont laissés, leurs maisons, leurs lits, les habits qui vous restent d'eux ; tout vous tient le même langage.

Peut-on se figurer une folie plus inconcevable ! Vous savez que vous devez mourir, et, qu'après la mort, une éternité de bonheur ou de châtiments vous est réservée ; vous savez que de ce moment dépend votre sort éternellement heureux, ou malheureux, et cependant vous ne pensez pas à mettre ordre à votre conscience ni à prendre toutes les mesures nécessaires pour mourir saintement ! Nous plaignons ceux qui sont enlevés subitement à la vie, et qui ne se sont pas disposés à paraître devant Dieu, et nous, exposés aux mêmes coups, pourquoi ne nous tenons-nous pas toujours prêts ! Il nous faudra cependant mourir tôt ou tard, que nous soyons en bon état ou non, que nous y pensions, ou que nous n'y pensions pas, et à chaque heure, nous sommes plus voisins du terme. Une dernière maladie nous enlèvera.

Chaque siècle, les maisons, les places publiques, les villes, les empires, l'univers lui-même, sont peuplés de nouveaux habitants, ceux qui les précédaient sont dans la poussière du tombeau. Ils ne vivent plus ; il viendra aussi un temps où vous, moi et cette multitude innombrable qui existe aujourd'hui, tous, nous serons enlevés du nombre des vivants. *De nouveaux jours se formeront et personne de nous ne les comptera**. Nous serons tous alors dans l'éternité qui sera un jour de délices sans fin, où une nuit d'interminables douleurs ; il n'y a pas de milieu. Il est certain, il est de foi, que l'un ou l'autre sort nous est réservé.

Affections et Prières.

Mon bien-aimé Rédempteur, je n'aurais osé me présenter devant vous, si je ne vous avais vu attaché à la croix, déchiré en lambeaux, en butte à mille insultes et mort pour moi. Elle est grande mon ingratitude, mais votre miséricorde est plus grande encore ! Mes péchés sont énormes, mais vos mérites l'emportent de beaucoup sur eux. Vos plaies, votre sang, votre mort, sont toute mon espérance. Dès mon premier péché, j'ai mérité l'enfer, et depuis, combien de fois j'ai recommencé à vous offenser ! et vous, non-seulement vous m'avez conservé la vie, mais avec quelle tendresse, avec quel amour ne m'avez-vous pas invité au pardon, ne m'avez-vous pas offert la paix ! Comment puis-je craindre que vous me repoussiez aujourd'hui, que je vous aime et que je ne désire autre chose que votre

---

* Ps. 138. 16.

grâce ! Oui, je vous aime de tout mon cœur mon bon maître et je ne veux plus rien autre chose que votre amour. Je vous aime et me repens de vous avoir méprisé ; ce n'est pas tant par crainte de l'enfer que j'ai mérité, que pour n'avoir répondu que par mes péchés, ô mon Dieu, à l'amour que vous avez eu pour moi. Je vous en conjure, mon Jésus, recevez-moi, avec bonté, sur votre sein, et ajoutez à vos miséricordes des miséricordes nouvelles. Faites que je ne sois plus ingrat ; changez mon cœur tout entier. Que ce cœur qui n'a su estimer votre amour et qui a choisi, en échange, les malheureux plaisirs de la terre, désormais constamment à vous soit consumé du feu de votre amour. J'espère arriver au Ciel, pour vous aimer toujours. Je n'y serai pas parmi ceux qui jamais n'ont perdu votre grâce, mais au nombre de ceux qui ont expié leurs fautes par la pénitence, et au milieu de ces derniers, je veux vous aimer plus que les premiers. Pour la gloire de votre miséricorde, faites que le Ciel soit témoin de l'amour ardent d'un pécheur qui vous a tant offensé. Je forme, dès aujourd'hui, la résolution d'être tout à vous et de ne plus penser qu'à vous aimer. Donnez-moi le secours de vos lumières et de votre grâce, pour avoir la force d'exécuter le désir, dont votre bonté me favorise.

Ô Marie, vous qui êtes la mère de la persévérance, obtenez-moi d'être fidèle à mes promesses.

TROISIÈME PARTIE

La mort est certaine. Mais, ô mon Dieu, comment est-il possible que des chrétiens qui le savent qui le croient et qui ont, tous les jours, l'expérience de cette vérité, vivent dans un tel oubli de la mort qu'il leur semble ne devoir jamais mourir ! Si, après cette vie, il n'y avait ni enfer ni paradis, pourraient-ils y penser moins qu'ils ne le font ? voilà pourquoi ils vivent dans le crime. Mon frère, si vous voulez pratiquer la vertu, passez les jours qui vous restent comme en face de la mort. *Ô mort, ton jugement est bon** ! Oh que celui qui prend ce point de vue juge sainement des choses et dirige bien ses actions ! Le souvenir de la mort fait perdre l'affection qui attache à toutes les choses de la terre. « Si vous considérez le terme de la vie, vous n'aimerez rien ici-bas † ». *Tout ce qui est dans ce monde est concupiscence de la chair, concupiscence des yeux et orgueil*‡. Tous les biens du monde se réduisent au plaisir des sens, à la vanité des ornements et aux honneurs mais quiconque pense que, bientôt, il sera réduit en poussière et livré dans la tombe à la pâture des vers, ne sentira pour toutes ces futilités qu'un souverain mépris. C'est ainsi qu'ont agi tous les Saints qui voyaient tout, à la lueur du flambeau de la mort.

Saint Charles Borromée avait une tête de mort sur sa table, pour la

---

* Eccl. 41. 3.
† S. Laurent Justin, de l'arbre de la vie, c. 5.
‡ S. Jean, 2. 16.

considérer sans cesse. Le cardinal Baronius portait un anneau sur lequel étaient gravées ces paroles : *Souviens-toi que tu dois mourir*. Le révérend père Juvenal Ancine, évêque de Salluces, avait aussi écrit sur une tête de mort ces mots : *j'ai été ce que tu es, tu seras ce que je suis*. Un saint ermite interrogé, dans ses derniers moments, pourquoi il était pénétré d'une joie si vive, répondit : j'ai eu souvent la mort devant les yeux, et maintenant qu'elle vient à moi, je ne la vois pas comme un objet nouveau.

Quelle serait la folie d'un voyageur s'il pensait à paraître avec éclat dans les contrées qu'il parcourt, sans réfléchir qu'il risque d'être réduit à une misère profonde dans le pays où il doit passer sa vie toute entière ? Ne sera-ce pas aussi un insensé celui qui, pour amasser des richesses dans ce monde où il ne passera que peu de jours, s'expose à être malheureux dans l'autre, où il restera toute l'éternité. Quand on a un objet prêté, on ne s'y attache pas beaucoup, dans la pensée que bientôt il faudra le rendre. Or, les biens de la terre ne nous sont donnés qu'à titre de prêt ; n'est-ce pas alors une folie de s'y affectionner, puisqu'ils nous seront réclamés sous peu ? La mort dépouille de tout. Tous les biens dont on a fait l'acquisition, la plus brillante fortune s'évanouissent avec le dernier soupir, pour celui qui descend dans la tombe. La maison que vous avez bâtie, dans quelque temps vous la céderez à un autre. Une fosse sera la demeure de votre corps jusqu'au jour du jugement, et de là vous devrez passer ou dans le ciel, ou dans l'enfer, enfin où l'âme se sera déjà rendue.

Affections et Prières.

Tout finira donc pour moi, à la mort ! Je n'aurai plus rien autre chose, ô mon Dieu, que de ce que j'aurai fait pour votre amour ! Pourquoi différer ? Veux-je attendre l'arrivée de la mort, qui me trouverait, pour mon malheur, dans la fange du péché où je suis encore plongé ? Si maintenant je devais quitter la vie, je serais accablé d'inquiétudes et dans une affliction extrême d'avoir vécu, comme je l'ai fait ! Non, mon Jésus, je ne veux pas mourir dans cet affreux état. Je vous rends grâce de me donner le temps de pleurer mes fautes et de vous aimer. Je veux commencer, dès ce moment. Je me repens, par-dessus tout, de vous avoir offensé et je vous aime plus que tous les biens, plus que ma vie. Je me donne tout à vous, mon Jésus, dès aujourd'hui, je vous embrasse, je vous presse sur mon cœur, je vous confie absolument mon âme. Je ne veux pas attendre pour vous la donner, qu'on vienne lui annoncer son départ de ce monde. Je ne veux pas retarder jusqu'à cet instant pour vous prier de me mettre au nombre de vos élus. Mon Jésus, sauvez-moi et remplissez à mon égard la signification de ce beau nom de Jésus. Mon Sauveur, oui sauvez-moi, pardonnez-moi, et accordez-moi la grâce de votre saint amour. Qui sait si cette considération que je lis aujourd'hui n'est pas la dernière invitation que vous me faites, la dernière miséricorde dont vous usez envers moi ? Étendez la main, mon amour, et tirez-moi de cet abîme de tiédeur où je suis plongé. Excitez en moi la ferveur et faites que ce soit avec un cœur plein d'amour que j'accomplisse votre volonté. Père éternel, par l'amour de Jésus, favorisez-moi du don sacré de la persévérance et de la grâce nécessaire pour vous chérir, le reste de ma vie.

Ô Marie, mère de miséricorde, par la tendresse qui vous lie à Jésus votre divin fils, obtenez-moi ces deux grâces : la persévérance et l'amour.

Vᵉ CONSIDÉRATION

DE L'INCERTITUDE DE L'HEURE DE LA MORT.

Soyez prêts, parce que le fils de l'homme viendra au moment où vous y penserez le moins.

— S. LUC, 12, 40.

PREMIÈRE PARTIE

Il est indubitable que tous nous devons mourir, mais quand ? nous l'ignorons. Rien de plus certain que la mort, mais rien de plus incertain que le moment où elle viendra nous frapper. Déjà cependant, mon cher frère, l'année, le mois, le jour, l'heure et l'instant de votre départ du monde et de votre entrée dans l'éternité sont fixés, mais tout cela est caché à vos yeux. L'Esprit-Saint, pour nous déterminer à être toujours prêts, nous dit tantôt que la mort viendra comme un voleur de nuit, à l'improviste* ; tantôt, J.-C. nous recommande d'être sur nos gardes, nous annonçant qu'il apparaîtra pour nous juger, lorsque nous y penserons le moins. Selon S. Grégoire, c'est dans notre intérêt que Dieu nous cache notre dernière heure, pour que nous nous trouvions continuellement disposés à ce redoutable passage. Ainsi, puisque nous pouvons mourir, en tout temps, en tout lieu, il en résulte clairement que si nous voulons finir saintement et nous sauver c'est pour nous une nécessité, dit S. Bernard, d'être sans cesse dans l'attente. *La mort vous attend partout, dit-il, partout aussi attendez-la donc de même.*

Chacun sait qu'il doit mourir, mais le malheur est qu'un grand nombre placent la mort à une si grande distance qu'ils la perdent de vue. Aussi ceux qui sont arrivés à la décrépitude, les personnes même les plus infirmes se promettent encore trois ou quatre années de vie ; quelle extra-

---

* Ép. aux Thess. 5. 2.

Mais nous, ne devrions-nous pas être sages, après tant d'exemples qui arrivent de nos jours ? Que de morts subites, en effet ! L'un meurt assis, l'autre, en marchant, celui-là, dans son lit, où il s'était couché en bonne santé, pour prendre son repos. Il est certain qu'aucun de ceux dont je parle ne supposait devoir partir ce jour-là, et aussi subitement. Je dis plus : de la multitude de ceux qui, sont morts cette année dans leur lit, aucun ne s'imaginait qu'elle serait la dernière. Il en est peu que la mort ne prenne au dépourvu.

Ainsi, lorsque le démon vous pousse au mal, sous le prétexte que le lendemain vous vous confesserez, répondez-lui : que sais-je si aujourd'hui n'est pas mon dernier jour ? Si cette heure, si cet instant, où j'abandonnerai Dieu, je devais mourir et que, par conséquent, il ne me fût plus possible de réparer ma faute, qu'en serait-il de moi pendant toute l'éternité ? Combien d'infortunés pécheurs, empoisonnés dans un repas, sont morts sur le champ et ont été précipités en enfer ! *De même, que les poissons sont pris à l'hameçon, ainsi les hommes seront pris dans les temps mauvais**. Ce temps mauvais est, à proprement parler, le moment où l'homme offense le Seigneur. Le démon vous dit que ce malheur ne vous arrivera pas, mais répondez-lui : s'il m'arrive, quelle sera mon éternité ?

Affections et Prières.

Seigneur, ce n'est pas ici que je devrais être maintenant, mais en enfer dont mes péchés m'ont rendu digne tant de fois. *L'enfer est ma demeure*†.

Il est vrai que j'entends l'apôtre S. Pierre me dire : *Dieu use de patience envers vous, ne voulant pas que personne périsse, mais que tous reviennent à lui par la pénitence*‡. Si donc vous m'avez attendu si patiemment, c'est que vous ne vouliez pas ma perte, mais que vous désiriez me voir revenir à vous pour faire pénitence. Oui, mon Dieu, je reviens, je me jette à vos pieds et vous demande pardon. Ayez pitié de moi, ô mon Dieu, selon la grandeur de vos miséricordes. Je le sais, Seigneur, après vous avoir offensé en face de la lumière, il faut pour me faire grâce une miséricorde bien extraordinaire. D'autres aussi ont péché, mais vous ne les aviez pas éclairé comme moi, et nonobstant tant de faveurs méprisées, vous m'ordonnez encore de me repentir et d'espérer de vous le pardon de mes

---

* Eccl. 9. 12.
† Job. 7, 13.
‡ 2. Ép. 3. 9.

fautes. Oui, mon Sauveur, c'est de tout mon cœur que je m'en repens et que je réclame et espère, par les mérites de vos souffrances, la grâce de ma réconciliation. Vous, mon Jésus, malgré votre innocence, vous avez voulu mourir, comme un criminel, sur la croix et répandre jusqu'à la dernière goutte de votre sang, pour me purifier de mes péchés ! Ô Père éternel, par l'amour que vous portez à Jésus, pardonnez-moi.

Écoutez ses prières, maintenant qu'il se fait mon avocat et qu'il vous implore en ma faveur. Mais cette grâce du pardon ne me suffit pas, ô Dieu, digne d'un amour infini, je veux encore vous aimer. Je vous aime, bien suprême, et dès aujourd'hui, je vous offre pour toujours, mon corps, mon âme, ma volonté, ma liberté, tout enfin. Je veux désormais éviter non seulement toute offense grave, mais même les plus légères. Je veux fuir toute occasion dangereuse. *Ne nous induisez point en tentation.* Délivrez-moi, par l'amour de J.-C. de toutes ces circonstances fâcheuses, où je pourrais vous offenser encore. *Délivrez-nous du mal.* Ôtez de moi tout péché, puis, frappez-moi de tels châtiments qu'il vous plaira. Les maladies, les douleurs, les pertes que vous voudriez m'envoyer, je les accepte ; il me suffit de ne perdre ni votre grâce, ni votre amour. Vous me promettez de me donner tout ce que je vous demanderai, je n'insiste que pour obtenir deux grâces : la persévérance et le bonheur de vous aimer.

Ô Marie, mère de miséricorde, priez pour moi ; je mets en vous toute ma confiance.

DEUXIÈME PARTIE

Le Seigneur ne veut pas notre perte, car il ne cesse de nous engager à changer de vie, en mêlant à ses invitations la menace de ses châtiments. Si vous ne vous convertissez, dit le Roi Prophète, *Dieu fera briller son épée**. Voyez, dit ailleurs, l'esprit saint, combien il en est qui pour n'avoir pas voulu mettre fin à leurs iniquités ont été subitement emportés ! Ils ne s'y attendaient nullement ; ils vivaient dans une sécurité profonde, et espéraient encore plusieurs années de vie, mais *lorsqu'ils ne parlaient que de paix et d'assurance, la mort est survenue tout à coup*†. Dans un autre endroit il ajoute : *si vous ne faites pénitence, vous périrez tous de même*‡. Pourquoi nous rappelle-t-il si souvent à cette idée ? sinon parce qu'il veut que nous nous corrigions de nos fautes, et qu'ainsi nous évitions le fléau d'une mort funeste. Celui qui nous crie : prenez garde à vous, n'a certainement pas l'intention de nous ôter la vie§. Il faut donc mettre ordre à notre conscience, avant ce jour où nous aurons à rendre compte de notre administration.

Ô chrétien, si aujourd'hui même, si cette nuit, vous deviez mourir et que le sort de votre éternité dût se décider si vite, que diriez-vous ? Vous

---

* Ps. 7. 13.
† Prov. 29. 4.
‡ Év. S. Luc. 13. 3.
§ S. Augustin.

trouveriez vous prêt à paraître devant le souverain juge ? Avec quelle ardeur ne réclameriez-vous pas encore une année, un mois, vingt-quatre heures au moins ! Pourquoi donc ne pas vous disposer puisque Dieu vous donne ce temps ? Peut-être ce jour est-il le dernier. *Ne tardez donc pas de vous convertir au Seigneur ; ne différez pas de jour en jour, car tout à coup sa colère éclatera, et au moment de ses vengeances, il vous perdra**. Pour vous sauver, mon cher frère, il faut abandonner le péché. Si donc il est nécessaire de le quitter dans un moment quelconque, pourquoi ne pas le quitter dès maintenant ? Vous attendez, peut-être, que la mort arrive ? Ne savez-vous pas que cet instant fatal n'est pas pour les pécheurs obstinés une époque de miséricorde, mais de vengeance ? Si l'on vous devait une somme considérable, vous prendriez vos précautions ; vous voudriez qu'on vous fit un billet et vous diriez on ne sait ce qui peut arriver. Et pourquoi ne pas avoir les mêmes précautions pour ce qui concerne votre âme, qui doit vous être plus chère que tous les biens ? Pourquoi ne pas dire aussi : qui sait ce qui peut survenir ? En perdant cette créance, vous ne perdez pas tout, et quand même vous verriez dans cette circonstance tout ce que vous possédez, vous échapper des mains, il vous resterait peut-être encore l'espoir de regagner ensuite quelque chose, mais si vous perdez votre âme, vous perdez tout, sans espoir possible de réparer jamais votre perte. Vous avez tant de soin de mettre en règle vos affaires, dans la crainte que, si vous veniez à mourir subitement, certains intérêts ne fussent compromis, mais si la mort vous enlevait subitement et que vous fussiez dans la disgrâce de Dieu, qu'en serait-il de votre âme pendant l'éternité ?

Affections et Prières.

Ah ! mon Rédempteur, vous avez répandu tout votre sang ; vous avez donné votre vie pour sauver mon âme, et tant de fois je l'ai perdue, dans l'espérance de votre miséricorde ! Ah ! j'ai prétexté si souvent votre bonté, pourquoi ? pour vous offenser davantage. Par cela même, j'ai mérité de mourir sur-le-champ, et d'être précipité en enfer, car il est écrit : maudit soit celui qui pèche dans l'espérance du pardon. Néanmoins, il semble que vous et moi nous ayons voulu rivaliser, vous pour me faire ressentir les effets de votre charité et moi pour vous outrager ; vous pour courir après moi et moi pour vous fuir, vous pour me donner le temps de réparer mes fautes et moi pour en abuser en les multipliant toujours.

---

* Eccl. 5. 9.

Seigneur, faites-moi connaître l'énormité de mes torts et l'impérieuse obligation de vous aimer. Ah ! mon Jésus, comment pouvais-je vous être si cher ! comment pouviez-vous me poursuivre, lorsque je m'écartais de vous ? Comment est-il possible que vous m'ayez comblé de tant de grâces, moi qui vous causais tant de déplaisirs ! Tant de patience et de longanimité me prouve que vous ne voulez pas me perdre. Je me repens de tout mon cœur de vous avoir offensé, ô bonté infinie ! Ah ! recevez cette brebis ingrate, qui, pressée par le repentir revient pour se jeter à vos pieds ; recevez-la et chargez-la sur vos épaules, afin qu'elle ne fuit plus loin de vous ; non que je veuille me soustraire encore ; au contraire, ma résolution bien sincère est de vous aimer, d'être à vous et pourvu que je sois à vous, je ne m'inquiéterai plus de toutes les peines qui pourraient m'arriver. Je ne puis jamais en avoir d'aussi grandes que celle de vivre sans votre grâce, d'être séparé de vous, mon Dieu, mon créateur et mon Rédempteur. Ô péchés maudits, qu'avez-vous fait ? vous m'avez fait déplaire à mon Sauveur qui m'a témoigné tant d'amour ! Ah ! mon Jésus, vous êtes mort par amour pour moi, je devrais à mon tour mourir d'amour pour vous et de douleur de vous avoir méprisé. J'accepte la mort comme et quand il vous plaira ; mais puisque jusqu'à présent, je ne vous ai pas aimé, ou qu'au moins je vous ai aimé trop peu, je ne veux pas mourir en cet état. Laissez-moi vivre encore quelque temps, afin que je vous aime avant de mourir, et dans ce but, changez mon cœur, frappez-le, embrasez-le du feu de votre saint amour, accordez-moi cette grâce, par ce sentiment de charité qui vous a inspiré de sacrifier votre vie pour moi. Je vous aime de toute mon âme, qui brûle d'amour pour vous. Ne permettez donc plus qu'elle vous perde. Donnez-moi la persévérance, donnez-moi votre amour.

Très-sainte Vierge, Marie, mon refuge et ma mère, soyez mon avocate.

TROISIÈME PARTIE

Soyez prêts. Remarquez que le Seigneur ne nous recommande pas de nous préparer, quand la mort arrive, mais d'être prêts, car à cet affreux moment de confusion et de trouble, il sera comme impossible de rétablir l'ordre dans une conscience embarrassée. La raison nous le dit ; Dieu nous tient le même langage, en nous menaçant qu'il viendra alors, non pour pardonner, mais pour se venger du mépris de sa grâce*. « Juste châtiment, dit saint Augustin, de ne pouvoir se sauver lorsqu'on le voudra quand on ne l'a pas voulu, lorsqu'on le pouvait† ». Mais dira quelqu'un : qui sait ? peut-être pourrai-je encore, à ce dernier instant, me convertir et me sauver ? Vous précipiteriez-vous dans un puits, sous le prétexte que, peut-être, vous survivriez à votre chute ? Ô Dieu ! quel délire ! Comment le péché peut-il aveugler l'âme et faire perdre, à ce point, la raison ! Lorsqu'il s'agit de la santé du corps, on se conduit avec prudence ; est-il question de l'âme ? les mesures qu'on prend sont marquées au coin de la folie la plus extravagante.

Mon frère, qui sait si ces réflexions dont vous vous occupez ne sont pas le dernier avis que Dieu vous donne ? Oui, hâtons-nous de nous disposer à la mort, pour qu'elle ne nous surprenne pas à l'improviste ! Aussi, saint Augustin nous dit que Dieu a voulu nous cacher le dernier de

---

* Ép. aux Rom. 12 19.
† Troisième liv. du lib. arb.

nos jours, pour que tous les jours nous fussions sur nos gardes*, et saint Paul nous engage de travailler à notre salut, non seulement *avec crainte*, mais *avec tremblement*†.

Saint Antonin rapporte qu'un roi de Sicile, voulant montrer à un de ses sujets de quelles frayeurs il était agité sur le trône, le fit asseoir à sa table, et ordonna de placer au-dessus de sa tête, une épée nue, suspendue seulement à un fil. Cet infortuné, saisi d'effroi, pouvait, à peine, se décider à prendre quelque nourriture. Nous courons, cependant, tous le même danger, car, à chaque instant, le glaive de la mort peut tomber sur nous, et c'est d'un accident de ce genre que dépend notre salut éternel.

Il s'agit ici de l'éternité. *Si l'arbre tombe au septentrion ou au midi, il y restera*‡. Si, à la mort, notre âme était dans la grâce de Dieu, quelle sera son allégresse ! Elle pourra se dire : J'ai tout gagné, je ne puis plus perdre Dieu, je serai heureuse pour toujours. Mais si elle est dans le péché, dans quel désespoir ne sera-t-elle point plongée ! Je me suis donc trompée, se dira-t-elle ! il n'y a plus, pendant toute l'éternité, le moindre remède à mon erreur !

Quand on annonça au vénérable père Avila ce digne apôtre de l'Espagne, qu'il lui fallait se préparer à quitter la vie, il montra une grande agitation, et s'écria : *Oh ! si j'avais encore un peu de temps pour me disposer à ce redoutable passage !* L'abbé Agathon qui mourait après de longues années de pénitence, disait aussi : *Que deviendrai-je ? qui connaît les jugements de Dieu ?* On vit saint Arsène trembler de même en présence de la mort. Ses disciples lui demandèrent pourquoi il se laissait aller à de si vives appréhensions ? Mes enfants, leur répondit-il : « elles ne sont pas d'aujourd'hui, je les ai éprouvées toute ma vie. »

Le saint homme Job est surtout remarquable par l'angoisse où le jetait cette pensée : « Que ferai-je, s'écriait-il, lorsque Dieu se lèvera pour me juger ? que lui répondrai-je, quand il m'interrogera ? »

---

* Hom. 13.
† Ép. aux Phil. 2. 12.
‡ Eccl. 11. 13.

Affections et Prières.

Ah ! mon Dieu, où trouverais-je quelqu'un qui m'ait aimé plus que vous et, toutefois il n'est personne envers qui je me sois permis plus de mépris et d'outrages qu'envers vous ! Ô sang ! ô plaies de mon Jésus ! vous êtes mon espérance. Père éternel, ne regardez pas mes péchés, regardez plutôt les blessures dont votre fils est couvert, ce fils l'objet de vos complaisances qui, pour moi, est mort de douleur et qui vous demande mon pardon. Je me repens, ô mon créateur, de vous avoir offensé, j'en éprouve plus de peine que de tous les maux qui auraient pu m'arriver. Vous m'avez donné la vie pour la consacrer à votre amour et j'ai vécu comme si vous m'aviez créé pour vous offenser. Pour l'amour de J.-C., pardonnez-moi, et faites-moi la grâce de vous aimer. J'ai autrefois opposé de la résistance à votre volonté, maintenant, je ne veux pas persévérer dans ma révolte, mon désir est de faire, au contraire, tout ce que vous me prescrivez. Vous me commandez de détester les péchés que j'ai commis ; je les déteste de toute mon âme. Vous m'ordonnez de former la résolution de ne plus vous désobéir, et je suis résolu de mourir mille fois plutôt que de perdre votre grâce. Vous me recommandez de vous aimer de tout mon cœur, je vous aime de tout mon cœur et je ne veux aimer que vous ; vous serez, dorénavant, l'unique objet de mes affections, mon unique amour. Je réclame et j'attends de vous la persévérance. Oui, pour l'amour de J.-C., faites que je vous sois fidèle et que je vous dise, sans cesse, avec saint Bonaventure : *J'ai un seul bien-aimé, un seul objet de mon amour !* Non, non, je ne veux plus que ma vie soit pour vous une occasion de déplaisirs ; je veux l'employer, toute entière, à pleurer mes ingratitudes et à vous aimer.

Marie, ma mère, vous priez pour tous ceux qui se recommandent à vous, priez aussi pour moi.

VIE CONSIDÉRATION

MORT DU PÉCHEUR.

Au moment de leur détresse, ils chercheront la paix, elle ne leur sera pas donnée. De nombreux sujets de trouble viendront se joindre aux premiers.

— ÉZÉCH. 7, 27.

PREMIÈRE PARTIE

Maintenant, les pécheurs chassent de leur esprit le souvenir et la pensée de la mort ; ils cherchent la paix dans cette fatale insouciance, et jamais ils ne la trouveront, en vivant dans le péché. Mais quand arriveront les dernières angoisses, quand sur le point d'entrer dans l'éternité, ils seront plongés dans la détresse, ils appelleront la paix, et il n'y aura plus de paix pour eux, car il leur sera impossible de se soustraire aux tourments de leur conscience. Ils chercheront cette paix, mais elle n'est pas pour une âme chargée de crimes sans nombre, qui, comme autant de vipères, la tourmentent et la déchirent cruellement. Quelle paix sera compatible avec l'idée effrayante de paraître, dans quelques instants, devant le tribunal du souverain juge dont, jusqu'alors, on a méprisé les lois et l'amitié ? *leur trouble s'accroîtra*. En effet, l'annonce d'une mort prochaine, l'obligation de tout quitter, les remords, le temps perdu, les moments qu'on voudrait avoir et qui sont refusés, les rigueurs de la justice divine, le malheur éternel qui attend le pécheur, tout excitera dans l'âme une horrible tempête, elle sera dans une consternation affreuse ; la défiance deviendra plus grande et c'est dans cette anxiété et ce désespoir, que le moribond rendra son dernier soupir.

Abraham est loué, à juste titre, pour avoir espéré en Dieu contre toute espérance, sur la foi des promesses de Dieu*. Quant à l'espoir des

---

* Ép. aux Rom. 4. 14.

pécheurs, il est d'un caractère bien différent, il est faux et coupable. Ils ont espéré, non seulement contre l'espérance, mais contre la foi, et malgré les menaces que le Seigneur fait à ceux qui sont dans l'obstination. Ils redoutent les effets d'une mauvaise mort, mais ils ne craignent pas une vie mauvaise. Qui leur a donné l'assurance, toutefois, qu'ils ne seront pas emportés subitement ; que la foudre s'échappant des nuées ne les écrasera pas ; qu'ils ne seront pas frappés d'un coup de sang, ou que tout autre accident ne tranchera pas, sans qu'ils s'y attendent, le fil de leurs jours ? Quand ils auraient encore le temps de se convertir à la mort, qui leur promet qu'ils se convertiront ? S. Augustin eut à lutter pendant douze ans contre ses perverses habitudes, mais un moribond, avec une conscience depuis si longtemps chargée de crimes, en proie, d'ailleurs, à des douleurs cruelles, à un violent mal de tête qui le rend incapable de tout, agité par le trouble que cause l'approche du trépas, que fera-t-il ? Sa conversion sera-t-elle véritable ? car il ne suffit pas de protester du bout des lèvres qu'on changera de conduite, il faut que ce soit du fond du cœur.

Oh Dieu ! quel sera l'effroi de cet infortuné qui ne s'est jamais livré à de sérieuses réflexions qui se voit accablé du poids de ses iniquités, et qui est frappé de terreur à l'idée du jugement, de l'enfer, et de l'éternité ! Quelle terrible agitation bouleversera son âme, lorsque avec ces pensées, assailli d'intolérables souffrances, et l'esprit hors d'état de produire des idées qui aient quelque consistance, il apercevra la mort prête à lui porter le dernier coup ! Il se confessera, il fera des promesses, il versera des larmes, il implorera la miséricorde de Dieu, mais sans savoir ce qu'il dit ; battu par une sorte de tempête, causée en lui par les remords, les inquiétudes et les frayeurs qui l'agitent, il va expirer. *Les peuples,* dit Job, *seront dans le trouble et ils disparaîtront**.

Un auteur a dit, avec raison, que les prières, les pleurs et les promesses d'un moribond ressemblent à celles d'un homme, tombé dans les pièges d'un ennemi qui le tient à la gorge et qui est disposé à lui donner la mort. Qu'il est à plaindre celui qui se met au lit dans la disgrâce de Dieu et qui passe de là à l'éternité ! À une certaine époque de sa vie, S. Vincent de Paul disait : « Je remercie le Seigneur depuis dix-huit ans, je ne me suis jamais couché que dans l'état où je voudrais mourir. »

---

* 34, 20.

Affections et Prières.

Ô plaies de mon Jésus, vous êtes mon espérance ! Plaies sacrées, sources abondantes de miséricorde et de grâces, par lesquelles un Dieu a versé jusqu'à la dernière goutte de son sang, pour purifier mon âme des souillures d'un si grand nombre de péchés, sans votre souvenir, je désespérerais du pardon de mes iniquités ! Je vous adore donc, ô saintes plaies, je mets en vous toute ma confiance. Je déteste, je maudis mille fois ces indignes satisfactions qui ont tant déplu à mon Rédempteur, et qui m'ont malheureusement fait perdre son amitié ! En jetant les yeux sur vous, je sens renaître mon espoir. Aussi je tourne vers vous toutes mes affections. Mon bon Jésus, vous méritez que tous les hommes vous aiment et vous aiment de tout leur cœur ; et moi, nonobstant tant de titres que vous offriez à mon amour, je vous ai grièvement offensé, j'ai méprisé et vous et votre amour. Malgré tant d'outrages, vous m'avez encore supporté et invité avec une bonté touchante à recevoir mon pardon. Ah ! mon Sauveur, ne permettez pas que je vous offense davantage et que je me damne ! Oh Dieu ! quelle peine éprouverais-je, en enfer, à la vue de votre sang, et de toutes vos miséricordes en ma faveur ! Je vous aime et veux toujours vous aimer. Donnez-moi la persévérance. Détachez mon cœur de tout amour qui n'est pas pour vous et excitez en moi un vrai désir, une résolution sincère de n'aimer désormais que vous, ô mon souverain bien !

Ô Marie, ma mère, attirez-moi à Dieu, et faites que je sois tout à lui, avant ma mort.

DEUXIÈME PARTIE

À combien de pénibles angoisses un misérable pécheur ne se verra-t-il pas livré à ses derniers moments ! D'un côté, il sera assailli par les démons ; car ces redoutables ennemis emploient tous leurs efforts pour perdre une âme qui est sur le point de sortir de cette vie. Ils voient qu'ils n'ont plus que quelques instants pour la ravir et que s'ils la laissent échapper, c'en est fait pour toujours. *Le démon vient à vous, avec une grande colère, sachant qu'il lui reste peu de temps**. Ce ne sera pas seulement un de ces esprits de ténèbres, mais une foule qui viendra pour tenter ce moribond et travailler à sa perte, *sa maison se remplira de dragons*†. L'un lui dira : ne crains pas, tu guériras ; l'autre comment ! après avoir été sourd à la voix de Dieu, pendant de si longues années, tu croirais pouvoir obtenir miséricorde ? Celui-ci : quoi ! te sera-t-il possible, maintenant, de réparer tant d'injustices et tant de réputations détruites par la malignité de tes discours ? Celui-là : mais ne vois-tu pas que toutes tes confessions ont été nulles, faites sans douleur et sans bon propos ? quel moyen te reste-t-il actuellement de les recommencer ? D'un autre côté, ce pauvre agonisant se verra comme investi de ses crimes. *À la mort, les maux se précipiteront sur celui qui aura commis l'injustice*‡. Comme autant de satellites, dit

---

* Apoc. 12, 12.
† Is. 13. 2.
‡ Ps. 139. 12.

saint Bernard, ses péchés l'environneront de toutes parts et lui diront : « nous sommes ton ouvrage ; nous ne consentirons pas à t'abandonner ; nous te suivrons dans l'autre vie et nous nous présenterons avec toi devant le juge suprême. » En vain, voudra-t-il se débarrasser de ces ennemis ; pour parvenir à les mettre en fuite, il lui faudrait les haïr et se tourner vers Dieu, du fond de son cœur mais son esprit est couvert de ténèbres et son cœur est dans l'endurcissement. *Le cœur du pécheur s'endurcira à ses derniers moments, et quiconque aime le danger y périra**. Saint Bernard ajoute qu'une âme obstinée dans le mal, pendant la vie, fera des efforts inutiles pour sortir de cet état de damnation, mais qu'elle n'y parviendra pas et que, comme écrasé sous le poids de sa malice, le prévaricateur terminera, ainsi, sa déplorable carrière. Jusqu'alors il a aimé l'iniquité, il se faisait un jeu de s'exposer au péril de la damnation, et Dieu permettra, à bon droit, qu'il y succombe, puisqu'il a voulu persévérer dans le mal jusqu'à la mort. Celui, dit saint Augustin, que le péché quitte avant qu'il y renonce de lui-même, le détestera difficilement comme il le doit, parce qu'il n'agira que malgré lui. Malheur donc au pécheur endurci qui résiste aux douces invitations d'un Dieu ! *Son cœur deviendra comme la pierre et comme une enclume sous les coups du marteau de l'ouvrier*†. L'ingrat ! au lieu de se rendre docile à la voix de son Seigneur, il devient plus insensible que cette enclume, comme le dit l'Esprit saint. Quoiqu'il soit près d'entrer dans l'éternité, le Seigneur, pour le punir, permettra qu'il reste dans ces funestes dispositions. *Un cœur endurci sera dans l'accablement de tous les maux à la fois, à cet instant suprême.* Les pécheurs, dit Dieu se sont détournés de moi, par amour pour les créatures ; *ils m'ont tourné le dos et non le visage ; quand ils se trouveront dans les angoisses, ils diront : levez-vous, Seigneur, et délivrez-nous. Où sont vos Dieux ? leur répondrai-je qu'ils vous délivrent !*‡ Oui, ces infortunés s'adresseront au Seigneur et il leur répondra : Vous recourez à moi ? Appelez les créatures à votre secours, puisque vous en avez fait vos dieux. Il leur parlera ainsi parce que s'ils réclament ses bontés, c'est sans une véritable intention de se convertir. Saint Jérôme tient pour certain, ce que lui avait, d'ailleurs appris son expérience, que quiconque a persévéré dans le mal, jusqu'à la mort, ne peut bien mourir.

---

* Eccl. 3, 27.
† Job, 41, 15.
‡ Jérém. 2. 27.

Affections et Prières.

Mon bon Sauveur, aidez-moi et ne m'abandonnez pas. Je vois mon âme embarrassée de mille péchés ; mes passions me font violence ; mes mauvaises habitudes m'entraînent par leur poids ; je me jette à vos pieds ; ayez pitié de moi, et délivrez-moi de si grands maux. Je mets en vous, *ô Seigneur, toute mon espérance, et je ne serai point confondu**. Ne permettez pas la perte d'une âme qui se confie en vous. Que ces tigres de l'enfer n'aient jamais de prise sur une âme qui vous confesse et vous invoque ? Ô bonté infinie, je me repens de vous avoir offensé. J'ai fait le mal, je l'avoue, mais je veux m'en corriger, quoiqu'il m'en coûte. Je suis perdu, si votre grâce ne vient à mon secours. Recevez, ô mon Jésus, ce rebelle qui vous a si souvent outragé. Pensez que je vous ai coûté tout votre sang et votre vie. Ainsi, en vue des mérites de votre passion et de votre mort, recevez-moi dans vos bras et donnez-moi la persévérance. J'étais perdu, vous m'avez appelé, je ne veux plus résister à vos invitations, je me consacre à vous, imprimez en moi votre amour et ne permettez pas que je vous perde, en perdant de nouveau votre grâce. Non, mon Jésus, ne le permettez pas.

Marie, reine de mon cœur, opposez-vous à ce malheur, faites que je meure, mille fois, plutôt que de sacrifier encore l'amitié de votre divin fils.

---

* Ps. 30.

TROISIÈME PARTIE

Chose étonnante ! Dieu ne cesse de menacer les pécheurs d'une mauvaise mort, et ils n'en courent pas moins à leur perte. *Ils m'invoqueront, dit-il, et je ne les exaucerai pas**. Peut-être, dit-on, se montrera-t-il sensible aux cris des pécheurs, quand ils seront à l'extrémité† ? *Non, au moment de votre mort, leur répond-il, je me rirai et je me moquerai de vous*‡. Ce ris amer de Dieu, est le refus de faire miséricorde§. *La vengeance m'appartient, je l'exercerai en son temps, et alors mes ennemis succomberont*#. Ces mêmes menaces sont consignées dans presque toutes les pages des divines écritures, et les pécheurs vivent en paix, aussi tranquilles que si Dieu leur avait fait la promesse expresse de leur pardonner et de les recevoir dans le ciel ! Le Seigneur, il est vrai, s'est engagé à faire grâce au pécheur, dès le moment où il se convertira, mais il n'a pas dit que cette conversion aurait lieu à la mort ; au contraire, il a fréquemment déclaré, que quiconque vit dans le péché mourra dans le péché°. Il a dit qu'on le chercherait à ce moment et qu'on ne le trouverait

---

* Prov. 1. 19.
† Job, 27. 6.
‡ Prov. 1. 26.
§ S. Greg.
# Deutér. 32. 35.
° S. Jean, 8. 21.

pas*. Donc, il faut chercher le Seigneur, quand on peut le trouver†. Oui, parce qu'il y aura un temps où il se dérobera aux recherches. Pauvres pécheurs ! misérables aveugles, qui veulent attendre à la mort, quand il ne leur sera plus possible de se convertir ! Jamais les impies ne s'exercent à la pratique du bien que lorsqu'il n'est plus temps, dit un auteur. Dieu veut sauver tous les hommes, mais punir les obstinés. Quand un malheureux, dans l'état du péché, est surpris d'une violente attaque de goutte, qu'il a perdu connaissance, quelle compassion n'en a-t-on pas en le voyant mourir, sans sacrements, et sans avoir donné aucun signe de repentir ! Quelle joie, au contraire, n'éprouve-t-on pas, quand un malade à cette extrémité, revient à lui, demande l'absolution et produit des actes de contrition ! mais ne peut-on pas traiter d'insensé celui qui, ayant le temps de faire de même, continue à croupir dans l'iniquité ? Bien plus, il poursuit sa carrière et s'expose au danger de mourir, dans un temps, où, peut-être, il fera pénitence, mais aussi où, peut-être, il ne la fera point. L'on est effrayé de voir périr quelqu'un subitement, et l'on s'expose volontairement à mourir de la sorte et à mourir dans le péché.

Le Seigneur a un poids et une balance pour nous juger‡. Nous ne tenons aucun compte de ses faveurs, mais il les calcule, il les mesure et quand nous en avons méprisé un nombre déterminé, il nous abandonne et nous laisse ainsi mourir dans sa disgrâce. Malheur à celui qui se propose de se repentir à la mort ! *La pénitence d'un mourant est mourante*§. De cent mille chrétiens qui vivent dans le péché, jusqu'à la mort, à peine en est-il un seul qui sera sauvé#. S. Vincent Ferrier dit ; que le salut d'un de ces infortunés serait un plus grand miracle que la résurrection d'un mort°. Quelle douleur, quel repentir, en effet, pourrait concevoir celui qui, jusqu'à ce dernier moment, a trouvé ses délices dans le désordre ! Bellarmin raconte qu'il alla un jour assister un malade qui était sur le point de mourir. Il l'exhorta à faire un acte de contrition. Ce malade lui répondit qu'il ne savait ce que c'était que la contrition. Le pieux Cardinal lui en donna l'explication, mais le moribond repartit : : mon père, je ne vous entends pas, je ne suis pas capable de comprendre votre langage, et il

---

* *Idem*, 7. 34.
† Is. 55. 6.
‡ Prov. 16. 11.
§ S. Aug. Serm. 57.
# S. Jérôme.
° Serm. de la Nativ. de la sainte Vierge.

mourut dans cet état, laissant des craintes fondées sur son sort éternel ; c'est ce que Bellarmin lui-même nous a transmis.

Ainsi, le juste châtiment d'un pécheur qui a oublié Dieu, pendant sa vie, est de s'oublier lui-même à la mort*. *Ne vous y trompez pas*, dit l'apôtre, *on ne se moque pas de Dieu. L'homme ne moissonnera que ce qu'il aura semé. Quiconque sème dans la chair, moissonnera dans la corruption*†. Ne serait-ce pas se moquer de Dieu en effet que de mépriser sa loi, ici-bas, et de prétendre, ensuite, au bonheur céleste ? Non, on ne se joue pas ainsi du Seigneur. On ne recueillera dans l'autre vie que ce qu'on aura semé dans celle-ci. Il est certain que quiconque se sera livré aux plaisirs déréglés de la chair ne peut attendre que la corruption, et une mort éternelle. Cher chrétien, ce qui est vrai pour un autre, l'est aussi pour vous. Dites-moi : si vous étiez au dernier moment, abandonné des médecins, sans connaissance, déjà à l'agonie, avec quelle ardeur, si vous le pouviez, ne réclameriez-vous pas encore un mois, une semaine pour régler les affaires de votre conscience ? Dieu vous donne ce temps, rendez-lui en grâce, et hâtez-vous de réparer le mal que vous avez fait, prenez tous les moyens pour être remis en état de grâce, lorsque la mort arrivera ; car, alors, il ne sera plus temps d'appliquer des remèdes à vos plaies.

Affections et Prières.

Ô mon Dieu ! qui aurait pu me supporter avec autant de patience que vous ? Si votre bonté n'était infinie je désespérerais de mon pardon. Mais j'ai affaire à un Dieu qui est mort pour me pardonner et me sauver. Vous me commandez d'espérer, je veux espérer. Si mes péchés m'épouvantent et réclament ma condamnation, vos mérites et vos promesses relèvent mon courage. Vous avez promis la vie de la grâce à quiconque revient à vous‡. Vous vous êtes engagé à recevoir dans vos bras paternels celui qui se tourne vers vous§. Vous avez dit que vous ne mépriseriez pas le pécheur humilié et repentant#. Me voici, Seigneur, je reviens, je me tourne vers vous ; j'avoue que j'ai mérité mille enfers et je me repens de vous avoir offensé. Je vous promets, sans hésitation, que je ne veux plus vous désobéir, mais vous aimer toujours. Ne permettez pas que je sois plus long-

---

* S. Aug. serm. 10 sur les Saints.
† S. Paul, épître aux Gal. 6. 7.
‡ Ézech. 18 52.
§ Zach. 1. 3.
# Ps. 50.

ingrat, après toutes les bontés dont vous m'avez comblé. Père éternel, par les mérites de l'obéissance de J.-C. qui s'est immolé, par soumission à vos ordres, faites que j'exécute, avec une docilité parfaite, jusqu'à la mort, vos volontés saintes. Je vous aime, ô souverain bien et par l'amour que je vous porte, je suis décidé à vous être fidèle en tout. Donnez-moi la persévérance, donnez-moi votre amour ; c'est tout ce que je vous demande.

Marie, ma mère, intercédez pour moi.

VIIE CONSIDÉRATION

SENTIMENTS D'UN MORIBOND QUI A VÉCU DANS L'OUBLI DE DIEU, ET QUI A PEU PENSÉ À LA MORT.

Mettez ordre à vos affaires, car vous mourrez et vous ne vivrez plus.

— IS. 38, 1.

PREMIÈRE PARTIE

Représentez-vous un malade à qui il ne reste que peu d'heures à vivre. Pauvre mourant ! Voyez-le ; il souffre d'horribles douleurs, il tombe dans des évanouissements, il éprouve des suffocations, il peut à peine respirer ; une sueur froide découle de tous ses membres, la tête est dans un tel embarras qu'il ne peut presque plus ni entendre, ni comprendre, ni parler. Le plus grand de tous les maux est que, sur le point de paraître devant Dieu, au lieu de penser à son âme et de se disposer à l'éternité, il ne s'occupe que de médecins et de remèdes pour chercher à recouvrer la santé, et qu'il est uniquement sensible à la souffrance qui va le conduire au tombeau. Saint Laurent Justinien, en parlant de moribonds de cette espèce, dit : ils ne savent plus penser qu'à eux-mêmes.

Au moins ses parents, ses amis l'avertiront de l'imminence du danger où il se trouve ? Non, il n'y a parmi eux personne qui ait le courage de lui porter cette triste nouvelle et de l'engager à recevoir les sacrements. Chacun refuse cette pénible commission dans la crainte de l'attrister. Ô mon Dieu, dès maintenant, je vous rends grâce de l'avantage que vous me procurerez dans l'assistance des chers frères de ma congrégation, qui n'auront alors d'autre vue que mon salut, et qui tous m'aideront à bien mourir ?

Mais, quoique personne ne l'avertisse de sa fin prochaine, néanmoins, le trouble de sa famille, les consultations répétées des médecins, les remèdes multipliés et violents qu'on lui administre, tout le jette dans une agitation inexprimable. La crainte, les remords, les défiances lui livrent les plus terribles assauts. Hélas ! qui sait, se dit-il à lui-même, si je ne touche pas déjà au terme de ma carrière ? De quel pénible sentiment ne sera-t-il pas affecté, lorsque enfin, en lui annonçant qu'il n'y a plus d'espoir, on lui dira : *Mettez ordre à vos affaires, vous allez mourir, vous ne vivrez plus**. Quel chagrin ne ressentira-t-il pas, lorsqu'on lui adressera ces paroles : Votre maladie est des plus dangereuses, il faut vous disposer à la réception des sacrements, vous unir à Dieu et vous préparer à quitter ce monde ! Comment ! tout abandonner ! cette maison, cette ville, mes parents, mes amis, mes sociétés, ces jeux, ces parties de plaisir ! Oui ! tout. Voilà le notaire, déjà il écrit l'acte de dépouillement : Je laisse, je laisse. Et le testateur qu'emporte-t-il ? un mauvais linceul qui, bientôt, pourrira avec lui dans la fosse !

Quel chagrin ! quel trouble dans l'âme de cet infortuné mourant ! Ses domestiques versent des larmes, ses amis gardent un morne silence ; ils n'osent ouvrir la bouche devant lui ; ils n'ont pas la force de lui adresser une parole ! Mais ceci n'est encore rien ; les remords plus cuisants, effet ordinaire des désordres auxquels il s'est livré jusque-là, tant d'invitations que Dieu lui a adressées, tant de lumières qu'il en a reçues, tant d'avis des directeurs de sa conscience, tant de résolutions qu'il n'a jamais exécutées ou auxquelles il n'avait plus pensé, contribueront à accroître sa douleur ! Malheureux que je suis ! se dira-t-il alors, le Seigneur a si souvent fait luire dans mon âme les rayons de sa grâce, j'ai eu un temps si considérable pour mettre ma conscience en bon état et je ne l'ai pas fait et me voilà sur le bord du tombeau, qui, bientôt, va, pour toujours se fermer sur moi ! Quelle difficulté y avait-il de fuir ces occasions, d'éviter ces liaisons funestes et de me confesser souvent ! Et quoiqu'il eût dû m'en coûter, ne devais-je pas tout tenter pour sauver mon âme, parce qu'en la sauvant je sauvais tout ! Ah ! si j'avais exécuté ces bons propos que j'avais conçus si j'avais continué comme j'avais commencé à telle époque de ma vie, quelle serait maintenant ma joie ! Mais non, j'ai tout négligé, et il n'y a plus de remède ! Telles sont les affligeantes pensées de ces malades étendus sur leur lit de douleur, et qui ne se sont pas occupés de leur conscience. À qui les comparer, sinon aux réprouvés qui, eux-mêmes, déplorent leurs égarements, cause de leur malheur éternel, mais sans fruit et sans utilité.

---

* Js. 38.

Affections et Prières.

Seigneur, si, à ce moment, on m'apportait la nouvelle de ma mort prochaine, voilà pourtant quels seraient mes chagrins, ma douleur ! Je vous rends grâce de m'éclairer ainsi et de me donner le temps de me reconnaître. Non, mon Dieu, je ne veux plus me séparer de vous, vous m'avez poursuivi avec trop d'ardeur ! Il est juste, maintenant, que je craigne que vous ne m'abandonniez, si je ne me rends pas et si je vous résiste encore. Vous m'avez donné un cœur pour vous aimer, je l'ai souillé, en aimant les créatures, tandis que je vous ai refusé mon amour à vous, mon Créateur mon Sauveur, qui avez sacrifié votre vie pour moi ! Au lieu de vous aimer, combien de fois, au contraire, ne vous ai-je pas offensé, méprisé et abandonné ! Je savais déjà que mes péchés vous causaient un grand déplaisir, et néanmoins je m'y suis livré ! Mon Jésus, je m'en repens, j'en ressens une vive douleur ; je veux changer de vie. Je renonce à tous les plaisirs du monde, pour vous aimer et vous plaire, ô Dieu de mon âme ! Vous m'avez donné de grandes preuves d'amour, je voudrais aussi, avant de mourir, vous prouver que je vous aime. J'accepte désormais les maladies, les croix, les mépris et les déplaisirs qui me viendraient de la part des autres hommes ; donnez-moi la force de les supporter en paix ; je veux tout souffrir pour votre amour. Je vous aime, ô bonté infinie, je vous aime par-dessus tout. Accordez-moi votre amour et le don de persévérance.

Marie, mon espérance, priez Jésus pour moi.

DEUXIÈME PARTIE

Oh ! comme à la mort on est convaincu des vérités de la foi ! Cette conviction sera, pour un moribond, le plus grand sujet de douleur, s'il a vécu dans le péché, lorsque surtout, il était consacré au Seigneur et qu'il a eu pour servir Dieu, plus de facilité plus de temps, plus de bons exemples et d'inspirations saintes. Oh Ciel ! que cette pensée lui sera pénible ! J'ai averti les autres du danger, se dira-t-il, et j'ai été m'y précipiter moi-même le premier ! J'ai abandonné le monde et j'ai néanmoins conservé pour ses plaisirs, ses vanités et ses louanges un attachement coupable ! Quels remords, à l'idée seule qu'avec toutes les lumières dont Dieu l'a favorisé, un païen serait devenu un saint ! Quel chagrin amer lui causera le souvenir du mépris qu'il a fait des pratiques de piété qu'il signalait, dans les autres, comme une faiblesse d'esprit, d'avoir vanté certaines maximes du monde, dictées par l'estime de soi-même, par l'amour-propre ; d'avoir dit par exemple qu'il est honteux de se laisser insulter impunément, qu'il ne faut rien souffrir, et qu'il est bon de se livrer à toutes les jouissances qu'on peut se procurer !

Le désir des pécheurs périra, dit David*. À la mort, combien on regrettera le temps qu'on perd maintenant ! S. Grégoire nous en donne une preuve, en parlant, dans ses dialogues, d'un nommé Crisance. C'était un homme riche, mais de mœurs détestables. Étant au lit de la mort, il criait

---

* Ps. 10.

de toutes ses forces aux démons qui lui apparaissaient et qui voulaient l'entraîner : *Donnez-moi du temps, laissez-moi, seulement, jusqu'à demain.* Ils lui répondirent : *Insensé tu demandes du temps, n'en as-tu pas eu assez et tu l'as perdu ; tu l'as employé à faire le mal, et, à présent, tu en réclames encore ! Il n'y en a plus pour toi.* L'infortuné continuait et appelait à son secours. Un de ses fils nommé Maxime, qui avait embrassé l'état religieux, se trouvait présent. « Mon fils, lui cria-t-il, venez à mon secours ; Maxime, à mon secours ! » Pendant cette horrible scène, son visage parut tout enflammé ; il s'agitait dans son lit avec fureur, tantôt d'un côté, tantôt de l'autre, et c'est dans ces agitations et en poussant des cris de désespoir qu'il expira malheureusement.

Ah ! pendant la vie, les insensés aiment leur folie, mais, à la mort, ils ouvrent les yeux et avouent combien a été déplorable leur aveuglement ; aveu tardif qui ne sert qu'à accroître leur défiance, lorsqu'ils se voient dans l'impossibilité de remédier au mal ! Ils meurent en cet état, et donnent lieu à une désolante incertitude sur leur salut. Mon frère, vous qui lisez ces réflexions, je pense que vous dites aussi : c'est la vérité ; mais dans ce cas, il y aurait pour vous une extravagance encore plus étonnante si, convenant de la solidité de ces assertions, vous ne travailliez pas à vous soustraire vous-même à un si grand malheur ! Ces réflexions que vous lisez, serviraient à vous tourmenter plus cruellement à votre dernière heure.

Courage donc, pendant qu'il en est temps encore ; évitez une mort aussi épouvantable ; réparez vos torts au plus vite ! N'attendez pas à une époque, qui ne sera plus le temps favorable. Ne remettez pas à un mois, à une semaine. Qui sait si ce trait de lumière que Dieu, dans sa miséricorde, fait luire à vos yeux, n'est pas la dernière grâce, et s'il vous adressera encore d'autres invitations ? Il est souverainement imprudent de ne pas vouloir penser à la mort, qui est certaine et d'où dépend l'éternité, mais c'est une imprudence bien plus inexplicable d'y penser et de ne pas s'y préparer. Livrez-vous, dès maintenant, avec fruit aux réflexions et aux résolutions que vous feriez inutilement alors ; aujourd'hui, ce sera avec l'espoir de vous sauver et plus tard avec une grande défiance de votre salut. Un gentilhomme quittait la cour de Charles V, dans l'intention de se donner tout à Dieu. L'empereur lui demanda pourquoi il prenait ce parti ? Il lui répondit : *Prince, pour se sauver, il faut que la pénitence soit l'intervalle entre une vie déréglée et la mort.*

Affections et Prières.

Non, mon Dieu, je ne veux pas abuser davantage de votre miséricorde. Je vous remercie de ce rayon de lumière que vous faites briller à mes yeux et vous promets de changer de vie. Je vois bien que vous ne pouvez me supporter plus longtemps. Que voudrais-je attendre ? que vous me précipitiez en enfer, ou que vous m'abandonniez à mon sens réprouvé, punition que je regarderais à bon droit comme plus redoutable que la mort même ? Voilà que je me jette à vos pieds, recevez-moi dans vos bonnes grâces. Je ne le mérite pas, mais vous avez dit : *Le crime de l'impie ne lui sera pas nuisible, le jour où il reviendra à moi**. Si donc, autrefois, ô mon Jésus, j'ai offensé votre bonté infinie, maintenant, je me repens de tout mon cœur et j'espère mon pardon. Je vous dirai avec saint Anselme : « ne permettez pas que mes péchés perdent mon âme, puisque vous l'avez rachetée au prix de votre sang. » N'envisagez pas mon ingratitude, mais l'amour qui vous a fait sacrifier votre vie en ma faveur. Si j'ai perdu votre grâce, vous n'avez pas perdu le pouvoir de me la rendre. Ayez donc pitié de moi, mon bon Sauveur. Pardonnez-moi et accordez-moi la grâce de vous aimer, car je vous promets désormais, de ne plus aimer que vous. C'est pour vous aimer que vous m'avez choisi parmi tant de créatures ; je vous choisis, à mon tour, pour vous aimer par-dessus tout. Vous me précédez, chargé de votre croix, je veux vous suivre, en portant celle que vous placerez sur mes épaules. J'accepte de tout mon cœur toutes les mortifications, toutes les peines qu'il vous plaira de m'envoyer. Ne me privez pas de votre grâce, elle me suffit ; avec elle, je serai satisfait.

Marie, mon espérance, obtenez-moi de Dieu la persévérance, la grâce de l'aimer, je ne demande rien de plus.

---

* Ézéch. 33. 12.

TROISIÈME PARTIE

Un mourant qui, pendant sa vie, n'a pris aucun soin de son âme, ne trouvera que peines dans tout ce qui se présentera à ses yeux et à sa mémoire. Le souvenir des parties de plaisirs, des conversations enjouées où il dominait, du faste dans lequel il a vécu sera comme une épée qui percera son cœur ; ses amis viendront le voir et tout ce que leur présence et leurs discours lui rappelleront, sera pour lui autant de motifs d'amertume. La vue d'un confesseur, d'un directeur qui vient pour l'assister dans ses derniers instants, autre cause d'épouvante et d'effroi. La réception des sacrements de pénitence, d'eucharistie, d'extrême-onction va l'affliger encore. Le crucifix même, placé près de son lit, lui deviendra un nouveau motif de confusion, lorsqu'il réfléchira, en face de cette image sacrée, combien peu il a correspondu à l'amour d'un Dieu mort sur la croix, pour son salut.

Que j'ai été insensé, s'écriera cet infortuné moribond, en profitant des lumières et des grâces dont Dieu m'a comblé, je pouvais devenir un saint ! Il m'eût été possible de vivre heureux dans l'amitié de mon Dieu ! au lieu qu'après tant d'années je suis livré en proie à d'affreux tourments, à la défiance, à la frayeur, à de violents remords excités encore par l'obligation de rendre compte à Dieu ! Ah ! je ne me sauverai qu'avec de grandes difficultés.

Et quand se tiendra-t-il à lui-même ce langage ? c'est lorsqu'il n'y aura presque plus d'huile dans sa lampe, lorsque la scène du monde sera sur le point de se terminer pour lui, lorsqu'il sera sur le bord de deux éternités, l'une heureuse et l'autre malheureuse ; et lorsqu'on n'attendra plus que son dernier soupir, d'où dépendra sa félicité, ou son malheur qui doit durer tant que Dieu sera Dieu ! Avec quelle ardeur prierait-il, à ce moment fatal, pour obtenir une prolongation d'une année, d'un mois, d'une semaine, avec sa présence d'esprit ! Mais, avec ses vives douleurs de tête, ses suffocations de poitrine, ce manque presque absolu de respiration, il n'est plus capable ni de réflexion, ni de l'application la plus légère, pour produire des actes de vertu. Il est comme dans un abîme rempli d'obscurité, de confusion ; il lui semble qu'il va être écrasé sous des ruines prêtes à tomber sur lui, sans pouvoir s'y soustraire.

Il voudrait du temps, mais on lui dira : partez, hâtez-vous de mettre ordre le mieux possible à votre conscience, dans le peu de moments qui vous restent ; sortez de ce monde ; ne savez-vous pas que la mort n'attend pas, et qu'elle ne respecte personne ? Quelle épouvante ne lui causera pas cette pensée : ce matin se dira-t-il, je suis encore en vie ; le soir, probablement, je n'y serai plus ! Aujourd'hui, je suis dans ma maison ; demain, je serai dans le tombeau, et mon âme où sera-t-elle ? Quelle frayeur nouvelle quand il sentira découler de tout son corps une sueur froide avant-coureur de la mort quand il entendra l'invitation faite à ses parents de sortir de sa chambre et de n'y plus rentrer quand ses yeux obscurcis ne pourront plus distinguer les objets, quel trouble, enfin, quand on allumera le cierge, parce que la mort est prête à frapper sa victime ! Ô flambeau, à ta lumière, que la vérité brille d'un vif éclat ! qu'elle fait voir les choses sous un aspect bien différent ! Comme on aperçoit clairement que tous les biens tant vantés en ce monde ne sont que vanité, folie, et source d'aveuglement ! Mais, enfin, à quoi servira cette connaissance, quand on n'a plus le temps de réparer le mal !

Affections et Prières.

Ah ! mon Dieu, vous ne désirez pas ma mort, mais plutôt que je me convertisse et que je vive ! Je vous rends grâce de m'avoir attendu jusqu'à présent, et de faire luire à mes yeux cette lumière. Je reconnais l'erreur qui m'a fait sacrifier votre amitié à de prétendus avantages, si dignes de mépris, et que je vous ai néanmoins préférés. Je m'en repens et je ressens un vif regret de vous avoir ainsi ravi l'honneur que je vous devais. Malgré cette ingratitude, daignez, le reste de ma vie, m'éclairer encore et m'aider de votre grâce pour savoir et faire ce que je dois, afin de réparer tant de fautes ! Que me servira de connaître la vérité, quand je ne pourrai plus remédier à mes malheurs ? *Non, mon Dieu, ne livrez pas aux démons les âmes qui vous confessent**. Je vous en conjure, mon Jésus, quand le démon me tentera pour m'entraîner de nouveau, tendez-moi une main secourable ; délivrez-moi du péché, et du malheur de redevenir encore l'esclave de ces implacables ennemis. Faites que, dans ces tristes moments, je recoure toujours à vous et que je me recommande à vos bontés, pour toute la durée de ces pénibles épreuves. Votre sang est mon espérance et votre bonté est l'objet de mon amour. Je vous aime, mon Dieu, vous qui êtes digne d'un amour infini ; faites que toujours je vous aime ! que je connaisse ce dont il faut que je me détache, pour être tout à vous ; je veux consommer ce sacrifice, mais donnez-m'en la force.

Ô reine du ciel, ô mère de mon Dieu, priez pour moi qui suis un pécheur ! Obtenez-moi de recourir à Jésus et à vous dans mes tentations, vous qui aidez de votre intercession tous ceux qui vous réclament.

---

* Ps. 73, 19.

VIIIE CONSIDÉRATION

MORT DES JUSTES.

La mort des saints est précieuse aux yeux du Seigneur.

— PS. 115, 15.

PREMIÈRE PARTIE

Envisagée des yeux du corps, la mort effraie, mais vue à la lumière de la foi, elle est un sujet de consolation et l'objet d'un véritable désir. Aux pécheurs, elle semble terrible, tandis que les saints ne découvrent rien en elle que d'aimable et de précieux. *Elle est précieuse*, dit S. Bernard, *parce qu'elle est le terme de nos peines, la consommation de la victoire et la porte de la vie.* En effet, la mort est la fin de toutes les fatigues et de tous les travaux. *L'homme né de la femme, n'ayant que peu de jours à vivre, ici-bas, est en butte à beaucoup de misères**. Voilà notre vie ; elle est courte, les misères, les infirmités, les craintes et les passions en remplissent le cours. Les mondains qui souhaitent qu'elle soit longue, ne désirent, au fond, qu'une prolongation de tourments[†]. Qu'est-ce que vivre longtemps ? Sinon souffrir longtemps[‡]. Effectivement, la vie présente ne nous a pas été donnée pour nous livrer au repos, mais pour travailler avec effort, et mériter, par là, le bonheur éternel[§]. Aussi, selon la remarque de Tertullien, quand Dieu abrège la vie d'un homme, il abrège la longueur de ses souffrances. Ainsi d'un côté, la mort nous a été infligée comme châtiment du péché, mais, d'un autre, quoique les misères de cette vie ne soient

---

* Job, 14. 1.
† Séneq. ép. 101.
‡ S. Aug. serm. 17 sur les paroles du seigneur.
§ S Ambr. serm. 43.

pas aussi pénibles que la mort, celle-ci, d'après S. Ambroise, devient, cependant, plutôt un soulagement qu'une punition. Dieu appelle heureux ceux qui meurent dans sa grâce, parce que leurs maux sont finis, et qu'ils vont jouir du repos. *Bienheureux*, s'écrie-t-il, *ceux qui meurent dans le Seigneur ! dès maintenant*, dit l'Esprit Saint, *ils se reposeront de leurs fatigues**.

Les anxiétés auxquelles les pécheurs se trouvent en proie à la mort, sont étrangères aux justes. *Leurs âmes sont entre les mains de Dieu, les tourments de la mort ne les atteindront pas*†. Les saints entendent, sans crainte, l'annonce du départ, les mondains en sont épouvantés. De quoi s'affligeraient ces âmes fidèles ? Serait-ce d'abandonner les biens de la terre ? Mais elles n'y ont jamais été attachées. *Vous êtes le Dieu de mon cœur et la portion de mon héritage pour l'éternité* : telles sont les paroles qu'elles ont toujours adressées à Dieu‡. Vous êtes heureux écrivait l'apôtre à ses disciples, qui, pour J.-C., avaient été dépouillés de leurs biens : *Vous avez vu, avec joie, l'enlèvement de ce qui vous appartenait, dans l'idée qu'une possession meilleure et durable vous est réservée*§ ! Éprouveraient-ils des déchirements à l'idée d'être dépouillés des honneurs ? mais ils les avaient détestés et appréciés à leur juste valeur, c'est-à-dire, comme une vaine fumée ; la seule gloire à laquelle ils ont été sensibles, était celle d'aimer Dieu et d'être aimés de lui. Se livreront-ils au chagrin de quitter leurs parents ? Mais ils les ont aimés en Dieu, et, en mourant, ils les recommandent au Père céleste qui a, pour ces personnes chéries, plus d'affection qu'eux-mêmes ; d'ailleurs, dans l'espoir où ils sont de parvenir au Ciel, ils pensent que de ce séjour heureux ils pourront leur procurer plus de secours que sur la terre. En un mot, ils répètent, à la mort, avec encore plus de consolation et d'amour qu'ils ne l'ont fait, pendant leur vie, cette protestation d'attachement : *Vous êtes mon Dieu et mon tout.*

Celui qui meurt en aimant Dieu, loin de s'inquiéter des souffrances inséparables de ces derniers moments, y trouve plutôt son bonheur. Dans la pensée qu'il est au terme de sa carrière, que le temps des douleurs et des sacrifices pour Dieu va finir, il lui offre avec ardeur ce qui lui reste de vie, et regarde comme une consolation d'unir cette offrande à celle qu'a faite autrefois J.-C. à son père sur la croix. Il meurt heureusement ainsi, en

---

* Apoc. 14, 13.
† Sag. 3, 1.
‡ Ps. 72.
§ Ép. aux Hébr. c. 10.

disant : *Je m'endormirai en paix dans le Seigneur et je jouirai d'un repos parfait**. Oh ! quelle paix, en effet, goûte celui qui se plonge dans ce sommeil et se jette ainsi, avec abandon, dans les bras de Jésus qui nous a aimés jusqu'à la mort, et qui en a dévoré toute l'amertume, pour nous procurer une fin douce et consolante.

Affections et Prières.

Ô mon aimable Jésus, qui, pour m'obtenir une mort douce, avez voulu en souffrir une si cruelle sur le Calvaire, quand jouirai-je de votre présence ! La première fois que je vous verrai, ce sera en votre qualité de juge dans le lieu même où je rendrai mon dernier soupir. Que vous dirai-je alors ? que me direz-vous vous-même ? Je ne veux pas attendre ce moment pour y penser, je veux y réfléchir dès maintenant. Je vous dirai : Mon bon Sauveur, vous êtes donc le même qui êtes mort pour moi ? À certaine époque, je vous ai offensé, j'ai été un ingrat, je ne méritais pas de pardon, mais, depuis, avec l'aide de votre grâce, revenu à moi, j'ai pleuré mes péchés et vous m'avez pardonné. Pardonnez-moi de nouveau, maintenant que vous me voyez prosterné à vos pieds et prononcez-vous-même sur moi une absolution générale. Après avoir méprisé votre amour, je n'étais plus digne de vous aimer, mais, par un effet de votre miséricorde, vous avez attiré mon cœur qui ne vous a pas aimé, selon vos mérites, sans doute, mais cependant il vous a préféré à tout, en sacrifiant tout pour ne plus vous déplaire. Posséder le Ciel, vous posséder vous-même dans votre royaume est une trop grande faveur pour moi, j'en conviens ; cependant, je ne puis vivre séparé de vous, depuis, surtout, que vous avez fait briller à mes yeux l'éclat et la beauté ravissante de votre visage ! Je désire donc le Ciel ; ce n'est pas pour éprouver plus de jouissance, c'est pour vous aimer davantage. Envoyez-moi dans le Purgatoire, pour tout le temps qu'il vous plaira. Je ne veux pas encore aller dans cette patrie des Saints et des Anges et me voir en la compagnie de tant d'âmes pures, défiguré comme je le suis, par les souillures du péché. Faites-moi descendre plutôt dans ce lieu de supplices, pour me purifier, mais ne me privez pas, pour l'éternité, de votre présence ; qu'un jour, enfin, quand vous le voudrez, vous m'appeliez à vous pour chanter éternellement vos miséricordes. Maintenant, mon aimable Juge, ah ! levez la main, bénissez-moi, et assurez-moi que je suis à vous, que vous êtes et serez éternellement à moi. Toujours, je vous aime-

---

* Ps.

et toujours, vous m'aimerez. Je m'éloigne actuellement de vous ; je vais dans les flammes, c'est avec joie, parce que j'y vais pour vous aimer, mon Sauveur, mon Dieu et mon tout. Je descends, avec satisfaction, dans ces tourments mais sachez que tout le temps que je serai loin de vous, ma plus grande peine sera cet éloignement même. Je compterai, Seigneur, tous les moments, jusqu'à ce que vous m'appeliez. Ayez pitié d'une âme qui vous aime de toute l'énergie de son être et qui aspire, ardemment, au bonheur de vous voir pour vous aimer davantage.

C'est là, mon Jésus, le langage que j'espère vous tenir alors. En attendant, je vous prie de me donner la grâce de vivre de manière à pouvoir m'exprimer ainsi. Accordez-moi la persévérance, accordez-moi votre amour.

Vous, Marie, mère de Dieu, secourez-moi et priez Jésus pour moi.

DEUXIÈME PARTIE

Dieu essuiera les larmes de ses saints, et il n'y aura plus de mort*. Oui, c'est ce qu'il fera ce bon maître, à la mort de ses serviteurs. Il essuiera les larmes que leur auront fait répandre les peines, les craintes, les dangers auxquels ils auront été en butte, ici-bas, et les combats qu'ils auront soutenus contre l'enfer. Ce sera le plus grand sujet de consolation pour un chrétien qui aura aimé son Dieu, de s'entendre annoncer la nouvelle de sa mort prochaine, et de penser qu'il va, enfin, être délivré de la crainte d'offenser Dieu, libre des anxiétés d'une conscience toujours en alarme, à travers les périls et les tentations, sans nombre, que lui suscitait le démon. La vie présente est une guerre continuelle avec ces esprits de ténèbres. On y court continuellement le risque de perdre et Dieu et son âme. Dans ce monde, les pièges sont sous chacun de nos pas : et cet ennemi puissant a toujours ses lacets tendus sur notre route pour nous ravir la grâce. Frappé de cette idée, saint Pierre d'Alcantara, sur le point de mourir, disait à un religieux qui le touchait en le soignant : Mon frère, éloignez-vous, éloignez-vous, je vis encore et je puis encore me perdre. À la vue de ces périls, sainte Thérèse éprouvait une vive consolation chaque fois qu'elle entendait sonner l'horloge, elle en tressaillait d'allégresse, parce que c'était encore une heure de combat qui était écoulée. Elle disait : À tous les instants de la vie, je puis pécher et perdre Dieu. Aussi, tous les

---

* Apoc. 21, 4.

saints ont, toujours, témoigné leur joie à l'approche du trépas. Pensant qu'ils n'auraient plus à soutenir ces luttes pénibles, qu'ils ne couraient plus de dangers et qu'ils allaient bientôt être assurés de l'heureuse possession de Dieu qu'ils ne pourraient plus perdre.

On raconte dans la vie des pères, qu'un d'eux parvenu à un grand âge riait au lit de la mort, tandis que tous les autres fondaient en larmes. On lui demanda pourquoi il riait ? « Et vous, pourquoi pleurez-vous, répondit-il, puisque je vais jouir du repos ? »

Sainte Catherine de Sienne disait aussi en mourant : « Consolez-vous avec moi, de ce que je quitte cette terre, patrie de tant de maux, pour aller dans le séjour de la paix. »

Si quelqu'un habitait une maison agitée d'une secousse de tremblement de terre, et que les murs, tout, enfin, menaçât ruine, combien ne devrait-on pas désirer de pouvoir en sortir ? Ici-bas, tout est aussi menaçant pour l'âme ; le monde, l'enfer, les passions, les sens qui se révoltent contre l'esprit, tout nous entraîne au péché, et, par conséquent, à la mort éternelle. *Qui me délivrera de ce corps de mort*, s'écriait l'apôtre*.

Quelle sera l'allégresse d'une âme lorsqu'elle entendra cette douce invitation : *Viens du Liban, épouse chérie, viens des retraites des lions*†. Viens, mon épouse, sors de ces lieux arrosés de tes larmes ; sors des repaires affreux de ces animaux féroces qui cherchent à te dévorer et à te faire perdre l'amitié de ton Dieu ! Aussi saint Paul, dans ses ardents désirs de la mort disait que J.-C. était sa vie, que mourir était à ses yeux, le plus grand gain qu'il pût faire, puisqu'à ce prix, il entrait en possession de cette vie qui n'a plus de fin‡.

C'est, assurément, une grande faveur pour une âme qui est en grâce, quand Dieu la tire de ce monde, où elle est sujette à l'inconstance, et exposée à perdre son amitié. Il est dit d'un juste qu'*il fut enlevé, de peur que la malice ne changent son cœur*§. On est heureux, dans cette vie, quand on est uni à Dieu ; mais naviguant toujours sur cette mer semée de tant d'écueils, on ne peut être sûr que lorsqu'on est arrivé au port, à l'abri des fureurs de la tempête. Il en est de même d'une âme ; son bonheur n'est parfait qu'à son départ de la vie, en état de grâce. Vantez la fortune du nautonier mais quand il est arrivé au port, dit saint Ambroise. C'est alors,

---

* Ép. aux Rom. 7, 24.
† Cantiq. 4, 8.
‡ Ép. : Philip. 1, 21.
§ Sag. 4, 11.

que, près d'y entrer, il est transporté de joie, en se rappelant tous les périls qu'il a courus ; n'en est-ce pas une plus grande encore pour celui qui va être assuré de sa félicité éternelle ?

En outre, ici-bas on ne peut vivre sans commettre, au moins, quelques fautes légères. *Le juste tombe sept fois**. Mais, en quittant la vie, on ne peut plus déplaire à Dieu. *Qu'est-ce que la mort ?* disait en effet saint Ambroise, *sinon le tombeau des vices*†. C'est un nouveau motif qui la fait désirer à ceux qui aiment Dieu. Le vénérable père Vincent Caraffa se consolait par cette pensée, en mourant : « Je finis ma vie, disait-il, mais je finis aussi d'offenser Dieu. » Pourquoi désirons-nous tant cette vie, puisque plus on y reste plus est pesant le fardeau de nos péchés‡ ? Celui qui meurt, dans l'amitié de Dieu, est, par là même, désormais, dans l'heureuse impuissance de l'offenser. « *Un mort ne peut pas faire le mal.*§ » Le Seigneur loue plutôt les morts que les vivants, quelque saints qu'ils soient#. Un homme de bien avait ordonné de le prévenir à ses derniers moments et de lui dire : « consolez-vous, le temps est venu où vous n'offenserez plus Dieu.

Affections et Prières.

Je remets mon âme entre vos mains ; vous m'avez racheté, ô Seigneur, Dieu de vérité°. Ah ! mon doux Sauveur, qu'en serait-il de moi, si vous m'aviez fait mourir, lorsque j'étais éloigné de vous ! Je serais déjà en enfer, où je ne pourrais plus vous aimer. Je vous remercie de ne pas m'avoir abandonné et de m'avoir comblé de tant de grâces, pour vous gagner mon cœur. Je me repens de vous avoir offensé et je vous aime par-dessus tout. Mais, je vous en conjure, faites-moi mieux connaître encore les torts que j'ai eus, en vous méprisant, et l'amour que mérite votre bonté infinie. Je vous aime et je désire, si c'est votre volonté sainte, de mourir bientôt pour être à l'abri du danger de perdre encore votre grâce, et être assuré enfin de vous aimer à jamais. Ah ! mon aimable Jésus, donnez-moi, pour ce qui me reste à vivre, la force de faire quelque chose, pour vous, avant de mourir ! Oui, fortifiez-moi contre les tentations et contre ma

---

* Prov. 24, 16.
† De l'avantage de la mort, 6. 4.
‡ S. Ambr.
§ S. Ambr.
\# Eccl. 4, 2.
° Ps. 30.

concupiscence, et surtout contre le penchant qui, par le passé, a été la source des déplaisirs que je vous ai causés. Armez-moi de patience dans la maladie, et dans les injures qui me viendraient de la part des hommes. Je pardonne, en vue de votre amour, à tous ceux dont j'aurais reçu quelques mépris, et vous prie de leur faire les grâces qu'ils souhaitent obtenir. Que j'aie plus de courage et de soins pour éviter les fautes même vénielles qui, j'en conviens, ne me causent pas assez d'inquiétudes. Mon Sauveur, aidez-moi. J'espère tout, en vue de vos mérites.

Ô Marie, ma mère et mon espérance, je me confie entièrement dans le secours de votre intercession.

TROISIÈME PARTIE

La mort n'est pas seulement la fin des travaux, mais encore la porte de la vie*. Il faut nécessairement y passer pour voir Dieu. *C'est la porte du Seigneur, les justes entreront par elle*†. Saint Jérôme priait la mort et lui disait : « ô mort, ô ma sœur, ouvrez-moi : car si vous ne m'ouvrez, je ne puis aller à Dieu pour jouir de sa présence. » Saint Charles Borromée, ayant vu, dans son palais, un tableau représentant un squelette, la main armée d'une faux, fit venir un peintre et lui ordonna d'effacer cette faux et de la remplacer par une clef d'or, voulant, à cette vue, s'enflammer d'un plus grand désir de la mort, parce qu'elle nous ouvre le ciel, et nous procure la vue de Dieu.

Si un roi préparait à un de ses sujets une habitation dans son propre palais, et qu'en attendant, il le contraignît de loger dans une chaumière, avec quelle ardeur ne souhaiterait-il pas d'en sortir, pour passer à la résidence du monarque‡ ! Ici-bas, l'âme unie au corps, est comme dans un cachot, qu'elle doit quitter pour habiter la cour céleste. C'est pourquoi David disait à Dieu : *tirez mon âme de sa prison*§. Quand le S. vieillard Siméon eut le bonheur de tenir l'enfant Jésus dans ses bras, il ne réclamait

---

* S. Bernard.
† Ps. 117, 20.
‡ S. Chrys.
§ Ps. 141, 8.

point d'autre faveur que la mort. *C'est maintenant que vous laisserez aller en paix votre serviteur, ô mon Dieu**. Il demande qu'on le laisse partir, dit S. Ambroise, comme s'il eût été retenu de force. L'apôtre soupirait après le même bonheur lorsqu'il s'écriait : *Je désire la dissolution de mon corps, pour être avec J.-C.*†.

Quelle fut la joie de l'échanson de Pharaon, quand Joseph lui dit que, dans peu, il sortirait de sa prison pour reprendre son poste ! mais une âme qui aime Dieu ne doit-elle pas encore éprouver une satisfaction plus vive, en pensant qu'elle touche au moment de quitter la terre, pour aller jouir de la vue de Dieu ? *Tant qu'elle est unie au corps, elle est, pour ainsi dire, en exil, loin du Seigneur*‡. C'est être, en effet, dans une terre étrangère et éloignée de sa patrie. Aussi, saint Bruno nous dit que nous ne devons pas donner le nom de mort à notre départ de ce monde mais l'appeler le commencement de la vie. L'Église célèbre le jour de la mort des saints, en place de celui de leur naissance ; car, c'est bien alors qu'ils naissent pour la vie éternelle. Quant aux justes, il n'y a point de mort pour eux, ce n'est qu'une translation§ : ce n'est que leur passage à l'éternité. « Ô mort aimable, dit saint Augustin, tu es le terme des maux, la fin des travaux, le commencement du véritable repos. » *Que je meure, Seigneur, pour vous voir* ; c'était là le vœu qu'il émettait, en attendant la mort.

Il n'en est pas ainsi du pécheur « qu'il craigne la première mort, celui qui doit passer à une seconde# ! » Mais le fidèle, en état de grâce, espère arriver à la vie.

On raconte dans l'histoire de saint Jean l'aumônier qu'un homme fort riche recommanda aux prières du saint son fils unique. Il lui donna même beaucoup d'argent, pour en faire des aumônes, dans l'intention d'obtenir que ce fils chéri vécût longtemps, et cependant il mourut peu après. Le père affligé, à l'excès, pleurait amèrement sa perte, et Dieu lui envoya un ange pour lui dire vous avez demandé une longue vie pour votre fils : il est pour l'éternité dans le ciel. C'est là la grâce que nous obtient J.-C., selon la promesse du prophète Osée : *ô mort, je serai ta mort*°. En mourant, le Sauveur fit en sorte que la mort devint pour nous la vie. Le martyr Pionius, allant au supplice fut interrogé par ceux qui le conduisaient pourquoi il

---

* S. Luc, 2.
† Phil. 1, 23.
‡ 2 Ép. aux Cor. 5, 6.
§ S. Athan.
# S. Cyprien.
° 13, 41.

marchait si gaiement à la mort, « vous vous trompez, leur répondit-il, je vais non à la mort, mais à la vie. » Quand saint Symphorien, encore jeune, était près de subir le martyre, sa mère le rencontra : « mon fils, lui dit-elle, on ne vous ôte pas la vie, on la change en une meilleure. »

Affections et Prières.

Ô Dieu de mon âme, je vous ai déshonoré, par le passé, en me détournant de vous ; mais votre fils vous a comblé d'honneurs, en vous sacrifiant sa vie sur la croix. En vue donc du sacrifice de ce fils bien-aimé, pardonnez-moi les outrages dont je me suis rendu coupable envers vous. Je me repens, ô souverain bien, de vous avoir offensé, et je promets, dorénavant, de n'aimer que vous. C'est de vous que j'espère mon salut. Tous les avantages dont je jouis sont le produit de votre grâce, je les reconnais comme venant de vous. *C'est par la grâce de Dieu que je suis ce que je suis**. Si autrefois, je vous ai privé de l'honneur qui vous est dû, j'espère vous honorer éternellement, en bénissant votre miséricorde. J'éprouve un grand désir de vous aimer, et c'est vous qui me le donnez ; je vous en rends grâce, ô mon amour continuez, continuez à m'aider, comme vous avez commencé. J'ai l'espoir d'être, dorénavant, à vous et tout à vous. Je renonce à tous les plaisirs du monde. Et quelle plus grande jouissance puis-je avoir que celle de vous plaire, ô Seigneur, qui êtes si aimable et qui m'avez tant aimé ! C'est votre amour, oui votre amour, votre amour seul que je cherche, et j'espère le réclamer toujours ; amour, amour, m'écrierai-je, jusqu'à ce qu'en mourant dans ses ardeurs, je parvienne au royaume de l'amour. Je ne le demanderai plus alors, j'en serai rempli, et je ne cesserai pas, un instant, de vous aimer de toutes mes forces.

Marie, ô ma mère, vous qui aimez tant votre Dieu et qui désirez avec tant d'ardeur de le voir aimé, faites que je l'aime dans cette vie pour l'aimer éternellement dans l'autre.

---

* 1 aux Cor. 15, 10.

IXE CONSIDÉRATION

PAIX D'UN JUSTE À LA MORT.

Les âmes des justes sont dans les mains de Dieu, l'esprit malin ne les touchera pas ; aux yeux des insensés ils ont paru mourir, mais ils jouissent de la paix.

— SAG. 3, 1 ET SUIV.

PREMIÈRE PARTIE

S i Dieu tient étroitement, dans ses mains, les âmes des justes, qui pourra les lui ravir ? L'enfer, il est vrai, ne laisse pas de tenter les justes à la mort et de leur insulter ; mais Dieu continue à assister ses serviteurs fidèles, il augmente ses grâces, en proportion des dangers*. Quand le serviteur d'Élizée vit la cité environnée d'ennemis, il en fut tout effrayé ; le prophète releva son courage, en lui disant : *Ne craignez pas, il y en a plus avec nous que contre nous*†. Il lui fit apercevoir ensuite une armée d'esprits célestes que Dieu leur envoyait pour les défendre.

Le démon se présentera bien pour faire jouer tous les ressorts de la tentation contre une âme sainte ; mais aussi son ange gardien, ses saints patrons, saint Michel dont l'office est de protéger les fidèles, dans le dernier combat avec l'enfer, s'uniront pour la fortifier ; Marie, cette divine mère, la couvrira de ses ailes, cette âme fervente qui lui est dévouée ; elle dissipera ses ennemis. J.-C., surtout, viendra aussi, afin de sauver de ces tentations funestes cette brebis innocente ou pénitente, pour le salut de laquelle il a donné sa vie. Il l'armera de la confiance et de la force dont elle a besoin pour soutenir cette dernière lutte. Aussi, s'écriera-t-elle : *Le Seigneur est mon soutien*‡, *ma lumière et mon salut, qu'aurai-je à crain-*

---

* S. Amb. sur S. Jean, c. 5.
† Quatr. liv. des Rois, 6, 16.
‡ Ps. 29, 11.

*. Le démon n'a pas tant à cœur notre perte que Dieu notre salut[†] ; car ce Dieu plein de bonté a pour nous plus d'amour que le démon ne peut avoir de haine.

Dieu est fidèle, il ne permettra pas que vous soyez tentés au-dessus de vos forces[‡]. Mais, me direz-vous, beaucoup de saints ont éprouvé, à la mort, de grandes inquiétudes sur leur salut. Je réponds qu'on voit peu d'exemples de ces craintes excessives, en ceux qui ont vécu dans la pratique de la vertu. Le Seigneur l'a permis ainsi, pour quelques-uns, afin de les purifier par une mort pénible de certains défauts personnels. Du reste, presque tous ont expiré avec le sourire sur les lèvres. Tous ont craint les jugements de Dieu, mais cette crainte qui se change, dans les pécheurs, en un affreux désespoir, fait place dans les justes à la plus douce consolation. Au rapport de saint Antonin, saint Bernard craignait, étant malade ; il était tenté de perdre sa confiance en Dieu ; cependant, la pensée des mérites de J.-C. le débarrassait de ce sentiment pénible, et il disait : « Vos blessures, ô mon Jésus, voilà mes mérites. » Saint Hilarion redoutait aussi, mais, ensuite, plein de joie il disait : « Sors, mon âme, que redoutes-tu ? voilà près de 70 ans que tu sers Dieu et tu craindrais la mort ? » Comme s'il eût dit : « Mon âme, pourquoi as-tu peur ? tu as consacré tes soins au service d'un Dieu qui est fidèle et qui ne sait pas délaisser ceux qui lui ont été dévoués, pendant leur vie. » On demandait au père Joseph Scamacca, de la compagnie de Jésus, s'il mourait avec confiance : « Est-ce que j'ai servi Mahomet, répondit-il ? Pourrais-je douter de la bonté de mon Dieu et penser qu'il ne veut pas me sauver ? »

Si, jamais, à la mort, la pensée de nos fautes nous tourmente, rappelons-nous que le Seigneur a promis d'oublier les péchés dont on aura fait pénitence. Si l'impie vient à se repentir, dit-il, *je bannirai de ma mémoire toutes ses iniquités*[§].

Mais, me dira-t-on, comment pourrions-nous être sûrs que Dieu nous a pardonnés ? Vous le pourrez, répond saint Bazile, si vous êtes en état de faire cette protestation : *Nous avons haï l'iniquité ; nous l'avons eue en horreur.* Quiconque hait le péché, peut être assuré que Dieu lui a déjà pardonné. Il faut que le cœur de l'homme aime, ou le Seigneur, ou les créatures ; s'il n'aime pas les créatures, donc il aime le Seigneur. Qui est-

---

* Ps. 26, 1.
† Origène, Hom. sur le livre des nombres.
‡ Ép. aux Cor. 10, 13.
§ Ézéch. 18

ce qui aime Dieu ? celui qui observe ses commandements*. Quand on meurt, dans l'observation des commandements, on meurt en aimant Dieu, et celui qui aime Dieu ne craint plus ; *la charité chasse la crainte*[†].

Affections et Prières.

Ah ! mon Jésus, quand arrivera, enfin, ce jour, où il me sera permis de dire : Mon Dieu, je ne puis plus vous perdre ? Quand vous verrai-je, face à face, et quand serai-je sûr de vous aimer, de toutes mes forces, pendant toute l'éternité ! Ah ! mon souverain bien, mon unique amour, tant que je serai sur la terre, je serai sans cesse en danger de vous offenser et de perdre votre grâce ! J'ai été, dans un temps, bien à plaindre ; je ne vous aimais pas ; je méprisais votre amour ; maintenant, je m'en repens, de toute mon âme ; j'espère même que vous m'avez déjà pardonné ; je vous aime de tout mon cœur et je désire faire tout ce qui dépend de moi, pour vous aimer et vous être agréable. Mais, je risque, encore, de vous refuser mon amour et de me détourner de vous. Ah ! Jésus ma vie, mon trésor, ne le permettez pas ! Si je devais tomber dans un aussi grand malheur, faites-moi plutôt mourir à cet instant du genre de mort le plus affreux ; j'en serais satisfait et je vous en prie ! Père, éternel, par l'amour de J.-C., ne m'abandonnez pas à une si affreuse infortune. Châtiez-moi, comme vous le voudrez, j'accepte tout, excepté le fléau de la privation de votre grâce et de votre amour. Mon Jésus, recommandez-moi à votre Père.

Et vous, Marie, ma mère, recommandez-moi à votre fils ; obtenez-moi la persévérance dans son amitié et la grâce de l'aimer, pour faire, ensuite, de moi, selon son bon plaisir.

---

* S. Jean, 14.
† Ép. de S. Jean, 4, 18.

DEUXIÈME PARTIE

Les âmes des justes sont dans la main de Dieu, l'esprit de malice ne les touchera pas ; aux yeux des insensés, ils ont paru mourir..., mais ils jouissent de la paix*. Dans leur folie, ces aveugles s'imaginent que les fidèles, meurent, en effet, avec regret et contre leur volonté, comme les mondains. Ils ne savent pas que Dieu a des moyens de consoler ses enfants, dans ce dernier passage, et même, qu'il peut à travers les douleurs et les angoisses du trépas, leur faire éprouver de véritables délices, en leur donnant comme un avant-goût du Ciel dont il veut les mettre, bientôt, en possession. Ceux qui meurent dans le péché, éprouvent, sur leur lit de douleur, dans les remords, les sentiments d'effroi et de désespoir, une agitation horrible, avant-coureur de l'enfer ; au contraire, les saints, produisant, plus souvent alors, des actes d'amour de Dieu, protestant du désir et de l'espérance des biens dont ils sont près de jouir, goûtent, par anticipation, la paix dont ils vont aller prendre possession dans le Ciel. La mort n'est pas, pour les saints, une punition ; c'est une récompense. *Quand Dieu enverra ce sommeil à ses bien-aimés, aussitôt se présentera l'héritage du Seigneur*†. La mort de celui qui aime Dieu, n'est, à propre-

---

* Sag. 3, 1 et suiv.
† P. 126. 2.

ment parler, qu'un sommeil, ainsi il pourra dire : *Je m'endormirai dans le Seigneur et je jouirai d'un repos parfait**.

Le père Suarez mourut dans un calme si profond, qu'il disait : « Je ne pensais pas qu'il fût si doux de mourir ! »

Les médecins engagèrent le cardinal Baronius à ne pas tant s'occuper de la mort ; « pourquoi, leur répondit-il ? Pensez-vous, peut-être, que je la redoute ? au contraire, loin de la redouter, je l'aime. »

D'après le récit de Santère, le cardinal Ruffin condamné à mort, pour la foi, se revêtit de ses plus beaux habits, en disant qu'il allait aux noces. Lorsqu'il aperçut le gibet, il jeta son bâton, et dit : « *Marchez vite, mes pieds, le Ciel n'est pas loin.* » Avant son exécution, il entonna l'hymne de la reconnaissance, le *Te Deum*, pour remercier Dieu du bonheur de mourir pour la religion, et, ce fut avec des transports de joie, qu'il posa sa tête sur le billot.

S. François d'Assise chantait, en mourant, et invitait les autres à faire de même. « Mon Père, lui dit le frère Élie, ce n'est pas en chantant, mais en pleurant qu'il faut mourir. Je ne puis faire autrement, lui répondit le Saint, dans la pensée que je vais aller jouir de Dieu. »

Une religieuse de St Thérèse, mourant fort jeune, aperçut ses compagnes qui fondaient en larmes, autour de son lit. « Oh Dieu ! pourquoi pleurez-vous, leur dit-elle, je vais retrouver Jésus, mon bon maître ; réjouissez-vous plutôt avec moi, si vous m'aimez. »

Le père de Grenade nous raconte aussi qu'un chasseur trouva un solitaire tout couvert de lèpre ; il était mourant et il chantait. « Comment, lui dit-il, pouvez-vous faire entendre les accents de la joie, dans l'état où vous êtes ? » L'ermite lui répondit : « Mon frère, je ne suis séparé de Dieu que par le mur de mon corps ; maintenant, que je le vois tomber en ruines, ma prison s'écroule ; je vais jouir de la vue de Dieu, c'est ce qui fait ma consolation et je chante. »

Ce désir de voir Dieu faisait dire à S. Ignace si les bêtes féroces, dans l'amphithéâtre, ne venaient pas pour le dévorer, le dévorer, il les exciterait, il les irriterait lui-même.

Sainte Catherine de Gênes ne pouvait souffrir qu'on signalât devant elle la mort comme un malheur. « Ô mort aimable, que vous êtes mal vue, s'écriait-elle, pourquoi ne venez-vous pas à moi qui vous appelle et le jour, et la nuit ? »

Sainte Thérèse désirait tant la mort qu'elle regardait comme une mort

---

* Ps. 4. 9.

de ne pas mourir. Ce fut dans ces sentiments qu'elle composa ce cantique qui commence par ces mots : *Je meurs de ne pouvoir mourir ; tant la mort est agréable aux Saints !*

Affections et Prières.

Ah ! mon souverain bien, mon Dieu, si, autrefois, je ne vous ai pas aimé, maintenant, je reviens à vous de tout mon cœur. Je me sépare de toutes les créatures, et je prends le sage parti de ne plus aimer que vous, mon tout aimable Sauveur. Dites ce que vous voulez de moi ; je suis décidé à le faire. C'est assez vous avoir offensé ; ce qui me reste de vie sera tout employé à vous plaire, c'est là tout mon désir. Donnez-moi la force, pour que je répare, par mon amour, l'ingratitude dont je me suis rendu coupable, jusqu'à présent. Depuis tant d'années, je méritais de brûler dans les flammes de l'enfer ; faites, désormais, que je brûle du feu de votre saint amour, après vous avoir vu courir après moi pour m'attirer à vous. Je vous aime, bonté infinie. Vous voulez être le seul objet de mon amour et c'est avec raison, parce que vous m'avez aimé plus que toutes les créatures ensemble, et que vous seul méritez d'être aimé. Aussi, je veux n'aimer que vous et prendre tous les moyens de vous plaire. Faites de moi ce que vous voudrez, il me suffit de vous aimer et d'être aimé de vous.

Marie, ma mère, aidez-moi ; priez Jésus pour moi.

TROISIÈME PARTIE

Comment peut-on craindre la mort, lorsque après la mort, dit saint Cyprien, on espère occuper un trône ? Comment est-il possible de redouter la mort, quand on attend l'immortalité bienheureuse, après cette vie, si l'on en sort, en état de grâce ? car *ce corps mortel revêtira l'immortalité*, dit saint Paul[*]. Pour quiconque aime Dieu et désire de le voir, la vie est, à ses yeux, une peine, et le trépas, un sujet d'allégresse. On a besoin de patience pour vivre ; cesser de vivre, c'est un vrai bonheur[†].

Saint Thomas de Villeneuve disait : « Si la mort trouve l'homme endormi, elle fait comme un voleur, elle le dépouille, le tue et le jette en enfer ; mais quand l'homme veille, alors, elle se présente comme chargée d'une mission de Dieu même, elle le salue et lui dit le Seigneur vous invite aux noces venez je vous conduirai dans le royaume céleste qui fait l'objet de vos désirs. »

Oh ! quelle est la joie d'un chrétien qui attend la mort, lorsqu'il est uni à Dieu, par sa grâce, qu'il espère de voir bientôt J.-C. et de s'entendre dire : *Courage, bon serviteur, parce que vous avez été fidèle dans de petites choses, je vous établirai sur de plus grandes*[‡] ! Oh ! quelle consolation procureront, alors, les pénitences, les oraisons, le détachement des

---

[*] 1 Ép. aux Cor. 15, 53.
[†] S. August.
[‡] S. Matth. 25, 21.

biens de la terre et tout ce qui a été fait pour Dieu ! *Dites au juste que tout est bien, il mangera du fruit de ses œuvres**. Aussi, le P. Hyppolyte Durazzo, de la compagnie de Jésus, quand il mourait un religieux de ses amis avec des signes consolants de salut, loin de pleurer, s'en réjouissait. « Quelle absurdité, en effet, disait saint Chrysostome, de faire profession de croire le ciel et de pleurer ceux qui nous quittent pour s'y rendre ! »

Quelle satisfaction, à cet instant, de se rappeler les devoirs dont on se sera acquitté envers la mère de Dieu, rosaires, visites, jeûnes du samedi, en son honneur, pieuses associations, etc. ! Elle porte le nom de Vierge fidèle ; oh ! combien elle l'est à procurer des consolations à ses serviteurs ! Quelqu'un qui avait toujours eu une tendre dévotion envers Marie, disait, en mourant, au père Binet : « mon père, vous ne sauriez croire la joie que procure, à la mort, la pensée d'avoir servi la sainte Vierge ! Ô mon père, quel contentement je sens en moi pour mes pratiques de piété, envers cette divine mère ; je ne pourrais vous en donner une idée ! » Quelle joie ressentira aussi celui qui aura aimé J.-C., qui l'aura visité, dans son sacrement, et reçu souvent, dans la sainte communion, lorsqu'il verra ce doux Sauveur entrer dans sa maison, pour se donner à lui, en viatique, et l'accompagner pour le passage à l'autre vie ! Ô heureux ! qui pourra dire alors, comme Saint Philippe de Néri : « voilà mon amour, voilà mon amour, donnez-moi mon amour ! »

Mais qui sait, dira quelqu'un, le sort qui m'attend ? Qui sait si, à la fin, je ne mourrai pas en réprouvé ? Je vous le demande à vous qui tenez ce langage, qu'est-ce qui rend la mort déplorable ? le péché seul. C'est donc le péché seul que nous devons craindre et non la mort. « Il est certain que l'amertume ne vient pas de la mort, mais du péché ; il ne faut donc pas reporter ses craintes sur la mort mais sur la vie[†] ». Voulez-vous ne pas redouter la mort ? menez une vie sainte. *Celui qui craint Dieu s'en trouvera bien, dans ses derniers moments[‡]*.

Le père de la Colombière regardait comme moralement impossible de faire une mauvaise mort, après avoir servi Dieu fidèlement, pendant la vie. Saint Augustin l'avait dit, avant lui : « On ne peut mourir mal, quand on a bien vécu. » Quiconque est préparé à la mort ne la craint pas, de quelque manière qu'elle se présente, même subitement. *Quelle que soit la mort du*

---

* Is. 30, 2.
† S. Aug. de l'avantage de la mort, c. 8.
‡ Eccl. 1, 13.

*juste, il sera reçu dans le lieu de rafraîchissement**. Et puisque nous ne pouvons aller à Dieu et jouir de lui, que par le moyen de la mort, offrons à Dieu, dit Saint Jean Chrysostome, ce que nous sommes forcés de lui rendre. Faisons attention, d'ailleurs, que celui qui offre au Seigneur le sacrifice de sa vie, s'acquitte de l'acte d'amour le plus parfait qu'il y ait. Car, en acceptant, de bonne volonté la mort, dans le temps et de la manière qu'il lui plaît, on ressemble aux martyrs. Celui qui aime Dieu doit appeler la mort, soupirer après elle, parce qu'elle nous unit éternellement à lui, et nous délivre du danger de le perdre. C'est un signe de bien peu d'amour, au contraire, de ne pas sentir monter à son cœur le désir de le voir, au plutôt, avec l'assurance de ne pouvoir plus se séparer de lui. En attendant, aimons-le, dans cette vie, autant que nous le pouvons. La vie ne doit nous servir que pour croître dans son amour. La mesure de notre amour, à la dernière heure, sera la mesure de l'amour que Dieu nous témoignera, pendant l'éternité bienheureuse.

Affections et prières.

Liez-moi à vous, mon Jésus, afin que je ne puisse plus jamais me séparer de vous. Faites que je sois tout à vous, avant ma mort, afin que je n'aperçoive plus sur votre visage adorable des traits courroucés, quand j'aurai le bonheur de vous voir, pour la première fois. Vous m'avez cherché quand je vous fuyais, ne m'abandonnez pas, maintenant, que je voudrais vous trouver. Pardonnez-moi tous les déplaisirs que je vous ai causés. Dorénavant, je ne veux penser qu'à vous servir et à vous aimer. Vous en avez trop fait pour moi, car vous n'avez pas refusé de donner votre sang, votre vie pour mon salut. Je voudrais me sacrifier tout entier pour vous, ô mon Jésus, qui vous êtes sacrifié tout entier pour moi. Ô Dieu de mon âme, je veux vous aimer en cette vie, pour vous aimer aussi dans l'autre. Père éternel, tirez mon cœur tout à vous, détachez-le de toutes les affections de la terre, brisez-le, et embrasez-le, tout entier du feu de votre amour. Exaucez-moi par les mérites de J.-C. Donnez-moi la persévérance et la grâce de la réclamer toujours.

Marie, ma mère, aidez-moi et obtenez-moi la faveur de demander constamment à votre fils le bonheur de persévérer dans son service.

---

* Sag. 4, 7.

XE CONSIDÉRATION

MOYENS POUR SE PRÉPARER À LA MORT.

Souvenez-vous de vos fins dernières, et vous me pécherez jamais.

— ECCL. 7, 40.

PREMIÈRE PARTIE

Tout le monde convient qu'on doit mourir une fois, et que ce point est de la plus haute importance ; car, en effet, du moment de la mort, dépend le bonheur ou le malheur éternel.

Tout le monde sait également qu'à la pratique de la vertu, ou à l'abandon au vice, pendant la vie, est attaché le résultat bon ou mauvais de la mort. Comment, après cela, se fait-il que la majeure partie des chrétiens vivent, comme s'ils ne devaient jamais mourir et comme s'il était indifférent de mourir bien ou mal ! Si l'on vit mal, c'est parce qu'on ne pense pas à la mort. *Souvenez-vous de vos fins dernières, et vous ne pécherez jamais*[*]. Il faut que nous nous persuadions bien que ce dernier instant n'est pas propre à mettre ordre à notre conscience, pour assurer la grande affaire de notre salut éternel. Des enfants de ténèbres, guidés par une prudence toute mondaine, dans le maniement des affaires de la terre, prennent, en temps opportun, les mesures convenables, afin de se procurer tel gain, d'obtenir tel emploi, d'arriver à la conclusion d'un mariage. Pour la santé du corps, vous ne les voyez point différer d'un moment l'emploi des remèdes nécessaires. Que diriez-vous de quelqu'un qui voudrait se battre en duel, ou concourir pour une chaire quelconque, s'il attendait pour s'exercer, au moment convenu pour ces sortes de combats ? Ce capitaine qui se réserverait de faire des provisions d'armes et de vivres, à l'instant où l'ennemi se

---

[*] Eccl. 7, 40.

présenterait pour faire le siège de la place qu'il commande, ne serait-il pas, à votre avis, un insensé ? N'en jugeriez-vous pas de même d'un pilote qui retarderait, pour se pourvoir d'ancres et de câbles, jusqu'au moment de la tempête ? Tel est, exactement, le chrétien qui diffère de mettre sa conscience en ordre jusqu'à l'heure de la mort, *lorsqu'elle viendra fondre sur lui comme l'orage... Ils m'invoqueront*, dit le Seigneur, *je ne les écouterai pas ; ils recueilleront, alors, ce qu'ils auront semé pendant leur vie**. Oui, le temps de la mort sera pour eux un temps d'orage et de confusion. Ces pécheurs appelleront Dieu à leur secours, mais, seulement, par crainte de l'enfer dont ils se voient si près, sans conversion véritable, et c'est pourquoi Dieu ne les exauce pas. C'est donc à bon droit, qu'ils ne recueillent dans ces tristes moments que les fruits de leurs excès. Il faudrait qu'il suffit à cette extrémité, de recevoir les sacrements ; mais non il est nécessaire de détester ses offenses et d'aimer Dieu par-dessus toutes choses. Comment donc haïra-t-il les plaisirs illicites, celui qui les a aimés, passionnément, jusque-là ? Comment aimera-t-il Dieu, par-dessus tout, celui qui a toujours aimé les créatures plus que Dieu ?

Le Seigneur donne le nom de folles à ces vierges, qui ne voulurent préparer leurs lampes que quand l'époux était sur le point d'arriver. Aussi, tous craignent d'être arrachés, subitement, à la vie, comme un arbre déraciné par l'effort d'un vent violent, parce qu'alors on n'a pas le temps de disposer son âme. Tous conviennent que les saints se sont dirigés d'après les règles de la véritable sagesse, en prévoyant la mort, avant d'en être frappés ; et nous, que faisons-nous ? Voulons-nous courir le risque de n'y penser que quand elle aura déjà levé le bras pour nous abattre ? Il faut donc faire, maintenant, ce que nous voudrions avoir fait à ce dernier moment. Oh ! qu'elle sera affligeante la pensée du temps perdu sans ressource, et surtout de celui qu'on aura mal employé, de ces années qui, dans l'intention de Dieu, nous avaient été données pour acquérir des mérites et qui se sont écoulées sans fruit ! Quelle douleur de s'entendre dire : *Vous ne pouvez plus administrer mon bien*. Non, il n'est plus temps de faire pénitence, de fréquenter les sacrements, d'entendre des instructions, de visiter notre Seigneur, dans ses saints tabernacles, de vaquer à l'oraison ; ce qui est fait est fait. Il vous faudrait alors, un esprit plus sain, des moments plus calmes, pour vous confesser, pour résoudre diverses difficultés graves et rendre la paix à votre conscience agitée, mais il n'est plus temps.

---

* Prov. 1, 27.

Affections et Prières.

Ah mon Dieu ! si j'étais mort, telle nuit que vous connaissez, où serais-je maintenant ? Je vous rends grâce de m'avoir attendu, je vous rends grâce pour les années que j'aurais passées en enfer, depuis le moment fatal, où je vous offensai, la première fois. Ah ! éclairez-moi, faites-moi bien connaître les torts que j'ai eus, en perdant, de mon plein gré, votre grâce qui est le prix du sacrifice de la croix ! Oui, mon Jésus, pardonnez-moi ; que je me repente de tout mon cœur, plus que de toute autre chose, de vous avoir méprisé, ô bonté infinie ! J'espère que déjà vous m'avez accordé ce pardon. Aidez-moi, mon Sauveur, afin que je ne vous perde plus. Ah ! mon Sauveur, si je retombais dans mes fautes, je mériterais un enfer, à part ! Ne le permettez pas, je vous en conjure, par les mérites du sang que vous avez versé, par amour pour moi ! Donnez-moi la persévérance, donnez-moi votre amour ! Je vous aime, ô souverain bien, et je ne veux pas cesser de vous aimer jusqu'à la mort ! Mon Dieu, ayez pitié de moi, par l'amour que vous avez pour J.-C. votre fils.

Marie, mon espérance, ayez aussi pitié de moi, recommandez-moi à Dieu. Vos recommandations n'éprouvent, jamais, de refus, près du Seigneur, dont vous possédez tout l'amour.

DEUXIÈME PARTIE

Il est certain, mon frère, que vous mourrez. Jetez-vous donc aux pieds de Jésus crucifié et rendez-lui grâce du temps qu'il vous donne, par sa miséricorde, pour mettre ordre à votre conscience. Passez, ensuite, en revue toutes les erreurs de votre vie et, surtout, celles de votre jeunesse. Méditez les commandements de Dieu ; examinez les emplois dont vous avez été chargé, rappelez-vous les sociétés que vous avez fréquentées ; notez, par écrit, les fautes que vous avez commises, et faites une confession générale de toute votre vie, si, déjà, vous ne l'avez faite. Oh ! de quel secours une confession générale n'est-elle pas, pour baser le plan d'une conduite chrétienne ! Pensez que c'est un compte pour l'éternité ; rendez-le donc, comme vous devrez le rendre à J.-C. lui-même qui vous jugera. Chassez de votre cœur toute affection mauvaise, tout sentiment de haine. Dès ce moment, débarrassez votre conscience de toute crainte, en restituant ce que vous auriez dérobé au prochain, en réparant sa réputation que vous lui avez ôtée, les scandales que vous avez donnés, et formez la résolution de fuir les occasions où vous pouvez perdre Dieu. Songez que ce qui vous paraît difficile, vous paraîtra impossible, au lit de la mort.

Le plus important, est la résolution sincère de prendre les mesures propres à assurer sa persévérance dans la grâce de Dieu. Les voici : chaque jour, la messe, la méditation des vérités éternelles, la fréquentation des sacrements de pénitence et d'eucharistie, au moins, tous les huit jours ; chaque jour, aussi, la visite au saint sacrement et à la mère de Dieu, la lecture spirituelle, l'examen de conscience, tous les soirs ; quelque pratique spéciale de dévotion envers Marie, se faire inscrire dans une des associations établies en son honneur, jeûner le samedi ; proposez-vous par-dessus tout de vous recommander souvent à Dieu et à elle, invoquant, fréquemment, surtout dans les tentations, les noms sacrés de Jésus et de Marie ; tels sont les moyens qui peuvent vous obtenir une bonne mort et le salut éternel.

Une telle conduite sera, pour vous, une grande marque de prédestination. Pour le passé, confiez-vous dans les mérites du sang de J.-C. Il vous éclaire maintenant, c'est qu'il veut vous sauver. Ayez aussi espoir dans l'intercession de Marie, qui vous obtient ces lumières. Avec ce plan de vie et la confiance en Jésus et Marie, quels secours Dieu ne vous prodiguera-t-il pas ! quelle force acquerrait votre âme ! Mon cher lecteur, hâtez-vous donc de vous donner tout à Dieu qui vous appelle, et commencez à jouir de la paix dont, jusqu'alors, vous avez été volontairement privé. Quel bonheur plus grand pour un chrétien que de pouvoir se dire, le soir, en se mettant au lit : si cette nuit la mort venait, j'espère mourir dans la grâce de Dieu. Quelle consolation, lorsque au milieu des éclats de la foudre ou pendant un tremblement de terre, on attend la mort, avec résignation, si la volonté de Dieu est de nous appeler à lui dans ces circonstances.

Affections et Prières.

Ah ! Seigneur, combien je suis reconnaissant de ce que vous faites briller cette lumière à mes yeux ! Si souvent je me suis détourné de vous et vous ai abandonné, vous n'en avez pas fait de même à mon égard ! Si vous m'aviez livré à mon sens réprouvé, je serais resté aveugle, comme je l'étais volontairement, autrefois ; je me serais endurci dans mon péché et je n'aurais pas le désir d'y renoncer, ni la volonté de vous aimer ! Maintenant, je ressens une grande douleur de vous avoir offensé et un vif désir d'être dans votre grâce ; j'ai en horreur ces plaisirs maudits qui m'ont fait perdre votre amitié. Tant de faveurs qui ne me viennent que de vous m'autorisent à espérer que vous voulez me pardonner et me sauver. Ainsi, puisque, malgré tant d'ingratitudes, vous ne m'avez pas délaissé et que vous avez à cœur mon salut, voilà, Seigneur, que je me donne tout à vous. Je me repens, par-dessus tout, de vous avoir offensé et me propose de sacrifier, mille fois, ma vie, plutôt que de perdre encore votre grâce. Je vous aime, mon souverain bien, je vous aime, mon Jésus qui êtes mort pour moi, et j'espère, en vue de votre sang, que vous ne permettrez plus que je me sépare de vous. Non, mon Jésus, je ne veux plus vous perdre. Je veux vous aimer, toujours, à la vie, à la mort et pendant toute l'éternité. Conservez et augmentez, sans cesse, en moi, votre amour ; je vous le demande, par vos mérites.

Marie, mon espérance, priez Jésus pour moi.

TROISIÈME PARTIE

Il faut, en outre, que nous nous trouvions à toute heure, tels que nous désirerions être, au dernier moment ; car, *bienheureux ceux qui meurent dans le Seigneur**. D'après saint Ambroise, ceux qui meurent, de la mort des justes, sont ceux qui se trouvent déjà morts au monde, c'est-à-dire, détachés de ses biens, dont la mort nous force de nous séparer. Ainsi, il faut que nous nous résignions d'avance à renoncer à ce luxe de parure, à nous séparer de nos parents et de toutes les choses d'ici-bas. Si nous ne le faisons volontairement, pendant la vie, nous serons obligés de le faire, à la mort ; mais, alors, nous en ressentirons une vive douleur, et nous risquerons notre salut éternel. Saint Augustin nous dit aussi qu'un moyen puissant d'être en paix, dans les derniers moments, est de mettre ordre à ses affaires temporelles, pendant la vie ; de faire des dispositions quant aux biens qu'on doit laisser, pour qu'à la mort, nous n'ayons plus à nous occuper que de resserrer les liens qui doivent nous unir à Dieu, et de nous entretenir, uniquement de lui et du ciel. Ces instants sont trop précieux pour être employés à des pensées terrestres. C'est dans ces derniers instants que s'achève la couronne des élus, parce que c'est, alors, qu'on acquiert plus de mérites, en acceptant, avec amour et résignation, les souffrances et la mort.

Mais, qui sera animé de ces bons sentiments, à la mort, s'il ne s'y est

---

* Apoc. 14.

exercé, pendant la vie ? Aussi, des âmes ferventes ont recours avec beaucoup de fruit, à la pratique de faire chaque mois des actes de préparation à ce redoutable passage. Après s'être approchées du tribunal de la pénitence et de la table sainte, elles se figurent sur leur lit de mort, et près de paraître devant Dieu*. Ce qu'on ne fait pas en santé, il est difficile de le faire dans les angoisses du trépas. Une grande servante de Dieu, sœur Catherine de S. Albert, religieuse de sainte Thérèse, soupirait en mourant : « Mes sœurs disait-elle, ce n'est pas la crainte de la mort qui tire ces soupirs de mon cœur, parce qu'il y a 25 ans que je l'attends ; je soupire, en voyant tant d'insensés qui passent leur vie dans le péché, et qui renvoient au dernier jour leur réconciliation avec Dieu, lorsqu'ils peuvent à peine prononcer le nom de Jésus. »

Examinez donc, mon frère, si votre cœur conserve encore quelque attachement à certaines choses d'ici-bas, à telle personne, par exemple, à ces honneurs, à cette maison à cet argent, à cette société, à ces plaisirs, etc., et pensez que vous ne serez pas éternellement sur la terre. Il faudra tout quitter et peut-être bientôt pourquoi voulez-vous y rester attaché, au risque de mourir dans l'inquiétude et les alarmes ? Offrez, dès maintenant, tout à Dieu, dans la disposition de vous voir tout ravir quand il lui plaira. Si vous voulez mourir avec résignation, il faut, dès à présent, vous résigner à tous les accidents qui pourraient survenir et vous dépouiller de toute affection aux biens de la terre. Figurez-vous, dès ce moment, sur le point de mourir, et pénétrez-vous d'un véritable mépris pour tout ce qui passe. « Celui, dit saint Jérôme, qui a toujours présente l'idée de la mort, méprise bien facilement tout le reste. »

Si vous n'avez pas encore embrassé un état, choisissez celui dans lequel vous voudriez être à la mort et qui vous procurera le plus de consolation, à cet instant suprême. Si vous êtes déjà engagé, conduisez-vous dans la position où vous êtes comme vous le désireriez alors. Agissez, chaque jour, comme si chaque jour devait être le dernier, et toutes vos actions, oraisons, confessions, communions, faites-les comme si elles devaient être aussi les dernières. Imaginez-vous à tout moment, être sur un lit de douleur, prêt de rendre le dernier soupir ; figurez-vous entendre retentir à vos oreilles ces paroles : partez de ce monde. Oh ! combien cette pensée vous aidera à marcher dans le chemin de la vertu et à vous détacher du monde ! *Heureux le serviteur que le maître, à son retour, trouvera ainsi*

---

* Dans notre petit livre des visites au Saint-Sacrement, on trouvera cette préparation à la mort. Il ne faut que peu de temps pour la faire ; elle est courte. (Note de l'auteur.)

occupé* ! Quiconque attend la mort, à toute heure, mourût-il subitement, mourra saintement.

Affections et Prières.

Tout chrétien doit être disposé, lorsqu'on lui annoncera qu'il va bientôt mourir, à dire à Dieu ces paroles : ainsi mon Dieu, je n'ai plus que quelques heures, mais je veux les employer à vous aimer, autant que je le pourrai, pour vous aimer davantage dans l'éternité. Il me reste peu à vous offrir ; mais, je vous offre mes douleurs et le sacrifice de ma vie, en union avec le sacrifice que J.-C. vous a offert, pour moi sur la croix. Seigneur, ce que je souffre est bien peu de chose, en comparaison de ce que j'ai mérité, mais ces souffrances, telles qu'elles sont, je les accepte, pour marque de l'amour que je vous porte. Je me résigne à tous les châtiments que vous voudrez m'infliger, dans cette vie et dans l'autre, pourvu que je puisse vous aimer éternellement. Punissez-moi, comme il vous plaira, mais ne me privez pas de votre amour. Je ne mériterais plus de vous aimer, j'en conviens, après avoir si souvent méprisé les témoignages de votre tendresse, mais vous ne pouvez éloigner de vous une âme pénétrée de repentir. Je me repens, ô bien suprême, de vous avoir offensé. Je vous aime, de tout mon cœur, et je mets en vous toute ma confiance. Votre mort, ô mon rédempteur, est tout mon espoir. Je remets mon âme entre vos mains, qui ont été percées de clous ; vous m'avez racheté, ô Dieu de vérité. Ô mon Jésus, vous avez versé votre sang pour mon salut, ne permettez pas que je sois jamais séparé de vous. Je vous aime, ô Dieu éternel, et j'espère vous aimer toujours.

Marie, ma mère, aidez-moi, pour ce point si important. Maintenant, je vous confie mon âme ; dites à votre fils d'avoir pitié de moi. Je me recommande à vous ; préservez-moi de l'enfer.

---

*   S. Matth. 24, 26.

XIE CONSIDÉRATION

LE PRIX DU TEMPS.

Mon fils, conservez le temps.

— ECCL. 4, 25.

PREMIÈRE PARTIE

Mon fils, dit l'Esprit saint, soyez attentif à faire profiter le temps, car c'est le bien le plus précieux et le don le plus magnifique que Dieu puisse faire à l'homme ici-bas. Les païens eux-mêmes en connaissaient le prix, et Sénèque, entre autres, disait que rien n'égale la valeur du temps ; mais les saints l'estimaient encore davantage. Saint Bernardin de Sienne assure, sans hésiter, qu'un instant vaut autant que Dieu, parce que chaque instant peut être, pour l'homme, un moyen d'acquérir la grâce du Seigneur et de gagner une gloire éternelle, si on l'emploie à produire un acte de contrition ou d'amour*.

Le temps est un trésor qu'on ne possède que dans cette vie ; on ne le trouve plus dans l'autre, ni au ciel ni en enfer. Oh ! si une heure nous était accordée, tel est le cri de douleur dont les réprouvés font retentir l'abîme affreux où ils souffrent ! Ils achèteraient, à tout prix, une heure, parce qu'avec elle, ils répareraient leur perte ; mais cette heure ne leur sera pas donnée. Quant au ciel, les regrets en sont bannis ; et s'ils pouvaient encore avoir accès dans l'âme des bienheureux, ce serait uniquement d'avoir perdu, sur la terre, le temps dont le bon usage leur aurait valu un surcroît de gloire. Une religieuse bénédictine, après sa mort, apparut toute rayonnante à une personne et lui dit : qu'elle jouissait du bonheur céleste, mais que s'il lui était permis de désirer quelque chose, ce serait de revenir à la

---

* Sur S. Luc c. 2.

vie et d'y souffrir pour se rendre digne d'une félicité plus grande. Elle ajouta qu'elle voudrait endurer, jusqu'au jour du jugement, les cruelles douleurs auxquelles elle avait été en proie, au moment de sa mort, pour s'assurer la gloire correspondante au mérite attaché à la récitation pieuse d'un seul *Ave Maria*.

Et vous, mon cher frère, à quoi avez-vous employé ce temps ? Pourquoi toujours remettre à demain ce que vous pouvez faire aujourd'hui ? Pensez que les moments déjà écoulés ne sont plus à vous ; l'avenir n'est pas non plus à votre disposition ; vous n'avez que le présent pour faire le bien. Et pourquoi, malheureux, compter sur l'avenir, s'écrie saint Bernard, comme si le Seigneur vous en avait rendu maître. Et saint Augustin : comment pouvez-vous vous promettre la journée de demain, puisque vous ignorez si vous avez encore une heure ? Donc, conclut sainte Thérèse, si aujourd'hui vous n'êtes pas disposé à mourir, craignez de mourir mal.

Affections et prières.

Ô mon Dieu ! je vous remercie de me donner le temps de remédier aux désordres de ma vie passée. Si, maintenant, je venais à mourir, mon plus grand chagrin serait la pensée du temps que j'ai perdu. Ah, Seigneur ! vous me l'avez donné pour vous aimer, et je l'ai employé à vous offenser ! Je méritais d'être précipité en enfer, dès le premier moment où je me suis séparé de vous ; mais vous m'avez invité à la pénitence, et vous m'avez pardonné. Je vous promettais alors de ne plus être infidèle ; cependant, combien de fois, depuis, suis-je revenu à de nouveaux outrages, et vous m'avez encore pardonné, que votre miséricorde soit à jamais bénie ! Si elle n'était infinie, comment, en effet, pourrait-elle me supporter ainsi ? Qui aurait pu jamais avoir autant de patience que vous en avez eu envers moi ? Combien je me repens d'avoir outragé un Dieu si bon ! Mon doux Sauveur, cette longanimité seule devrait me pénétrer d'amour pour vous. Ah ! ne permettez pas dorénavant que je sois ingrat, après toute l'affection que vous m'avez témoignée, attirez et attachez-moi tout entier à votre amour. Non, mon Dieu, je ne veux plus abuser du temps, vous me l'avez laissé pour réparer mes fautes, je veux le consacrer, sans réserve, à vous servir et à vous aimer. Donnez-moi de persévérer saintement. Je vous aime, ô bonté infinie, et j'espère vous aimer éternellement.

Je vous rends grâce, ô Marie, vous avez été mon avocate pour m'obtenir du temps sur la terre, maintenant assistez-moi, et faites que toujours j'aime votre Fils, mon Rédempteur, et vous qui êtes ma reine et ma mère.

DEUXIÈME PARTIE

Rien de plus précieux que le temps, toutefois, il n'est rien à quoi le monde attache moins de prix, rien qu'il estime si peu. C'est ce dont se plaint saint Bernard dans un de ses discours : Les jours de salut passent, disait-il, et personne ne pense qu'ils s'en vont pour ne revenir jamais. Voyez ce joueur, consumer inutilement au jeu, et les jours et les nuits ; si vous lui demandez : que faites-vous ? il répond, je passe le temps. Voyez cet homme désœuvré, occupé des heures entières au milieu des rues, à regarder les passants, ou à s'entretenir de choses obscènes ou au moins inutiles ; dites-lui : que faites-vous ? je passe le temps, vous répondra-t-il encore. Pauvres aveugles ! que de jours perdus, mais jours écoulés sans ressource !

Ô temps qu'on méprise, tu seras la matière des plus vifs regrets qu'éprouveront les mondains, au moment de la mort ! Que souhaiteront-ils alors ? encore une année, un mois, un jour, mais ils ne l'auront pas. Ils s'entendront dire : *il n'y a plus de temps*. Combien donneraient-ils, à cet instant suprême, pour obtenir une semaine, vingt-quatre heures, afin de mettre leur conscience mieux en règle ! Pour prolonger leur vie d'une seule heure, dit saint Laurent Justinien, ils sacrifieraient tout ce qu'ils possèdent, mais cette heure leur sera refusée. Hâtez-vous, dira le prêtre qui les assistera, sortez promptement de ce monde, *il n'y a plus de temps*.

Le prophète, cependant, nous exhorte à nous souvenir de Dieu, et à nous procurer sa grâce avant que la lumière ne nous soit ôtée[*]. Quelle peine pour un voyageur, surpris par la nuit, quand il se voit écarté de sa route, sans pouvoir remédier à son erreur ! Mais, quel sera, à la mort, l'abattement de celui qui aura vécu ici-bas, jusqu'à la vieillesse, sans avoir travaillé pour Dieu[†] ! La mort sera, pour lui, cette nuit où il ne pourra plus rien faire. *Le Seigneur a appelé le temps en témoignage contre moi, pour m'accuser*, disait le prophète. La conscience lui rappellera, cette époque, combien il a eu de temps, et il l'a employé au détriment de son âme ! Combien d'invitations, combien de grâces n'a-t-il pas reçues de Dieu pour devenir saint ! il n'a pas voulu en profiter, et il se trouvera sans aucun moyen de réparer ses torts. Alors, d'une voix entrecoupée de sanglots, il s'écriera : oh que j'ai été insensé ! oh temps perdu ! oh vie toute entière que j'ai inutilement traversée ! oh années qui se sont écoulées en vain et pendant lesquelles j'aurais pu me sanctifier ! je les ai dissipées sans fruit, se dira-t-il, et maintenant il n'est plus temps ! À quoi, néanmoins, serviront ces lamentations, ces soupirs, lorsque la scène va finir, que la lumière est sur le point de s'éteindre et que le moribond approche du moment d'où dépend son éternité !

AFFECTIONS ET PRIÈRES.

Ah ! mon Jésus, pour sauver mon âme, vous avez employé votre vie tout entière, il n'y a pas eu un instant où vous ne vous soyez offert pour moi au père éternel, afin de m'obtenir le pardon et le salut ; et moi, depuis tant d'années combien jusqu'à présent en ai-je employé pour vous ? Tout ce que je me rappelle excite en moi des remords. Le mal que j'ai commis a été grand, le bien que j'ai fait si peu peu considérable, et encore ce bien se trouve-t-il rempli d'imperfections, de tiédeur, d'amour-propre et de distractions. Ah ! mon rédempteur, la seule cause d'un si grand malheur est de n'avoir pas pensé à ce que vous aviez fait pour moi ! Je vous ai oublié, mais vous n'avez pas été de même à mon égard ; vous m'avez poursuivi lorsque je vous fuyais et toujours vous m'invitiez à vous aimer ! Me voici, ô mon Jésus, je ne veux plus opposer de résistance ; voudrais-je attendre que vous m'abandonnassiez tout à fait ? Je me repens, souverain bien, de m'être séparé de vous par le péché. Je vous aime, bonté infinie, digne d'un amour infini. Ah ! ne permettez plus que je perde les moments,

---

[*] Eccl. 12, 1.
[†] Jérémie, 9, 4.

que votre miséricorde vous engage à me donner. Rappelez toujours à ma mémoire, mon bon Sauveur, l'amour que vous m'avez porté et les tourments que vous avez endurés pour moi. Faites-moi oublier tout le reste, afin de ne plus penser qu'à vous aimer et à vous plaire tout le temps que j'ai encore à vivre. Je vous aime, mon Jésus, mon amour, mon tout. Je vous promets de ne jamais penser à vous sans faire un acte d'amour ; donnez-moi la persévérance. Je mets tout mon espoir dans les mérites de votre sang.

Ô Marie, ma tendre mère, je me confie en votre intercession.

TROISIÈME PARTIE

Marchez pendant que vous avez la lumière*. Il faut que nous marchions dans la voie du Seigneur, pendant que son flambeau nous éclaire, mais il s'éteint à la mort. Ce n'est plus le temps alors de se préparer, mais de se trouver prêt. À ce dernier instant, on ne peut plus rien, ce qui est fait est fait. Oh Dieu ! si quelqu'un recevait la nouvelle que sous peu doit se plaider une cause, où il irait de sa fortune tout entière, et même de sa vie, que de mouvements ne se donnerait-il pas pour se procurer un bon avocat, pour persuader les juges de la légitimité de ses moyens de défense et se concilier leurs bonnes grâces ! Mais que faisons-nous ? nous savons à n'en pouvoir douter, que bientôt, qu'à tout instant peut se décider une cause où il y va de tout pour nous, de laquelle dépend notre salut éternel, et nous laisserions échapper les moments !

Mais, dira quelqu'un, je suis encore jeune ; plus tard, je me donnerai à Dieu. Sachez, lui répondrai-je, que le Seigneur maudit le figuier sur lequel il ne trouva pas de fruit, quoique ce ne fut pas la saison des figues, comme le remarque l'Évangile. J.-C. veut vous montrer par là que l'homme, à toutes les époques de sa vie, même dans la jeunesse, doit produire de bonnes œuvres ; qu'autrement il sera maudit et frappé de stérilité pour l'avenir. *Que personne ne mange plus jamais de tes fruits*† ; telle est la

---

* S. Jean, 12, 15.
† S. Marc, 11.

malédiction prononcée par le Sauveur contre cet arbre, et c'est ainsi qu'il maudira celui qui résiste à ses tendres invitations.

Chose étonnante ! Le démon regarde notre vie tout entière comme bien courte ; aussi, ne perd-il pas un instant ; sans cesse il nous tente. *Il vient à vous plein de colère*, dit l'Esprit saint, *sachant que le temps est court**. Quoi ! cet ennemi profite de tous les moments, dans le désir qui le presse de nous précipiter avec lui ; et nous, nous perdrions ce temps lorsqu'il est question de nous sauver !

Un autre dira : quel mal fais-je ? Oh Dieu ! et n'est-ce pas un mal de passer son temps au jeu et à des conversations qui ne sont d'aucune utilité pour votre âme ? Le Seigneur vous l'a-t-il donné pour l'employer de la sorte ? *Non*, dit l'Esprit-saint, *ne perdez pas même la plus petite portion d'un jour favorable*†. Ces ouvriers, dont parle saint Mathieu, ne faisaient point de mal, ils étaient seulement à rien faire, et ils en furent repris par le maître de la vigne : *Pourquoi*, leur dit-il, *restez-vous oisifs toute la journée*‡. Au jour du jugement, J.-C. nous fera rendre compte même d'une parole oiseuse. Tout le temps qu'on ne consacre pas au service de Dieu est un temps perdu, dit saint Bernard. Voici d'ailleurs l'avis que nous donne le Seigneur : *Ce que peut faire votre main, qu'elle le fasse à l'instant, parce qu'il n'y aura plus ni travail, ni raison, ni sagesse, ni science dans le tombeau vers lequel vous vous avancez*§. Selon la vénérable Jeanne de la Trinité, sœur carmélite, il n'y a point de lendemain dans la vie des saints ; il ne se trouve que dans la vie des pécheurs qui disent toujours : plus tard, plus tard, et ils arrivent ainsi à la mort. *Voici maintenant le temps favorable*# *; si vous entendez, aujourd'hui, la voix de Dieu, n'endurcissez pas vos cœurs* °. Aujourd'hui, Dieu vous appelle à faire le bien, faites-le aujourd'hui, parce que demain peut-être, ou vous n'aurez plus le temps, ou Dieu ne vous invitera plus.

Si, donc, autrefois, vous avez, par malheur, passé, le temps à offenser Dieu, ayez soin de pleurer votre aveuglement le reste de vos jours, à l'exemple du roi Ézéchias : *Je repasserai*, disait-il, *dans l'amertume de mon âme, toutes les années de ma vie***. Dieu prolonge votre carrière, pour

---

* Apoc. 12, 12.
† Eccl. c. 4.
‡ S. Math. 20.
§ Eccl. 9, 10.
\# 2 aux Cor. 6, 2.
° Ps. 94, 8.
** Éz. 39, 15.

que vous réparez vos pertes sous ce rapport. *Rachetez le temps, parce que les jours mauvais s'approchent** . Saint Anselme dit sur ce passage : Vous recouvrerez le temps, si vous faites ce que vous avez négligé de faire. Saint Jérôme dit de saint Paul que bien qu'il fût le dernier des apôtres, il fut le premier en mérites, par tous ses travaux depuis sa vocation. S'il en eût été de même de nous, à chaque moment, nous aurions pu multiplier nos mérites pour l'éternité. Si l'on vous donnait en propriété tout le terrain dont vous pourriez faire le tour en un jour de marche, ou autant d'argent que vous pourriez en compter en vingt-quatre heures, quels mouvements ne vous donneriez-vous pas ? Quoi ! vous pourriez acquérir, à chaque instant, des trésors éternels et vous perdriez le temps ? Ce qu'il vous est possible de faire aujourd'hui, ne dites pas que vous pouvez le faire demain, parce que le jour présent sera perdu pour vous et qu'il ne reviendra plus. Saint François de Borgia, quand on lui parlait du monde, se portait vers Dieu par de saintes affections, et lorsqu'on lui demandait son avis sur quelque chose, il ne savait que répondre. Une fois, on lui en fit des reproches : j'aime mieux, répondit-il, passer pour n'avoir pas d'esprit que de perdre mon temps.

Affections et Prières.

Non, mon Dieu, je ne veux plus dissiper le temps que vous me donnez, par un effet de votre miséricorde. Je devrais, maintenant, être en enfer et pleurer éternellement sans nul avantage pour mon âme ; mais quelles actions de grâce ne vous dois-je pas de m'avoir conservé la vie ! Aussi veux-je vivre, uniquement, pour vous tant que je serai sur la terre. Si, maintenant, j'étais réprouvé, je me livrerais à toute ma douleur, je serais, en vain, dans le désespoir. Je veux donc pleurer mes offenses, et en pleurant ici-bas, je suis sûr d'obtenir de vous mon pardon, selon l'assurance que m'en donne le prophète : *Vous cesserez de pleurer*, dit-il, *vous qui vous avancez, en versant des larmes, et le Dieu des miséricordes aura pitié de vous*†. Si j'étais en enfer, je ne pourrais plus vous aimer et dès ce moment, je veux vous aimer et j'espère vous aimer toujours. Si j'étais en enfer, je ne pourrais plus demander de grâces, mais actuellement je vous entends me dire : Demandez et vous recevrez ; puisque c'est encore l'instant propice pour solliciter vos faveurs, j'en réclame deux de vous, ô Dieu

---

* Éphes. 5, 16.
† Is. 30, 19.

de mon âme, c'est votre amour, et la persévérance dans votre grâce, puis faites de moi ce qu'il vous plaira. Faites que, le reste de ma vie, je me recommande toujours à vous, mon Jésus, en vous disant : Seigneur, aidez-moi, ayez pitié de moi ; faites que je ne vous offense plus, faites que je vous aime.

Ô Marie, ma très-sainte mère, obtenez-moi la grâce de réclamer Dieu sans cesse, et de lui demander la persévérance et son saint amour.

XIIE CONSIDÉRATION

IMPORTANCE DU SALUT.

Nous vous conjurons, mes frères, de vous appliquer chacun à ce que vous avez à faire.

— 1 AUX THESS, 4, 10 ET 11.

PREMIÈRE PARTIE

Il n'est rien qui nous importe plus que le salut éternel, mais c'est l'affaire dont les chrétiens eux-mêmes s'occupent le moins. S'agit-t-il d'obtenir une place, de gagner un procès, de conclure un mariage, on y met tous ses soins, on ne perd pas un moment ; que de conseils, que de mesures ne prend-on pas ! On va jusqu'à oublier la nourriture, le sommeil, et pour assurer son salut que fait-on ? comment vit-on ? Ah ! l'on ne fait rien, ou plutôt on fait tout pour échouer ; ainsi se conduisent la plus grande partie des chrétiens, comme si la mort, le jugement, l'enfer, le paradis et l'éternité étaient non des vérités de foi, mais des fables de l'invention des poètes. Si l'on perd un procès, une récolte, à quel chagrin ne se livre-t-on pas ! que de sollicitudes pour réparer le dommage causé par ces accidents ! Si l'on a laissé s'égarer un cheval, même un chien, quelle inquiétude pour les retrouver ! Si l'on perd la grâce de Dieu, on dort, on s'amuse, on rit comme à l'ordinaire. Est-ce là, après tout, une chose si importante ?

On se fâche, si l'on est accusé de négligence pour ce qui concerne les futiles intérêts du monde, et il y en a tant qui ne s'inquiètent nullement de laisser à l'abandon l'affaire du salut de laquelle tout dépend ! On donne le nom de sages aux saints dont toutes les pensées, toutes les actions ont eu pour but leur sanctification et cependant on est tout de feu pour les choses d'ici-bas, sans s'occuper en aucune manière de sauver son âme. Quant à vous, mes chers frères, dit saint Paul, appliquez-vous uniquement à la grande affaire de votre salut, la plus importante de toutes. Persuadons-nous, en effet, que le salut éternel est pour nous l'affaire la plus importante, l'affaire unique, une affaire irréparable si l'on vient à la manquer.

C'est la plus importante. Oui, elle est d'une conséquence infinie, puisqu'il y va de l'âme ; si l'on vient à échouer, tout est perdu. Nous devons estimer notre âme plus que tous les biens du monde, dit saint Jean Chrysostome. Il suffit, pour s'en convaincre, de savoir que Dieu a livré son Fils à la mort pour sauver nos âmes, et que le Verbe éternel n'a pas dédaigné de les racheter au prix de son sang. *Vous avez été rachetés à un grand prix**. Aussi, un saint Père disait que l'homme valait autant que Dieu. De là, la parole de J.-C. : *Que donnera l'homme en échange pour son âme ?* Si donc l'âme est si précieuse, pour quel bien dans le monde un homme pourrait-il se décider à l'échanger et à la perdre ?

C'est à bon droit que S. Philippe de Néri appelle insensé celui qui ne s'inquiète pas de sauver son âme. Si, sur la terre, il y avait des hommes mortels et d'autres qui fussent immortels et que les premiers vissent les seconds tout occupés des choses du monde, et témoigner le plus vif empressement pour se pousser dans les honneurs, pour acquérir des richesses et des domaines, ici-bas, ils leur diraient certainement : que vous êtes insensés ! Il vous est possible de vous procurer des biens éternels et vous pensez à des choses misérables et passagères ! Ne voyez-vous pas qu'en agissant ainsi, vous vous condamnez à des peines sans fin pour l'autre vie ! Laissez-nous, malheureux que nous sommes, rechercher uniquement ces biens terrestres, puisque la mort doit mettre fin à tout pour nous. Tel serait le langage de ces infortunés. Mais étant tous immortels, comment se fait-il qu'il y en ait tant parmi nous qui sacrifient leur âme aux funestes plaisirs d'ici-bas ! Comment est-il possible, dit Salvien, que des chrétiens croient au jugement, à l'enfer, à l'éternité, et vivent sans aucun sentiment de crainte !

Affections et Prières.

Ah ! mon Dieu, à quoi ai-je passé les années nombreuses que vous m'aviez accordées pour assurer mon salut éternel ! Vous, mon Rédempteur, vous avez racheté mon âme au prix de votre sang, puis, vous me l'avez confiée pour travailler à sa sanctification, mais je ne me suis occupé que de ce qui pouvait contribuer à la perdre, en vous offensant, vous qui

---

* 1 Cor. 16, 20.

m'avez tant aimé ! Je vous rends grâce de me donner encore le temps de pouvoir réparer les pertes énormes causées par mon imprudence. J'ai perdu mon âme en sacrifiant votre grâce qui devait être si précieuse à mes yeux. Seigneur, je m'en repens, je m'en repens de tout mon cœur. Oh ! pardonnez-moi, je forme, dès aujourd'hui, la résolution de sacrifier tout, même ma vie, plutôt que votre amitié. Je vous aime plus que tous les biens et je veux, dorénavant, vous aimer toujours, ô bien suprême, qui êtes digne d'un amour infini ! Aidez-moi, mon Jésus, afin que cette résolution ne ressemble pas à tant d'autres que j'ai prises, autrefois, et qui toutes ont été comme autant d'actes de trahison ! Faites-moi mourir avant que je ne vous offense de nouveau, et que je n'abandonne votre amour.

Marie, mon espoir, sauvez-moi, en m'obtenant de persévérer saintement.

DEUXIÈME PARTIE

Le salut éternel n'est pas seulement l'affaire la plus importante, mais l'unique nécessaire que nous ayons à traiter en ce monde. S. Bernard déplore l'extravagance des chrétiens qui appellent folies, les jeux de l'enfance et qui donnent le nom d'affaires à leurs soins terrestres. Cet égarement des hommes arrivés à l'âge mûr, mérite à plus juste titre, le nom de folie. *Et à quoi sert*, dit le Seigneur, *de gagner l'univers si l'on vient à perdre son âme** ! Mon frère que vous ayez été pauvre, affligé et méprisé ici-bas, que vous importe ? pourvu que vous vous sauviez. Une fois assuré de votre salut, vous n'aurez plus à gémir ; votre bonheur durera, pendant toute l'éternité. Mais si vous vous perdez, par votre faute, quel avantage résultera pour vous, d'avoir possédé le monde entier et d'avoir été pourvu abondamment de richesses et d'honneurs ? En perdant son âme, l'on perd ses possessions, ses dignités, ses biens, on perd tout.

Que répondrez-vous à J.-C., au jour où il vous demandera compte ? Supposez un roi qui chargerait un ambassadeur d'aller traiter de quelque affaire d'un haut intérêt, dans une ville ; si au lieu de soigner ce qui lui a été recommandé, cet envoyé infidèle ne s'occupait que de repas, de festins, de comédies, et qu'ainsi il échouât complètement ; quelle responsabilité pèserait sur lui, à son retour ! Mais, ô Dieu ! qu'en sera-t-il à plus forte raison, au jour du jugement, de celui qui, ayant été placé ici-bas, non

---

* S. Math. 16, 26.

pour devenir riche, non pour se pousser dans les honneurs, mais pour sauver son âme, aura pensé sérieusement à tout, excepté à son âme ! Les mondains ne songent qu'au présent et non à l'avenir. S. Philippe de Néri rencontra une fois, à Rome, un jeune homme distingué par ses talents, nommé François Zarrera, fort attaché au monde ; le serviteur de Dieu lui dit : « Mon enfant, vous ferez une grande fortune ; vous serez bon avocat ; puis, prélat ; ensuite cardinal, peut-être enfin, il est possible que vous deveniez pape. » Et ensuite ? ensuite ? dit le jeune homme. Allez, lui répondit-il, pensez à ces dernières paroles. François s'en alla chez lui, réfléchissant à ces deux mots : Et ensuite ? et ensuite ? Le résultat de ses réflexions fut qu'il renonça à toutes les sollicitudes mondaines ; qu'il devint membre de la congrégation de l'oratoire et commença, tout de bon, à ne plus s'occuper que de Dieu.

Le salut est notre unique affaire, parce que nous n'avons qu'une âme. Un prince, ayant demandé à Benoît XII une grâce qu'il ne pouvait accorder sans péché, le pontife répondit à son ambassadeur : « Dites à votre roi, que si j'avais deux âmes, je pourrais en sacrifier une pour lui, et me réserver l'autre, mais, n'en ayant qu'une, je ne puis, ni ne veux la perdre. » S. François Xavier disait qu'il n'y avait dans ce monde qu'un seul bien et un seul mal ; le seul bien c'est le salut, et le seul mal la damnation. C'est ce que sainte Thérèse disait aussi à ses religieuses chères sœurs, une âme et une éternité ! leur faisant entendre, par là, que si elles perdaient leur âme, elles perdaient tout, et que si elles perdaient cette âme, c'était pour toujours. Aussi, David faisait cette prière : *Je n'ai demandé qu'une seule chose au Seigneur et je la réclamerai, sans cesse, c'est d'habiter dans sa maison**. Seigneur, je ne vous demande qu'une chose, sauvez mon âme, cela me suffit.

Traitez l'affaire de votre salut avec crainte et tremblement. Quiconque ne craint et ne tremble pas, ne se sauvera pas. De là, la nécessité, pour le salut, de travailler avec effort et de se faire violence, car le royaume des cieux doit être emporté par la force, et ceux-là, seulement, qui s'imposeront cette violence le raviront. Pour être du nombre des élus, il est indispensable qu'au moment de la mort notre vie ressemble à celle de J.-C. En conséquence, d'un côté, nous devons faire tous nos efforts pour nous soustraire aux occasions dangereuses, et de l'autre, prendre les moyens indispensables pour nous sauver. « Le royaume des cieux, dit S. Bernard, ne se donnera pas aux inconstants, mais à ceux qui s'attacheront de bon cœur au

---

* Ps. 26, 4.

service de Dieu ; » cependant tous voudraient se sauver, sans qu'il leur en coutât la moindre peine. Chose étonnante ! dit S. Augustin, le démon se fatigue si fort ; il ne dort pas dans le désir qui le presse de perdre les âmes et vous, lorsqu'il s'agit de votre bonheur, ou de votre malheur éternel, vous seriez sans inquiétude !

Affections et Prières.

Ah mon Dieu ! je vous rends grâce de ce que, maintenant, par un effet de votre bonté, je suis prosterné à vos pieds et non précipité dans l'enfer que j'ai mérité si souvent ! Mais de quelle utilité me serait cette vie que vous me conservez, si j'y restais privé de votre grâce ? Que je n'aie jamais ce malheur ! Je me suis détourné de vous ; je vous ai perdu, ô mon souverain bien, je m'en repens de tout mon cœur ; que n'ai-je pu mourir, mille fois, avant d'avoir été coupable ! Je vous ai perdu, mais votre prophète me persuade que vous êtes la bonté même, et que vous consentez à vous laisser trouver par une âme qui vous cherche. Si donc, par le passé, je vous ai fui, ô Roi de mon cœur, actuellement je vous cherche et ne veux chercher que vous. Je vous aime de toute l'ardeur de mon âme. Recevez-moi, ne dédaignez pas de vous faire aimer d'un cœur qui vous a méprisé pendant quelque temps. Enseignez-moi ce que je dois faire pour vous plaire et vous persuader que je veux accomplir tous mes devoirs. Ah ! mon Jésus ! sauvez cette âme pour laquelle vous avez sacrifié votre sang et votre vie ; donnez-moi la grâce de vous aimer, toujours, dans cette vie et dans l'autre. Je l'espère de vos mérites.

Je l'attends aussi de votre intercession, ô Marie !

TROISIÈME PARTIE

Affaire importante, affaire unique, affaire irréparable. Quelle erreur peut se comparer à l'aveuglement de ceux qui laissent à l'aventure leur salut éternel, dit S. Euchaire. Pour toutes les autres erreurs, il y a remède ; par exemple, si l'on perd un objet quelconque, on peut réparer cette perte par quelque moyen ; si l'on perd une place, il est encore rigoureusement possible de la recouvrer ; on vient à mourir, si l'on se sauve, le salut dédommage pleinement de tous les malheurs qu'on aurait pu éprouver, mais si l'on se damne, il n'y a plus de ressources. Une fois mort, si vous avez perdu votre âme, elle l'est pour toujours. Il ne reste plus qu'à pleurer éternellement en enfer, avec les misérables insensés qui s'y trouvent. Ce qui les tourmente le plus, c'est la pensée que le temps de remédier à tous leurs maux est passé. *L'été est écoulé et nous ne sommes pas sauvés**.

Demandez à ces prudents du siècle qui, maintenant, sont dans ces gouffres de feu, demandez-leur quel sentiment les frappe et s'ils ont à se féliciter d'avoir amassé de grands biens sur la terre, à présent qu'ils sont condamnés à une prison éternelle ? Écoutez ce qu'ils disent, en versant des larmes : *nous nous sommes donc trompés !* Mais que leur sert, alors, de connaître une erreur consommée, lorsqu'il leur est impossible de se soustraire à leur funeste sort qui, pendant les siècles des siècles, sera toujours

---

* Jér. 8, 20.

le même ! Quelle douleur n'éprouverait pas, ici-bas, un prince qui, au moyen d'une faible dépense, aurait pu prévenir la chute de son palais, et qui, un jour, le trouverait tombé en ruines et verrait, ainsi, le triste effet de sa négligence, quand il n'y a plus moyen de l'éviter.

Le plus grand sujet de tourment des réprouvés sera aussi la pensée d'avoir perdu leur âme et de l'avoir perdue par leur faute. *Ta perte vient de toi, Israël, en moi seul est ton secours**. Sainte Thérèse dit que quand quelqu'un laisse s'égarer par sa faute, une robe, un anneau, une bagatelle, enfin, c'en est assez pour perdre la paix, l'appétit et le sommeil. Oh Dieu ! quel chagrin pour le damné, au moment où il entrera en enfer, lorsqu'il se verra enfermé dans cet abîme de tourments, en pensant à son malheur et en réfléchissant que, pendant toute l'éternité, il ne peut plus réparer ses torts. Ainsi, il s'écriera : j'ai perdu mon âme, le paradis et Dieu, je les ai perdus pour toujours, et comment ? par ma faute !

Mais dira quelqu'un : quand je ferais ce péché, serai-je damné pour cela ? peut-être me sauverai-je encore ? Et moi je réponds : peut-être aussi serez-vous réprouvé pour cette faute. Je vous dis même qu'elle rend votre condamnation plus probable, car les saintes écritures menacent de ce malheur les pécheurs obstinés qui vous ressemblent : *malheur aux enfants qui m'abandonnent*, dit le Seigneur†. *Malheur à ceux qui se séparent de moi*‡. Ne m'avouerez-vous pas, au moins, que ce péché met votre salut éternel en grand danger, et l'expose à une cruelle incertitude ? Est-il besoin de le compromettre de la sorte ! Vous ne vous conduisez pas ainsi lorsqu'il y va de votre maison, de votre campagne ou d'une place, et quoi ! c'est ainsi que vous agissez, dit saint Chrysostome, lorsqu'il est question d'une éternité de tourments et de la perte du ciel ? Et cette affaire de laquelle tout dépend, pour vous, vous l'exposez à un peut-être !

Vous dites : qui sait ? peut-être, ne me damnerai-je pas ? J'espère, qu'à la suite, Dieu me pardonnera. Mais en attendant ? En attendant, vous vous condamnez déjà de vous-même à l'enfer. Dites-moi : vous jetteriez-vous dans un puits en disant qui sait ? peut-être échapperai-je à la mort ? Non, vous ne tiendriez pas ce langage. Et comment pouvez-vous faire dépendre votre salut éternel d'un espoir si faible, d'un peut-être ? Oh ! combien se sont damnés avec cette espérance maudite ! Ignorez-vous que cette espérance des pécheurs obstinés qui les excite à multiplier leurs outrages, n'est

---

* Os. 13, 9.
† Is. 30 1.
‡ Os. 7, 13.

pas une espérance, mais une erreur une présomption, qui attire non la miséricorde, mais qui soulève le cœur de Dieu d'une indignation plus vive ? Si, maintenant, vous prétendez ne pouvoir résister à la tentation, à la passion qui vous domine, comment y résister, lorsque bien loin d'avoir augmenté vos forces, vous les aurez affaiblies, en vous livrant au péché ? Ensuite, d'un côté, votre âme sera frappée d'un plus grand aveuglement et sera plus endurcie dans sa malice, et, d'un autre, les secours de Dieu lui manquera. Espériez-vous donc, que le Seigneur multiplierait les lumières et les grâces, à mesure que vous multiplierez vos crimes.

Affections et Prières.

Ah, mon Jésus ! retracez toujours à ma mémoire le souvenir de la mort que vous avez soufferte pour moi, et inspirez à mon âme une sainte confiance, car je crains qu'au moment d'expirer le Démon ne me fasse tomber dans le désespoir à la vue de mes trahisons sans nombre ! Combien de fois ne vous ai-je pas promis, éclairé par la lumière de votre grâce, de ne plus vous offenser, et, cependant, j'ai recommencé à m'éloigner de vous, dans l'espoir du pardon ! C'est donc parce que vous ne m'avez pas puni que je vous ai tant offensé ! C'est parce que vous avez usé envers moi d'une plus grande miséricorde que je vous ai outragé avec plus d'insolence. Mon Rédempteur, accordez-moi un vif regret des péchés de toute ma vie. Je me repens, ô souverain bien, de vous avoir offensé ! Je vous promets, dès aujourd'hui, de plutôt mourir mille fois, que de vous abandonner dorénavant ; mais, en attendant, faites-moi entendre les paroles adressées à Magdelaine : *Vos péchés vous sont remis*, et excitez en moi une vive douleur de mes fautes, avant que je n'arrive à la dernière heure ; autrement, je crains que ma mort ne soit inquiète et malheureuse. À ce moment suprême, ô mon Jésus crucifié, ne soyez pas pour moi un sujet de frayeur ! Si je meurs, avant d'avoir expié mes péchés, et de vous avoir consacré mon amour, alors, vos plaies et votre sang me donneront plus de terreur que de confiance. Je ne réclame pour ce qui me reste de vie, ni les consolations, ni les biens de la terre ; je ne vous demande que de me repentir et de vous aimer. Exaucez-moi, mon doux Sauveur, en vue de cet amour qui vous fit sacrifier votre vie pour moi sur le Calvaire.

Marie, ma mère, obtenez-moi ces grâces insignes avec la persévérance jusqu'à la mort.

XIIIE CONSIDÉRATION

VANITÉ DU MONDE.

> Que sert à l'homme de gagner l'univers, s'il vient à perdre son âme.
>
> — S. MATH. 16, 26.

PREMIÈRE PARTIE

Un ancien philosophe, Aristippe, s'étant embarqué, essuya une furieuse tempête et perdit tout ce qu'il possédait. Heureusement, il gagna le rivage, et les habitants de ces lieux qui avaient ouï parler de la grande réputation que sa science lui avait acquise, le dédommagèrent amplement de ses pertes. Il écrivit, depuis, à ses amis dans sa patrie, qu'il les engageait, à son exemple, à rechercher les seuls biens qui échappent même au naufrage. Nos parents, nos amis qui sont, déjà, dans l'autre vie, nous adressent le même avertissement, et nous disent de rechercher uniquement les avantages que la mort, malgré ses rigueurs, ne peut nous ravir. *Le jour de la mort est appelé jour de perdition**, parce qu'alors les biens de la terre, les honneurs, les richesses et les plaisirs nous échappent, sans retour. Aussi, saint Ambroise nous fait remarquer qu'en vain nous prétendrions que ces biens nous appartiennent, puisqu'il ne nous est pas possible de les emporter avec nous dans l'autre vie.

Que sert, dit J.-C., de gagner l'univers, si, en perdant son âme, on perd tout, par là-même ? Pénétrés de cette grande vérité, combien de jeunes gens ont été se renfermer dans les cloîtres ! Combien d'anachorètes se sont réfugiés dans les déserts ! Combien de martyrs ont sacrifié leur vie pour J.-C. ! Avec cette seule maxime que d'âmes un saint Ignace de Loyola ne gagna-t-il pas à Dieu ! C'est avec elle qu'il fit l'heureuse conquête de saint

---

* Deutér. 32, 35.

François Xavier qui, alors, à Paris, n'était occupé que de frivolités mondaines. « François, lui dit-il, un jour, pensez que le monde est un traître ; il fait des promesses et n'y est point fidèle. Mais quand même il tiendrait à ses engagements envers vous, jamais, il ne pourra contenter votre cœur. Supposons toutefois, qu'il soit satisfait ; combien cette satisfaction durera-t-elle ? Peut-elle durer plus que votre vie ? Et, à la fin, qu'en emporterez-vous dans l'éternité ? Un homme riche, en entrant dans l'autre vie, a-t-il conservé jamais une seule pièce de monnaie, ou un seul domestique pour le servir ? Un roi, partant pour l'autre monde, a-t il jamais pris avec lui un fil de pourpre, comme marque de sa dignité ? » François, frappé de ces réflexions, dit au monde un éternel adieu, suivit saint Ignace et devint lui-même un grand saint. Vanité des vanités, c'est le nom nom que donna Salomon à tous les biens d'ici-bas, après les avoir goûté tous, comme il l'avoue lui-même* ! Sœur Marguerite de Sainte-Anne, carmélite, fille de l'empereur Rodolphe II, s'écriait : *À quoi servent les royaumes à l'heure de la mort ?* Quel vaste sujet de méditations ! Les saints tremblaient, en pensant à leur salut ; le père Paul Seigneri, entre autres, frémissait, à cette idée, et tout épouvanté demandait à son confesseur : qu'en pensez-vous, mon père, serai-je sauvé ? saint André Avellin tremblait et pleurait amèrement : qui sait, disait-il, si je serai sauvé ? saint Louis Bertrand était tellement tourmenté de cette idée que, la nuit, il se jetait de frayeur à bas de son lit en s'écriant : Eh ! qui sait si je ne serai pas damné ? Et les pécheurs qui vivent dans un état de damnation, ne se proposent d'autre but que le repos, les plaisirs, les fausses joies de ce siècle.

Affections et Prières.

Ah ! Jésus, mon Rédempteur, je vous rends grâce de ce que vous m'avez fait connaître mon aveuglement et le mal que j'ai commis en voulant me séparer de vous, qui avez sacrifié pour moi votre sang et votre vie ! Vous ne méritiez pas que je vous traitasse de la sorte. Maintenant, si la mort me frappait, que trouverais-je autre chose en moi, sinon des péchés et des remords qui seraient la cause de cruels tourments pour ma dernière heure ? Mon Sauveur, je l'avoue, j'ai fait le mal, je suis tombé dans un aveuglement bien grand en me séparant de vous, mon souverain bien, pour de misérables plaisirs ; je m'en repens de tout mon cœur. En considération

---

* Eccl. 2, 10.

des douleurs que vous avez souffertes sur la croix, donnez-moi un tel regret de mes torts que je puisse les pleurer le reste de ma vie. Mon Jésus, mon Jésus, pardonnez-moi, je vous promets de ne plus vous outrager de la sorte et de vous aimer toujours. Je ne suis plus digne de votre amour, parce que je l'ai trop méprisé, autrefois ; mais vous avez dit que vous aimiez ceux qui vous aiment*. Je vous aime, aimez-moi encore. Je ne veux plus être chargé du poids de votre disgrâce. Je renonce à toutes les grandeurs et à tous les plaisirs du monde, pourvu que vous m'aimiez. Mon Dieu, exaucez-moi, je vous en conjure par l'amour de J.-C. Il vous prie de ne pas me bannir de votre cœur. Je vous consacre ma vie, mes satisfactions, mes sens, mon âme, mon corps, ma volonté, ma liberté, et tout moi-même. Acceptez-moi, ne me rejetez pas, comme je le mériterais pour avoir repoussé, tant de fois, votre amitié. Ne me bannissez pas de votre présence.

Vierge sainte, Marie, ma mère, priez Jésus pour moi, je mets toute ma confiance en votre intercession.

---

* Prov. 8.

DEUXIÈME PARTIE

Une *balance trompeuse est dans ses mains**. Le bien, il faut le peser à la balance du sanctuaire et non à celle du monde, qui est, effectivement, trompeuse. Les avantages d'ici-bas sont trop peu de chose pour contenter l'âme, et, d'ailleurs, ils sont de trop courte durée. *Mes jours ont passé plus rapidement qu'un courrier, et comme un vaisseau chargé de fruits*†. Oui, nos jours s'écoulent, ils fuient, et que reste-t-il, à la fin, des plaisirs que nous y avons goûtés ? Ils ont passé comme un vaisseau, et un vaisseau ne laisse pas de traces sur les flots qu'il sillonne : demandons à tous ces riches, à ces savants, à ces rois, à ces empereurs qui sont, actuellement, dans l'éternité, ce qui leur reste encore des pompes, des grandeurs et des délices de la terre ? Tous, vous répondront rien, absolument rien.

Ô homme, dit saint Augustin, vous n'envisagez que la fortune que possède ce personnage opulent ; mais, faites attention à ce qu'il emportera à la mort : un cadavre en putréfaction et un mauvais linceul qui pourrira avec lui. On parle, à peine pendant quelque temps, de ces grands du monde et ensuite, leur souvenir s'efface‡. Et si ces infortunés descendent en enfer, que font-ils ? que disent-ils ? Ils pleurent et disent que nous ont

---

* Os. 12.
† Job. 9, 25.
‡ Ps. 9, 6.

servi nos richesses et notre gloire ? *Elles ont disparu comme une ombre**. Des souffrances, des larmes, un désespoir éternel, voilà leur partage.

Les enfants de ce siècle sont plus prudents que les enfants de lumière, dit J.-C.†. Chose étonnante ! quelle sagacité les mondains n'ont-ils pas, en effet, pour les intérêts de la terre ! Que de mouvements ne se donnent-ils pas pour obtenir une place et amasser de la fortune ! Quel soin ne mettent-ils pas à la conservation de leur santé ! Ils choisissent les moyens les plus sûrs, il leur faut les médecins les plus habiles, les remèdes les plus recherchés, l'air le plus salubre ; quant à leur âme, ils ne s'en inquiètent nullement. Il est certain, toutefois, que la santé, les places, la pompe et la magnificence ne dureront pas toujours, mais l'âme, l'éternité ne finiront jamais. Observons, dit saint Augustin, à combien de peines on se livre pour se procurer des choses tout à fait indignes de notre estime ! Que ne souffre pas ce vindicatif, ce voleur, cet impudique, pour arriver au but criminel qu'ils se proposent ! Pour leur âme, ils ne veulent rien souffrir. Ô Dieu ! à la lueur de ce flambeau qu'on allume, au moment de la mort, à cet instant, où la vérité se montre, les mondains reconnaissent et avouent leur folie. Alors, on se dit : ah ! si j'avais tout abandonné pour devenir saint ! Léon XI, souverain pontife, sur le point de mourir, s'écriait : « que ne suis-je resté portier de mon monastère plutôt que d'avoir été élu Pape ! » Honorius III disait aussi, en mourant : « Il eût été plus avantageux pour moi de rester dans la cuisine de mon couvent, occupé à laver la vaisselle » Philippe II, roi d'Espagne, étendu sur le lit où il expira, appela son fils, découvrit sa poitrine, la lui montra toute rongée de vers et lui dit : « Prince, voyez comme s'évanouissent et se terminent les grandeurs du monde. » Puis, il s'écria : « ah que n'ai-je été frère lai dans un monastère, plutôt que de monter sur le trône ! » Dans ce moment même, il se fit attacher au cou une corde à laquelle on suspendit une croix de bois ; et disposa tous ses derniers moments. Il ajouta : « j'ai voulu, mon fils, que vous fussiez présent à ce spectacle, pour vous faire voir comme le monde traite les rois mourants. Leur mort ne diffère en rien de celle des derniers de leurs sujets. En somme celui qui mène une vie plus chrétienne aura une meilleure place, près de Dieu. » Ce même fils, Philippe III, termina sa carrière, à l'âge de 43 ans, et dit à ceux qui l'environnaient : « vous qui êtes mes sujets, dans le discours de mes funérailles, ne faites rien autre

---

* Sag. 9, 6.
† Luc. 16, 8.

chose que le récit de ce que vous avez sous les yeux. Dites qu'il ne sert de rien d'être roi, sinon qu'on ressent une peine plus vive de l'avoir été. »

Puis il s'écria : « Ah ! si au lieu d'avoir été sur le trône, j'eusse vécu dans un désert pour servir Dieu, j'irais me présenter avec bien plus de confiance à son tribunal, et je ne serais pas dans un si grand danger de me perdre ! » Toutefois, à quoi servent ces regrets, au moment de la mort, si ce n'est à augmenter la peine et le désespoir de ne pas avoir aimé Dieu, pendant la vie ! Sainte Thérèse disait : « je ne dois faire aucun cas de ce qui finit avec la vie ; vivre véritablement, c'est se conduire de manière à ne pas craindre la mort. » Si nous voulons avoir une juste idée des biens de ce monde, envisageons-les de dessus notre lit de mort et disons ensuite ces honneurs, ces biens, ces revenus dont nous jouissons, nous n'en jouirons pas toujours, il faut donc devenir saint et amasser des richesses que nous puissions emporter avec nous et qui feront notre bonheur, pendant toute l'éternité.

Affections et Prières.

Ah ! mon Rédempteur, vous avez souffert tant de tourments et d'ignominie, par amour pour moi, et j'ai tant aimé les plaisirs et la fumée des honneurs, que pour eux j'ai eu bien des fois le malheur de fouler aux pieds votre grâce ! Mais si, lorsque je vous méprisais, vous n'avez pas laissé de me poursuivre, je ne puis craindre, ô mon Jésus, que vous m'abandonniez, maintenant que je vous cherche, que je vous aime de tout mon cœur, et que je me repens de vous avoir offensé plus que d'avoir encouru toute votre disgrâce. Ô Dieu de mon âme, dès aujourd'hui, je ne veux plus vous donner le déplaisir le plus léger ; faites-moi connaître ce qui blesse votre sainteté, et pour tous les biens du monde, je ne voudrais pas m'en rendre coupable. Que je comprenne ce qui peut vous être agréable, je suis prêt à l'exécuter ! Je veux vous aimer. J'embrasse, Seigneur, toutes les douleurs et toutes les croix qui me viendront de votre main, donnez-moi la résignation qui m'est nécessaire. Brûlez, coupez*, frappez-moi, en cette vie, afin que je puisse vous aimer dans l'autre.

Marie, ô ma mère, je me recommande à vous, ne cessez jamais de prier Jésus pour moi.

---

* S. Aug.

TROISIÈME PARTIE

Le temps est court... *Usons du monde comme n'en usant pas, parce que la figure du monde passe**. Qu'est-ce, en effet, que notre vie, sinon une scène qui ne dure que quelques instants ? Le monde est comme un théâtre, dit Cornelius à Lapide ; une génération disparaît, une autre lui succède. Quand la scène se termine, celui qui était roi cesse de l'être, un protecteur n'est plus un protecteur. Vous possédez cette maison, ce palais, la mort viendra, d'autres en seront les maîtres.

L'heure fatale du trépas fait évanouir toutes les grandeurs, la noblesse et le faste[†]. Un jour, Casimir, roi de Pologne, se mit à table avec les grands de son royaume ; il mourut en portant le verre à sa bouche. L'empereur Celse, sept jours après son élection, fut tué. Ladislas, roi de Bohême, âgé de 18 ans, attendait l'arrivée de son épouse, fille du roi de France ; on faisait d'immenses préparatifs pour des fêtes brillantes ; mais, un matin, des douleurs le saisissent et il meurt. Il fallut aussitôt expédier un courrier pour avertir la princesse de reprendre le chemin de la France. Saint François de Borgia, dont nous avons parlé plus haut, visitant les dépouilles mortelles de l'impératrice Isabelle enlevée à la vie au milieu des grandeurs, et à la fleur de l'âge, résolut de se donner tout à Dieu, en disant :

---

* 1 aux Cor. 7, 29 et 31.
† Eccl. 11, 29.

« Voilà donc le terme où aboutissent les têtes couronnées elles-mêmes ! dès aujourd'hui, je veux servir un maître qui ne peut mourir. »

Vivons de manière à nous éviter le reproche adressé à cet insensé, dont il est parlé dans l'Évangile : *Cette nuit là-même on te redemandera ton âme et ces biens que tu as amassés à qui appartiendront-ils ?* C'est ainsi, que celui qui entasse des trésors, sera trouvé pauvre devant Dieu. Ne recherchez donc plus les biens de ce monde, ni de vaines parures ; que vos richesses consistent plutôt dans la vertu ; amassez des mérites, ce sont les vrais biens qui vous accompagneront dans le ciel*. En conséquence, attachons-nous à l'acquisition du trésor de l'amour du Seigneur. D'après saint Augustin, quand on posséderait toutes les richesses, sans posséder Dieu, on est dans la plus extrême indigence, tandis que les indigents, avec Dieu ont tout. Mais quand peut-on se flatter d'avoir Dieu ? Quand on l'aime.

Affections et Prières.

Ah ! mon Dieu, je ne veux plus que le démon s'empare de mon âme ; soyez-en vous-même le maître et régnez en elle. Je veux tout sacrifier pour obtenir votre grâce. Je l'estime plus que des milliers de trônes et de couronnes. Et que dois-je aimer, si ce n'est vous, ô amabilité infinie, bien infini, beauté, bonté et amour infinis ! Autrefois, je vous ai abandonné pour m'attacher aux créatures ; ce souvenir de vous avoir offensé, vous qui m'avez tant aimé, est et sera toujours comme un glaive qui me percera le cœur. Mais, depuis que vous m'avez enchaîné par tant de grâces, j'ai la confiance de ne plus me voir privé de votre amour. Ô mon amour, dominez toute ma volonté, disposez de tous mes intérêts, et faites de moi ce qu'il vous plaira. Si, auparavant, j'ai abandonné votre service, je vous en demande pardon. Je ne veux plus, mon Seigneur, me plaindre de vos dispositions ; je sais quelles sont toutes saintes et toutes pour mon avantage. Faites, mon Dieu, ce que vous voulez, je vous promets d'en être toujours satisfait et de vous en rendre de continuelles actions de grâce. Faites que je vous aime, c'est à quoi se bornent tous mes vœux. Que sont les biens ? Que sont les honneurs ? Qu'est-ce que le monde ? Dieu, Dieu, je ne veux que Dieu seul.

Heureuse, ô Vierge sainte, vous qui n'avez aimé dans le monde rien autre chose que Dieu, obtenez-moi que je l'aime avec vous tout le reste de ma vie. Je mets ma confiance en vous.

---

* S. Math. 6, 2.

XIVe CONSIDÉRATION

LA VIE PRÉSENTE N'EST QU'UN VOYAGE POUR SE RENDRE À L'ÉTERNITÉ.

L'homme ira dans la maison de son éternité.

— ECCL. 11, 5.

PREMIÈRE PARTIE

On voit, ici-bas, une foule de pécheurs dans la prospérité et une multitude de justes dans la tribulation. Des païens, avec les seules lumières naturelles ont reconnu que, sous l'empire d'un Dieu juste, il fallait qu'il y eût une autre vie, où les méchants fussent punis et les bons récompensés. Or, ce qui, d'après la raison a été admis par les gentils, comme une vérité évidente, est, pour nous, un article de foi. *Nous n'avons point sur la terre de cité permanente*, dit saint Paul, *mais nous cherchons celle que nous devons habiter un jour**. Le monde n'est pas notre patrie, c'est un lieu de passage que nous traversons pour arriver à l'éternité. Ainsi, cher lecteur, la maison que vous habitez n'est pas, à proprement parler, votre maison, c'est une hôtellerie ; vous en sortirez, sous peu, et lorsque vous vous y attendrez le moins. Persuadez-vous bien que, quand la mort vous aura frappé, les personnes qui vous sont les plus chères seront les plus empressées à vous faire mettre dehors. Une fosse sera la demeure de votre dépouille mortelle, jusqu'au jour du jugement, et votre âme ira dans le séjour de l'éternité, le paradis, ou l'enfer. Delà, la réflexion que vous fait saint Augustin : « Vous n'êtes qu'un voyageur, dit-il, jetez seulement un coup d'œil rapide, et continuez votre route. » Ne taxerait-on pas, à bon droit, de folie, un voyageur qui, parcourant un pays, mettrait toutes ses ressources à l'acquisition d'une propriété, d'une maison d'où, peu de

---

* Héb. 13, 14.

jours après, il devrait être banni ? « Pensez aussi, ajoute ce grand docteur, que vous n'êtes ici-bas, que comme en passant, ne vous attachez donc pas à ce qui frappe vos yeux ; regardez, à la bonne heure, mais poursuivez votre marche, et assurez-vous la possession d'une maison indestructible où vous devrez demeurer toujours. »

Quelle sera votre joie, si vous vous sauvez ! Car, quoi de plus délicieux que le ciel ! Les plus somptueux palais des rois de la terre, mis en parallèle avec ce séjour des saints qui seul mérite le nom de *cité d'une beauté parfaite**, ne sont que comme de viles étables. Là, plus rien à désirer, dans la société de J.-C. et de sa divine mère ; là, plus le moindre mal à redouter ; vous serez plongé dans un océan de délices, vous goûterez des jouissances pures qui ne s'altéreront jamais : *une allégresse éternelle sera le partage des bienheureux*†. Elle sera si grande, qu'à chaque moment, pendant les siècles des siècles, elle semblera toujours nouvelle. Au contraire, que vous seriez à plaindre, si vous veniez à vous perdre ! votre sort serait d'être relégué dans une mer de feu et de tourments, livré au plus violent désespoir, abandonné de tous et sans Dieu ! Et pour combien de temps ! sera-ce pour cent ans ? pour mille ans ? Ah ! cent et mille millions d'années et de siècles s'écouleront, et l'enfer sera toujours à recommencer ! Que sont mille ans comparés à l'éternité ? *moins qu'un jour qui passe*‡. Voulez-vous, maintenant savoir quelle sera votre demeure dans cette éternité ? ce sera celle que vous aurez méritée et acquise par vos œuvres.

Affections et Prières.

Ainsi donc, Seigneur, l'enfer, oui, l'enfer ! est le séjour où, par suite d'une vie déréglée, j'ai mérité de descendre ! Hélas ! depuis la première faute que j'ai commise, j'aurais dû y être précipité, abandonné de vous, et sans espoir de pouvoir jamais vous aimer ! Que votre miséricorde qui m'a attendu et m'a donné le temps de réparer mes fautes soit bénie à jamais ! Que le sang de J.-C. qui me l'a obtenue, soit également béni ! Non, mon Dieu, je ne veux plus dorénavant abuser de votre patience ! Je me repens de vous avoir offensé, plus que de tout autre malheur, non pas tant pour m'être rendu digne de l'enfer, que pour avoir outragé votre infinie bonté.

---

* Ézéch. 23, 3.
† Is. 35, 10.
‡ Ps. 89, 4.

Jamais, non jamais, je ne retomberai. Plutôt mourir que de vous offenser encore ! Si j'étais, maintenant, en enfer, ô mon souverain bien, je ne pourrais plus vous aimer, vous-même ne pourriez plus m'aimer. Je vous aime et je veux que vous m'aimiez ; je ne le mérite pas, mais J.-C. qui s'est immolé sur la croix, afin que vous puissiez me pardonner et m'aimer, l'a mérité pour moi. Père éternel, par l'amour de votre fils, donnez-moi la grâce de vous aimer toujours et de vous aimer comme je le dois. Je vous aime, ô mon Père, vous qui m'avez donné votre fils. Je vous aime, ô fils de Dieu, qui êtes mort pour moi.

Je vous aime, ô mère de Jésus, qui, par votre intercession, m'avez ménagé le temps de faire pénitence. Obtenez-moi, ô Marie, la douleur de mes péchés et une sainte persévérance.

DEUXIÈME PARTIE

Si l'arbre tombe du côté du midi, ou du nord, il y restera*. Il en est ainsi de votre âme ; où elle tombera, elle restera, pendant l'éternité. Il n'y a point de milieu, ou vous régnerez éternellement dans le ciel, ou éternellement vous serez en enfer ; ou toujours heureux dans un océan de délices, ou dans un abîme de tourments, livré à un désespoir éternel. Saint Jean Chrysostome, considérant d'un côté le mauvais riche qu'on envisageait comme heureux, dans ce monde, parce qu'il jouissait de grands biens, mais qui avait été précipité dans l'enfer, et de l'autre, Lazare, au contraire, qu'on avait regardé comme souverainement à plaindre parce qu'il était pauvre, mais qui jouissait de la gloire dans le ciel, s'écriait : « Ô félicité funeste qui entraînes le riche à un malheur sans fin ! Ô heureuse infortune, qui procures au pauvre un bonheur qui n'a point de terme ! »

À quoi bon se tourmenter, dira-t-on, et se demander comme tant d'autres : qui sait si je suis prédestiné ? Qui sait, quand on coupe un arbre, de quel côté il tombera ? Je réponds : il tombera du côté où il penche. Mais vous, mon frère, de quel côté inclinez-vous ? Quelle est votre conduite ? Ah ! faites en sorte de pencher vers le midi ; conservez-vous dans la grâce de Dieu, fuyez le péché, c'est ainsi que vous vous sauverez et que vous serez prédestiné ! Et, pour fuir le péché, ayez toujours devant les yeux la pensée de l'éternité, pensée à laquelle saint Augustin donne, à

---

* Eccl. 11, 13.

bon droit, le nom de grande. À combien de jeunes gens n'a-t-elle pas fait quitter le monde, pour vivre dans les déserts, afin de s'occuper, uniquement, de leur âme, et ils l'ont sauvée ! Maintenant parvenus au ciel, ils nageront dans la joie, pendant les siècles des siècles.

Une Dame qui vivait loin de Dieu, fut convertie par le père Marie d'Avila qui se contenta de lui dire : Madame, pensez à ces deux paroles : *Toujours et jamais*.

Le père Paul Segneri, réfléchissant un jour sur l'éternité, en ressentit une telle impression, que, pendant plusieurs nuits, il lui fut impossible de fermer l'œil ; et depuis ce moment, il mena une vie encore plus pénitente qu'auparavant.

Drexelius raconte qu'à l'occasion de cette même pensée, un évêque vécut très-saintement ; il se rappelait souvent à lui-même cette maxime : *À tout instant, je suis à la porte de l'éternité*.

Un moine se coucha dans une fosse, et là, il ne faisait autre chose que de s'écrier : Ô éternité ! ô éternité ! Quiconque en effet, croit à l'éternité et ne devient pas un saint, disait le même père Avila, mériterait d'être placé dans une maison de santé.

Affections et Prières.

Ah ! mon Dieu, ayez pitié de moi ! Je savais qu'en péchant, je me condamnais, volontairement, à une éternité de peines, et, nonobstant cette assurance, je me suis plu à contrarier votre volonté sainte, et pourquoi ? pour une misérable satisfaction ! Ah ! Seigneur, pardonnez-moi, je m'en repens de toute mon âme ! Je ne veux plus, maintenant, m'opposer à vos désirs. Que je serais malheureux, si vous m'aviez fait mourir, dans le temps où je menais une vie si déréglée ! Je serais, déjà, dans l'enfer, pour toujours, avec la haine de votre volonté, mais, actuellement, je l'aime et je veux l'aimer toujours. Éclairez-moi, et donnez-moi la force d'agir, dès aujourd'hui, selon votre bon plaisir. Je ne veux plus m'opposer à vous, ô bonté infinie, c'est la seule grâce que je vous demande. Faites-moi remplir, parfaitement, cette volonté adorable, c'est tout ce que je réclame de vous. Que voulez-vous autre chose, mon Dieu, sinon mon bonheur et mon salut ? Ah ! Père éternel, exaucez-moi, pour l'amour de J.-C., qui m'a ordonné de vous prier toujours. Je vous le demande en son nom : *que votre volonté soit faite, que votre volonté soit faite, que votre volonté soit faite !* Ô quel bonheur pour moi si, pendant les jours qui me restent et en terminant ma vie, je faisais votre volonté.

Ô Marie, que vous êtes heureuse d'avoir toujours accompli parfaitement cette volonté de mon Dieu ! Obtenez-moi, par vos mérites, que je l'accomplisse, aussi, pendant toute ma vie.

TROISIÈME PARTIE

L'*homme ira dans la maison de son éternité.* Le prophète se sert du mot *ira* pour montrer que chacun ira, en effet, où il voudra aller on n'y sera pas porté, on ira de soi-même, et de sa propre volonté. Il est certain que Dieu veut le salut de tous, mais il ne prétend pas nous sauver malgré nous. Il a placé devant chacun de nous la vie et la mort, c'est à nous de choisir[*]. Jérémie dit aussi que le Seigneur nous a tracé deux chemins, l'un conduit au ciel, l'autre à l'enfer[†]. C'est encore à nous de décider lequel nous voulons suivre. Quiconque veut prendre la voie de l'enfer, comment pourra-t-il jamais arriver au ciel ? Chose étonnante, tous les pécheurs prétendent se sauver, et en attendant, ils se condamnent d'eux-mêmes aux supplices éternels ; et chacun d'eux se dit : j'espère être sauvé. Mais, répond saint Augustin, ne faut-il pas être dépourvu de sens pour prendre du poison dans l'espoir de guérir ? Ensuite, combien de chrétiens, combien d'aveugles se vouent à la mort, par leurs péchés, en se flattant de ce spécieux prétexte : plus tard, je penserai à recourir au remède. Ô aveuglement fatal, combien n'en as-tu pas précipités en enfer !

Quant à nous, ne ressemblons pas à ces imprudents, et pensons, sérieusement, qu'il y va pour nous d'une éternité toute entière. Or, que de peines ne se donnent pas les mondains, pour se bâtir une maison commode, qui

---

[*] Eccl. 15, 19.
[†] Jér. 21, 8.

ait un beau jour, un bon air, dans l'espoir de l'habiter toute leur vie ! Et pourquoi donc si peu d'inquiétude, lorsqu'il s'agit de s'assurer une demeure pour toute l'éternité ? Et c'est là l'affaire dont nous avons à nous occuper, dit saint Eucher ; il est question ici non d'un bâtiment plus ou moins commode, plus ou moins éclairé, mais de savoir si nous serons admis dans le séjour de toutes les délices, parmi les amis de Dieu, ou si nous serons précipités dans un abîme de tourments, confondus avec l'amas impur de tous les scélérats, de tous les hérétiques, de tous les idolâtres de l'univers. Et pour combien de temps ? sera-se pour vingt ans ? quarante ans ? non, pour l'éternité. Voilà un grand point. Ce n'est pas là, en effet, une chose si peu importante ; tout en dépend.

Quand Thomas Morus fut condamné au dernier supplice par Henry VIII, sa femme alla le trouver et l'engagea à consentir aux volontés du tyran. Il lui tint ce langage : « vous voyez, Louise (c'était son nom), que je suis déjà parvenu à la vieillesse, dites-moi combien d'années pourrais-je encore avoir à vivre ? Elle lui répondit : *vous pourriez-vous promettre encore vingt ans.* Ô imprudent échange ! reprit Thomas, et pour vingt ans de vie, ici-bas, vous voudriez que je perdisse une éternité heureuse et que je fusse condamné à des châtiments qui n'auraient jamais de fin ! »

Ô Dieu, daignez-nous éclairer. Cette doctrine de l'éternité fut-elle douteuse, ne fut-elle qu'une opinion seulement probable, nous devrions mettre tous nos soins à bien vivre, parce que, autrement, si cette opinion se trouvait vraie, nous nous exposerions au danger de tomber dans d'éternels malheurs ; mais non, ce point est incontestable ; ce n'est pas une opinion, c'est une vérité de foi : *L'homme ira dans la maison de son éternité.* « Hélas ! dit sainte Thérèse, tous les péchés et la damnation de tant de chrétiens, qui en est le résultat nécessaire, tirent leur source du défaut de foi ! » Ressuscitons la donc toujours en nous cette foi, en disant je crois la vie éternelle ; je crois, qu'après cette vie, il y en a une autre, qui ne finira point, et avec cette pensée toujours présente, prenons les moyens d'assurer notre salut ; fréquentons les sacrements, livrons-nous à la méditation, tous les jours, pensons à cette vie éternelle ; fuyons les occasions périlleuses. Si outre ces précautions, il est besoin encore d'abandonner le monde, abandonnons-le, parce qu'on ne peut, jamais, prendre assez de précautions pour assurer son salut éternel.

Affections et Prières.

Ainsi, mon Dieu, il n'y a donc pas de milieu, je devrai être ou toujours heureux, ou toujours malheureux, ou dans un océan de délices, ou dans une abîme de tourments, ou, toujours, avec vous, dans le Ciel, ou, toujours éloigné et séparé de vous dans l'enfer ! Et cet enfer, il est certain que je l'ai bien souvent mérité, mais je suis certain aussi que vous pardonnez à celui qui se repent, et que vous sauvez quiconque espère en vous. Vous m'en avez donné l'assurance : *Il criera vers moi*, avez-vous dit, *je l'arracherai au danger et je le glorifierai**. Hâtez-vous donc, Seigneur, mon Dieu, hâtez-vous de me pardonner, et délivrez-moi de l'enfer. Je me repens, mon souverain bien, de ce que j'ai eu le malheur de vous offenser. Empressez-vous de me rendre votre grâce et de me donner votre saint amour. Si, maintenant, j'étais en enfer, je ne pourrais plus vous aimer ; je devrais vous haïr pour toujours. Oh ! mon Dieu, et quel mal m'avez-vous fait, pour que je dusse ainsi vous haïr ? Vous m'avez aimé jusqu'à la mort. Vous êtes digne d'un amour infini. Ô Seigneur, ne permettez plus que je me sépare jamais de vous. Je vous aime et veux toujours vous aimer. Qui me séparera de l'amour de J.-C. ? Ah ! mon Jésus, le péché seul peut opérer cette séparation fatale. Oh ! ne le permettez pas, je vous en conjure par le sang que vous avez versé pour moi, faites plutôt que je meure. Encore une fois, ne permettez pas que je me sépare de vous.

Marie, ma reine et ma mère, aidez-moi de vos prières ; obtenez-moi que je sacrifie mille vies, s'il le fallait, plutôt que de renoncer à l'amour de votre fils.

---

* Ps. 90.

XVE CONSIDÉRATION

SUR LA MALICE DU PÉCHÉ MORTEL.

J'ai nourri et élevé des enfants, et ils m'ont méprisé.
— ESAÏE 1, 2.

PREMIÈRE PARTIE

Que fait celui qui commet un péché mortel ? Il se rend coupable d'une injure envers Dieu, il le déshonore, il l'afflige. Et d'abord, le péché mortel est une injure faite à Dieu. La gravité d'une injure, dit saint Thomas, se mesure sur la qualité et de la personne qui l'a reçoit, et de celle qui s'en rend coupable. Si l'injure est dirigée contre un homme du peuple, elle est un mal, sans doute, mais c'est une plus grande faute si elle s'adresse à un personnage de distinction, et bien plus considérable encore, si elle est contre un roi. Or, qu'est-ce que Dieu ? Il est le *Roi des Rois**. Il est la majesté infinie, près de laquelle tous les monarques de la terre, tous les saints et les anges du Ciel sont moins qu'un grain de sable ; ils sont *comme une goutte d'eau*, dit l'Esprit-Saint, *comme un petit grain de poussière*†. Le prophète Osée disait qu'en présence de la grandeur de Dieu, toutes les créatures sont *comme si elles n'étaient pas*‡. Voilà ce que c'est que Dieu. Et qu'est-ce que l'homme ? Selon saint Bernard, l'homme est, même pendant la vie, un amas de vers, il est leur nourriture, et dans peu ils le dévoreront. Semblable à l'un de ces insectes, il est si misérable qu'il ne peut rien ; c'est un aveugle qui ne voit rien, c'est un pauvre qui n'a rien. Et ce malheureux ver de terre veut insulter un Dieu !

---

* Apoc. 17, 14.
† Is. 40, 15.
‡ Osée, 5.

dit le même saint Bernard. Le docteur angélique a donc raison de dire que le péché de l'homme renferme une malice presque infinie. Saint Augustin l'appelle, en propres termes, un mal infini. De là vient que quand même tous les hommes et tous les anges s'offriraient à la mort, à l'anéantissement, il leur serait impossible de satisfaire pour un seul péché. Dieu punit le péché mortel par de redoutables châtiments en enfer ; mais quels qu'ils soient, tous les théologiens conviennent que cette punition est encore inférieure à la faute.

Et quel châtiment, en effet, serait équivalent à ce que mérite un être méprisable qui s'attaque à son Dieu ! *Dieu est le maître de tout, parce qu'il a tout créé**. Et en effet, toutes les créatures lui obéissent. *Les vents et la mer sont dociles à sa voix*†. *Le feu, la grêle, la neige, la glace exécutent ses ordres*‡. Mais l'homme, quand il pèche, que fait-il ? Il lui dit, avec insolence : *Je ne vous servirai pas*§. Dieu lui dit : ne te laisse pas aller à la vengeance ; il répond : je veux me venger. Tu ne prendras point le bien d'autrui : je veux le prendre, dit l'homme. Il faut t'abstenir de tout plaisir déshonnête ; il réplique avec audace : je ne m'en abstiendrai pas. Le pécheur tient le même langage que Pharaon, lorsque Moïse portait à ce prince l'ordre de Dieu de laisser partir son peuple. *Qui est le Seigneur, pour que je me soumette à son commandement ? Je ne le connais pas*#. Le prévaricateur dit aussi : Seigneur, je ne vous connais pas, je veux faire ce qui me plaît. Enfin, il lui manque de respect en face, il se détourne de lui, et c'est en quoi, proprement, consiste le péché mortel, dit saint Thomas. Aussi, Dieu s'en plaint avec amertume°. Ingrat, dit le Seigneur, tu m'as abandonné, ce que je n'aurais jamais fait à ton égard ; tu as voulu t'éloigner de moi. Il déclare qu'il a en horreur le péché et qu'il ne peut faire moins que de haïr celui qui le commet**. L'homme, en péchant, ose se déclarer l'ennemi de Dieu ; il lève le bras contre le Tout-puissant††.

Que diriez-vous, si, par impossible, vous voyiez une fourmi vouloir lutter avec un soldat armé de toutes pièces ? Mais, Dieu est cet être tout-puissant qui a créé de rien le ciel et la terre par le seul effet de sa volonté,

---

* Esth. 25,6.
† Math. 8, 27.
‡ Ps. 148, 8.
§ Jér. 2, 20.
# Exod. 5, 2.
° Jer. 15, 6.
** Sag. 14. 9.
†† Job, 15, 25.

et qui peut de même tout faire rentrer dans le néant. Oui, le pécheur, consentant à l'iniquité, veut, en quelque sorte, se mesurer avec Dieu ; il lève la tête avec orgueil, et dans son aveugle ignorance, il dit, après l'avoir outragé : « quel si grand mal ai-je fait ? la faute que j'ai commise est-elle donc si considérable ? Dieu est miséricordieux, il pardonne aux pécheurs. » Quelle injure ! quelle témérité ! quel aveuglement !

Affections et Prières.

Ô mon Dieu, me voici à vos pieds, moi ce rebelle, ce téméraire qui ai tant de fois eu l'audace de vous manquer de respect en face et de vouloir me séparer de vous ; mais, maintenant, je vous demande pardon ; car vous avez dit : *invoquez-moi, et je vous exaucerai**. C'est peu d'un enfer pour moi, je l'avoue ; cependant, voyez que j'ai plus de douleur de vous avoir offensé, ô bonté infinie, que si j'avais perdu tous mes biens et la vie même. Ah ! mon Seigneur, pardonnez-moi et ne permettez pas que je vous offense davantage ! Vous m'avez attendu, aussi je bénirai, toujours, votre miséricorde et votre amour ; oui, je vous bénis, je vous aime et j'espère, grâces aux mérites de J.-C., de ne plus me séparer de votre amour. Votre amour m'a préservé de l'enfer, il me délivrera, désormais, du péché. Je vous rends grâce, mon Seigneur, de cette lumière dont vous m'éclairez et du désir que vous m'inspirez de vous aimer toujours. Ah ! prenez possession de tout moi-même, de mon âme, de mon corps, de toutes mes puissances, de mes sens, de ma volonté et de ma liberté ! Je suis à vous, sauvez-moi. Vous qui êtes mon unique bien, l'objet uniquement aimable, soyez encore l'unique objet de mon amour. Donnez-moi la ferveur pour vous aimer. Je vous ai grandement offensé, je ne puis assez vous aimer ; je veux vous aimer beaucoup pour réparer les torts dont je me suis rendu coupable envers vous. J'espère de vous cette grâce, car vous êtes tout-puissant.

Je l'attends aussi, ô Marie, de vos prières, que Dieu accueille avec tant de faveur !

---

* Job, 33, 3.

DEUXIÈME PARTIE

Le pécheur fait injure à Dieu ; il y a plus, il le déshonore*. Oui, car pour un misérable plaisir, il renonce à sa grâce et méprise son amitié. Si c'était pour gagner un royaume et même le monde entier, il ferait un grand mal, parce que l'amitié de Dieu est préférable à la possession de l'univers et même de mille mondes. Mais pourquoi offense-t-on Dieu† ? pour un peu de terre, pour un mouvement de colère, pour satisfaire des passions brutales, pour une misérable vanité, un caprice. *Ils m'ont déshonoré*, disait-il des Juifs, *pour un peu d'orge et un morceau de pain*‡. Dès la même que le pécheur délibère s'il se donnera ou non à Dieu, qu'il prend, pour ainsi dire, en main la balance et s'amuse à voir ce qui pèse le plus ou de la grâce de Dieu, ou de ce mouvement de colère, de ce point d'honneur, de ce plaisir, et qu'il consent ensuite au mal, il fait voir autant qu'il est en lui, que cette colère, ce plaisir, est préférable à l'amitié de Dieu. C'est ainsi que le pécheur déshonore Dieu, tandis que David considérant sa grandeur et sa majesté, s'écrie : *Seigneur, qui est semblable à vous ?*§ Dieu, de son côté, se voyant mis en parallèle, par ces coupables qui lui préfèrent une indigne satisfaction leur dit : *À qui m'avez-vous assi-*

---
* Rom, 2, 23.
† Ps. 10, 13.
‡ Ézéch. 13, 19.
§ Ps. 34, 10.

milé et comparé* ? Quoi ! cette vile passion vous l'estimez donc plus que ma grâce ? *Vous m'avez rejeté derrière vous* †. Vous n'auriez pas fait ce péché s'il eut dû vous coûter l'amputation d'une main, une somme de vingt ducats et peut-être beaucoup moins. Donc, Dieu seul, dit Salvien, est, à vos yeux, un objet méprisable, et bien inférieur à ces criminelles satisfactions.

En outre, lorsque le pécheur offense Dieu, pour céder à un vice quelconque, ce vice devient son Dieu, puisqu'il en fait sa fin dernière. C'est ce que dit saint Jérôme « Chacun fait son Dieu de l'objet de sa passion dès là même qu'il l'adopte. Un vice dans le cœur est une idole sur l'autel. » « Si vous aimez les délices, dit saint Thomas, on peut nommer ces délices votre Dieu. L'homme, ajoute saint Cyprien, se fait un Dieu de tout ce qu'il préfère à Dieu. » Quand Jéroboam leva contre le Seigneur l'étendard de la révolte, il voulut attirer son peuple à l'idolâtrie, aussi, montra-t-il ses idoles à ses sujets en leur disant : *Israël, voilà tes Dieux* ‡. C'est ainsi qu'agit le Démon ; il présente au pécheur quelque satisfaction et lui dit : « Que veux-tu faire de Dieu, le voilà, c'est cette passion, ce mouvement de colère, décide-toi, laisse Dieu ; » et l'homme prévaricateur, en consentant au mal, obéit au démon ; il adore ce plaisir, dans son cœur, à la place de Dieu.

Si au moins ce coupable, en déshonorant le Seigneur, ne le déshonorait pas en sa présence ! mais c'est sous ses yeux, parce que le Très-haut est présent, partout : *Est-ce que je ne remplis*, dit-il, *le ciel et la terre* §. Ce misérable le sait, et néanmoins, il ne laisse pas de le provoquer en face.

Affections et Prières.

Ainsi, mon Dieu, vous êtes un bien infini et je vous ai plusieurs fois sacrifié à un malheureux plaisir ; je me le suis procuré avec peine et il a disparu. Mais vous, bien bien que je vous aie méprisé, vous m'offrez maintenant mon pardon, si je le veux, et me promettez de me rendre votre grâce, si je me repens de vous avoir offensé. Oui, Seigneur, je me repens, de tout mon cœur, de vous avoir outragé à ce point ; je déteste mon péché plus que tous les maux. Maintenant, j'espère, parce qu'autrefois, quand je

---

* Is. 40, 25.
† Éz. 23, 55.
‡ 3. Rois, 28, 12.
§ Jérém. 23, 24.

suis revenu à vous vous m'avez reçu et m'avez embrassé, comme votre fils. Je vous rends grâce, bonté infinie, mais aidez-moi et ne permettez plus que je vous chasse de mon cœur. L'enfer ne cessera pas de me tenter, mais vous êtes plus puissant que l'enfer. Je sais que je ne me séparerai plus de vous, si je recours toujours à la prière ; la grâce que je réclame, c'est de recourir, sans cesse, à vous et de vous prier, comme je le fais maintenant : Seigneur, assistez-moi, donnez-moi la lumière, donnez-moi la force, donnez-moi la persévérance, donnez-moi le paradis ; mais surtout accordez-moi votre amour qui est le vrai paradis de l'âme. Je vous aime, bonté infinie, et veux toujours vous aimer.

Par l'amour de J.-C., exaucez-moi, Marie, vous êtes le refuge des pécheurs, secourez un pécheur qui veut aimer son Dieu.

TROISIÈME PARTIE

Le pécheur outrage Dieu, le déshonore, et par là même, il l'afflige à l'excès. Il n'est point de peine plus amère que de se voir payé d'ingratitude par une personne qu'on aime et qu'on a comblée de bienfaits. À qui le pécheur s'attaque-t-il ? à un Dieu qui l'a créé et qui l'a aimé au point de consentir à donner son sang et sa vie pour lui, et l'homme aveugle, en commettant un péché mortel, le chasse de son cœur. Dieu vient, par amour, dans une âme qui lui est dévouée. *Si quelqu'un m'aime*, dit-il, *mon père l'aimera, nous viendrons à lui et nous fixerons en lui notre demeure**. Remarquez ces paroles : nous fixerons en lui notre demeure. Quand Dieu vient dans une âme, c'est pour y rester, toujours ; il n'en sort que quand cette âme ingrate le bannit elle-même, comme le dit le saint concile de Trente. Mais, Seigneur, vous savez déjà que précédemment cet ingrat vous a chassé, pourquoi ne le quittez-vous pas ? Que voulez-vous attendre ? que lui-même vous repousse. Laissez-le, sortez avant qu'il ne vous fasse cette injure. Non, répond le Seigneur, je ne le veux pas, à moins que lui-même ne m'y force.

Ainsi, en consentant au péché, on dit à Dieu: Seigneur, éloignez-vous de moi.† On ne le dit pas de bouche, mais c'est le sens de toute action mauvaise selon la remarque de saint Grégoire. On n'ignore pas que Dieu

---

* S. Jean, 14, 23.
† Job, 21, 14.

ne peut s'allier avec le péché ; ainsi, en faisant le mal, on se sépare de Dieu. On est censé lui dire : puisque vous ne pouvez tenir en la compagnie du péché, partez, retirez-vous. Mais en chassant Dieu de son âme, le coupable y accueille le démon qui s'en empare, aussitôt. Dieu sorti, son ennemi entre par la même porte. Alors, cet esprit de ténèbres s'associe sept autres esprits plus méchants que lui, ils entrent dans cette âme et y fixent leur séjour*. Quand on baptise un enfant, le prêtre dit au démon : *Sors, esprit immonde, cède la place au Saint-Esprit*. Et en effet, en recevant la grâce, l'âme devient le temple de Dieu†. Mais quand l'homme consent au péché, il fait tout le contraire, il dit à Dieu : sortez de mon âme, Seigneur, laissez la place au démon. Aussi, le Seigneur s'en plaignit à sainte Brigite, en lui disant, qu'il est envisagé par les pécheurs, comme un roi renversé de son trône sur lequel vient s'asseoir, à sa place, un usurpateur sacrilège.

Quel chagrin ne ressentiriez-vous pas, si vous receviez une injure grave de quelqu'un que vous auriez comblé de bienfaits ! C'est la douleur que vous avez causée à votre Dieu, qui a voulu sacrifier sa vie pour vous sauver. Il appelle le ciel et la terre pour compatir, en quelque sorte, à l'amertume que lui cause l'ingratitude dont les coupables usent envers lui. *Écoutez, ô cieux, et vous terre, prêtez l'oreille*, dit-il, *j'ai nourri et élevé des enfants, et ils m'ont méprisé*‡. Ainsi, ces êtres criminels affligent, par leurs transgressions, le cœur de Dieu§. Il n'est pas, il est vrai, susceptible de douleur, mais s'il pouvait jamais le devenir, un péché mortel suffirait pour le faire mourir de tristesse, comme le dit le père Médina. Selon saint Bernard, le péché autant qu'il est en lui donne la mort au Seigneur. Donc, le pécheur dès là qu'il commet une faute veut, pour ainsi dire, se défaire de Dieu, il ne tient pas à lui de lui ôter la vie. D'après saint Paul, il foule aux pieds le fils de Dieu#. Car il méprise tout ce qu'il a fait et souffert pour bannir le péché du milieu du monde.

---

* S. Math. 12, 45.
† 1 aux Cor. 3, 16.
‡ Is. 1, 2.
§ Isaïe, 63, 10.
# Hébr. 10, 20.

Affections et Prières.

Ainsi, mon Rédempteur, chaque fois que j'ai péché, je vous ai banni de mon âme et je n'ai rien omis de ce qu'il fallait pour vous ôter la vie, si vous aviez pu mourir. Je vous entends me demander : *que t'ai-je fait, dis-moi, quel déplaisir t'ai-je causé*[*], toi qui m'en as si souvent occasionné par tes ingratitudes ? Seigneur vous m'avez donné l'être, et vous êtes mort pour moi, voilà tout le mal que vous m'avez fait. Que puis-je donc répondre ? je conviens que je mérite mille fois l'enfer, et ce serait, à bon droit, que vous m'y précipiteriez, mais rappelez-vous l'amour qui vous a excité à mourir pour moi, sur le calvaire, rappelez-vous le sang que vous avez versé par amour et ayez pitié de moi. Mais, vous ne voulez pas que je périsse, au contraire, mais vous m'avertissez que vous êtes à la porte de mon cœur dont je vous ai chassé, et par vos saintes inspirations vous frappez pour y rentrer, et vous m'engagez à vous ouvrir. Oui, mon Jésus, j'en bannis le péché, je me repens de tout mon cœur, de l'avoir commis, et je vous aime par-dessus toute chose. La porte est ouverte, ô digne objet de mon amour, entrez-y pour ne plus jamais en sortir. Attachez-moi à vous, par les liens de votre amour, et ne permettez plus que je me sépare de vous. Non, mon Dieu, nous ne voulons plus nous séparer. Je vous embrasse et vous presse sur mon cœur, donnez-moi de persévérer saintement. Ne permettez pas que je m'éloigne de vous.

Marie, ma mère, secourez-moi toujours, priez Jésus pour moi, obtenez-moi que je n'aie plus le malheur de perdre sa grâce.

---

[*] Mich. 6, 3.

XVIE CONSIDÉRATION

DE LA MISÉRICORDE DE DIEU.

La miséricorde l'emporte sur la justice.

PREMIÈRE PARTIE

Il est de la nature de la bonté de se communiquer, c'est-à-dire qu'elle est portée à répandre ses biens sur tout ce qui l'entoure. Or, Dieu qui, naturellement, est une bonté infinie,* a un ardent désir de nous faire part du bonheur dont il est la source. Son penchant ne la porte pas à punir, mais à user de miséricorde envers tous. Châtier est, dit Isaïe, une chose contraire à l'inclination de Dieu†. Et quand il punit, dans cette vie, c'est pour exercer sa miséricorde dans l'autre. *Vous vous êtes irrité contre nous, ô mon Dieu, et vous avez eu pitié de nous*‡. Si vous vous montrez sous les traits de la colère, c'est afin, Seigneur que nous nous corrigions et que nous détestions nos péchés§. Et si vous nous épouvantez, à la vue de vos rigueurs, c'est parce que vous nous aimez, c'est pour nous soustraire à des maux éternels. *Vous avez donné un signe à ceux qui vous craignent, pour qu'ils prissent la fuite à la présence de l'arc et que ceux que vous honorez de votre amour soient sauvés*#. Et qui peut, jamais, assez admirer et louer la longanimité d'un Dieu qui attend les pécheurs, les appelle et les accueille, lorsqu'ils reviennent à lui. Et d'abord, quelle est grande cette patience du Seigneur qui nous attend à pénitence ! Quand vous l'avez

---
* S. Léon.
† Is. 28, 21.
‡ Ps. 59, 3.
§ Ps. id. 5.
\# Ps. id. 6.

offensé, mon frère, il pouvait vous faire mourir, et il vous a attendu, au lieu de vous punir, il vous a fait du bien ; il vous a conservé la vie, il a pourvu à vos besoins. Il feignait de ne pas voir vos fautes, pour que vous eussiez le temps de vous en repentir*. Mais comment Seigneur ? Vous ne pouvez souffrir la vue d'un seul péché, et cependant, vous en découvriez un si grand nombre et vous gardiez le silence !† Vos yeux remarquaient cet impudique, ce vindicatif, ce blasphémateur qui, de jour en jour, multipliait ses crimes et vous ne le punissiez pas ! Et pourquoi une patience aussi inaltérable ? Ah ! vous tolérez les coupables, afin qu'ils se corrigent et que vous puissiez leur pardonner et les sauver !‡

Selon saint Thomas, le feu, la terre, l'air, l'eau, toutes les créatures, en un mot, par l'effet d'un instinct qui leur est naturel, voudraient venger l'injure faite à leur créateur, et par bonté, le Tout-puissant les retient enchaînés. Mais, mon Dieu, vous supportez les impies, afin qu'ils reviennent ; ne voyez-vous pas que ces ingrats abusent de votre miséricorde pour multiplier leurs outrages ? *Vous avez usé d'indulgence, Seigneur, envers votre peuple, en avez-vous été glorifié*§ ? À quoi bon tant de patience ? Parce que Dieu ne veut pas la mort du pécheur, mais plutôt qu'il se convertisse et qu'il vive#. Ô longanimité de mon Dieu, que vous êtes admirable ! Saint Augustin ajoute que si Dieu n'était pas Dieu, il serait injuste, à ne considérer que les délais qu'il accorde aux pécheurs. Attendre un pécheur qui abuse de cette condescendance pour se rendre plus coupable, n'est pas, ce semble, de la part de Dieu, attenter à sa propre gloire. C'est dans cet espoir que *nous péchons*, continue ce saint docteur, *et nous nous enfonçons dans l'abîme du péché*. Les uns font un pacte avec l'iniquité, et chargés de fautes, ils dorment tranquillement des mois, des années entières ; ils n'ont de satisfaction que quand ils ont fait le mal ; les autres se vantent et se font un point d'honneur de leur vie criminelle, et vous restez calme. Nous excitons votre indignation, et vous nous engagez à réclamer votre miséricorde. Il y a une sorte de lutte entre Dieu et nous ; de notre côté, nous l'irritons, nous le provoquons à la vengeance, et lui, nous invite à recevoir notre pardon.

---

* Sag. 11, 24.
† Abac. 1, 11.
‡ Is. 30, 18.
§ Is. 26, 15.
\# Ézech. 33, 11.

Affections et Prières.

Ah ! Seigneur, j'en conviens, je devrais maintenant être en enfer : l'enfer serait, à bon droit, ma demeure, votre miséricorde m'en a préservé jusqu'à présent, mais ayant le bonheur d'être encore à vos pieds, j'entends retentir à mes oreilles l'ordre de rechercher votre amour. Vous me dites que vous voulez me pardonner, si je me repens des fautes dont je me suis rendu coupable envers vous. Oui, mon Dieu, puisque vous voulez que je vous aime encore, malgré mes misères, malgré mes révoltes envers votre majesté sainte, je vous aime de tout mon cœur, et je me repens de vous avoir tant offensé, plus que de tous les maux qui auraient pu m'arriver. Ô bonté infinie, éclairez-moi et faites-moi connaître, en détail, les torts que j'ai eus envers vous ! Non, non, je ne veux plus me rendre indocile à votre voix qui m'appelle. Je ne veux plus causer de peine à un Dieu qui m'a tant aimé et qui m'a pardonné, si souvent, et avec tant de tendresse. Ah ! mon Jésus, pourquoi ai-je eu jamais le malheur de vous être infidèle ? Accordez-moi mon pardon et faites que, dès aujourd'hui, je n'aime plus que vous, que je souffre pour l'amour de vous, puisque vous avez tant souffert pour l'amour de moi. Vous m'avez aimé de toute éternité, faites qu'éternellement je brûle aussi du feu de votre amour. J'espère tout de vos mérites, ô mon Sauveur.

Je me confie encore en vous, ô Marie, sauvez-moi par votre intercession.

DEUXIÈME PARTIE

Considérez, en outre, la miséricorde de Dieu, pour appeler le pécheur à la pénitence. Quand Adam se révolta contre lui, et voulut se soustraire à ses regards, le Seigneur n'alla-t-il pas le chercher comme s'il l'eût perdu ? Ne l'appela-t-il pas comme en pleurant : Adam, où êtes-vous ?*. Ce sont, dit un auteur, les paroles d'un père qui est sur les traces de son fils qu'il a perdu. Dieu n'a-t-il pas fait souvent la même chose avec vous, mon frère ? Vous l'avez fui et il vous rappelait, tantôt par de saintes inspirations, tantôt par la voix des remords, aujourd'hui, par une instruction, demain, par des épreuves, une autre fois, par la mort de vos amis. Ne semble-t-il pas que le Seigneur parlait de vous lorsqu'il disait : mon fils, j'ai presque perdu la voix à force de crier pour vous rappeler.† Réfléchissez, ô pécheurs, dit sainte Thérèse, que celui qui vous adresse tant d'invitations est le Dieu qui doit, un jour, vous juger.

Combien de fois, cher chrétien, avez-vous été sourd à cette voix d'un Dieu qui vous exhortait à revenir à lui ! Vous méritiez qu'il vous abandonnât à votre aveuglement. Mais il ne l'a pas fait ; il n'a pas laissé de vous poursuivre, parce qu'il voulait vous réconcilier avec lui et vous sauver. Ô ciel ! quel est donc celui qui vous faisait tant de pressantes invitations ? C'est un Dieu d'une majesté infinie. Et vous qu'êtes-vous donc ?

---

* Gén. 3. 10.
† Ps. 65, 4.

sinon un misérable ver, un amas de corruption ? Et pourquoi vous pressait-il ainsi ? ce n'était que pour vous rendre son amitié, que vous aviez perdue ! *Revenez à moi*, disait-il, *et vivez**. Que quelqu'un se condamne à passer toute sa vie dans un désert pour se rendre digne de l'amitié de Dieu, ce serait encore un bien léger sacrifice, mais Dieu vous offrait de vous faire part de sa grâce dans le moment même, si vous l'aviez voulu, moyennant un acte de repentir, et vous l'avez refusé. Toutefois, il ne vous a pas abandonné, il est allé après vous comme en pleurant et en vous disant : mon fils, pourquoi voulez-vous vous perdre ? Pourquoi, disait-il aux juifs, voulez-vous périr, maison d'Israël ?†.

Quand l'homme commet un péché mortel, il chasse Dieu de son cœur. Les impies lui disent : *Éloignez-vous de nous*‡. Et que fait-il alors ? Il vient trouver cette âme ingrate : *Je suis à la porte*, dit-il, *et je frappe*§. Il la prie de le laisser entrer, en lui disant, *ouvrez-moi ma sœur*#. Il se fatigue à force de la prier°. Oui, dit saint Denis l'aéropagite, Dieu poursuit les pécheurs, comme un amant méprisé, il les conjure de ne pas se perdre. C'est absolument ce que dit saint Paul, écrivant à ses disciples : *Je vous en prie, au nom de J.-C., réconciliez-vous avec Dieu***. Saint Chrysostome fait une belle réflexion en commentant ce passage. *C'est J.-C. lui-même qui vous conjure. Et que dit-il ? de vous réconcilier avec le Seigneur. Ce n'est pas lui qui se conduit en ennemi, c'est vous-même.* Ce grand Saint veut nous dire que ce n'est pas le pécheur qui a besoin d'insister près de Dieu pour faire sa paix avec lui, il n'a qu'à y consentir ; ce n'est plus Dieu, c'est le pécheur qui ne veut pas d'accommodements.

Ah ! ce Dieu, plein de bonté, poursuit tous les jours tant de pécheurs, et leur dit : ingrats, ne me fuyez plus ; dites-moi pourquoi vous soustraire, de la sorte, à mon amour ? J'ai votre bien à cœur, je ne désire rien autre chose que de vous rendre heureux. Pourquoi voulez-vous vous perdre ? Ô Seigneur, encore une fois que faites-vous ? Oui, pourquoi tant de patience et tant d'amour envers ces rebelles ? quel avantage en espérez-vous ? Il importe peu pour votre gloire de vous montrer aussi passionné pour ces misérables vers de terre qui vous fuient. Quel est l'homme pour que vous

---

* Ézéch. 18, 30.
† Ézéch. 18, 31.
‡ Job, 21, 14.
§ Apoc. 30, 2.
# Cant. 5, 3.
° Jér. 15,9.
** 2 aux Cor. 5, 20.

l'honoriez ainsi ? Pourquoi avez-vous affectionné votre cœur une aussi méprisable créature ?

Affections et Prières.

Voici, Seigneur, à vos pieds cet ingrat que votre bonté réclame : *mon Père, pardonnez-moi.* Je vous appelle mon père, parce que vous voulez que je vous donne ce nom. Mon père, oui donnez-moi. Je ne mérite pas de compassion, car plus vous vous êtes montré bon à mon égard, plus j'ai montré d'ingratitude envers vous. Ah ! mon Dieu, c'est votre amour qui vous a empêché de m'abandonner, quand je vous fuyais ; qu'en vue de ce même amour, vous me receviez maintenant que je reviens à vous ! Inspirez-moi, mon Jésus, une grande douleur de mes offenses et donnez-moi le baiser de paix. Aucun mal ne me ferait ressentir autant de peine que j'en éprouve à la pensée des outrages que je me suis permis envers vous, je les déteste, je les ai en abomination, et j'unis cette horreur qui me pénètre à celle qui vous accablait dans le jardin de Gethsémani. Ah ! pardonnez-moi, en vue des mérites du sang que vous y avez répandu ! Je vous promets avec une sincérité parfaite de ne plus me séparer de vous, et de déraciner de mon cœur toute affection qui ne serait pas pour vous. Mon Jésus, mon amour, je vous aime par-dessus tout, je veux toujours vous aimer, n'aimer que vous, mais donnez-m'en la force ; faites que je sois tout à vous.

Ô Marie mon espérance, vous êtes la mère de miséricorde, priez Dieu pour moi et ayez pitié de moi.

TROISIÈME PARTIE

Les princes de la terre croient indigne d'eux de jeter un regard sur des sujets rebelles, qui viennent demander leur pardon. Mais Dieu ne fait pas de même envers nous. *Il ne détournera pas de vous son visage, quand vous reviendrez à lui*[*]. Non, Dieu ne détourne pas ses regards de celui qui se prosterne à ses pieds, parce que lui-même l'y invite et lui promet de le recevoir dès qu'il se présentera. *Revenez à moi et je vous accueillerai*[†]. *Convertissez-vous à moi, et je me convertirai à vous*[‡]. Combien est étonnante cette bonté, cette tendresse avec laquelle Dieu accueille un pécheur qui revient à lui ! C'est ce que J.-C. veut nous faire comprendre par la parabole de la brebis retrouvée que le pasteur charge sur ses épaules[§]. Il invite même ses amis à se réjouir avec lui[#]. Saint Luc ajoute, que le ciel est dans l'allégresse lorsqu'un pécheur se convertit. C'est ce que le Sauveur montre encore mieux dans la parabole de l'enfant prodigue. Il se représente sous les traits de ce bon père, qui, voyant revenir son fils qu'il avait perdu, court à sa rencontre et avant de pouvoir lui parler le presse sur son sein, l'embrasse, et sent redoubler sa tendresse par la consolation de l'avoir retrouvé.

---

[*] 2 Paral. 3, 9.
[†] Jérém. 3, 11.
[‡] Zach. 1, 3.
[§] S. Luc, 15.
[#] Ibid. v. 6.

Le Seigneur ajoute, que quand un pécheur se repent, il oublie ses fautes comme s'il n'en avait jamais commis*. *Venez et accusez-moi*, dit-il encore, *quand vos péchés seraient rouges comme la pourpre, ils deviendront plus blancs que la neige*†. Comme s'il disait : Venez, prévaricateurs, et si je ne vous pardonne pas, reprenez-moi et traitez-moi comme infidèle à mes promesses. Mais non, Dieu ne peut mépriser un cœur humilié et repentant.‡

Il se fait gloire de traiter miséricordieusement les pécheurs et de leur pardonner. Et quand est-il disposé à leur accorder ce pardon ? à l'instant§. Un pécheur, dit le prophète, n'a pas à répandre beaucoup de larmes, dès la première, Dieu est porté à avoir pitié de lui. *Aussitôt qu'il aura entendu le son de votre voix plaintive, il vous répondra*#. Sa conduite envers nous n'est pas comme la nôtre à son égard. Il nous appelle et nous fermons l'oreille. Ce n'est pas ainsi qu'il agit ; aussitôt qu'il vous aura entendu, il vous répondra. Oui, dès que vous vous repentez et que vous lui demandez pardon, il répond et vous pardonne.

Affections et Prières.

Ô mon Dieu, avec qui ai-je donc été en guerre ? c'est avec vous qui êtes si bon, avec vous qui m'avez créé, avec vous qui êtes mort pour moi. Et vous m'avez supporté avec cette inaltérable patience, pendant si longtemps, lorsque je vous ai trahi ! Ah ! cette seule pensée devrait me consumer d'amour pour vous ! Eh ! qui jamais, comme vous m'aurait supporté après tant d'outrages ? Que je serais malheureux, si, dorénavant, à partir de ce jour, je retombais dans de nouvelles offenses et si je vivais en réprouvé ! Le souvenir de cette grande miséricorde dont vous avez usé envers moi, serait pour mon cœur, ô mon Dieu, un enfer plus cruel que tout l'enfer lui-même. Non, mon Rédempteur, vous ne permettrez pas que je m'éloigne encore de vous. Faites-moi plutôt mourir. Je vois que votre bonté ne pourrait plus me supporter. Je me repens, ô mon souverain bien, de vous avoir offensé. Je vous aime de tout mon cœur et je suis résolu de vous consacrer tout le reste de ma vie. Exaucez-moi, Père éternel, par les

---

* Ézéch. 28, 21.
† Is. 1, 18.
‡ Ps. 50.
§ Is. 30, 19.
# Ibidem.

mérites de J.-C. Donnez-moi la persévérance et votre amour. Exaucez-moi, mon Jésus, par le sang que vous avez répandu pour moi.

Ô Marie, ma mère, mettez-moi sous votre protection ; tournez vers moi les yeux de votre miséricorde et attirez-moi tout à Dieu.

XVIIE CONSIDÉRATION

ABUS DE LA MISÉRICORDE DIVINE.

Ne savez-vous pas que la miséricorde du seigneur vous invite à vous convertir.

— ROM. 2, 4.

PREMIÈRE PARTIE

Nous lisons, dans saint Matthieu, la parabole de l'ivraie qui avait poussé avec le bon grain, et que les serviteurs avaient à cœur d'extirper. Voulez-vous, dirent-ils à leur maître, que nous allions l'arracher ? Il répondit : non, laissez-la croître, plus tard vous la recueillerez et vous la brûlerez. *Au temps de la moisson, je dirai aux moissonneurs séparez d'abord l'ivraie, liez-la en bottes, ensuite, jetez-la au feu.* Cette parabole, nous montre, d'un côté, la patience de Dieu envers ceux qui l'offensent, et de l'autre, ses rigueurs envers ceux qui s'obstinent à faire le mal. Le démon, dit saint Augustin, aveugle les hommes de deux manières, d'abord, en les poussant au désespoir, ensuite, en les excitant à une espérance présomptueuse. Le péché une fois commis, il les porte à désespérer, en leur montrant la sévérité des jugements de Dieu. C'est pourquoi ce grand docteur donne à chacun de nous cet avis : *Après le péché*, dit-il, *espérez en la miséricorde de Dieu ; avant le péché, craignez sa justice*. En effet, celui-là est indigne de la miséricorde, qui en abuse pour offenser le Seigneur. Elle est pour quiconque craint Dieu, mais non pour celui qui s'en fait un moyen de rejeter cette crainte salutaire. Quand on offense la justice, on peut recourir à la miséricorde ; mais celui qui offense la miséricorde même, quelle ressource lui restera-t-il ?

On trouve rarement des pécheurs désespérés au point de vouloir se damner. Ils veulent se livrer au mal sans perdre l'espoir de se sauver. On commet l'iniquité et l'on dit : Le Seigneur est miséricordieux. Je m'abandonnerai à ce péché, puis je m'en confesserai. Voilà leur langage, dit saint Augustin*. Oh Dieu ! il y en a tant qui se sont exprimés de la sorte, et déjà ils sont en enfer !

Gardez-vous de dire : « la miséricorde de Dieu est grande ; un acte de contrition me suffira pour toutes les fautes dont je me rendrai coupable, et elles me seront pardonnées. » Ne parlez pas ainsi, dit Dieu, et pourquoi ? *C'est que son indignation est prompte, aussi bien que sa miséricorde, et qu'il regarde les pécheurs dans sa colère*†. La miséricorde divine est infinie, mais ses actes ne sont pas également infinis. Le Seigneur est miséricordieux, sans doute, mais il est aussi juste. C'est ce qu'il disait un jour à sainte Brigite, en se plaignant que les pécheurs l'envisageaient, seulement comme miséricordieux. Les prévaricateurs, écrit saint Bazile, ne veulent voir Dieu qu'à moitié. Qu'il supporte toujours celui qui abuse de ses bontés pour l'outrager davantage, d'après le père Marie d'Avila, ce ne serait point bonté, mais défaut de justice. Les obstinés sont menacés de la rigueur de ses châtiments, et comme dit saint Augustin, de même que Dieu ne ment pas dans ses promesses, il ne ment pas, non plus, dans ses menaces.

Prenez garde, dit saint Chrysostome, quand vous vous sentez portés à espérer les effets de la miséricorde pour vous livrer au mal, ce n'est point Dieu, mais le démon qui vous inspire ce sentiment‡. Malheur, ajoute saint Augustin, malheur à qui n'espère que pour se rendre coupable ! Oh combien, dit le même saint, ce vain espoir en a jeté dans l'aveuglement et dans la perdition ! Qu'il est à plaindre celui qui abuse des bontés de Dieu pour l'outrager davantage ! Saint Bernard nous dit encore que Lucifer fut puni subitement, parce qu'il espérait éviter le châtiment de son crime. Le roi Manassès fut pécheur, ensuite il se convertit, et Dieu lui pardonna. Ammon son fils, voyant la facilité avec laquelle son père avait obtenu grâce, s'abandonna au mal, avec l'espoir d'être aussi pardonné ; mais il n'y eut point de miséricorde pour lui. C'est aussi pour cela, selon saint Jean Chrysostome, que Judas se perdit parce qu'il se fiait sur la bonté de J.-C. Enfin Dieu supporte, mais il ne supporte pas toujours. S'il tolérait toujours le pécheur, il en résulterait qu'il n'y aurait personne de damné ; mais le sentiment le plus commun est que la majeure partie même des chrétiens (je parle des adultes), aboutit à la damnation. *Quelle est large la*

---

* Traité sur Job.
† Eccl. 5, 6.
‡ Hom. 50 au peuple d'Ant.

porte de la mort éternelle ! Qu'il est spacieux le chemin qui conduit à la perdition ! Et combien il y en a qui le prennent* !

Quiconque offense Dieu dans l'espoir du pardon est un moqueur et non un pénitent, dit saint Augustin. Saint Paul, de son côté, dit *qu'on ne se moque pas impunément de Dieu*†. Mais vouloir l'offenser à son gré et espérer ensuite de parvenir au ciel, ce serait une dérision véritable. L'homme recueillera ce qu'il aura semé‡. Celui qui sème, dans le péché, serait déraisonnable de s'attendre à autre chose qu'à tomber en enfer. La chaîne avec laquelle le démon entraîne dans les supplices éternels presque tous ces chrétiens qui courent à leur perte est l'aveuglement qu'il excite en eux, en leur disant : faites le mal en toute liberté, parce que, nonobstant toutes ces fautes, vous serez sauvés. Mais Dieu maudit ceux qui pèchent dans l'espérance du pardon. Quand un coupable espère, après son péché, cette disposition est agréable à Dieu, supposé qu'il se repente sincèrement, mais l'espoir de ceux qui sont endurcis dans l'iniquité est abominable à ses yeux§. C'est même ce qui force Dieu à punir. Ainsi, un maître s'irriterait contre son serviteur qui se ferait un jeu de l'offenser parce qu'il est bon.

Affections et Prières.

Ah ! mon Dieu, me voici, j'ai été, malheureusement, un de ces insensés, je vous ai offensé, parce que vous étiez bon pour moi. Ah ! Seigneur, attendez-moi, ne me rejetez point, maintenant que j'espère avec votre grâce ne plus vous offenser et ne plus vous contraindre à m'abandonner ! Je me repens, ô bonté infinie, de tous mes péchés et d'avoir lassé votre patience. Je vous rends grâce de m'avoir attendu jusqu'à présent ; dès aujourd'hui, je renonce à vous trahir comme je l'ai fait, par le passé. Vous m'avez supporté, si longtemps, parce que vous voyiez que je devais, un jour, vous aimer à cause de votre bonté. Ce jour est enfin arrivé, je l'espère. Je vous aime, par-dessus tout, et j'estime votre grâce plus que tous les royaumes de la terre. Je suis disposé à sacrifier mille vies, s'il le fallait plutôt que de m'exposer à la perdre. Mon Dieu, par l'amour de J.-C. donnez-moi la persévérance jusqu'à la mort et votre saint amour. Ne

---

* S. Math. 7, 23.
† Gal. 6, 7.
‡ Gal. 8.
§ Job, 11, 20.

permettez pas que je recommence de vous offenser, ni que je cesse de vous aimer.

Marie, vous êtes mon espérance, obtenez-moi cette persévérance ; c'est tout ce que je réclame.

DEUXIÈME PARTIE

Mais dira quelqu'un : « Dieu a été autrefois si bon envers moi, ne puis-je pas espérer qu'il le sera encore à l'avenir ? » Je vous répondrai : et parce qu'il a été si bon, est-ce pour cela que vous voulez, de nouveau, l'outrager ? *C'est donc ainsi*, dit saint Paul, *que vous méprisez la bonté et la patience de Dieu ?* Ne savez-vous pas que s'il vous a supporté jusqu'alors, ce n'est pas pour que vous l'offensiez jusqu'à la fin, mais pour que vous pleuriez vos fautes[*]. En vain, vous fiant sur cette miséricorde, vous ne voudriez pas y mettre de bornes, Dieu en mettra. Si vous refusez de vous convertir, il tirera *son arc*[†]. *C'est à moi qu'est réservée la vengeance*, dit-il, *je l'exercerai en son temps*[‡]. Il suspend les effets de sa colère, mais quand l'époque de la punition est arrivée, il n'attend plus, il châtie.

Il tolère le pécheur, afin qu'il se corrige, et quand le temps qu'il lui donne pour pleurer ses fautes est employé à l'offenser de plus en plus, alors, ce temps même est appelé pour juger le prévaricateur qui s'obstine de la sorte[§]. Ainsi, ces délais, cette miséricorde serviront à le faire punir avec plus de rigueur et à précipiter son abandon de la part de Dieu. *Nous*

---

[*] Rom. 2, 4.
[†] Ps. 7.
[‡] Deut. 32, 35.
[§] S. Grég.

avons pris soin de Babylone, disaient les Anges, *elle n'est point guérie, abandonnons-la**. Comment Dieu abandonne-t-il le pécheur ? Il le frappe et le fait mourir dans son péché ; ou bien, il le prive de grâces abondantes, il le laisse avec des secours suffisants, au moyen desquels il pourrait, à la rigueur, se sauver, mais il ne se sauvera pas. L'aveuglement de l'esprit, l'endurcissement du cœur, les péchés qu'il a commis rendront son salut moralement impossible. Ainsi, il restera, sinon absolument, au moins moralement, abandonné. *J'arracherai la haie et je livrerai la vigne au pillage*†. Ô quel châtiment ! Quand un maître déracine la haie qui entourait son champ, et laisse la liberté à qui le veut, hommes et bêtes, d'y entrer, que veut-il montrer par là ? N'est-ce pas une preuve qu'il ne veut plus de ce bien ? C'est ainsi que Dieu agit quand il délaisse une âme ; il lui ôte la crainte, les remords de la conscience qui servaient comme de haie, de muraille, il la laisse dans les ténèbres et alors les vices les plus monstrueux s'en emparent‡. Et le pécheur, livré de la sorte à cette obscurité profonde, se moquera de tout, de la grâce de Dieu, du ciel, des avis qu'on lui donnera, des excommunications, il se moquera même de sa damnation.

Dieu le laissera, ici-bas, sans châtiment, mais cette absence de châtiment sera le plus terrible de tous. *Ayons pitié de l'impie, et il ne deviendra pas juste*§. Saint Bernard sur ce texte, disait : *Je ne veux pas d'une telle indulgence, elle serait plus effrayante que la plus furieuse colère*#. Quelle est horrible, en effet, cette punition que Dieu exerce, en laissant le pécheur au pouvoir de son péché, sans lui en demander compte ! *Il ne l'interrogera pas selon l'étendue de sa colère*°. Il ne montrera pas contre lui son indignation. *Je retirerai de dessus toi mon indignation*, dit-il, *je serai tranquille à ton égard, je ne m'irriterai plus***. Il lui laissera obtenir, sur la terre, tout ce qu'il désire. *Je les ai livrés aux souhaits de leur cœur*††. Pauvres pécheurs ! à qui il est donné de prospérer ainsi dans ce monde ! C'est un signe que Dieu les réserve pour être les victimes de sa justice dans l'éternité. Jérémie fait cette demande à Dieu : *Pourquoi les impies réussissent-ils dans l'exécution de leurs projets ?*‡‡ Mais il se répond

---

* Jér. 51, 9.
† Is. 5, 5.
‡ Ps. 103, 20.
§ Is. 26, 10.
# Serm. 42 sur le Cantiq. des Cant.
° Ps. 9, 25.
** Éz. 16, 42.
†† Ps. 80.
‡‡ Jérém. 12, 2.

ensuite à lui-même : *Ils sont réunis comme un troupeau pour être immolés*. Non, il n'y a pas de plus grande punition que lorsque Dieu permet à un pécheur d'entasser crimes sur crimes, selon ce que dit David : *ils ajoutent iniquités sur iniquités ; qu'ils soient effacés du livre de vie**. Le péché est la peine la plus redoutable du péché même. Il eût été moins funeste, pour quelques-uns de ces infortunés, que Dieu les eût frappés après leur première faute, car, en mourant plus tard, ils auront autant d'enfers qu'ils ont commis d'iniquités ensuite.

Affections et Prières.

Mon Dieu, dans la situation malheureuse où je me trouve, je vois que j'ai mérité d'être privé de votre grâce et de votre lumière. Mais à la vue de celle qui m'éclaire, maintenant, par un effet de votre bonté, et en entendant votre voix qui m'appelle à la pénitence, je suis persuadé que vous ne m'avez pas encore abandonné. Et puisque vous avez été si patient envers moi, daignez promptement, Seigneur, multiplier vos miséricordes sur mon âme ; rendez vos lumières plus vives, augmentez-en moi le désir que j'ai de vous servir et de vous aimer. Changez-moi, ô Dieu tout-puissant, moi qui ai été si longtemps un traître et un rebelle ; excitez en moi un grand amour de votre bonté, pour qu'un jour je puisse éternellement louer vos miséricordes dans le ciel. Vous voulez me pardonner, c'est tout ce que je désire avec votre amour. Je me repens, ô bonté infinie, de vous avoir tant déplu ! Je vous aime, ô souverain bien, parce que vous me le commandez ; je vous aime, parce que vous le méritez à juste titre. Ô mon Rédempteur, en vue des mérites de votre sang précieux, faites-vous aimer d'un pécheur que vous avez tant aimé vous-même et supporté, depuis tant d'années, avec une patience si inaltérable ! J'espère tout de votre miséricorde. J'espère, dès aujourd'hui, vous aimer toujours jusqu'à la mort, et pendant les siècles des siècles. Je chanterai éternellement les miséricordes du Seigneur. Je louerai toujours votre bonté, ô mon Jésus. J'exalterai toujours votre miséricorde.

Ô Marie qui m'avez obtenu tant de grâces, je reconnais les devoir toutes à votre intercession ! Continuez, ma mère, de m'aider, maintenant, et procurez-moi encore une sainte persévérance.

---

* Ps. 69, 28.

TROISIÈME PARTIE

Nous lisons dans la vie du père Louis Lanoue, le fait suivant : Il y avait à Palerme deux amis. Un jour étant à la promenade ensemble, l'un d'eux, appelé César, comédien de profession, dit à son compagnon qu'il voyait tout pensif : y a-t-il longtemps que tu n'es allé te confesser, n'est-ce pas la raison pour laquelle tu me parais si rêveur ? Écoute, lui répondit-il, une fois le père Lanoue me dit que Dieu me donnait encore douze ans à vivre, et que si je ne me corrigeais dans cet intervalle, je mourrais malheureusement. J'ai beaucoup voyagé dans les différentes parties du monde, j'ai fait des maladies, une surtout, qui m'a mené aux portes du tombeau, cependant nous sommes dans le mois qui doit compléter les douze ans dont il m'a parlé, et je me porte mieux qu'à toute autre époque de ma vie. Là-dessus, l'autre l'invita à se trouver le samedi suivant, à la représentation d'une nouvelle comédie dont il était l'auteur. Qu'en arriva-t-il ? ce jour-là, vingt-quatre novembre de l'année 1668, il se rendit au théâtre, où il fut frappé, subitement, d'une attaque de goutte, et expira dans les bras d'une comédienne. Maintenant, venons à nous. Quand le démon vous excite à commettre de nouveaux péchés, mon cher frère, si vous voulez vous damner, vous en êtes le maître, mais ne dites pas alors que vous avez à cœur de vous sauver. Tant que vous voulez faire le mal, regardez-vous comme réprouvé et figurez-vous que Dieu écrit votre condamnation et vous dit : *qu'ai-je du faire de plus pour ma vigne que je n'aie pas fait ?** Ingrat ! que pouvais-je faire, en effet, de plus pour vous ? Ainsi, c'est parce que vous voulez vous perdre que vous le serez, c'est votre faute.

Mais vous me direz : où est donc la miséricorde de Dieu ? Quoi ! ne s'est-elle pas montrée suffisamment, elle qui vous a supporté depuis tant d'années, nonobstant des fautes si nombreuses ? Vous devriez rendre grâce au Seigneur, être constamment prosterné le visage contre terre et dire : *c'est un effet de la grande bonté de Dieu si nous n'avons pas été anéantis.* Un seul péché mortel est un attentat plus grand que si vous aviez mis sous vos pieds le premier monarque de l'univers. Et ces fautes, vous les avez commises tant de fois ! Si vous vous étiez rendu coupable envers un frère de tous les outrages que Dieu a supportés de votre part, aurait-il pu ce frère, vous supporter de même. Cependant, ce Dieu plein de miséricorde, non seulement, vous a attendu, mais vous a appelé si souvent, et vous a invité à lui demander pardon ! *Qu'ai-je dû faire de plus ?* S'il avait eu besoin de vous où qu'il vous eût été redevable de quelque faveur signalée, aurait-il pu user d'une plus grande bonté ? D'après cela, si vous vous déterminez à l'offenser encore, vous le forcerez, en quelque sorte, à faire succéder la colère à la miséricorde et à vous punir.

Si le maître avait, de nouveau, trouvé le figuier stérile, après avoir donné au jardinier la permission de le soigner encore pendant un an, pensez-vous qu'il aurait encore différé de le faire couper ? Faites donc attention à l'avis que vous adresse saint Augustin, en vous disant : « Ô arbre sans fruit ! puisque le coup de hache est seulement retardé, comment pouvez-vous vivre tranquille en attendant que vous soyez retranché. Le châtiment, dit le même saint, n'a été que différé à un autre temps, mais Dieu n'y a pas renoncé ; si vous abusez encore de sa miséricorde vous serez impitoyablement retranché, vous serez abattu comme cet arbre. » Que voudriez-vous attendre ? que Dieu vous précipitât en enfer ? Mais si vous vous y jetez vous-même, vous devez savoir qu'il n'y aura plus de remèdes. Il se tait, mais il ne se tait pas toujours ; quand arrive le temps de se venger, il rompt le silence. Il vous mettra, sous les yeux, les miséricordes dont vous avez abusé, et, alors, elles vous jugeront elles-mêmes et vous condamneront†.

---

* Is. 5, 4.
† Ps. 49, 21.

Affections et Prières.

Ô mon Dieu, que je serais à plaindre, si, après tant d'infidélités antérieures, je recommençais à vous offenser, en face de la lumière dont vous m'éclairez maintenant ! C'est pour moi une preuve que vous voulez me pardonner. Je me repens, ô bien suprême, de l'outrage dont je me suis rendu coupable en vous offensant. Bonté infinie ! en vue des mérites de votre sang, j'espère mon pardon, j'en suis même assuré. Mais si de nouveau, je m'éloignais de vous, je mériterais un enfer à part. J'en tremble, ô Dieu de mon âme. Je puis encore perdre votre grâce. J'ai su souvent promis de vous être fidèle, et bientôt après, je suis retombé dans mes anciennes révoltes. Ah ! Seigneur, ne le permettez pas, ne me livrez pas au malheur de me voir encore votre ennemi ! Faites pleuvoir sur moi tous les maux mais non celui-là. *Ne souffrez pas que je me sépare de vous.* Faites-moi plutôt mourir, si vous vous apercevez que je doive encore vous offenser. Je me soumets à la mort la plus cruelle plutôt que d'avoir encore le malheur de déplorer la perte de votre amitié. Non, *ne souffrez pas que je me sépare de vous.* Je vous le répète, mon Dieu, faites que je vous le répète toujours : *Ne souffrez pas que je me sépare de vous.* Je vous aime, mon doux Sauveur, je ne veux pas me séparer de vous. En vue des mérites de votre mort, pénétrez-moi de votre saint amour, qu'il m'attache si étroitement à vous qu'il me soit impossible d'en être jamais arraché.

Ô Marie, ma mère, si j'offense encore Dieu, je crains que vous ne m'abandonniez aussi. Aidez-moi donc de vos prières, pour m'obtenir de persévérer et d'aimer J.-C.

XVIIIE CONSIDÉRATION

DU NOMBRE DES PÉCHÉS.

Parce que la sentence contre les méchants ne se prononce pas aussitôt, les enfants des hommes font le mal sans crainte.

— ECCL. 8, 11.

PREMIÈRE PARTIE

S i Dieu punissait le péché aussitôt qu'il est commis, on ne verrait certainement point autant d'iniquités, mais parce que la punition est différée et que Dieu suspend ses vengeances, les pécheurs n'en sont que plus ardents à multiplier leurs prévarications. On a besoin de réflexion pour se persuader que Dieu attend et supporte les méchants, mais il ne les attend et ne les supporte pas toujours. C'est le sentiment de plusieurs saints Pères, de saint Bazile, de saint Jérôme, de saint Ambroise, de saint Cyrille d'Alexandrie, de saint Chrysostome, de saint Augustin et de plusieurs autres. Ils pensent que de même que Dieu a déterminé les jours, les degrés de santé et les talents qu'il voulait donner à chacun, selon ces paroles : *Vous avez distribué tout avec nombre, avec poids et avec mesure*[*], de même, il a fixé, pour chacun, la quantité de fautes qu'il veut pardonner, mais la mesure une fois remplie, il ne fait plus grâce. « Nous devons nous pénétrer de cette vérité, dit saint Augustin, que Dieu supporte l'homme jusqu'à un certain temps, mais quand ce temps est écoulé, il n'y a plus de pardon pour lui [†]. » Eusèbe de Césarée professe la même doctrine : Dieu attend le pécheur, dit-il, jusqu'à un nombre déterminé

---

[*] Sag. 21, 21.
[†] De la vie de J.-C., c. 9.

d'iniquités, puis il l'abandonne*. Les autres Pères cités plus haut sont parfaitement d'accord avec lui.

Ces Pères ne parlent pas au hasard ; leur avis est appuyé sur des preuves tirées des divines écritures. Le Seigneur dit qu'il retarde la ruine des Amorrhéens parce qu'ils n'ont pas encore comblé la mesure de leurs crimes†. Ailleurs, il dit aussi : *Je n'userai pas toujours de miséricorde envers Israël*‡. Dans un autre endroit : *Dix fois ils m'ont offensé*, dit-il, *ils n'ont point obéi à ma voix ; ils ne verront pas la terre que j'ai promise, par serment, à leurs pères*§. Job dit aussi : *Vous avez enfermé mes iniquités comme dans un sac*#. Les pécheurs ne comptent pas leurs fautes, il n'en est pas de même de Dieu. Il se vengera en temps opportun, c'est-à-dire quand le nombre sera complet. *Prenez la faux*, dit-il, *parce que la moisson est mûre*°. Dieu dit encore : *Ne soyez pas sans crainte sur les péchés même pardonnés et n'ajoutez pas faute sur faute***. D'après cela, pécheur, c'est donc une nécessité pour vous de redouter les iniquités qui déjà vous ont été remises, parce que si vous en commettiez encore une autre, peut-être compléterait-elle le nombre fatal, et alors, il n'y aurait plus pour vous de miséricorde. Ailleurs, le langage des saintes écritures est encore plus clair : *Dieu souffre, avec patience, les nations*, dit l'Esprit-Saint, *jusqu'à ce qu'elles aient rempli la mesure de leurs crimes*††. C'est ainsi que Dieu balance ses foudres jusqu'à ce que le trésor de colère soit rempli, et ensuite, il les laisse s'échapper de ses mains. Nous trouvons aussi, dans l'écriture, de nombreux exemples de ces punitions. D'abord Saül : la dernière fois qu'il désobéit à Dieu, Dieu l'abandonna. Il eut beau prier Samuel d'intercéder pour lui, et lui dire : *Chargez-vous, je vous en conjure, de mon péché ; revenez avec moi, afin que j'offre mes adorations au Seigneur* ; Samuel lui répondit : *Non, je n'irai point avec vous, parce que vous avez rejeté la parole du Seigneur, le Seigneur vous a rejeté*‡‡. Vous avez l'exemple de Balthasar qui, à table, profana les vases du temple ; il vit, alors, sur la muraille, une main qui écrivait ces mots : Manel, Thecel, Pharès. Arrive Daniel qui, en donnant au Roi l'explication

---

* Liv. 8, c. 2.
† Gén. 15.
‡ Is. 19.
§ Nomb. 14, 22.
# 14, 17.
° Joël, 3, 13.
** Eccl. 5, 5.
†† 2 Mach. 6, 14.
‡‡ Liv. des Rois, 15, 25.

de ces paroles, dit entre autres choses : *Vous avez été mis dans la balance et vous avez été trouvé trop léger*[*]. Lui faisant entendre que le poids de ses péchés avait fait pencher la balance de la justice divine, et, en, effet, cette nuit-là même, Balthazar fut mis à mort. Hélas ! à combien d'infortunés, ce malheur n'arrive-t-il pas ? Ils vivent nombre d'années dans l'iniquité, et quand ils ont comblé la mesure de leurs fautes, la mort les surprend et ils sont précipités dans les supplices éternels. *Ils passent leurs jours dans la joie*, dit Job, *et en un moment, ils descendent en enfer*[†]. Il en est qui entreprennent de compter les étoiles, de supputer le nombre des Anges, ou les années de vie qu'on doit passer sur la terre, mais qui pourrait jamais savoir la quantité de péchés que Dieu consent de pardonner à chacun ? Il faut donc trembler. Qui sait, mon frère, si Dieu voudra encore vous faire grâce à la première satisfaction coupable, à la première mauvaise pensée à laquelle vous consentirez et à la première faute que vous aurez le malheur de commettre ?

Affections et Prières.

Ah ! mon Dieu ! je vous rends grâce ! Combien y en a-t-il, en enfer, pour qui il n'y plus ni pardon ni espérance, et qui sont moins criminels que moi ! Et je suis encore vivant, hors de l'enfer, j'ai même l'espoir du pardon et du Ciel, si je le veux ! Oui, mon Dieu, je le veux ce pardon. Je me repens par-dessus tout de vous avoir offensé, parce que votre bonté est infinie. Père éternel, jetez un regard sur votre Fils, il est mort pour moi ; en considération de ses mérites, ayez pitié de moi. Je vous proteste que je préfère la mort au malheur de vous offenser encore. J'ai de justes sujets de crainte. D'après les péchés que j'ai commis et les grâces dont j'ai fait un abus si sacrilège, peut-être, en ajoutant une nouvelle prévarication, je comblerais la mesure, et je serais réprouvé. Ah ! aidez-moi de votre grâce ! J'espère de vous les lumières et la force d'être fidèle. Si vous voyiez que jamais je dusse me révolter encore contre vous, ôtez-moi plutôt la vie, maintenant que j'ai la douce confiance de posséder votre amitié. Mon Dieu, je vous aime par-dessus tout, et je crains, plus que la mort, le malheur de me voir chargé, de nouveau, du poids de votre disgrâce. En vue de votre bonté, ne le permettez pas. Marie, ma mère, par votre miséricorde, aidez-moi et obtenez-moi de persévérer saintement.

---

[*] Dan. 5, 27.
[†] Job, 21, 13.

DEUXIÈME PARTIE

Le pécheur dira : Mais le Seigneur est le Dieu des miséricordes. Je réponds : qui le nie ? La miséricorde de Dieu est sans bornes ; mais, néanmoins, combien y en a-t-il qui se perdent ! *Je suis venu*, dit le Sauveur, *par son prophète, pour guérir ceux qui ont le cœur contrit**. Dieu rend la santé à ceux qui sont mus par une bonne volonté. Il pardonne les fautes commises, mais il ne peut pardonner la volonté d'en commettre. On répondra : mais je suis jeune. Vous êtes jeune ? mais Dieu compte les prévarications et non les années, et la mesure n'est pas la même pour tous. Dieu pardonne à l'un cent péchés, à l'autre mille. Il précipitera, en enfer, celui qui commettra un second péché. Combien n'en a-t-il pas punis éternellement dès la première faute ! Saint Grégoire raconte qu'un enfant de cinq ans fut condamné aux supplices éternels pour un blasphème. La très-sainte Vierge révéla à une servante de Dieu, bénédictine, à Florence, qu'une petite fille de douze ans fut réprouvée pour un premier péché. Le même malheur arriva aussi à un enfant de huit ans aussitôt qu'il se fut laissé aller à une première faute mortelle. Il est dit dans l'Évangile de saint Matthieu†, que Notre-Seigneur maudit le figuier, sur lequel il ne trouva pas de fruit : c'était la seule fois qu'il vint pour en cueillir. *Que jamais tu ne produises plus de fruits*, lui dit-il, *et il se dessécha aussitôt*.

---

* Is. 61, 1.
† Chap. 21.

Il est dit dans un autre endroit encore : *Je pardonnerai à Damas, après la troisième faute, mais je ne ferai pas grâce après la quatrième**. Quel est le téméraire qui voudrait demander à Dieu pourquoi il pardonne trois péchés et non quatre ? Il faut adorer la justice divine et nous écrier avec l'apôtre : *Ô profondeur des trésors de la sagesse et de la science de Dieu, que vos jugements sont incompréhensibles, que vos voies sont cachées !*† *Il sait à qui il accorde le pardon, à qui il le refuse*, dit saint Augustin ; *s'il le donne à quelqu'un, c'est par miséricorde s'il le refuse, c'est justice*‡.

L'obstiné répliquera : mais j'ai tant de fois offensé Dieu, et il m'a pardonné, j'espère qu'il me pardonnera encore cet autre péché. Et moi, je lui réponds : quoi ! parce que Dieu ne vous a pas puni, jusqu'à présent, vous croyez qu'il sera toujours aussi indulgent ? La mesure de vos fautes une fois remplie, viendra le châtiment. Samson près de la perfide Dalila, espère pouvoir se débarrasser des Philistins comme auparavant : *Je sortirai, comme précédemment*, disait-il, *et je m'échapperai*§, Mais, cette dernière fois, il fut pris et y perdit la vie. Le Seigneur vous en avertit, ne dites pas : j'ai commis tant de fautes et Dieu ne m'a pas puni, *c'est parce qu'il est patient*#. Il viendra un moment, où tout sera payé, et plus la miséricorde aura été grande, plus la punition sera terrible. Saint Chrysostome assure que Dieu est plus redoutable quand il tolère le pécheur obstiné, que quand il le punit sur-le-champ. En effet, selon saint Grégoire, ceux que le Seigneur attend avec le plus de patience, seront frappés de plus rudes coups, s'ils restent dans leur obstination. Souvent, ajoute ce saint, ceux que Dieu a supportés pendant longues années, meurent ensuite, subitement, sans avoir le temps de se convertir. Plus il les a éclairés, plus est incurable leur aveuglement et leur obstination dans le mal. *Il eut été préférable pour eux*, dit saint Pierre, *de ne jamais avoir connu la voie de la vérité, que de retourner en arrière, après y avoir marché*°. Et saint Paul nous assure, moralement parlant, qu'il est impossible qu'une âme éclairée se convertisse, après s'être rendue coupable**.

Combien sont effrayantes les paroles du Seigneur contre les pécheurs rebelles à sa voix : *Je vous ai appelés, vous vous êtes montrés indociles,*

---

* Amos, 1, 2.
† Rom. 11, 33.
‡ Livre de la correct. c. 5.
§ Jug. 16, 20.
# Eccl. 5, 4.
° 2ᵉ Épîtr. 2, 21.
** Hébr. 6, 4 et 6.

mais aussi au moment de votre mort, je me rirai et je me moquerai de vous[*]. Si nous faisons attention à ces deux mots, *moi aussi*, ils signifient que, comme le pécheur s'est moqué de Dieu dans ses confessions, dans ses promesses toujours violées, ainsi le Seigneur se rira de lui dans ses derniers moments. Le sage dit en outre : *L'imprudent qui retombe dans ses excès, est semblable au chien qui retourne à son vomissement*[†]. Denys, le chartreux, explique ce texte, et dit que de même que le chien soulève le cœur, en mangeant ce qu'il a vomi, ainsi le prévaricateur qui commet, de nouveau, les péchés dont il s'est confessé, devient pour Dieu un objet odieux.

Affections et Prières.

Me voici, ô mon Dieu à vos pieds. Semblable à cet animal, ce chien, objet d'un juste dégoût, je suis si souvent retourné à ces fruits défendus dont j'avais promis de m'abstenir. Je ne mérite point de pardon, ô mon Sauveur, mais le sang que vous avez répandu pour moi m'anime et m'oblige à l'espérer. Combien de fois ne vous ai-je point outragé et vous m'avez fait grâce ! Je vous avais promis de ne plus vous offenser, puis je suis revenu, de nouveau, à mon vomissement, et vous avez eu la bonté de me pardonner encore. Qu'attendrais-je ? que vous me précipitiez en enfer ? ou que vous me laissiez au pouvoir de mon péché ? Ce serait là le supplice le plus affreux dans ce lieu de tourments ? Non, mon Dieu, mon désir bien sincère est de me corriger et pour vous être fidèle, je mets en vous toute ma confiance. Je veux toujours, quand j'éprouverai les efforts de la tentation recourir à vous sans délai. Autrefois, j'ai trop compté sur mes promesses et mes résolutions, je n'ai pas eu soin de me recommander à vous, dans les dangers que courait ma vertu, c'est ce qui a fait mon malheur. Dès aujourd'hui, vous serez mon espérance et ma force, et de cette manière, rien ne me sera plus impossible. *Je puis tout en celui qui me fortifie*[‡]. Accordez-moi, ô mon Jésus, je vous en conjure, la grâce de me recommander toujours à vous, et de réclamer votre secours, dans mes besoins. Je vous aime, ô bien suprême, objet le plus digne de mes affections, et je veux n'aimer que vous, mais il faut que vous me prêtiez votre aide.

---

[*] Prov. 1, 24.
[†] Prov. 16, 1.
[‡] Phil. 4, 13.

Et vous, Marie, ma mère, secourez-moi aussi par votre intercession. Protégez-moi à l'ombre de vos ailes ; que je vous réclame, sans cesse dans mes tentations ! Votre nom sera ma défense.

TROISIÈME PARTIE

Mon fils, vous avez péché, ne péchez plus mais demandez la rémission de vos fautes passées*. Voilà, cher chrétien, l'avis que vous donne votre bon maître, parce qu'il veut votre salut : mon fils, dit-il, ne m'offensez plus, mais réclamez plutôt le pardon du mal que vous avez fait. Mon frère, plus vous avez été coupable, plus vous devez redouter de le redevenir encore, car un nouveau péché ferait pencher la balance de la justice divine, et vous seriez, peut-être, perdu sans ressource. Je ne dis pas absolument qu'après une faute, il n'y aurait plus de pardon, je n'en suis pas certain, mais je dis que ce redoutable malheur pourrait vous arriver. Quand donc vous vous sentirez disposé au mal, dites-vous à vous-même qui sait si Dieu me fera encore grâce et si je ne serai pas damné ? Dites-moi, je vous prie : s'il était probable qu'il y eût du poison sur un mets qu'on vous présente, le mangeriez-vous ? Si vous vous doutiez que sur un chemin il y a des ennemis en embuscade, disposés à vous ôter la vie, le prendriez-vous, tandis qu'il y en aurait un autre parfaitement sûr ? Eh ! bien quelle assurance, quelle probabilité même avez-vous qu'en vous permettant de nouveaux péchés, vous en aurez une vraie contrition et que vous ne retomberez plus ? Avez-vous la certitude qu'en offensant Dieu, il ne vous fera pas mourir, dans l'acte même du péché, ou bien qu'après, il ne vous abandonnera pas ?

---

* Eccl. 21, 1.

Hélas ! lorsque vous achetez une maison, il n'y a point de soins que vous ne preniez pour vous en assurer la possession, et pour ne pas perdre votre argent. Quand vous usez d'un remède, vous voulez être sûr qu'il ne peut vous nuire. Si vous passez un torrent, vous n'allez qu'avec précaution pour ne pas vous laisser tomber. Et après une satisfaction coupable, un plaisir brutal, vous prétendez assurer votre bonheur éternel, en disant : j'espère m'en confesser. Mais je vous demande : quand vous en confesserez-vous ? Dimanche ? Et qui vous promet que vous vivrez jusqu'à dimanche ? Demain ? Mais quel engagement a été pris entre Dieu et vous, pour vous assurer ce lendemain ? Saint Augustin dit : « comment pouvez-vous vous promettre de vous confesser demain, quand vous ne savez pas, si vous avez encore une heure à vivre ? Dieu s'est engagé, ajoute-t-il, de pardonner à celui qui se repent, mais il n'a pas promis le lendemain à celui qui l'offense. » Si vous péchez maintenant, peut-être Dieu vous laissera-t-il le temps de faire pénitence, mais peut-être non, et s'il vous le refuse, que deviendrez-vous, pendant toute l'éternité ? En attendant, pour un misérable plaisir, vous perdez votre âme et l'exposez à un malheur qui ne finira point.

Risqueriez-vous la perte de mille ducats pour une vile satisfaction ? À plus forte raison, voudriez-vous, pour un plaisir si court exposer argent, maisons, terres, liberté, votre vie même, tout enfin ? Non. Et comment donc, pour si peu de chose vous exposer à perdre votre âme, le ciel et Dieu même ? Dites-moi : sont-ce, à votre avis des vérités ou des fables ce que la foi nous enseigne, qu'il y a un paradis, un enfer, une éternité ? Croyez-vous que si la mort vous surprend dans le péché, vous serez réprouvé pour toujours ? Ah ! quelle témérité, quelle folie de vous condamner vous-même à une éternité de supplices, en disant : j'espère, plus tard, prévenir ce malheur. *Personne ne veut se procurer une maladie dans l'espoir d'en guérir*, dit saint Augustin. On ne trouve personne d'assez fou pour prendre du poison, sous prétexte que, peut-être, avec des remèdes, on en arrêtera l'effet plus tard, et vous, vous obstinez à vouloir vous dévouer à la mort éternelle, en vous promettant que, peut-être, vous pourrez-vous y soustraire ? Ô aveuglement ! qui a causé et qui cause encore la damnation d'un si grand nombre de chrétiens ! Écoutez la menace du Seigneur : *Vous avez péché en comptant, avec témérité, sur la miséricorde de Dieu, mais le châtiment tombera sur vous, à l'improviste, sans que vous sachiez d'où il vient**.

---

* Is. 47, 10, 11.

Affections et Prières.

Voici, Seigneur, un de ces insensés qui, si souvent, a sacrifié et son âme et votre amitié, dans le fol espoir de les recouvrer. Si vous m'aviez frappé du coup de la mort, à ce moment, dans ces nuits où j'étais coupable, que serais-je devenu ? Je rends grâce à votre miséricorde qui m'a attendu et qui me fait connaître, maintenant, ma folie. Je vois, à n'en pouvoir douter, que vous voulez mon salut, je le veux aussi. Je me repens, ô bonté infinie, de m'être si souvent détourné de vous ; je vous aime de tout mon cœur. J'espère, par les mérites de votre passion, ô mon Jésus, de ne plus tomber dans cet aveuglement ; pardonnez-moi, dès maintenant ; recevez-moi dans votre amour ; je ne veux plus vous quitter. *J'ai espéré en vous, Seigneur, et je ne serai pas confondu**. J'ai la confiance de ne plus avoir, à l'avenir, la douleur et la confusion d'être privé de votre grâce et de votre amitié. Accordez-moi la persévérance et faites que je la réclame, sans cesse, dans les tentations, en appelant à mon aide votre saint nom et celui de votre très-sainte mère en disant : Mon Jésus, venez à mon secours ; Marie, aidez-moi.

Oui, ma reine, en recourant à vous, je serai, toujours, victorieux. Et si la tentation continue, obtenez-moi de ne pas cesser de vous invoquer.

---

* Ps. 30.

XIXE CONSIDÉRATION

COMBIEN EST AVANTAGEUSE LA GRÂCE DE DIEU, ET COMBIEN IL EST AFFREUX D'ÊTRE DANS L'INIMITIÉ DU SEIGNEUR.

> L'homme ne connaît pas quel est le prix de la grâce.
>
> — JOB, 28, 13.

PREMIÈRE PARTIE

Quiconque, dit l'Esprit-Saint, *sait distinguer ce qui est précieux, de ce qui est vil, est semblable à Dieu*[*] qui sait rejeter le mal et choisir le bien. Voyons quel est le bonheur de posséder la grâce et le malheur d'être privé de l'amitié de Dieu. Les hommes ne comprennent pas le prix de cette grâce ; aussi l'échangent-ils pour rien, pour un peu d'honneur, pour un pouce de terre, pour un plaisir grossier. Elle est, cependant un trésor d'un prix infini, car elle nous rend les amis de Dieu[†]. Les Gentils, privés du secours de la foi, regardaient comme impossible une communication aussi intime de l'homme avec Dieu. Ils ne raisonnaient que d'après les lumières naturelles, et leur raisonnement était juste, parce qu'en effet, comme dit saint Jérôme, le propre de l'amitié est d'établir une égalité parfaite entre les amis. Mais le Sauveur nous a assurés, en plusieurs endroits, que nous pouvons nous flatter de posséder ce beau titre, si, avec le secours de sa grâce, nous observons fidèlement sa loi[‡]. *Je ne vous appellerai plus mes serviteurs*, disait-il à ses apôtres, *mais mes amis*[§]. Saint Grégoire s'écrie, à ce sujet : « Ô bonté de mon Dieu ! Nous ne méri-

---

[*] Jér. 15, 19.
[†] Sag. 7, 14.
[‡] S. Jean, 15, 14.
[§] Ibid. 15.

tions pas même d'être appelés vos serviteurs et vous daignez nous donner le nom d'amis ! »

Si quelqu'un avait pour ami son roi, combien ne s'estimerait-il pas heureux ! mais, quelle serait la témérité d'un sujet d'aspirer à l'amitié de son souverain ! Une âme n'est cependant pas téméraire de prétendre à cet honneur vis-à-vis de Dieu. Saint Augustin raconte que deux courtisans se trouvant, par hasard, dans un monastère de solitaires, l'un des deux se mit à lire la vie de saint Antoine. Pendant cette lecture, il sentit son cœur se détacher du monde. Alors, prenant son compagnon à part, il lui dit : « Mon ami, nous sommes des insensés, que cherchons-nous ? pouvons-nous, en servant l'empereur, espérer une plus grande faveur que de devenir ses amis ? Parvenus à cette haute distinction, nous exposerions notre salut éternel à de plus grands risques. Mais non, malgré tous nos efforts, nous ne parviendrons jamais à être les amis d'un si grand prince, au contraire, si je le veux, ajouta-t-il, je serai l'ami de Dieu, et, dès maintenant, il m'est possible de le devenir. »

Ainsi, quiconque est en grâce avec Dieu, est, par là-même, son ami. Il y a plus, il devient son fils : *Vous êtes tous des Dieux*, dit le roi prophète, *et les fils du Très-Haut**. Telle est la dignité sublime que nous a value la tendresse du Seigneur, en vue de J.-C. *Voyez*, dit saint Paul, *l'amour du Père, envers nous, c'est que non seulement nous soyons appelés, mais que nous soyons en effet, les enfants de Dieu*†. Ce n'est pas tout : l'âme, enrichie de la grâce, devient l'épouse du Seigneur‡. C'est pour cela que le père de l'enfant prodigue, recevant son fils et lui rendant ses bonnes grâces, ordonna de lui remettre au doigt son anneau, anneau qu'on donne à une épouse§. L'âme est encore le temple du Saint-Esprit. La sœur Marie d'Ognies vit sortir un démon de la bouche d'un enfant qui recevait le baptême, elle aperçut, en même temps, le Saint-Esprit qui entrait en lui, avec la couronne d'un ange.

---

* Ps. 3, 6.
† S. Jean, 3, 1
‡ Os. 2, 20.
§ S. Luc, 15, 22.

Affections et Prières.

Ainsi, mon Dieu, lorsque mon âme avait le bonheur de posséder votre grâce, elle était votre amie, votre fille, votre épouse et votre temple, mais, en péchant, elle a tout perdu, elle est devenue votre ennemie et l'esclave de l'enfer. Je vous remercie, ô mon Dieu, de m'avoir encore donné le temps de la recouvrer cette grâce si précieuse ! Je me repens, par-dessus tout, de vous avoir offensé, ô bonté infinie, et je vous aime plus que tout autre bien. Ah ! recevez-moi de nouveau dans votre amitié ! Ne me dédaignez pas, je vous en conjure, par votre bonté. J'ai mérité d'être rejeté de vous, je le sais, mais J.-C. m'a valu le bonheur d'être encore accueilli par l'effet de cet amour qui l'a porté à s'immoler lui-même sur le Calvaire. Que votre règne arrive, ô mon Père (c'est votre Fils qui m'a appris à vous donner ce doux nom), venez régner dans mon cœur par votre grâce. Faites que je ne serve que vous, que je ne vive que pour vous, que je n'aime que vous. Ne nous induisez point en tentation. Non, ne permettez pas que mes ennemis me tentent, de manière à remporter sur moi de funestes victoires. *Mais délivrez-nous du mal*, délivrez-moi de l'enfer, délivrez-moi, surtout, du péché qui seul peut me conduire en enfer.

Ô Marie, priez pour moi, détournez de moi le malheur de me voir dans le péché et privé de la grâce de votre Dieu qui est aussi le mien.

DEUXIÈME PARTIE

Saint Thomas d'Aquin nous dit que le don de la grâce l'emporte sur tous ceux que peut recevoir une créature, car elle est une participation de la nature même de Dieu. Saint Pierre avait déjà publié cette doctrine : *Vous êtes devenus*, disait-il, *participants de la nature divine*[*].

C'est de J.-C. mourant sur le calvaire que nous vient cette haute prérogative. Il nous a communiqué la gloire même qu'il a reçue de son père[†]. Enfin, celui qui est dans la grâce de Dieu est une même chose avec lui[‡]. Le Sauveur nous assure que les trois personnes divines viennent habiter dans une âme qui aime Dieu. *Si quelqu'un m'aime*, dit-il, *il sera aimé de mon père, nous viendrons à lui et nous ferons, en lui, notre demeure*[§].

Une âme en grâce est si agréable aux yeux du Seigneur que lui-même fait l'éloge de ses attraits[#]. Il ne peut la perdre de vue, il ne peut fermer ses oreilles aux prières de cette âme qui l'aime, quelles que soient les demandes qu'elle lui adresse[°]. Sainte Brigite disait que, quant à elle, il lui serait impossible de voir une âme embellie par la grâce de Dieu, sans en mourir de joie. Sainte Catherine de Sienne contemplant une âme dans cet

---

[*] 1 Ép. 1, 4.
[†] S Jean, 17, 22.
[‡] 1 aux Cor. 6, 17.
[§] S. Jean, 14, 33.
[#] Cant. 4, 1.
[°] Ps. 33, 16.

heureux état, assurait qu'elle aurait volontiers donné sa vie pour lui obtenir de ne perdre jamais cette beauté ravissante. Aussi, cette sainte balayait les lieux par où passaient les prêtres, dans la pensée que c'était par leur ministère que les âmes se réconciliaient avec Dieu.

Lorsqu'on possède la grâce, que de mérites ne peut-on pas acquérir ? À tout moment, il est possible de s'assurer un bonheur éternel. Saint Thomas nous dit que chacun des actes d'amour, fait dans l'amitié de Dieu, mérite un paradis à part. À quoi bon, par conséquent, porter envie aux grands du monde ? Étant en état de grâce, nous pouvons nous procurer, pour le ciel, une gloire incomparablement plus grande que la leur. Un frère coadjuteur de la compagnie de Jésus, d'après le témoignage du père Patrignani, dans son ménologe, apparut à quelqu'un après sa mort et dit qu'il était sauvé. Il assura la même chose de Philippe II roi d'Espagne et raconta qu'ils jouissaient tous deux de la félicité des Saints, mais plus il avait été petit dans les états de ce prince, plus il était grand dans le royaume des cieux. Ceux qui en ont fait la douce expérience peuvent comprendre combien est délicieuse la paix dont jouit, même sur la terre, une âme en grâce avec le Seigneur. *Goûtez et voyez*, disait David, *combien le Seigneur est doux !** La parole divine ne peut nous induire en erreur et elle nous assure, ô mon Dieu, *qu'une paix profonde est le partage de ceux qui aiment votre loi*†. La joie de quiconque est uni à Dieu, l'emporte sur tous les plaisirs des sens et sur toutes les joies du monde‡.

Affections et Prières.

Ô mon Jésus, vous êtes ce bon pasteur qui vous êtes laissé immoler, pour nous donner la vie, à nous qui sommes vos brebis ! Quand je vous fuyais, vous m'avez poursuivi, vous m'avez cherché, recevez-moi, maintenant, que je vous cherche et que, pressé par le repentir, je reviens me jeter à vos pieds. Rendez-moi votre grâce que j'ai malheureusement perdue par ma faute. Je m'en repens de tout mon cœur ; je voudrais mourir de douleur, à la seule pensée de mes innombrables révoltes. Pardonnez-moi en vue des mérites de cette mort si pleine d'amour que vous avez soufferte, pour moi, sur le calvaire. Liez-moi des douces chaînes de votre amour, et ne permettez plus que je vous fuis. Accordez-moi la force de

---

* Ps. 33.
† Ps. 118, 165.
‡ Philipp. 4, 7.

supporter avec patience toutes les croix que vous m'enverrez, parce que j'ai mérité les peines éternelles de l'enfer. Faites que j'embrasse, par amour, les mépris dont m'accableraient les hommes, car je me suis rendu digne d'être éternellement foulé sous les pieds des démons. Faites, enfin, que je sois docile, en tout, à vos inspirations et que, pour votre amour, je remporte la victoire sur le respect humain, sous quelque forme qu'il se montre. Je suis résolu, dès aujourd'hui, et à jamais, de ne plus servir que vous ; les hommes en diront ce qui leur plaira, mais, ô mon Dieu, objet de toutes mes affections, je ne veux plus aimer que vous, et ne plus plaire qu'à vous, mais prêtez-moi votre secours, sans lequel je ne puis rien. Je vous aime, ô mon Jésus, de tout mon cœur et je me confie dans les mérites de votre sang.

Marie, mon espérance, aidez-moi de vos prières. Je me glorifie d'être votre serviteur, mais vous, faites-vous gloire de sauver les pécheurs qui ont recours à votre protection. Secourez-moi et sauvez-moi.

TROISIÈME PARTIE

Voyons, maintenant, le malheur d'une âme dans l'inimitié de Dieu. Loin de lui elle est séparée de son souverain bien. *Vos péchés*, disait Isaïe, *ont mis la division entre Dieu et vous**. Ainsi cette âme n'est plus à Dieu, et Dieu n'est plus à elle. *Vous n'êtes plus mon peuple*, dit-il, *et je ne serai plus votre Dieu*†. Non seulement, il n'est plus son Dieu, mais il la déteste et la condamne à une éternité de tourments. Dieu, toutefois, ne hait aucune de ses créatures, pas même les bêtes féroces, ni les vipères, ni d'autres plus hideuses encore‡. Mais il ne peut se dispenser d'envisager les pécheurs comme chargés de tout le poids de sa haine. *Vous haïssez*, disait David, *tous ceux qui aiment l'iniquité*§. Oui, Dieu a nécessairement le péché en abomination, parce qu'il est l'ennemi le plus prononcé de sa volonté sainte. Or, s'il en est ainsi du péché, il en est de même aussi du pécheur qui le commet. *Il a en exécration et l'impie et son impiété*#.

Ô Dieu ! quand quelqu'un a pour ennemi un roi de la terre, le sommeil fuit de ses yeux, il craint, à bon droit, et à chaque instant, la mort qui le menace. Et celui qui sait être dans l'inimitié du Très-Haut, comment peut-il avoir la paix ? Il est encore possible de se soustraire au courroux d'un

---

* Is. 59.
† Os. 1, 9.
‡ Sag. 11, 23.
§ Ps. 5, 7.
\# Sag. 14, 9.

prince, en se cachant dans une forêt, en fuyant au loin, mais qui peut se soustraire aux coups d'un Dieu ? *Seigneur, si je monte au ciel, vous y êtes ; si je descends dans les enfers, vous y êtes encore ; si, prenant les ailes de la colombe, je m'envole au-delà des mers, c'est votre main qui m'y conduit*, partout où j'irai, votre puissance peut m'atteindre*.

Pauvres pécheurs ! ils sont donc maudits de Dieu, maudits des anges, maudits des saints, maudits aussi, chaque jour, sur la terre de tous les prêtres, de tous les religieux, qui, dans la récitation de l'office divin, renouvèlent les anathèmes prononcés contre ces coupables : *maudits ceux qui s'éloignent de vos commandements !* En outre, la disgrâce de Dieu emporte la perte de tous les mérites. On en aurait amassé autant qu'un saint Paul de la Thébaïde, qui a passé quarante-huit ans, dans une grotte, autant qu'un François Xavier, qui a gagné à Dieu dix millions d'âmes, plus qu'un apôtre saint Paul, qui en avait converti, dit saint Jérôme, plus que tous les autres apôtres, si l'on commet un seul péché mortel, il n'en reste plus rien. *Toutes les bonnes œuvres,* dit le prophète, *seront oubliées*[†]. Combien d'autres résultats aussi funestes de la disgrâce de Dieu ! Par le péché l'enfant de Dieu, l'ami de prédilection, l'héritier du ciel devient l'esclave du démon, un objet souverainement odieux, aux yeux du Seigneur, et destiné aux tourments de l'enfer. Saint François de Sales disait que si les anges pouvaient verser des larmes, à la vue de la misère d'une âme en état de péché mortel, la compassion leur en ferait répandre en abondance.

Mais le plus grand malheur, dans cette triste circonstance, c'est que ce coupable, sur le sort de qui les anges pleureraient amèrement, ne répand pas une larme. Selon la remarque de saint Augustin, il aurait perdu une brebis, un des animaux qui lui appartiennent, il ne pourrait ni manger, ni dormir, il se livrerait à toute sa douleur ; il a perdu la grâce de Dieu, il boit, il mange et ne pleure pas.

---

* Ps. 138, 9.
† Ézéch. 18.

Affections et Prières.

Voilà, mon Sauveur, l'état malheureux dans lequel je suis tombé par ma faute. Pour me rendre digne de votre amitié, vous vous êtes dévoué à tant de maux, vous avez tant souffert pendant trente-trois ans, et moi, pour un vil plaisir d'un moment, pour rien, je l'ai méprisée, je l'ai perdue ! Je rends grâce à votre bonté de m'avoir donné le temps de la recouvrer, si je le veux. Oui, mon désir est de ne rien épargner pour rentrer dans votre amitié. Dites-moi à quoi je dois me soumettre, pour obtenir mon pardon. Vous voulez que je me repente ? Oui, mon Jésus, je me repens, de tout mon cœur d'avoir offensé votre infinie bonté. Vous voulez que je vous aime ? Je vous aime par-dessus tout. Auparavant, j'ai prostitué mon cœur à l'amour des créatures et de la vanité ; dès aujourd'hui, je veux vivre pour vous seul, et n'aimer que vous, ô mon Dieu, mon trésor, mon espérance et ma force. Vos mérites, vos plaies, ô mon Jésus, sont mon espoir et mon appui. J'attends de vous la force de vous rester fidèle. Recevez-moi donc dans vos bonnes grâces, ô mon Sauveur, et ne permettez plus que je vous abandonne. Détachez-moi de l'affection du monde, et enflammez-moi de votre saint amour.

Marie, ma mère, faites que je sois toujours, à votre exemple, consumé d'amour pour Dieu.

XXE CONSIDÉRATION

DE LA FOLIE DU PÊCHEUR.

La sagesse de ce monde est folle devant Dieu.

— 1 COR. 3, 19.

PREMIÈRE PARTIE

Le vénérable Jean d'Avila aurait voulu transformer le monde en deux prisons ; l'une, pour ceux qui ne croient pas, et l'autre, pour ceux qui, avec la foi, pèchent et s'éloignent de Dieu. Il disait que ces derniers méritaient d'être enfermés dans la prison des insensés. Mais, le plus grand malheur de ces téméraires, c'est qu'ils ont la réputation d'hommes sages et prudents, tandis qu'ils sont les plus déraisonnables et les plus aveugles de tous. Ce qu'il y a de plus affligeant encore, c'est *que leur nombre est infini**.

L'amour des honneurs fait perdre la raison à celui-ci, le goût du plaisir à celui-là, et à cet autre l'asservissement à des passions plus honteuses encore, et tous, ils accusent de folie les saints qui méprisent les futiles avantages du monde, pour réussir dans l'affaire du salut et s'assurer le seul véritable bien qui est Dieu. Ils signalent comme une folie l'ardeur avec laquelle ces fidèles embrassent les mépris, et pardonnent les injures. Ils appellent folie la fuite des plaisirs sensuels, la pratique de la mortification, le renoncement aux honneurs, aux richesses, et le bonheur qu'on trouve dans la solitude, et dans une vie humble et cachée. Ils ne font pas attention, toutefois, que leur vaine sagesse est taxée de démence par l'Esprit-

---

* Eccl. 1, 15.

Saint lui-même : *la sagesse de ce monde*, dit-il, *est folie aux yeux de Dieu.**

Ah ! un jour, ils feront cet aveu, mais quand ? lorsqu'il ne sera plus temps d'y remédier. Alors, ils s'écrieront dans leur désespoir : « *insensés que nous étions, nous nous sommes donc trompés ! Nous envisagions la vie de ces serviteurs de Dieu comme une folie*, mais nous voyons maintenant que c'était à nous que convenait ce nom flétrissant ! *Les voilà mis au nombre des saints et dans les rangs des enfants de Dieu*† ! Ils ont tout gagné pour l'éternité, et ils seront éternellement heureux. Et nous, relégués parmi les esclaves du démon, nous voilà condamnés aux flammes pendant les siècles des siècles, dans un abîme de tourments. Nous nous sommes donc trompés, en voulant fermer les yeux à la lumière de la foi, et ce qui aggrave notre épouvantable sort, c'est qu'il n'y a plus, maintenant, et qu'il n'y aura jamais de remède, tant que Dieu sera Dieu ! »

Quel étrange aveuglement, en effet, de perdre l'amitié de Dieu pour un vil intérêt, pour une gloire futile, pour un plaisir d'un moment ! Que ne fait pas un sujet pour se concilier l'affection de son roi ? Oh Dieu ! et pour une misérable satisfaction, on perd le souverain bien, qui est le Seigneur ! On perd la paix, dans cette vie, en laissant entrer dans son âme le péché, qui la déchire de mille remords, et l'on sacrifie le ciel. On se condamne, volontairement, à un malheur éternel ! Voudriez-vous donc vous livrer à un plaisir défendu, si, en punition de cette faute, vous deviez être condamné à avoir la main brûlée, ou s'il vous fallait être enfermé, pendant un an, dans un tombeau ? Commettriez-vous ce péché, s'il devait vous en coûter seulement cent écus ? Non. Vous croyez cependant qu'en faisant le mal, vous perdez le ciel et Dieu ; vous savez que vous méritez là de tomber, pour toujours, en enfer, et néanmoins, vous le faites !

---

* 1 aux Cor. 3, 19.
† Sag. 5, 4.

AFFECTIONS ET PRIÈRES.

Ô Dieu de mon âme, où serais-je maintenant, si vous n'aviez pas eu pour moi tant de miséricorde ? Je serais en enfer, avec ces insensés dont j'ai imité la conduite. Je vous en rends grâce, Seigneur, et vous prie de ne pas m'abandonner à mon aveuglement. Je méritais d'être privé de votre lumière ; mais je vois que votre grâce ne m'a pas encore abandonné. Je sens que vous m'appelez et que vous m'invitez avec tendresse à vous demander pardon et à espérer tout de vous, nonobstant les fautes énormes dont je me suis rendu coupable. Oui, mon Sauveur, j'ai la confiance que vous me recevrez comme votre fils. Je ne suis pas même digne de porter ce nom, après avoir si souvent péché sous vos yeux. *Mon père, je ne suis pas digne d'être appelé votre fils...*, disait l'enfant prodigue ; j'ai péché contre le ciel et contre vous. Mais je sais que vous courez à la recherche des brebis égarées, et que c'est pour vous une consolation de recevoir dans vos bras des enfants qui se sont perdus. Mon tendre père, je me repens de vous avoir offensé ; je me jette à vos pieds, je les embrasse et je ne vous quitterai qu'après avoir reçu votre bénédiction. Donnez-la-moi, cette bénédiction, et qu'elle ait pour résultat de me pénétrer d'une vive douleur de mes péchés et d'un grand amour pour vous. Je vous aime, mon père, je vous aime de tout mon cœur : Ne permettez pas que je me sépare, dorénavant, de vous. Privez-moi de tout avant de m'ôter votre amour.

Ô Marie, si Dieu est mon père, vous êtes aussi ma mère. Bénissez-moi, aussi, vous-même. Je ne mérite pas d'être votre fils. Acceptez-moi pour serviteur ; mais faites que je sois un serviteur toujours étroitement attaché à vous, et que ma confiance en votre protection soit inaltérable.

DEUXIÈME PARTIE

P auvres pécheurs ! ils se fatiguent, ils s'épuisent pour acquérir les sciences humaines, ou pour se former à l'art d'amasser les biens de cette vie qui doivent passer si vite, tandis qu'ils ne s'inquiètent nullement des richesses de l'autre, qui ne finira jamais ; ils pervertissent leurs idées, ils sont pires que des insensés, ils ressemblent aux animaux ; ils ne réfléchissent plus à ce qui est bien ou mal ; ils ne suivent, comme les brutes, que l'instinct et l'impulsion des sens ; ils ne consultent que leurs appétits charnels, et ferment absolument les yeux pour ne pas voir les maux sans fin qu'ils attirent sur eux. Est-ce là se conduire en homme ? Saint Jérôme dit : nous donnons le nom d'homme à celui qui en conserve l'image ; mais qu'est-elle cette image ? n'est-ce pas celle d'un homme raisonnable ? Être homme, en effet, c'est être doué de raison, c'est agir selon la raison, et non selon les sens. Si Dieu donnait à une bête l'usage de la raison et qu'elle se dirigeât, selon ses lumières, on dirait qu'elle agit en homme ; ainsi quand l'homme, au contraire, se laisse conduire par ses sens, et renonce à toute prudence, on peut dire qu'il vit à la façon des bêtes.

Oh ! plût au ciel qu'ils eussent l'intelligence, et qu'ils pensassent à leurs fins dernières* ! Celui qui consulte la sagesse et la raison prévoit l'avenir, c'est-à-dire, la mort, le jugement, à la suite duquel est le paradis ou l'enfer. Que le simple paysan qui fait son salut est bien plus sage qu'un

---

* Deutér. 32, 19.

monarque qui se damne ! Un enfant pauvre, mais sage, est bien préférable à un roi insensé qui a vieilli sur le trône et qui ne sait point prévenir l'avenir*. Hélas ! tous ne conviendraient-ils pas de la folie d'un homme qui, pour gagner une somme modique, risquerait de perdre tout ce qu'il possède. Or, n'envisagera-t-on pas comme insensé, celui qui, pour un plaisir d'un instant, perdra son âme pour toujours ? Tel est le funeste sort de tant d'infortunés qui se damnent ; ils ne s'occupent que des biens et des maux présents, et ne songent pas même aux biens et aux maux de l'éternité.

Assurément, Dieu ne nous a pas mis sur la terre pour devenir riches, pour être dans les honneurs et contenter nos penchants, mais pour arriver à la possession de la vie éternelle†. L'important pour nous est d'atteindre ce but. *C'est la seule chose nécessaire*‡. Mais cette destination si noble est ce dont les pécheurs s'occupent le moins ; ils ne pensent qu'au présent, ils s'avancent vers la mort, s'approchent de l'éternité, mais ils ne savent où ils vont : « Quel jugement porteriez-vous, dit saint Augustin, d'un pilote à qui vous demanderiez où il va, et qui vous répondrait ; je n'en sais rien ? Vous diriez que, sous la direction d'un tel homme, ce vaisseau ne peut manquer de faire naufrage. » Tels sont, conclut ce saint docteur, ces prudents du siècle qui savent conserver et accroître leurs biens, obtenir des places, mais qui ignorent le secret de sauver leur âme. L'homme de bonne chère dont parle l'Évangile, sut prendre aussi les moyens de devenir riche, mais il mourut et fut enseveli dans l'enfer. Alexandre sut conquérir un grand nombre de royaumes, mais quelques années s'écoulèrent il mourut et se damna. Henri VIII fut aussi assez prudent pour se maintenir sur le trône, malgré sa révolte contre l'église, mais au dernier moment de sa vie, voyant qu'il avait perdu son âme, il s'écria : j'ai tout perdu. Combien d'infortunés, actuellement, pleurent et brûlent en enfer ! *À quoi a servi leur orgueil et l'ostentation de leurs richesses ? Tout a passé comme une ombre, comme un messager qui court, comme un vaisseau qui fend les flots, sans laisser de traces de son passage, ou comme une flèche qui va frapper le but*§. Oui, voilà, se disent-ils, tous ces biens du monde qui ont été comme une ombre, il ne nous reste plus que des pleurs et des châtiments éternels.

---

* Eccl. 4, 13.
† Rom. 6, 22.
‡ Luc, 10. 42.
§ Sag. 5, 8, 9, 10.

Cher chrétien, vous avez devant vous, ici-bas, la vie et la mort*. C'est-à-dire que l'éloignement et la privation des plaisirs vous procureront le bonheur du ciel, tandis que leur recherche vous précipitera dans des malheurs sans fin. Qu'en dites-vous ? Choisissez en homme raisonnable, et non comme un être sans raison. Choisissez en chrétien éclairé de la foi et qui se dit à lui-même : *que sert à l'homme de gagner l'univers, s'il vient à perdre son âme ?*

Affections et Prières.

Ah ! mon Dieu, vous m'avez donné la raison, vous m'avez éclairé des lumières de la foi, et par le passé, je me suis conduit à la manière des brutes, en perdant votre grâce, pour de misérables satisfactions sensuelles, qui ont passé avec la rapidité de l'éclair. Les fruits que j'en recueille, maintenant, sont des remords de conscience et un compte plus redoutable à rendre à votre divine justice. *N'entrez point en jugement avec votre serviteur.* Ah ! Seigneur, je vous en conjure, ne me jugez point, selon mes mérites, traitez-moi plutôt, selon votre miséricorde. Éclairez-moi, imprimez dans mon âme le regret de mes offenses et pardonnez-moi. Je suis une brebis égarée, si vous ne me cherchez, je resterai dans mon égarement. Ayez pitié de moi, en considération du sang que vous avez répandu par amour pour moi. Je me repens, ô bien suprême, de vous avoir perdu et d'avoir volontairement renoncé à votre grâce. Je voudrais en mourir de douleur, mais augmentez-la encore cette douleur. Faites que j'arrive au ciel, pour chanter vos louanges.

Ô Marie, ma mère, vous êtes mon refuge ; priez Jésus pour moi ; priez-le de me pardonner et de m'accorder de persévérer saintement.

---

* Eccl. 15, 18.

TROISIÈME PARTIE

Réfléchissons que les vrais sages sont ceux qui savent se procurer la grâce de Dieu et le ciel. Ainsi, prions le Seigneur de nous donner la science des saints, il l'accorde à ceux qui la lui demandent[*]. Ô la belle science qui consiste à aimer Dieu et à sauver son âme, à savoir prendre le chemin du salut éternel, et les moyens de l'obtenir ! S'attacher à son salut, c'est s'attacher à ce qu'il y a de plus nécessaire. Peu nous importe de tout savoir si nous ignorions l'art de sauver notre âme, nous serions malheureux pour toujours ! Au contraire, notre félicité est assurée à jamais, si nous savons aimer Dieu, quoique nous ignorions toute autre chose, dit saint Augustin. Un jour, le frère Égidius disait à saint Bonaventure ; « Vous êtes bien heureux, père Bonaventure, d'être si savant, et moi pauvre ignorant, je ne sais rien ; vous pouvez devenir plus saint que moi. Hélas ! lui répondit le saint, si une bonne vieille femme, quoiqu'ignorante, sait plus aimer Dieu que moi, elle sera plus sainte que moi. » Depuis ce moment, on entendait, quelquefois, le frère Égidius s'écrier : « *Ô vieille femme, vieille femme, écoute : si tu aimes Dieu, tu seras plus sainte que le père Bonaventure.* »

« Les ignorants se lèvent et ravissent le ciel. » Ce sont les paroles de saint Augustin. Combien en effet, de gens grossiers qui ne savent pas même lire, mais qui aiment Dieu et se sauvent ! Et combien de savants se

---

[*] Sag. 10, 10.

perdent ! Oh ! quelle science céleste avaient un saint Pascal, un saint Félix, capucin, un saint Jean de Dieu, quoiqu'ignorants pour ce qui regarde les sciences humaines ! Combien étaient éclairés tant de Saints qui, abandonnant le monde, allèrent se renfermer dans des cloîtres, ou vivre dans les déserts, tels que saint Benoît, saint François d'Assise, saint Louis de Toulouse, qui renonça à la couronne ! Quelle n'était pas aussi la science de tant de Martyrs, de tant de Vierges qui renoncèrent à contracter des alliances avec les grands du monde et allèrent mourir pour J.-C. ! Cette vérité, les mondains mêmes ne l'ignorent pas, ils disent de tel qui s'est donné à Dieu : bienheureux celui qui sait prendre les moyens de se sauver ! En général, ceux qui abandonnent tout pour se consacrer à Dieu, on les regarde comme des hommes désabusés. Ainsi, ceux qui laissent Dieu pour les biens du monde, comment les appeler, sinon des hommes abusés ?

Mon frère, à quelle société voulez-vous appartenir ? Pour bien fixer votre choix, saint Jean Chrysostome vous conseille d'aller méditer dans un cimetière. C'est là une école excellente, où l'on se pénètre intimement de la vanité des avantages d'ici-bas, et où l'on acquiert la science des saints. « Dites-moi, ajoute-t-il, pourriez-vous reconnaître le prince, le noble, le savant ? Quant à moi, je n'y vois rien autre chose que de la pourriture, des ossements et des vers. » Toutes les choses de ce monde finiront bientôt, elles s'évanouiront comme un songe, comme une ombre, mais, cher chrétien, si vous voulez avoir cette science qui fait les élus, il ne suffit pas de connaître l'importance de votre fin, il faut encore prendre les moyens d'y arriver. Tous voudraient se sauver et devenir saints, mais parce qu'ils ne recourent pas aux mesures nécessaires, loin de se sanctifier, ils se perdent. Vous devez fuir les occasions, fréquenter les sacrements, faire oraison, et avant tout, bien établir, dans votre cœur, cette maxime de l'Évangile : *Que sert à l'homme de gagner l'univers, s'il vient à perdre son âme*[*] ? Il faut sacrifier même sa vie pour se sauver[†], Quiconque veut suivre J.-C. dans la gloire doit, ici-bas, refuser à l'amour-propre les satisfactions qu'il recherche[‡]. Notre salut consiste à faire la volonté de Dieu[§]. Ayons toujours présentes à l'esprit ces idées et autres semblables.

---

[*] S. Math. 16, 26.
[†] S. Jean, 12, 25.
[‡] S. Math. 16, 24.
[§] Ps. 29, 6.

Affections et Prières.

Ô Dieu de toute bonté, jetez un coup d'œil sur mes misères et ayez pitié de moi. Éclairez-moi et faites-moi connaître ma folie passée, pour que je la pleure ; montrez-moi votre bonté infinie, afin que je l'aime. Mon Jésus, vous avez versé votre sang pour mon salut, ne permettez plus que j'aie le malheur de redevenir l'esclave du démon, comme je l'ai été autrefois. Je me repens, ô bien suprême, de vous avoir abandonné. Je maudis tous les moments où j'ai consenti au péché et je me tiens lié à votre volonté sainte qui ne se propose que mon bonheur. Père éternel, par les mérites de J.-C., donnez-moi la force de faire tout ce qui peut vous plaire. Faites-moi mourir plutôt que de m'opposer à votre bon plaisir. Aidez-moi de votre grâce à mettre en vous seul tout mon amour, et à me détacher de toutes les affections qui ne tendent pas à vous. Je vous aime, ô Dieu de mon âme, je vous aime par-dessus tout ; j'attends de vous tout mon bonheur, le pardon, la persévérance dans votre amour et le ciel, pour vous aimer pendant l'éternité.

Ô Marie, demandez pour moi ces faveurs ; votre fils ne vous refuse rien. Vous êtes mon espérance, je me confie en vous.

XXIE CONSIDÉRATION

VIE MALHEUREUSE DU PÉCHEUR. BONHEUR DE CELUI QUI AIME DIEU.

Il n'y a point de paix pour les impies, dit le Seigneur.

— IS. 48, 22.

Une paix profonde est le partage de ceux qui aiment votre loi.

— PS. 119, 165.

PREMIÈRE PARTIE

Tous les hommes, en cette vie, se donnent mille peines pour trouver la paix. Un marchand, un militaire, un plaideur, n'ont point de repos. Ils veulent, l'un par des entreprises lucratives, l'autre au moyen d'un poste qu'il ambitionne, et le dernier, en gagnant sa cause, assurer leur fortune, pensant qu'alors ils auront la paix. Mais ces pauvres insensés cherchent cette paix dans le monde, et le monde ne peut la leur donner ! Elle ne nous vient que de Dieu. Faites part à vos serviteurs, lui dit l'Église dans ses prières, de cette paix si précieuse. Non, le monde avec tous ses biens n'est pas capable de satisfaire le cœur de l'homme, parce que l'homme n'est pas fait pour eux, mais pour Dieu seul. Aussi, Dieu seul peut le contenter. Les animaux, créés pour les plaisirs des sens, trouvent leur bonheur dans les jouissances de la terre. Donnez du foin à un cheval, à un chien un morceau de viande, les voilà contents ; ils n'en désirent pas davantage. Mais votre âme, faite uniquement pour aimer Dieu et s'unir à lui, goutât-elle tous les plaisirs sensuels, serait dans l'impuissance de trouver la paix, car Dieu est le seul objet capable de la rendre parfaitement heureuse.

L'homme riche, dont parle saint Luc*, ayant fait une bonne récolte, se disait à lui-même : *Mon âme, voilà que tu as de grands biens entassés dans tes greniers pour plusieurs années, repose-toi, bois et mange.* Il fut

---

* Luc, 12, 19.

appelé insensé : oui, « insensé, lui dit avec raison saint Bazile, as-tu par hasard l'âme d'un animal immonde ? » Quoi, misérable, prétends-tu contenter ton âme en mangeant, en buvant et en te livrant à de sales voluptés, puisque tu lui dis : *Repose-toi, bois et mange ?* « On peut être abondamment pourvu des biens du monde, mais non rassasié, dit saint Bernard. » Le même saint, sur ce passage de l'Évangile : *Voilà que nous avons tout abandonné*, disait, dans ses écrits, avoir vu de nombreux insensés agités de divers genres de folie, ajoutant que tous étaient en proie à une grande faim ; ceux-ci mangeaient de la terre pour se rassasier, ils étaient la figure des avares ; ceux-là aspiraient l'air, ils représentaient ceux qui ambitionnent les honneurs ; les uns, près d'une fournaise, recevaient dans leur bouche les étincelles qui s'en élevaient, ils marquaient les caractères emportés ; les autres, enfin autour d'un étang empoisonné, buvaient de ses eaux corrompues, c'était le portrait des impudiques. Le saint, révolté à ce spectacle, leur disait : Ô insensés ! ne voyez-vous pas que tout cela augmentera plutôt votre faim que de l'assouvir ? Les biens du monde ne sont qu'apparents, c'est pourquoi ils ne peuvent rassasier le cœur. *Vous avez mangé*, disait le prophète, *et vous n'avez pas été rassasiés**. Plus l'avare a de possessions, plus il cherche à faire d'acquisitions nouvelles. Plus l'impudique s'est roulé dans l'ordure, plus il est dégoûté, et, en effet, en même temps, affamé ; et comment, jamais, ces impudicités grossières pourraient-elles satisfaire le cœur de l'homme ? La même chose arrive à l'ambitieux qui veut se nourrir de fumée, parce qu'il fait plus de cas de ce qui lui manque que de ce qu'il possède. Alexandre-le-Grand, après avoir vaincu tant de royaumes, pleurait de ne pas être maître de tous les autres. Si les avantages d'ici-bas étaient de nature à contenter l'homme, les riches, les monarques seraient parfaitement heureux, mais l'expérience prouve le contraire. Salomon nous l'atteste, lui qui assure n'avoir rien refusé à ses sens que dit-il ? Tout ce qui est dans le monde n'est que vanité, mensonge et folie.

---

* Agg. 1, 6.

Affections et Prières.

Ah ! mon Dieu, que résulte-t-il, pour moi, des péchés que j'ai commis contre vous, sinon l'affliction, l'amertume et par-dessus tout le danger de tomber en enfer. Cette douleur que j'éprouve maintenant loin de me déplaire, me console ; elle est un don de votre grâce, et me fait espérer, puisque vous l'excitez en moi, que vous voulez me pardonner. Ce qui m'afflige, c'est le violent déplaisir que je vous ai causé, ô mon Rédempteur, qui m'avez tant aimé. Je méritais alors d'être abandonné de vous, mais, au lieu de me rejeter, je vois au contraire que vous m'offrez mon pardon, et que vous êtes même le premier à me demander une réconciliation. Oui, mon Jésus, je veux faire ma paix avec vous et je désire votre grâce plus que tout autre bien. Je me repens, ô bonté infinie, de vous avoir offensé, je voudrais en mourir de douleur. Ah ! en vue de cet amour qui vous a fait expirer pour moi sur la croix, pardonnez-moi et recevez-moi dans votre cœur, changez le mien afin qu'il vous donne, à l'avenir, autant de satisfaction que je vous ai prodigué d'outrages par le passé. Je renonce, maintenant, pour votre amour à tous les plaisirs que peut m'offrir le monde, et je forme la résolution de plutôt mourir que de perdre encore votre grâce. Dites-moi ce que je dois faire pour vous être agréable ; je ne veux rien épargner. Que sont les plaisirs ! que sont les honneurs ! que sont les richesses ! je ne veux que vous, ô mon Dieu, qui êtes ma joie, ma gloire, mon trésor, ma vie, mon amour, mon tout. Donnez-moi, Seigneur, votre secours pour vous être fidèle. Accordez-moi la grâce de vous aimer et faites de moi ce qu'il vous plaira.

Marie, ma mère, mon espérance après Jésus, recevez-moi sous votre protection et que, par vous, je sois tout à Dieu.

DEUXIÈME PARTIE

Salomon ne disait pas seulement que les biens du monde ne sont que vanité, incapables de procurer le bonheur, il les représentait, encore, comme des sujets d'afflictions pour l'esprit*. Misérables pécheurs ! ils prétendent être heureux dans leurs prévarications et ils ne recueillent que douleurs et remords. *L'affliction et l'infortune sont dans leurs voies, ils n'ont point connu le chemin de la paix*†. La paix ! la paix ! Non, dit Dieu, *il n'y a point de paix pour les impies*‡. D'abord, le péché porte, avec lui, la crainte des vengeances divines. Si quelqu'un avait un ennemi puissant, il ne mangerait plus, il ne reposerait plus d'un sommeil tranquille. Celui qui est en inimitié avec Dieu peut-il être en repos§ ? Quiconque est en péché ne frémit-il pas, lorsqu'il sent la terre trembler sous ses pieds ou lorsqu'il entend les éclats bruyants de la foudre ? le mouvement d'une feuille le fait pâlir. Son oreille est toujours frappée de bruits effrayants#. *Il prend la fuite sans voir qui le poursuit*°. Et qui donc est à sa poursuite ? C'est son péché même. Caïn, après avoir massacré son frère Abel, disait : *Quiconque me*

---

* Eccl. 1, 14.
† Ps. 13, 3.
‡ Is. 43, 22.
§ Prov. 10, 29.
# Job, 15, 21.
° Prov. 28, 1.

trouvera, me donnera la mort*. Et malgré l'assurance du Seigneur qu'on ne lui ferait aucun mal, l'écriture dit que Caïn allait fuyant toujours d'un lieu à un autre. Qui était donc le persécuteur de Caïn ? son péché.

En outre le péché engendre aussi le remords de la conscience, ce ver cruel qui ronge sans cesse. Le malheureux pécheur se rend au spectacle, à un festin, fait une promenade, sa conscience lui dit : tu es dans la disgrâce de Dieu, si tu venais à mourir, où irais-tu ? Ces remords sont une peine si vive, même dans cette vie, que plusieurs, pour s'en débarrasser se sont donné volontairement la mort. Par exemple, Judas se pendit de désespoir. On raconte d'un autre qui, après avoir tué un enfant, se fit religieux pour apaiser ses remords, mais ne pouvant trouver cette paix qu'il cherchait, il alla faire à un juge l'aveu de son crime et se fit, ainsi, condamner au dernier supplice.

Qu'est-ce qu'une âme sans Dieu ? Le Saint-Esprit dit que c'est *une mer agitée par la tempête*†. Je vous le demande : si l'on portait quelqu'un à un concert, à un bal, à un repas, et qu'il y fut suspendu par les pieds, la tête en bas, pourrait-il y goûter grand plaisir ? Tel est l'homme qui, l'âme bouleversée, se trouve au milieu des biens du monde, mais sans Dieu. Il mangera, il boira, il dansera, il sera vêtu richement, il recevra des honneurs, il obtiendra un poste brillant, il acquerra des possessions ; jamais, il n'aura la paix. On ne la tient que de Dieu ; Dieu ne la donne qu'à ses amis et non à ses ennemis.

Les biens d'ici-bas, dit saint Vincent Ferrier, viennent du dehors, ils ne pénètrent pas dans le cœur. « Ce sont des eaux qui n'entrent pas là où règne la soif. » Ce pécheur sera revêtu d'un habit tout étincelant d'or, il fera briller à son doigt un riche diamant, il se nourrira, à son gré, des mets les plus exquis, mais son malheureux cœur restera plein de fiel et d'amertume ; aussi, malgré ses grandes richesses, ses délices, ses biens, le verrez-vous constamment dans l'inquiétude. Éprouve-t-il des contrariétés, il se fâche, il devient furieux, il ressemble à un chien dans l'accès de la rage. Dans tous les désagréments, celui qui aime Dieu se résigne à sa volonté sainte et trouve la paix, mais celui qui est en opposition à cette volonté divine, n'en goûtera pas les douceurs, parce qu'il n'a pas en lui de motifs de calme. Le malheureux, il est l'esclave du Démon, il sert un tyran qui ne lui donne pour salaire que dégoût et chagrin. La parole de Dieu ne peut manquer d'avoir son effet. Il dit : *Puisque tu n'as pas voulu servir le*

---

* Gén. 4, 14.
† Is. 57, 20.

Seigneur, ton Dieu, dans la joie… tu serviras ton ennemi dans la faim et la soif, dans la nudité et la plus désolante misère*. Que ne souffre pas, en effet, ce vindicatif, après avoir assouvi sa vengeance, cet impudique qui est parvenu à ses fins, cet ambitieux, cet avare ? Ah ! combien en est-il qui, s'ils en enduraient autant pour Dieu qu'ils en endurent pour se damner, deviendraient de grands saints !

Affections et Prières.

Ô ma vie, je vous ai perdue. Mon Dieu, si pour vous servir, j'avais souffert autant de chagrins que pour vous offenser, que de mérites je posséderais pour le ciel ! Ah ! Seigneur, pourquoi me suis-je séparé de vous ? À quoi ai-je sacrifié votre grâce ? À de vils plaisirs qui n'ont duré qu'un instant, qui se sont évanouis aussitôt, et qui ont laissé dans mon cœur les tourments et la douleur ! Ah ! péchés que j'ai commis, je vous déteste, je vous maudis mille fois, et je bénis au contraire, ô mon Dieu, votre bonté qui m'a conservé avec une patience si inaltérable. Je vous aime, ô mon Créateur et mon Rédempteur, qui avez donné votre vie pour moi, et parce que je vous aime, je me repens, de tout mon cœur, de vous avoir offensé. Mon Dieu, mon Dieu, et pourquoi vous ai-je perdu ? quel bien ai-je eu en échange ? Maintenant, je conçois tout le mal que j'ai fait, et je suis résolu de perdre tout, même la vie, plutôt que votre amour. Éclairez-moi, Père éternel, je vous en prie, par l'amour de J.-C. Faites-moi connaître l'estime que je dois concevoir de vous, montrez-moi combien sont vils les avantages que m'offre le démon, pour m'engager à perdre votre grâce. Je vous aime, mais je désire de vous aimer davantage. Que vous seul soyez l'objet de mes pensées, de mes désirs et de mon amour. J'espère tout de votre bonté, par les mérites de votre Fils.

Marie, ma mère, par l'amour que vous portez à J.-C., je vous conjure de m'obtenir la lumière et la force de le servir et de l'aimer jusqu'à la mort.

---

* Deut. 28, 47, 48.

TROISIÈME PARTIE

Ainsi, tous les biens, tous les plaisirs du monde ne peuvent contenter le cœur de l'homme. Dieu seul peut le satisfaire. *Réjouissez-vous dans le Seigneur et il vous donnera ce que lui demande votre cœur**. Ce cœur cherche toujours des biens qui puissent le rendre heureux. L'homme amasse des richesses, se procure des plaisirs, des honneurs, toutefois, il n'est pas heureux, parce que ce sont là des avantages bornés, et qu'il est fait pour un bien infini. Qu'il trouve Dieu, qu'il s'unisse à lui et le voilà content, il ne désire plus rien. Saint Augustin, après avoir passé sa vie dans les plaisirs des sens, n'avait pas trouvé la paix. Quand, ensuite, il se donna à Dieu, il disait : « Notre cœur est dans l'agitation, ô Seigneur, jusqu'à ce qu'il se repose en vous. Mon Dieu, je le vois, maintenant, tout est vanité et affliction d'esprit, vous seul êtes la véritable paix de l'âme. » S'étant ainsi instruit à ses dépens, il ajoutait : « Que cherches-tu, misérable, en cherchant les biens de la terre ? cherche le seul bien qui les renferme tous en lui-même. » Le roi David, lorsqu'il était dans le péché, allait à la chasse, se promenait dans ses jardins, se mettait à table, goûtait mille autres délices ; mais cette table, si délicatement servie, ces jardins si magnifiques, et tous ces objets créés dans lesquels il cherchait son bonheur, lui criaient : « David, tu voudrais être heureux en nous, mais nous ne pouvons te procurer cet avantage. *Où est ton Dieu ?* va le trouver, lui seul est

---

* Ps. 36, 4.

capable de te satisfaire. » Aussi, David, au milieu de toutes ces jouissances, ne faisait que pleurer : « *Mes larmes ont été ma nourriture, le jour et la nuit*, disait-il, *lorsque je m'entendais demander journellement : où est ton Dieu ?* » Ah ! au contraire, comme Dieu sait rendre heureuses les âmes fidèles qui lui consacrent leur amour ! Saint François d'Assise avait tout abandonné pour Dieu, il était sans chaussures, couvert de haillons, il mourait de froid et de faim, et néanmoins il s'écriait : *Mon Dieu est tout pour moi*, et il goûtait, par avance, les délices du Ciel. Il arriva à saint François de Borgia, après son entrée en religion, de coucher sur la paille, dans un voyage qu'il fît, il en ressentait tant de joie, qu'il ne pouvait fermer l'œil. Saint Philippe de Néri était de même. Il avait tout quitté, et quand il allait pour prendre son repos, Dieu le comblait de tant de consolations, qu'une fois, il s'écria : « Mon Jésus, laissez-moi dormir. » Le père jésuite Charles de Lorraine, de la famille des princes de ce nom, se trouvant dans sa pauvre cellule, se mettait, quelquefois, à danser de joie. Saint François Xavier, dans les missions des Indes, se découvrait la poitrine, en disant : « c'est assez, Seigneur, ne me donnez plus de consolations, mon cœur n'est pas capable de les supporter. » Sainte Thérèse disait aussi qu'une goutte des satisfactions célestes causait plus de bonheur que tous les plaisirs et les biens du monde. Les promesses de Dieu ne peuvent manquer d'avoir leur effet. Il s'est engagé envers ceux qui sacrifieraient pour son amour les biens du monde, de leur donner même dans cette vie, la paix et la félicité au centuple*.

Que cherchons-nous donc ? Allons à J.-C. qui nous appelle et nous dit : *venez à moi, vous tous qui êtes dans la peine et chargés d'afflictions, et je vous soulagerai*†. Une âme qui aime Dieu trouve une paix bien préférable à tous les plaisirs et les jouissances que peuvent donner les sens et le monde‡. Il est vrai que les saints souffrent, aussi, en cette vie, parce que c'est en elle qu'on amasse des mérites, or on ne saurait s'en procurer sans souffrir, mais dit saint Bonaventure : « l'amour divin est semblable au miel, qui rend douces et agréables les choses les plus amères. » Celui qui aime Dieu, aime sa divine volonté, il trouve sa joie dans les chagrins, parce qu'il sait qu'en les recevant, il est agréable au Seigneur, et lui cause un vrai contentement. Ô Dieu ! les pécheurs méprisent la vie spirituelle, mais sans en faire l'épreuve, dit encore saint Bernard, ils voient seulement

---

* S. Math. 19, 29.
† Ibid. 11, 28.
‡ Phil. 4, 7.

les mortifications auxquelles se livrent les amis de Dieu et les plaisirs dont ils se privent, mais ils n'aperçoivent pas les délices intérieures qui les dédommagent. Oh ! si les pécheurs éprouvaient la paix dont jouit une âme qui ne veut que Dieu ! *Goûtez et voyez*, disait David dans ses psaumes, *combien le Seigneur est doux** ! Mon frère, prenez enfin le parti de faire la méditation tous les jours, de communier souvent, de visiter le saint sacrement, quittez le monde, donnez-vous sincèrement à Dieu, et il vous prodiguera plus de consolations en un instant de vos rapports avec lui, que le monde ne vous en aura procuré avec tous ses divertissements. *Goutez et voyez*. Quiconque n'en fait pas l'expérience ne peut connaître la joie dont Dieu inonde ceux qui l'aiment.

Affections et Prières.

Mon bon Sauveur, combien j'ai été aveugle, par le passé, en vous abandonnant, vous, bien infini, vous, source de toutes les consolations, pour les misérables et courtes satisfactions des sens ! Je m'étonne de mon aveuglement, mais je m'étonne encore plus de votre miséricorde, qui m'a supporté avec tant de patience. Je vous rends grâce de me faire, maintenant, connaître ma folie et l'obligation qui m'est imposée de vous aimer. Augmentez mon désir et mon amour. Pénétrez-moi d'amour pour vous, ô Dieu digne d'un amour infini ! Il vous a été impossible d'en faire plus pour être aimé de moi, vous qui avez désiré si ardemment mon amour ! Si vous le voulez, vous pouvez me guérir. Ah ! mon tendre Rédempteur, purifiez mon cœur de toutes les affections impures qui m'empêcheraient de vous aimer, comme je le désire. Je n'ai pas, de moi-même, la force de faire que mon cœur se consume tout entier pour vous et n'aime autre chose que vous. Elle me doit venir de votre grâce qui peut tout ce qu'elle veut. Détachez-moi de tout, arrachez de mon âme toute affection qui n'est pas pour vous et que je sois tout à vous. Je me repens plus que de toute autre chose des déplaisirs que je vous ai causés. Je forme la résolution de consacrer sans réserve à votre amour ce qui me reste de vie, mais c'est à vous de faire qu'il en soit ainsi. Faites-le, en vue du sang que vous avez répandu pour moi, avec tant de douleur et tant de tendresse. Que votre puissance mette sa gloire, ô bien infini, à enflammer d'amour pour vous ce cœur qui, dans un temps, a été plein de désirs terrestres !

Ô Marie, mère du bel amour, obtenez-moi par vos prières que je sois

---

* Ps. 33.

tout brûlant de charité pour Dieu, comme vous le fûtes toujours vous-même.

XXIIE CONSIDÉRATION

DU PÉCHÉ D'HABITUDE.

L'impie, tombé dans l'abîme des péchés, méprise tout.

— PROV. 18, 3.

PREMIÈRE PARTIE

Un des plus funestes résultats du péché d'Adam est l'inclination au mal. C'est ce qui fait le sujet des plaintes du grand apôtre, qui se voyait porté en conséquence, à des fautes qu'il avait en horreur : *Je vois, dans mes membres*, dit-il, *une loi qui s'oppose en moi à la loi de l'esprit, et qui me captive sous la loi du péché**. C'est aussi ce qui nous arrive. Infectés de cette concupiscence, avec tant d'ennemis qui nous poussent vers le mal, il est très-difficile d'arriver, sans péché, à la céleste patrie. Or, supposé cette fragilité qui est la nôtre, je vous le demande : que diriez-vous d'un voyageur qui devrait passer la mer, pendant une grande tempête, avec une barque en très-mauvais état, qu'il voudrait charger au point que sans tempête, ce poids suffirait pour faire couler à fond le bâtiment le plus solide ? Qu'arriverait-il à cet homme ? Or, dites la même chose d'un pécheur d'habitude, qui doit aussi traverser la mer de cette vie (mer toujours soulevée par les tempêtes, et fameuse par tant de naufrages !) sur un vaisseau qui menace ruine. Ce vaisseau est le corps auquel notre âme est unie, que deviendra-t-il si cet imprudent le charge encore de péchés d'habitude ? Il lui sera bien difficile de se sauver, parce que l'habitude du vice aveugle l'âme, endurcit le cœur et enfin produit une obstination qui persévère jusqu'à la mort.

En premier lieu, le péché d'habitude produit l'aveuglement. Pourquoi

---

* Ép. aux Rom. 7, 23.

les Saints demandent-ils toujours à Dieu de les éclairer et tremblent-ils de devenir les plus grands pécheurs de l'univers ? C'est parce qu'ils savent qu'en perdant la lumière sur un point, ils peuvent se livrer, à la fin, à tous les crimes. Combien de chrétiens obstinés n'ont-ils pas voulu vivre dans le péché, mais, enfin ils se sont perdus ! *Leur malice*, dit l'Esprit-Saint, *les a aveuglés**. Le péché leur a fermé les yeux, et ce fut la cause de leur ruine. Toute prévarication produit cet aveuglement funeste, qui croît à mesure qu'on multiplie ses fautes. Dieu est notre lumière, donc plus l'âme s'éloigne de lui, plus elle est dans les ténèbres. *Les os du coupable*, dit Job, *seront remplis de ses vices*†. De même que les rayons du soleil ne peuvent pénétrer dans un vase rempli de terre, la lumière de Dieu ne peut, non plus, entrer dans un cœur plein d'iniquités. C'est pourquoi l'on voit certains pécheurs s'aveugler et tomber d'abîme en abîme, sans penser même à en sortir. Ces infortunés, une fois précipités dans ces ténèbres profondes, ne savent plus faire autre chose que pécher, ils ne parlent que de péchés, ils ne pensent qu'à pécher, comme s'ils ne connaissaient plus que le péché fût un mal. « L'habitude de se livrer à des excès, dit saint Augustin, fait que les pécheurs ne voient plus le mal qu'ils commettent. » Aussi vivent-ils, comme s'ils croyaient qu'il n'y eût plus ni Dieu, ni paradis, ni enfer, ni éternité.

Une iniquité à laquelle on se livre, pour la première fois, fait horreur, mais l'habitude une fois formée, il n'en est plus de même. *Faites-les tourner comme une roue, dissipez-les, Seigneur, comme le vent emporte une paille légère*‡. « Ne voyez-vous pas, dit saint Grégoire, avec quelle facilité le vent le moins fort agite une paille ? tel est le pécheur. Avant de tomber, il résistait, au moins quelque temps, il luttait contre la tentation ; dès qu'il a contracté l'habitude du mal, il succombe à chaque tentation et à toutes les occasions qui se présentent. Pourquoi ? parce que l'habitude du péché l'aveugle. Selon saint Anselme, le démon agit avec certains pécheurs, comme celui qui tient un oiseau attaché à un fil, il le laisse bien voler quelquefois, mais, quand il le veut, il le fait retomber à terre. Voilà le triste état des habitudinaires. « L'habitude est le lien auquel le démon les attache, ils ont beau voler, ils retombent dans les mêmes vices. » Il arrive à plusieurs, ajoute saint Bernardin de Sienne de pécher aussi sans occasion. Ils ressemblent aux moulins à vent, ils tournent à tous vents ; il y a plus, ils

---

* Sag. 2, 21.
† Job, 20, 11.
‡ Ps. 82, 14.

tournent, même, lorsqu'il n'y a plus rien à moudre, et malgré le maître. C'est ainsi que vous verrez un habitudinaire qui, sans motif, s'abandonnera à des pensées coupables, sans goût et comme sans volonté, entraîné par la force de l'habitude. Saint Jean-Chrysostome dit à ce sujet : « La coutume est un dur esclavage, car, quelquefois, elle lie au mal, nonobstant l'opposition de la volonté. Oui, comme le dit saint Augustin, l'habitude dégénère en une espèce de nécessité, elle est bientôt une seconde nature. » Selon saint Bernardin, de même que la respiration est nécessaire à l'homme, ainsi le péché devient comme nécessaire à ceux qui en ont contracté l'habitude, car ils en sont les esclaves ; oui, esclaves, c'est le nom qui leur convient. Or, il y en a qui servent, moyennant un salaire ; d'autres, quoique travaillant beaucoup, n'en reçoivent point, et c'est à ceux-ci que nous comparons ces malheureux qui font le mal sans plaisir.

L'impie tombé dans la profondeur de l'abîme, méprise tout*. Saint Chrysostome applique ce texte au pécheur d'habitude. Une fois dans ces épaisses ténèbres, il méprise les corrections, les prédications, les censures, l'enfer, Dieu, et tout le reste. Le misérable ! il ressemble à un oiseau de proie qui préfère être tué par des chasseurs, plutôt que d'abandonner un cadavre auquel il s'est attaché. Le père Récupite raconte d'un condamné à mort, qu'en allant à l'échafaud, il leva les yeux, aperçut une jeune personne et consentit à une pensée coupable. Le père Gisolfe nous dit aussi qu'un blasphémateur, également condamné au dernier supplice, échappa encore un blasphème, en montant sur l'échelle. Saint Bernard ajoute qu'il ne sert de rien de prier pour ces pécheurs d'habitude, mais qu'il faut pleurer sur eux, comme sur des réprouvés. En effet, comment peuvent-ils sortir du précipice où ils se sont jetés, ils ne voient plus ? C'est vouloir un miracle de la grâce. Ces malheureux n'ouvriront les yeux qu'en enfer, pour répandre sur leur folie des larmes plus amères ; mais larmes, désormais, inutiles.

---

* Prov. 18, 3.

Affections et Prières.

Mon Dieu, vous m'avez comblé de bienfaits particuliers, en me favorisant plus que tout autre, et moi, je me suis signalé par mes offenses, en vous outrageant plus que ne l'ont fait tous ceux que je connais. Ô cœur affligé de mon Sauveur, qui sur la croix avez été pénétré de douleur et abreuvé d'amertume, à la pensée de mes péchés, donnez-moi, en vue de vos mérites, une vive connaissance et une douleur amère de mes fautes ! Ah, mon Jésus, je suis plein de défauts, mais vous êtes tout-puissant et vous pouvez me remplir de votre saint amour. Je me confie en vous, dont la bonté et la miséricorde sont infinies. Je me repens, ô bien suprême, de vous avoir offensé. Que ne suis-je mort, avant de vous avoir procuré tant de déplaisirs ! Je vous ai oublié, mais vous ne m'avez pas perdu de vue, je le vois, au moyen de cette lumière que vous m'accordez maintenant. Puisque vous m'éclairez, ajoutez encore à cette grâce de me fortifier pour vous être fidèle. Je vous promets de mourir plutôt mille fois que de vous abandonner jamais, mais toutes mes espérances sont fondées sur votre secours. J'espère de vous, mon Jésus, le bonheur de ne plus me voir, à l'avenir, dans la confusion du péché et privé de votre grâce.

Je reviens encore à vous, Vierge sainte, ma reine. Je me confie en votre intercession, ô vous, mon espérance, pour ne plus être l'ennemi de votre fils. Priez-le de me faire mourir plutôt que d'encourir encore cette affreuse disgrâce.

DEUXIÈME PARTIE

L'habitude, en outre, endurcit le cœur, dit Cornelius à Lapide. Dieu le permet, à bon droit, en punition de la résistance à sa voix. L'apôtre dit que le Seigneur *a pitié de qui il veut et qu'il endurcit qui il veut*[*]. Saint Augustin explique ainsi ce passage : « Ce n'est pas que Dieu endurcisse réellement le pécheur, mais il lui ôte son secours, pour le punir de son ingratitude après tant de grâces, et de cette manière, le cœur reste dur et devient comme la pierre. » *Son cœur s'endurcira comme le caillou, ou comme l'enclume sous les coups du marteau*[†]. Ainsi, lorsque d'autres s'attendriront et pleureront, en entendant parler des rigueurs des jugements de Dieu, des châtiments des réprouvés, de la passion de J.-C., le pécheur d'habitude ne sera ému de rien, il en parlera, lui-même, il entendra ce qu'on en dit, mais avec indifférence, comme si tout cela ne le regardait pas, il n'en deviendra que plus insensible.

Aussi, les morts imprévues, les tremblements de terre, le bruit du tonnerre, la foudre ne l'épouvanteront plus ; au lieu de le réveiller et de lui faire ouvrir les yeux, tous ces événements, au contraire, accroîtront en lui le sommeil de mort où il est plongé presque sans ressource. *Ils s'endormiront*, disait David, *au bruit de vos reproches, ô Dieu de Jacob*[‡].

---

[*] Ép. aux Rom. 9, 18.
[†] Job, 41, 15.
[‡] Ps. 75, 7.

L'habitude étouffe aussi, insensiblement, les remords de la conscience. Les péchés les plus inconnus, ajoute saint Augustin, ne paraîtront plus rien à ses yeux. Naturellement, une certaine honte vient se peindre sur le front de celui qui fait le mal, mais dit saint Jérôme, avec l'habitude, on ne rougit plus. Saint Pierre compare le pécheur d'habitude à un pourceau qui se vautre dans la boue[*]. Il ne sent plus la puanteur de ce cloaque où il s'est précipité, lui seul ne s'aperçoit pas de l'infection qu'il exhale et dont tous les autres sont frappés. De plus, cette boue lui ôte la vue. Alors quelle merveille, dit saint Bernardin, s'il ne la recouvre pas lorsque Dieu le frappe encore[†]. Ainsi, au lieu de s'affliger de ses fautes, il en est tout joyeux, il en fait le sujet de ses plaisanteries, il s'en vante[‡]. Ne sont-ce pas là des signes d'un endurcissement diabolique ? Selon saint Thomas de Villeneuve, ce sont autant de manques de réprobation. Craignez, mon frère, que ce malheur ne vous arrive. Si vous aviez jamais contracté une mauvaise habitude, ayez soin d'en sortir aussitôt que Dieu vous appelle. Lorsque vous sentez encore les remords de la conscience, réjouissez-vous, c'est une preuve que Dieu ne vous a pas encore abandonné. Corrigez-vous, toutefois, il en est temps, autrement, la gangrène se mettrait à vos plaies ; vous seriez perdu.

Affections et Prières.

Ô Seigneur, comment pourrais-je reconnaître, comme je le dois, les grâces innombrables dont vous m'avez comblé. Combien de fois m'avez-vous appelé, j'ai été sourd à votre voix ! Au lieu d'être reconnaissant, et pénétré d'amour envers vous, pour m'avoir sauvé de l'enfer et m'avoir invité si souvent, j'ai continué à provoquer votre indignation en multipliant mes outrages. Non, mon Dieu, je ne veux plus offenser votre patience, c'est assez de m'être rendu si coupable. Vous seule, bonté infinie, avez pu me supporter jusqu'à présent. Mais je vois que vous ne pouvez plus me tolérer davantage, et c'est à bon droit. Pardonnez-moi donc, Seigneur, vous, mon souverain bien, tous les outrages que je vous faits, je m'en repens de tout mon cœur ; je me propose, à l'avenir, de ne plus vous offenser. Eh quoi ! dois-je toujours continuer à provoquer votre colère ? Réconciliez-vous avec moi, ô Dieu de mon âme, ce n'est pas en

---

[*] 2 Épîtr. 2, 22.
[†] S. Bern. de Sien. 2° part. p. 182
[‡] Prov. 2, 14 et 10, 23.

vue de mes mérites, car je ne suis digne que des châtiments de l'enfer, mais en considération des mérites de votre fils, mon Rédempteur ; c'est en eux que je place toute mon espérance. Ainsi, par l'amour de J.-C., rendez-moi vos bonnes grâces, et donnez-moi la persévérance dans votre amour. Détachez-moi de toute affection impure, et tirez-moi tout entier à vous. Je vous aime, ô Dieu suprême, ô vous qui aimez les âmes par-dessus tout ; vous êtes digne d'un amour infini. Ô que ne vous ai-je toujours aimé !

Ô Marie, ma mère, faites que ce qui me reste de vie, ne soit plus employé à offenser votre fils, mais à n'aimer que lui seul, et à pleurer les déplaisirs que je lui ai causés.

TROISIÈME PARTIE

La lumière une fois éteinte, le cœur endurci, il est, moralement, certain que le pécheur aura une fin déplorable et qu'il mourra dans l'obstination. *Le cœur endurci se trouvera mal aux derniers moments**. Les justes mettent tous leurs soins à marcher dans la voie droite†. Les pécheurs d'habitude, au contraire, vont toujours en faisant des circuits‡. Ils abandonnent le péché, pour un moment, puis ils y reviennent. Saint Bernard leur prédit qu'ils seront réprouvés. Malheur à l'homme, dit-il, qui marche de la sorte ! Mais dira un de ces pécheurs : Je veux me corriger avant ma mort. C'est là que gît la difficulté. L'esprit-Saint parle d'un habitudinaire lorsqu'il dit : *L'homme ne quittera pas, dans sa vieillesse, la voie qu'il a suivie dans sa jeunesse*§. Saint Thomas de Villeneuve en donne la raison, c'est parce que les forces sont très-affaiblies. *Votre énergie*, dit le prophète, *sera comme un feu d'étoupe*#. Il résulte de là, ajoute ce Saint, que l'âme privée de la grâce ne peut être sans de nouveaux péchés. Mais en outre, quelle serait la folie d'un homme qui voudrait jouer et perdre, de son plein gré, tout ce qu'il possède, dans l'espoir qu'une dernière partie rétablira ses affaires ? Telle est, cependant, la stupidité de celui qui se

---

* Eccl. 3, 27.
† Is. 26, 7.
‡ Ps. 11, 9.
§ Prov. 22, 6.
# Is. 1, 31.

détermine à prolonger et à multiplier ses offenses, dans le fol espoir que, sur le point de mourir, il pourra remédier à tous ses maux. L'éthiopien ou le léopard peuvent-ils changer la couleur de leur peau ? Et comment sera-t-il possible de corriger une vie coupable et de la rendre vertueuse, après une longue habitude du péché ? *Si l'éthiopien peut changer sa couleur, et le léopard les nuances variées de sa peau, alors, vous pourrez faire le bien, après avoir appris à faire le mal**. Il arrive de là, qu'un pécheur d'habitude, à la fin, se livre au désespoir ; ainsi se terminera sa vie[†].

J'ai reçu blessure sur blessure, disait Job, *une espèce de géant s'est précipité sur moi*[‡]. Saint Grégoire parle ainsi sur ce passage de Job : Si quelqu'un est assailli par un ennemi, au premier coup qui lui est porté, il est, peut-être, encore assez fort pour se défendre ; mais plus il en reçoit, plus il s'affaiblit, jusqu'à ce qu'enfin il soit exterminé. C'est là l'image du péché. La première, la seconde fois qu'on le commet, il reste encore au pécheur une certaine force (j'entends toujours avec l'aide de la grâce qui lui prête son secours) ; mais s'il continue à se livrer au mal, le péché devient comme un géant. Le pécheur, de son côté, se trouvant plus faible et accablé sous le poids de tant de coups, comment pourra-t-il éviter la mort ? L'iniquité, selon Jérémie, est comme une grande pierre qui écrase l'âme[§]. Or, dit saint Bernard, il est aussi difficile à un chrétien habitué au mal de se relever, qu'il le serait à quelqu'un qui est étendu sous une pierre énorme, et qui n'a pas la force de se remuer pour s'en débarrasser.

Donc, dira un de ces malheureux, je suis dans un état désespéré ? Non, votre situation n'est pas désespérée, si vous voulez y remédier. Mais, aux grands maux, dit un auteur, il faut de grands remèdes. Si un médecin disait à un malade en danger de mort, et qui refuse tout médicament, parce qu'il ne connaît pas la gravité de son mal : Mon ami, si vous ne consentez pas à boire telle potion, c'en est fait de vous, que répondrait ce moribond ? Je suis prêt, dirait-il, à prendre tout ce que vous voudrez, s'il y va de la vie. Cher chrétien, je vous tiens le même langage, si vous avez contracté l'habitude du mal. Vous êtes en péril, vous êtes de ces malades qui, rarement, guérissent, dit saint Thomas de Villeneuve ; vous êtes tout près de votre perte éternelle. Si, cependant, vous voulez être guéri, il y a encore possibilité, mais vous auriez tort d'attendre un miracle de la grâce. Il faut de votre

---

* Jér. 13.
[†] Prov. 23, 14.
[‡] Job, 16, 15.
§ Threu. 3, 53.

côté bannir les occasions, fuir les mauvaises compagnies, résister aux tentations, vous recommander à Dieu, prendre la résolution de vous confesser souvent, faire tous les jours une lecture spirituelle, recourir à la dévotion envers Marie, la très-sainte Vierge, et la prier continuellement de vous obtenir la force de ne plus tomber. Vous avez besoin de vous faire violence ; autrement, vous subirez les effets de cette menace du Seigneur contre les obstinés : *Vous mourrez dans votre péché**. Si vous ne mettez la main à l'œuvre, maintenant que Dieu vous donne sa lumière, plus tard, vous ne réussiriez qu'avec de grandes difficultés. Entendez Dieu qui vous appelle en vous disant : *Lazare, sortez*. Pauvre pécheur, déjà mort, sortez de cet abîme obscur où vous a jeté votre conduite coupable ! Répondez promptement, donnez-vous à Dieu et tremblez que ce ne soit la dernière fois qu'il vous invite.

Affections et Prières.

Ah ! mon Dieu, et que veux-je attendre ? Que vous m'abandonniez et que vous me précipitiez en enfer ? Jetez, Seigneur, un regard de bonté sur moi ; je veux changer de vie et me donner à vous. Dites-moi ce que je dois faire, je l'exécuterai. Ô sang de Jésus, venez à mon aide !

Ô Marie, avocate des pécheurs, secourez-moi ! Et vous, père éternel, par les mérites de Jésus et de Marie, ayez pitié de moi. Je me repens, ô Dieu dont la bonté est infinie, de vous avoir offensé, et je vous aime par-dessus tout. Pardonnez-moi, pour l'amour de J.-C., et donnez-moi votre amour. Faites que je craigne vivement de me perdre, si de nouveau je vous offensais. Lumière, mon Dieu, lumière et force, c'est ce que je réclame de vous, j'espère tout de votre miséricorde ! Vous m'avez fait tant de grâces quand je m'éloignais de vous, j'espère beaucoup plus, maintenant que je reviens à vous, bien résolu de n'aimer que vous. Je vous aime, mon Dieu, ma vie, mon tout. Je vous aime aussi Marie, ma mère, et vous remets mon âme ; préservez-la par votre intercession de retomber encore dans la disgrâce de Dieu.

---

* S. Jean, 8, 21.

XXIIIE CONSIDÉRATION

FAUX PRÉTEXTES QUE LE DÉMON INSPIRE AUX PÉCHEURS.

Quoique plusieurs idées dont se compose cette considération se trouvent déjà dans celles qui précédent, nous avons cru, néanmoins, devoir les reproduire, pour combattre les faux prétextes dont le démon se sert efficacement afin d'entraîner les pécheurs dans de funestes rechutes. (Note du B. Liguori.)

PREMIÈRE PARTIE

Représentons-nous un jeune homme, retombant dans des fautes graves dont il s'est déjà confessé, et dont il a obtenu le pardon. Le démon l'excite, de nouveau, à la rechute, cet infortuné oppose encore une certaine résistance, mais les suggestions perfides de cet esprit de ténèbres, le font balancer. Jeune homme, lui dis-je, que voulez-vous faire ? Voulez-vous, pour un malheureux plaisir, perdre l'amitié de Dieu, que vous avez recouvrée et qui est préférable à la possession du monde entier ? Voulez-vous donc souscrire de votre propre main, votre sentence de mort et vous dévouer aux flammes éternelles ? Non, me répond-il, je ne prétends pas me damner ; mon désir est de me sauver ; si je commets cette faute, je m'en confesserai ; premier prétexte que lui suggère le démon. Vous vous en confesserez, me dites-vous, et en attendant, vous perdez votre âme ? Si vous aviez un diamant, d'une valeur de mille ducats, voudriez-vous le jeter dans un cloaque, en vous flattant de l'espoir de le retrouver, plus tard, grâce à vos soins ? Vous avez à votre disposition cette pierre précieuse qui est votre âme ; J.-C. l'a acquise, au prix de son sang et vous la jetez, volontairement, en enfer, (car en péchant vous êtes déjà, à ne consulter que la justice du moment, sous le poids de la réprobation) et vous dites : j'espère la recouvrer, en me confessant. Mais s'il vous était impossible de la recouvrer ? Vous avez besoin, en effet, pour cela, d'un véritable repentir qui est un don de Dieu, et si Dieu ne vous le faisait pas ce don ? Que serait-ce-même, s'il tranchait, tout à coup, le fil de vos jours, et s'il vous ôtait, par là, le moyen de recourir à la confession ?

Vous dites que vous ne laisserez point passer la semaine, sans en faire l'aveu, dans le tribunal sacré ? Mais qui vous promet cette semaine ? Vous irez demain ; mais, dit saint Augustin, ce jour de demain ? le Seigneur ne s'est pas engagé à vous l'accorder. Peut-être, vous le donnera-t-il, mais, peut-être, aussi, vous le refusera-t-il, comme il l'a refusé à tant d'autres qui se sont mis au lit, le soir, pleins de vie et qui, le matin, étaient morts. Combien le Seigneur n'en a-t-il pas frappé, dans l'acte même du péché, et précipité en enfer ! S'il agissait ainsi, à votre égard, comment pourriez-vous, alors, réparer votre perte éternelle ? Sachez qu'avec cette trompeuse promesse, je m'en confesserai, le démon a jeté des milliers et des milliers de chrétiens en enfer. En effet, on trouve, rarement, un chrétien assez désespéré, pour vouloir se perdre de propos délibérés. Tous, en faisant le mal, nourrissent l'espoir de se réconcilier avec Dieu, et c'est ainsi que tant de misérables se sont damnés, sans ressource.

Vous me dites encore : Je ne crois pas pouvoir résister à cette tentation ; second prétexte, fourni également par le démon, qui vous persuade que vous n'avez pas la force de triompher. D'abord, vous devez savoir que *Dieu est fidèle et qu'il ne permet, jamais, que nous soyons tentés au-dessus de nos forces**. De plus, je vous le demande : si maintenant, vous ne croyez pas pouvoir vaincre, comment le pourrez-vous plus tard ? Plus tard, votre ennemi vous suscitera de nouvelles difficultés ; alors, il sera plus fort et vous plus faible. Actuellement, si vous ne vous croyez pas en état d'éteindre ce feu, comment l'éteindrez-vous lorsqu'il aura pris de grands accroissements. Dieu m'aidera, me répondez-vous, mais son secours, il vous le donne, maintenant, pourquoi refusez-vous de vous en servir ? Espérez-vous, peut-être, que la persévérance dans vos fautes, sera, pour le Seigneur, un motif de vous fournir plus de grâces ? Si, dès à présent, vous désirez plus de courage, que ne le lui demandez-vous ? Douteriez-vous de la fidélité d'un Dieu qui a promis de tout accorder à nos prières† ? Il ne peut manquer à ses engagements ; recourez à lui et il vous communiquera l'énergie dont vous avez besoin, pour étouffer cette tentation. Il ne commande pas l'impossible, mais en nous donnant ses préceptes, il nous avertit de faire ce que nous pouvons, avec le secours qu'il nous donne alors, et quand il est insuffisant, il nous engage à en chercher un plus

---

* 1 Ép. aux Cor. 10, 13.
† S. Math. 7, 7.

grand, par le moyen de la prière ; à cette condition, il ne nous le refusera pas*.

Affections et Prières.

Mon Dieu, pourquoi avez-vous eu pour moi autant de bonté que j'ai eu d'ingratitude envers vous ? Il y a eu rivalité entre vous et moi ; je vous fuyais, vous me poursuiviez ; vous me faisiez du bien, et moi je vous offensais. Ah ! mon Sauveur, sans autre motif, votre seule miséricorde, à mon égard, devrait me pénétrer d'amour pour vous, car depuis que j'ai multiplié mes offenses, vous avez, en proportion, multiplié vos grâces. Comment ai-je mérité la lumière dont vous me favorisez ? Seigneur, je vous en remercie de toute mon âme, et j'espère vous en témoigner toute ma reconnaissance, pendant toute l'éternité, dans le ciel. J'espère mon salut, par les mérites de votre sang, et j'y compte avec assurance, puisque vous avez déjà usé de tant de miséricordes envers moi. Je me propose, moyennant votre grâce, de mourir plutôt mille fois que de jamais continuer à vous offenser. C'est assez pécher, je veux vous aimer le reste de ma vie. Et comment n'aimerais-je pas un Dieu qui, après être mort pour moi, m'a supporté avec une si grande patience, malgré tous les outrages que je lui ai prodigués. Dieu de mon âme, je m'en repens de tout mon cœur, je voudrais en mourir d'amertume. Mais, si, par le passé, je me suis séparé de vous, maintenant je vous aime, par-dessus tout, je vous aime plus que moi-même. Père éternel, par les mérites de J.-C., secourez un misérable pécheur qui veut vous aimer.

Marie, mon espérance, aidez-moi. Obtenez-moi la grâce de recourir, toujours, à votre fils et à vous, toutes les fois que le démon me tentera pour m'exciter à commettre de nouvelles fautes.

---

* Concile de Tr. sess. 6. c. 11.

DEUXIÈME PARTIE

Dieu est miséricordieux, dites-vous ; troisième prétexte, commun aux pécheurs, et qui en a damné un grand nombre. Un savant auteur assure, dans ses écrits, que la miséricorde du Seigneur en a plus précipité en enfer que sa justice. Ces malheureux, en effet, avec la confiance téméraire qu'ils y attachent, se laissent aller constamment au mal, et c'est ainsi qu'ils se perdent. Dieu est miséricordieux, sans doute. Mais, néanmoins, combien, tous les jours, n'en fait-il pas descendre en enfer ? Il est miséricordieux, mais aussi il est juste, il est obligé, en conséquence, de punir ceux qui l'offensent. Il use de miséricorde, mais en faveur de qui ? En faveur de celui qui le craint[*]. Quant à celui qui se moque de sa miséricorde et qui en abuse, il lui fait ressentir les rigueurs de sa justice. Dieu pardonne bien les fautes commises, mais il ne peut pardonner la volonté de pécher. Saint Augustin dit que quiconque fait le mal, dans l'espoir de se repentir ensuite, n'est point un pénitent, mais un moqueur, et l'apôtre nous avertit qu'on ne se moque pas impunément de Dieu[†]. Ce serait, cependant, tomber dans cet excès, que de l'offenser, quand il nous plaît, autant qu'il nous plaît, et de prétendre ensuite arriver au ciel.

Le Seigneur a été miséricordieux envers moi ; jusqu'à présent, il ne m'a pas puni, j'espère encore qu'il fera de même, à l'avenir. Quatrième

---

[*] Ps. 102, 11, 13.
[†] Ép. aux Gal. 6, 7.

prétexte. Ainsi, parce que Dieu a eu pitié de vous, il en résulte donc que vous pouvez mépriser ses bontés et qu'il ne tirera jamais vengeance de vos fautes ? Il n'en est pas ainsi. Plus ses bontés ont été grandes, à votre égard, plus vous devez trembler qu'il ne vous pardonne plus et qu'il ne vous punisse, si vous l'outragez de nouveau. Ne dites pas : *j'ai péché et que m'en est-il arrivé de fâcheux ?** Dieu supporte, mais il ne supporte pas toujours. Quand il a épuisé le nombre des grâces qu'il voulait faire à un pécheur, alors, il tire vengeance de tous les crimes qu'il a commis. Plus il l'a attendu, plus la punition sera terrible, dit saint Grégoire.

Mon frère, puisque vous avez péché, si souvent, et que Dieu ne vous a pas précipité en enfer, vous devez dire : *c'est un effet de la miséricorde divine, si je n'ai pas été frappé du coup de la mort*†. Seigneur, je vous rends grâce de ce que vous m'avez soustrait à l'enfer que je méritais. Réfléchissez qu'un grand nombre de pécheurs coupables moins que vous y sont, et dans cette vue, dédommagez le Seigneur, par votre pénitence et vos bonnes œuvres, des iniquités que vous avez commises. Cette patience de Dieu doit vous exciter, non à multiplier vos outrages, mais à le servir et à lui donner votre amour, dans la pensée qu'il vous traite infiniment mieux que beaucoup d'autres.

Affections et Prières.

Mon Jésus crucifié, mon Rédempteur et mon Dieu, voici à vos pieds un traître. Je suis honteux de ne pas être venu m'y jeter plutôt. Combien de fois vous ai-je méprisé ! Combien de fois vous ai-je fait la promesse de ne plus vous offenser ! Toutes ces promesses, hélas ! n'ont été qu'hypocrisie, car, lorsque l'occasion s'est présentée, je ne me suis plus souvenu de vous et je vous ai, de nouveau, abandonné. Je vous remercie de ce qu'à cette heure, je ne suis pas en enfer, et de ce que vous me supportez à vos pieds, de ce que vous me favorisez de vos lumières et m'appelez encore. Je veux vous aimer mon Sauveur et mon Dieu, je ne veux plus vous mépriser. C'est assez m'avoir toléré. Je vois que vous ne pourriez plus me supporter davantage. Que je serais à plaindre, si, après tant de grâces, je recommençais à vous désobéir ! Seigneur, je veux, décidément, changer de vie et plus je vous ai outragé, plus je veux vous aimer. Ma consolation est d'avoir à traiter avec une miséricorde aussi infinie que la vôtre. Je me

---

* Eccl.
† Threu. 3, 22.

repens plus que de tout autre malheur, de vous avoir méprisé ainsi et je vous promets, pour l'avenir, tout mon amour. Par les mérites de votre passion, pardonnez-moi, oubliez mes iniquités et donnez-moi la force de vous être fidèle, jusqu'à la fin de ma vie. Je vous aime, mon souverain bien et j'espère de vous aimer toujours. Mon Dieu, qui m'êtes si cher, je ne veux plus vous abandonner.

Ô Marie, mère du Seigneur, liez-moi à J.-C. et obtenez-moi la grâce, d'être toujours à ses pieds. Je mets en vous ma confiance.

TROISIÈME PARTIE

Je suis jeune, dites-vous encore, Dieu a pitié de la jeunesse, plus tard, je me donnerai à lui. C'est là le cinquième prétexte. Vous êtes jeune ? mais ignorez-vous que Dieu compte les fautes et non les années ? Vous êtes jeune ! mais combien de péchés n'avez-vous pas déjà commis ! Une foule de vieillards n'ont pas fait la dixième partie des fautes dont vous êtes coupable. Ne savez-vous pas que le Seigneur a fixé la quantité et la mesure des péchés qu'il veut pardonner à chacun ? Il attend patiemment, dit l'Écriture, jusqu'au jour du jugement, afin de punir les coupables, lorsqu'ils auront comblé la mesure de leurs crimes[*]. Oui, il use de patience, il attend jusqu'à un certain terme, quand le nombre des fautes qu'il était résolu de pardonner est dépassé, il ne fait plus grâce, mais il se venge, en frappant subitement du coup de la mort le prévaricateur, dans l'état de réprobation où il se trouve. C'est là un châtiment plus terrible que la mort. *J'arracherai la haie, et la vigne sera livrée au pillage*[†]. Si vous aviez environné d'une haie une de vos terres, que vous l'eussiez cultivée avec grand soin pendant plusieurs années, et que, nonobstant toutes vos peines, elle ne vous produisît rien, que feriez-vous ? Vous déracineriez la haie et vous laisseriez cet héritage à l'abandon. Tremblez que Dieu n'en agisse de même envers vous. Si vous persévérez dans vos fautes, vous

---

[*] 2 liv. des Mach. 6, 14.
[†] Is. 5, 5.

étoufferez les remords de la conscience. Vous ne penserez plus à l'éternité ni à votre âme, vous perdrez presque toute lumière ; voilà cette haie arrachée, et tel est l'abandon de Dieu.

Venons au dernier prétexte ; vous dites : ce péché, il est vrai, m'a fait perdre la grâce ; je suis dans une situation déplorable, peut-être même que je serai réprouvé, pour l'avoir commis, mais, peut-être aussi m'en confesserai-je, plus tard, et serai-je sauvé ? Oui, je l'avoue, peut-être serez-vous encore sauvé, parce qu'enfin je ne suis pas prophète, et qu'il m'est impossible d'assurer, qu'après cette transgression, Dieu ne vous fera plus miséricorde, mais il vous est impossible de nier, qu'après toutes les faveurs dont vous avez été comblé, si vous offensez de nouveau le Seigneur, votre perte devienne, toujours, plus probable. C'est le langage des divines Écritures : *Un cœur obstiné se trouvera mal au dernier jour**. *Les méchants seront à la fin écrasés par la justice de Dieu*†. *L'homme recueillera ce qu'il aura semé*‡. Quiconque sème dans le péché, moissonnera dans les châtiments. *Je vous ai appelés*, dit Dieu, *et vous m'avez résisté ; mais moi aussi, au moment de votre mort, je me rirai et me moquerai de vous*§. *C'est à moi la vengeance, je l'exercerai en son temps*#. Ainsi parle l'Esprit-Saint des pécheurs endurcis ; ainsi l'exige la raison et la justice. Vous ajoutez : mais, nonobstant mes ingratitudes, je pourrai, peut-être, encore me sauver. Je vous réponds aussi peut-être ; quelle folie, néanmoins, de faire dépendre son salut éternel d'un peut-être ! et d'un peut-être si difficile ! Est-il donc besoin de l'exposer de la sorte à un si grand danger !

Affections et Prières.

Mon aimable Rédempteur, prosterné à vos pieds, je vous remercie de ne pas m'avoir abandonné, après toutes les fautes que j'ai commises. Combien en est-il qui sont moins criminels que moi et qui n'auront pas la lumière dont vous m'avez éclairé ! Je vois que vous voulez véritablement me sauver, et c'est principalement pour vous plaire que je désire travailler à mon salut. Je veux, un jour, chanter éternellement dans le ciel, les louanges de vos miséricordes envers moi. J'espère que, maintenant, vous m'avez déjà accordé mon pardon ; mais si j'avais jamais le malheur de me

---

* Eccl. 3, 7.
† Ps. 36,9.
‡ Ép. aux Gal. 6. 8.
§ Prov. 1, 24.
# Deutér. 32, 35.

trouver encore dans votre disgrâce, parce que je n'aurais pas su vous témoigner un repentir sincère de mes péchés, aujourd'hui je m'en repens de toute mon âme, j'en ai plus de douleur que de tout autre mal. En vue de votre bonté, pardonnez-moi, et augmentez en moi, de plus en plus, le chagrin de vous avoir offensé, vous, mon Dieu, qui êtes si bon ! Donnez-moi la contrition et la grâce de vous aimer. Je vous aime par-dessus tout, mais mon amour est trop faible et je veux vous aimer ardemment ; je vous le demande et je l'espère de vous. Exaucez-moi, mon Jésus, vous avez promis d'exaucer les prières qui vous seraient adressées.

Ô mère de Dieu, Marie, tous m'assurent que vous ne renvoyez jamais sans consolation ceux qui ont recours à vous. Ô mon espérance, après Jésus, je me recommande à vous, je me confie en vous, priez pour moi, votre fils, et sauvez-moi.

XXIVe CONSIDÉRATION

DU JUGEMENT PARTICULIER.

Il faut que nous paraissions tous devant le tribunal de J.-C.
— 2 ÉP. AUX COR. 5, 10.

PREMIÈRE PARTIE

Considérons la comparution, l'accusation, l'examen et la sentence. Parlons d'abord de la comparution de l'âme devant son juge. D'après le sentiment commun des théologiens, le jugement particulier a lieu à l'instant où l'homme expire ; c'est dans l'endroit même où l'âme se sépare du corps qu'elle est jugée. J.-C. ne chargera qui que ce soit de cette commission ; il s'en acquittera lui-même. *Le fils de l'homme viendra*, dit-il, *à l'heure à laquelle vous ne penserez pas**. « Plein d'amour pour les bons, dit saint Augustin, il sera transporté de fureur contre les impies. » Oh ! quelle frayeur éprouvera celui qui, pour la première fois, verra le Rédempteur ne respirant qu'indignation ! *Qui pourra soutenir la vue de son visage sur lequel se peint la colère*† ? Le père Louis Dupont, à cette pensée, était agité d'un tel effroi qu'il faisait trembler son lit. Le vénérable père Juvénal Ancine, entendant chanter le *Dies iræ*, fut si frappé, en réfléchissant aux terreurs d'une âme qui paraît au jugement de Dieu, qu'il forma et exécuta la résolution de quitter le monde. Le courroux du juge sera l'annonce de la condamnation‡. Saint Bernard dit que l'âme souffrira plus de voir Jésus courroucé que d'être dans l'enfer même.

Plusieurs fois, des coupables, en présence des juges de la terre, ont

---

* S. Luc, 12, 40.
† Nah. 1, 6.
‡ Prov. 16, 14.

senti découler une sueur froide de tous leurs membres. Pison éprouva un tel sentiment de confusion, en paraissant revêtu de l'habit des criminels, au milieu du Sénat romain, qu'il se donna la mort. Quelle peine n'éprouve pas un fils, ou un sujet contre qui éclate avec violence le courroux d'un père, d'un souverain ! Mais quel tourment plus grand ne ressentira pas une âme, en la présence de J.-C. qu'elle aura méprisé pendant sa vie[*]. Elle verra cet agneau si patient, autrefois pénétré d'un vif ressentiment qu'elle ne pourra plus apaiser. Elle conjurera les montagnes de s'écrouler sur elle pour la dérober aux regards furieux de ce divin agneau[†]. Saint Luc en parlant du jugement, dit : *Alors, ils verront le fils de l'homme*[‡]. Oh ! quel supplice pour le pécheur de rencontrer son juge, sous une forme humaine. En effet, à l'apparition de ce Dieu homme, mort pour son salut, il sera bien plus vivement affecté de son ingratitude. Quand le Sauveur monta au ciel, les anges dirent à ses disciples : ce Jésus qui s'est élevé vers le ciel, reviendra comme vous l'avez vu monter[§]. Oui, il viendra couvert des plaies avec lesquelles il a quitté la terre. « Ces plaies sacrées seront la consolation des justes, dit l'abbé Rupert, mais elles jetteront l'épouvante dans l'âme des pécheurs. » Quand Joseph dit à ses frères : *Je suis Joseph que vous avez vendu*, l'Écriture rapporte que, frappés de terreur, ils n'eurent pas la force d'ouvrir la bouche[#]. Que répondra le pécheur à J.-C. ? « Aura-t-il, peut-être, le courage, demande Eusèbe d'Émèse, de solliciter sa pitié, lorsqu'il devra d'abord lui rendre compte des mépris et de l'abus de ses miséricordes ? Que fera-t-il donc ? dit saint Augustin. Où fuira-t-il ? lorsqu'il verra ce juge indigné, au-dessus de lui ; sous ses pieds, l'enfer ouvert ; d'un côté, ses péchés qui l'accusent, et de l'autre, les démons prêts à exécuter la sentence, et en lui, enfin, les remords qui déchirent sa conscience ? »

---

[*] Zach. 12, 10.
[†] Apoc. 6, 16.
[‡] 21, 27.
[§] Act. 1, 11.
[#] Gen. 45, 3.

Affections et Prières.

Ô mon Jésus, je veux vous appeler toujours du doux nom de Jésus. Ce nom me console et m'encourage, en me rappelant que vous êtes mon Sauveur et que vous avez subi la mort pour mon salut ! Me voici à vos pieds. Je confesse que j'ai mérité autant d'enfers que j'ai commis de péchés mortels. Je suis indigne de pardon, mais vous êtes mort pour me pardonner. Pardonnez-moi promptement, mon Jésus, avant le moment où je dois être jugé. Alors, je ne pourrais plus réclamer votre bonté ; maintenant, je puis encore vous la demander et je l'espère. À ce moment fatal, vos plaies m'épouvanteront, mais, aujourd'hui, j'y mets toute ma confiance. Mon tendre Rédempteur, je me repens par-dessus tout, d'avoir offensé votre bonté infinie. Je suis résolu d'accepter tous les châtiments, la perte de tout, plutôt que de sacrifier, de nouveau, votre grâce. Je vous aime de tout mon cœur. Ayez pitié de moi, selon votre grande miséricorde.

Ô Marie, vous qui êtes la mère de miséricorde et l'avocate des pécheurs, obtenez-moi une grande douleur de mes fautes, le pardon et la persévérance dans le divin amour. Je vous aime, ma reine, et me confie en vous.

DEUXIÈME PARTIE

Considérez l'accusation et l'examen. *Le jugement commence, les livres sont ouverts**. L'Évangile et la conscience seront les deux livres. « Dans l'Évangile, dit saint Jérôme, on examinera ce que devait faire le coupable ; dans la conscience, ce qu'il a fait. » Dans la balance de la justice divine, on ne pèsera ni les richesses, ni la dignité, ni la noblesse de la personne, mais seulement ses œuvres. *Vous avez été mis dans la balance*, disait Daniel à Balthasar, *et vous avez été trouvé trop léger*†. Le père Alvares fait sur ce passage une belle remarque : ce n'est pas l'or ni les richesses qui furent pesées, dit-il, mais le roi seul. Viendront, alors, les accusateurs, et en premier lieu le démon, dit saint Augustin. Il présentera les promesses auxquelles nous aurons été infidèles ; il produira toutes nos fautes, assignant le jour et l'heure où elles ont été commises. Selon saint Cyprien, il dira au juge : Seigneur, je n'ai rien souffert pour ce criminel ; c'est vous qui êtes mort pour lui, il vous a abandonné pour devenir mon esclave ; donc, il m'appartient. Paraîtront, ensuite, les Anges Gardiens. Chacun d'eux, comme le dit Origène, attestera combien d'années il aura été à ses côtés, ne recueillant que mépris pour les avis charitables qu'il lui

---

* Dan, 7, 10.
† Ibid. 5, 27.

donnait*. Tous les anciens amis du coupable le mépriseront†. Les murailles même dans l'enceinte desquelles il aura péché, déposeront contre lui‡. La conscience aussi réclamera avec force§. « Les péchés emprunteront une voix, selon saint Bernard, et diront : *C'est toi qui nous a faits, nous sommes ton ouvrage, nous ne te quitterons pas*#. » Enfin, les plaies de J.-C., comme le dit saint Chrysostome, accuseront aussi le pécheur : les clous, les cicatrices, la croix elle-même rendront témoignage contre lui°. Venons à l'examen.

Je visiterai Jérusalem, dit le Seigneur, à la lueur des flambeaux**. La lumière pénètre dans tous les coins d'une maison††. Et Cornelius à Lapide, parlant de ces flambeaux, dit que Dieu, à ce moment, mettra sous les yeux du prévaricateur les exemples des saints, toutes les lumières et les inspirations dont il l'a favorisé, pendant sa vie, et toutes les années qu'il lui avait accordées pour pratiquer la vertu. *Il invoquera contre lui le temps*‡‡. Ainsi, il devra rendre compte de tout§§. De même que l'on fait fondre l'or pour en séparer la crasse de même aussi les bonnes œuvres, les confessions, les communions, etc., subiront un examen rigoureux. Quand le temps sera venu, *je jugerai les justices mêmes*##. En général, d'après saint Pierre, en ce jour terrible le juste sera, à peine, sauvé°°. Si l'on doit rendre compte de toute parole oiseuse, qu'il sera affreux cet examen, qui devra rouler sur tant de pensées criminelles consenties, et sur tant de paroles contraires à la pudeur*** ! Mais le Seigneur dit, spécialement, en signalant les scandaleux qui lui auront enlevé des âmes : J'irai à leur rencontre avec les mêmes transports qu'une ourse à qui l'on a ravi ses petits†††. Quant au reste, le juge dira : *Rendez-lui, selon ses œuvres*‡‡‡.

---

* Hom. 66.
† Jer. 1, 2.
‡ Habac, 2, 11.
§ Ép. aux Rom. 2.
# Liv. des Médit. c. 2.
° Homél. sur S. Math.
** Soph. 1, 12.
†† Mendosa.
‡‡ Threu. 1, 15.
§§ S. Anselme.
Ps. 74, 3.
°° 1 Ép. de S. Pierre, 4, 18.
*** S. Grég.
††† Os. 13, 8.
‡‡‡ Prov, 31.

Affections et Prières.

Ah ! Seigneur, si vous vouliez, maintenant, me traiter comme je le mérite, je n'aurais que l'enfer à attendre. Oh Dieu ! combien de fois ai-je souscrit, moi-même, ma condamnation à des tourments éternels ! Je vous rends grâce de la patience avec laquelle vous m'avez supporté. Ah ! mon Dieu, si je devais, à ce moment, paraître devant votre tribunal, quel compte n'aurais-je pas à rendre ! Oui, Seigneur, attendez-moi quelques instants encore, ne me jugez pas en ce moment. Si vous vouliez me faire subir, aujourd'hui, ce jugement, qu'en serait-il de moi ! Attendez-moi. Vous avez usé de tant de miséricordes en ma faveur, daignez me les continuer encore. Donnez-moi une grande douleur de mes péchés. Je me repens, ô bien suprême, de vous avoir tant méprisé. Je vous aime par-dessus tout. Père éternel, pardonnez-moi, pour l'amour de J.-C., et accordez-moi, en vue de ses mérites, une sainte persévérance. Mon Jésus, j'espère tout de votre sang.

Sainte Marie, je mets en vous ma confiance. Regardez mes misères et ayez pitié de moi.

TROISIÈME PARTIE

Enfin l'âme, pour être sauvée, devra avoir mené une vie conforme à celle de J.-C.*. Une considération faisait trembler Job : *Que ferai-je, disait-il, quand Dieu se lèvera pour me juger, et que lui répondrai-je lorsqu'il m'interrogera ?* Philippe II avait un domestique qui lui fit un jour un mensonge, il l'en blâma, en lui disant : « C'est ainsi que vous me trompez ! » Cet infortuné s'en retourna chez lui et en mourut de douleur. Que fera ? que répondra le pécheur à J.-C. son juge ? Comme cet homme de l'Évangile, qui s'était présenté, sans la robe nuptiale, il demeurera muet, ne sachant que répondre†. Son péché lui fermera la bouche‡. La honte sera, pour lui, un supplice plus terrible que l'enfer même§.

En dernier lieu, le juge prononcera sa sentence en ces termes : *Retire-toi de moi, maudit, va au feu éternel.* Oh ! quel arrêt foudroyant# ! Quiconque ne tremble pas à cet accent d'un juste courroux, ne dort pas, il est mort°. L'épouvante des pécheurs sera telle en entendant prononcer leur condamnation, que s'ils pouvaient encore mourir, ils en mourraient sur-le-

---

* Ép. aux Rom. 8, 29.
† S. Math. 22, 12.
‡ Ps. 106, 42.
§ S. Bazile.
# Denys le chartr.
° S. Anselme.

champ*. Alors, il ne sera plus temps de prier, il n'y aura plus d'intercesseurs à qui l'on puisse s'adresser†. À qui donc, en effet, auraient-ils recours ? Serait-ce à Dieu qu'ils ont tant méprisé‡ ? Serait-ce aux saints ? Serait-ce à Marie ? Non, parce qu'à ce moment, les étoiles (qui sont les saints nos intercesseurs) tomberont du ciel, et la lune (qui est Marie) ne donnera plus sa lumière§. *La très-sainte Vierge s'éloignera de la porte du ciel*#.

Ô Dieu, à l'indifférence avec laquelle nous entendons parler du jugement, on dirait que cette sentence de condamnation ne peut nous regarder, ou que nous ne devons pas être jugés un jour. Quelle folie, cependant, d'être sans inquiétude quand il s'agit pour nous d'un si grand danger° ! Mon frère, selon l'avis de saint Augustin, ne dites pas : eh ! quoi ? Dieu voudra-t-il décidément me précipiter en enfer ? Non, ne tenez pas ce langage, ajoute-t-il, car les Hébreux ne se persuadaient pas qu'ils seraient exterminés, et ils l'ont été un si grand nombre de réprouvés ne croyaient pas être précipités dans les supplices éternels, mais enfin ils y sont tombés. *Je vous jugerai et j'épuiserai sur vous ma fureur***. Ce malheur vous arrivera, peut-être, aussi à vous-même. Le jour du jugement viendra et vous verrez les menaces de Dieu vérifiées††. C'est à nous de choisir notre sentence‡‡. Quelle mesure devons-nous prendre à ce sujet ? C'est de préparer nos comptes pour ce grand jour§§. Un négociant sage, qui ne veut pas s'exposer à une humiliante faillite, fait souvent son inventaire##. « Le juge peut être apaisé avant le jugement, mais non quand il a lieu°°. » Disons donc au Seigneur ce que disait saint Bernard : « Je veux être présenté déjà jugé et non pour l'être. » Ô mon juge, jugez-moi et punissez-moi maintenant, c'est encore le temps de vos miséricordes et vous pouvez me pardonner, tandis qu'après ma mort, ce sera l'époque de votre justice.

---

* Eusèbe.
† S. Thom. de Villen.
‡ S. Bas. serm. 4 de la pénit.
§ S. Math. 24.
# S. Aug : 3 serm. à ses frères.
° S. Thom. de Villen. 1 serm. du jugem.
** Ézéch. 7.
†† S. August.
‡‡ S. Eloi.
§§ Eccl. 18, 19.
S. Bonav.
°° S. Aug.

Affections et Prières.

Mon Dieu, si je ne vous apaise pas maintenant, il sera trop tard alors pour vous fléchir. Mais comment vous apaiserai-je, moi qui ai tant de fois méprisé votre amitié, pour des jouissances grossières ? Votre immense amour, je l'ai payé d'ingratitude. Quelle digne satisfaction pourra jamais être offerte par une créature à son créateur ? Ah ! Seigneur, je vous rends grâce de ce que votre miséricorde me donne des moyens de vous fléchir et de vous satisfaire ! Je vous offre le sang et la mort de J.-C. votre fils, et déjà, je vois votre justice surabondamment dédommagée, mais mon repentir est encore nécessaire. Oui, mon Dieu, je me repens, de tout mon cœur, de tous les outrages dont je me suis rendu coupable envers vous. Jugez-moi donc, maintenant, ô mon Rédempteur. Je déteste tous les déplaisirs que je vous ai causés, plus que tous les autres maux. Je vous aime, de tout mon cœur, par-dessus tout ; je me propose de vous aimer toujours, et de mourir plutôt que de vous offenser. Vous avez promis de pardonner au repentir, jugez-moi donc promptement et remettez-moi mes péchés. J'accepte les châtiments que je mérite, mais rendez-moi votre grâce et conservez-la-moi jusqu'à la mort. C'est là mon espoir.

Ô Marie, ma mère, je vous remercie de tant de miséricordes que vous m'avez obtenues. Ah ! continuez à me protéger jusqu'à la fin !

XXVE CONSIDÉRATION

DU JUGEMENT UNIVERSEL.

PREMIÈRE PARTIE

Maintenant, tout bien considéré, il n'y a dans le monde personne qui soit exposé à plus de mépris et d'outrages que J.-C., notre Seigneur. On fait plus de cas d'un homme de la campagne que de Dieu même. On craint que cet homme, se voyant en butte à d'odieux traitements, ne se laisse aller à l'indignation et ne se venge, mais on se permet des attaques contre Dieu, et on les multiplie librement, comme si ce grand Dieu ne pouvait pas, quand il le voudra, en tirer vengeance*. Aussi, il a destiné pour juger l'univers, un jour appelé, à bon droit, dans les divines écritures, le jour du Seigneur. C'est alors que J.-C. se manifestera comme le maître suprême tel qu'il l'est, en effet : *il se fera connaître, en rendant justice*†. Ainsi, ce ne sera plus un jour de miséricorde et de pardon, mais un jour *de colère, de tribulations, de calamités et d'angoisses*‡. Oui, car le Seigneur, alors, agira avec sévérité pour venger l'honneur que les méchants, ici-bas, ont cherché à lui ravir. Voyons comment il sera procédé au jugement, dans cette grande circonstance.

D'abord, le juge sera *précédé du feu*§. Le feu du ciel consumera la terre et tout ce qu'elle renferme#. Ainsi, palais, églises, villages, cités,

---

* Job, 22, 17.
† Ps. 9, 17.
‡ Soph. 1, 13.
§ Ps. 93, 3.
# Ép. de S. Pierre, 3, 10.

royaumes, tout, en un mot, ne sera plus qu'un monceau de cendres. Le feu purifiera ce théâtre infect où auront été commis tant de crimes. Telle sera la fin de toutes les richesses, de toutes les pompes et de tous les délices du monde. Les hommes qui auront été victimes de la mort, ressusciteront tous au son de la trompette céleste[*]. « Toutes les fois, dit saint Jérôme, que je pense au jour du jugement, je tremble, je crois toujours entendre retentir à mon oreille le son de la trompette : levez-vous morts et venez au jugement[†]. » Au signal donné, les âmes glorieuses des bienheureux se réuniront aux corps avec lesquelles, elles ont servi Dieu, en cette vie, et celles des méchants sortiront de l'enfer, pour reprendre les corps maudits, qui, de concert avec elles, ont outragé le Seigneur.

Quelle différence, alors, ne remarquera-t-on pas entre les corps des bienheureux et ceux des damnés ! Les premiers paraîtront avec tout l'éclat de la beauté ; ils seront d'une blancheur éclatante et plus resplendissants que le soleil[‡]. Ô heureux celui qui, pendant sa vie, sait mortifier sa chair et lui refuser les plaisirs défendus, celui qui, en mettant à cette chair rebelle un frein plus fort encore, la prive même des jouissances permises et la traite avec rigueur, à l'exemple des saints ! Ô quelle sera sa joie ! Ainsi, saint Pierre d'Alcantara qui, après sa mort, apparut à sainte Thérèse, lui disait : *Ô délicieuse pénitence, qui m'as procuré tant de gloire !* Au contraire, les corps des réprouvés apparaîtront tout difformes, noirs et exhalant une odeur insupportable. Quel châtiment, pour une âme, de se réunir en ce moment à un tel corps ! Corps maudit, lui dira-t-elle, c'est pour te satisfaire que je me suis perdue ! Âme maudite, lui répondra le corps, tu avais la raison en partage, pourquoi m'as-tu accordé ces plaisirs qui ont causé ta perte et la mienne pour l'éternité toute entière ?

---

[*] 1 Ép. aux Cor. 15, 52
[†] Sur S. Math. c. 5.
[‡] S. Math. 13, 43.

Affections et Prières.

Ô mon Jésus et mon Rédempteur, qui devez un jour être mon juge, pardonnez-moi, avant que ce moment n'arrive. *Ne détournez pas vos yeux de dessus moi**. Vous avez été mon père, et en cette qualité, réconciliez-vous avec un fils que le repentir amène à vos pieds. Mon père, je vous demande pardon, c'est à tort que je vous ai offensé ; c'est à tort que je vous ai quitté ; vous ne méritiez pas cette conduite de ma part ; je m'en repens et la douleur que j'en ressens remplit mon âme toute entière. Pardonnez-moi, ne détournez pas vos regards de dessus moi, ne m'abandonnez pas, comme je le mériterais. Ressouvenez-vous du sang que vous avez versé pour moi et ayez pitié de moi. Mon Jésus, je ne veux point d'autre juge que vous. Saint Thomas de Villeneuve disait : « Je me soumets volontiers au jugement de celui qui est mort pour moi, et qui a consenti à subir le supplice de la croix, pour ne pas me condamner. » Saint Paul avait dit avant lui : *Qui vous condamnera ? Jésus-Christ qui est mort pour nous*†. Mon Père, je vous aime, et à l'avenir, je veux être toujours à vos pieds. Ne vous souvenez plus de mes outrages et donnez-moi un grand amour pour vos bontés. Je désire de vous aimer plus que je ne vous ai offensé, mais si vous ne m'aidez, je ne puis vous aimer. Aidez-moi, mon Jésus, faites-moi vivre digne de votre amour afin qu'à ce jour du jugement, je me trouve au nombre de vos amis.

Ô Marie, ma reine et mon avocate, prêtez-moi, maintenant, votre secours, parce que si je me perds, vous ne pourriez plus me favoriser de vos bontés, dans ce jour funeste ! Vous priez pour tous, priez aussi pour moi qui puis me féliciter d'être votre serviteur tout dévoué, et pénétré pour vous de la plus vive confiance.

---

* Ps.
† Ép. aux Rom. 8.

DEUXIÈME PARTIE

Les hommes étant ressuscités, les Anges leur intimeront l'ordre de se rendre dans la vallée du jugement. *Peuples, ô peuples*, leur diront-ils, *à la vallée du châtiment, parce que le jour du Seigneur est proche** ! Quand tous y seront réunis, *les Anges sépareront les bons d'avec les méchants*†. Les justes seront placés à la droite et les pécheurs à la gauche. Quel chagrin n'éprouverait-on pas si l'on se voyait banni de la société ou chassé de l'Église ! Mais ne sera-ce pas une douleur bien plus amère d'être expulsé de la compagnie des saints‡ ? Saint Chrysostome dit que quand les damnés n'auraient pas d'autre supplice, cette confusion serait à elle seule leur enfer§. Le fils sera séparé de son père, le mari de sa femme, le maître du serviteur : *l'un sera pris, l'autre sera laissé*#. Dites-moi, mon frère, quelle est, à votre avis, la place que vous occuperez alors ? Voulez-vous vous trouver à la droite ? renoncez donc à ce qui peut vous conduire à la gauche.

Maintenant, on félicite les hommes opulents du siècle, les princes, tandis qu'on dédaigne les saints qui vivent dans la pauvreté et l'humiliation. Ô fidèles, qui aimez Dieu, ne vous inquiétez pas de vous voir dans

---

* Joël, 3, 14.
† S. Math. 13, 49.
‡ Auteur de l'ouv. imparf. hom. 54.
§ Sur S. Math. 24.
# S. Math. 24, 40.

les mépris et les tribulations, *votre tristesse sera changée en joie**. Vous serez appelés véritablement heureux, vous aurez l'honneur d'être proclamés membres de la cour de J.-C. Oh ! qu'il sera grand à ce beau jour, ce saint Pierre d'Alcantara, vilipendé pendant sa vie comme un apostat sacrilège ! Un saint Jean de Dieu qui fut traité d'insensé ! Un saint Pierre Célestin, qui, abdiquant la papauté, mourut dans une prison ! Combien seront honorés tant de martyrs, déchirés, autrefois, par les bourreaux ! *Chacun recevra du Seigneur la louange qui lui sera due*[†]. En quel affreux état, au contraire, seront les Pilate, les Hérode, les Néron, et tant de grands du monde qui se trouveront parmi les réprouvés ! Ô partisans du monde, c'est à la vallée du jugement que je vous attends ! Vous changerez d'avis, en ce jour ; vous déplorerez votre aveuglement. Malheureux, pour avoir fait une courte apparition sur cette terre, vous serez confondus avec les damnés dans ce jugement solennel ! Ainsi, les élus seront placés à la droite, et on les verra tout couverts de gloire, s'élever au-dessus des nuages dans les airs, pour aller avec les anges, à la rencontre de J.-C. qui descendra du ciel[‡]. Quant aux méchants, semblables à des victimes qu'on va immoler, relégués tristement à la gauche, ils attendront leur juge qui devra prononcer, publiquement, la condamnation de tous ses ennemis.

Mais voici que déjà les cieux s'ouvrent, les esprits célestes viennent assister au jugement, portant les signes de la passion de J.-C., dit saint Thomas[§]. La croix surtout fixera les regards. *Alors, on verra le signe du fils de l'homme, et toutes les tribus de la terre seront dans les larmes*[#]. Ah ! dans quelle désolation seront les pécheurs, à la vue de cette croix, eux qui n'auront tenu nul compte de leur salut éternel, qui a tant coûté au fils de Dieu ° ! « À ce moment, les clous, dit saint Chrysostome, feront entendre leurs plaintes, les cicatrices du Sauveur rendront témoignage, la croix de J.-C. plaidera contre vous**. » Les saints apôtres et tous ceux qui ont marché sur leurs traces y seront, en qualité d'assesseurs, et jugeront même les nations avec J.-C.[††] La très-sainte Vierge, reine des anges et des saints, y paraîtra également. Enfin, arrivera le juge éternel, majestueuse-

---

* S. Jean, 16, 20.
[†] 1 Ép. aux Cor. 4, 5.
[‡] 1 Ép. aux Thess. 4, 16.
§ Opusc. 2, c. 244.
# S. Math. 24, 30.
° Cor. à Lapide.
** S. Chrys. hom. 20. sur S. Math.
[††] Sag. 3, 7 et 8.

assis sur un trône brillant*. L'aspect du Rédempteur consolera les élus, mais il sera plus terrible pour les réprouvés que l'enfer même†. Sainte Thérèse disait : mon Jésus, envoyez-moi tous les châtiments pourvu que je ne vous voie pas indigné contre moi, en ce jour. Cette confusion sera le plus terrible des supplices‡. À cet instant, selon la prédiction de saint Jean, les damnés conjureront les montagnes de tomber sur eux et de les soustraire à la présence de leur juge irrité.

Affections et Prières.

Ô mon bon Sauveur, ô agneau de Dieu, qui êtes venu dans le monde, non pour punir, mais pour pardonner, ah ! pardonnez-moi, au plus tôt avant le jour où vous prendrez la qualité de juge, car alors, votre aspect, ô divin agneau qui m'avez supporté avec tant de patience, serait pour moi l'enfer de l'enfer ! Oui, je le répète, pardonnez-moi au plus tôt, et de votre main miséricordieuse, arrachez-moi de l'abîme où m'ont précipité mes fautes. Je me repens, ô bien suprême, de vous avoir tant offensé ! Je vous aime, ô mon juge, qui m'avez tant aimé ! Ah ! par les mérites de votre mort, donnez-moi une grâce assez efficace, pour que je devienne saint, de pécheur que je suis. Vous avez promis d'exaucer nos prières§. Je ne vous demande pas les biens d'ici-bas, mais seulement votre amour, votre grâce et rien autre chose. Exaucez-moi, mon Jésus, par cette tendresse qui vous a fait mourir pour moi sur le Calvaire. Ô mon juge, vous que j'aime, je suis un coupable, mais un coupable qui vous aime plus que lui-même.

Ayez pitié de moi, Marie, ma mère, hâtez-vous, hâtez-vous de me secourir, maintenant que vous le pouvez encore. Vous ne m'avez pas abandonné quand je vivais loin de Dieu, secourez-moi, maintenant que je suis résolu de vous servir toujours et de ne plus offenser le Seigneur. Ô Marie, vous êtes toute mon espérance.

---

* S. Math. 24, 30.
† S. Jérôme.
‡ S. Bazile.
§ Jér. 33, 3.

TROISIÈME PARTIE

Nous voici au jugement. La procédure commence, la conscience de chacun en est l'objet*. Les premiers témoins contre les réprouvés seront les démons qui diront à Dieu : « Décidez dans votre justice que celui-là nous appartient, qui n'a pas voulu être à vous†. » En second lieu, *la conscience rendra témoignage contre elle-même*‡. Les murailles des édifices où les pécheurs auront offensé Dieu crieront aussi vengeance contre eux§. J.-C. sera témoin et juge à la fois, car il aura été présent à tout le mal qui se sera fait contre lui#. Saint Paul dit que *le Seigneur*, alors, *éclairera les plus épaisses ténèbres*°. Il fera connaître à tous les hommes les péchés les plus secrets et les plus infâmes que les réprouvés auront commis et qu'ils auront cachés dans le tribunal sacré de la pénitence**. Quant aux fautes des élus, selon le maître des sentences, elles ne seront point mises au jour, elles resteront dans le secret, comme le dit David : *Bienheureux ceux dont les iniquités ont été remises et dont les péchés ont*

---

* Dan. 7, 10.
† S. Aug.
‡ Ép. aux Rom. 2, 15.
§ Habac. 2, 11.
# Jér. 29, 33.
° 1 Ép. aux Cor. 4, 5.
** Nah. 3, 5.

été couverts*. Au contraire, les crimes des réprouvés seront comme peints sur un tableau, dit saint Bazile, et aperçus de tous, au premier coup d'œil†. Si, dans le jardin de Gethsémani, ce seul mot de J.-C. : *me voici*, renversa par terre les soldats venus pour le prendre, que sera-ce ? quand, assis comme juge, il dira : Pécheurs, me voici, moi que vous avez méprisé avec tant d'audace‡. Mais hâtons-nous d'en venir à la sentence. D'abord J.-C. se tournant vers les élus, leur adressera ces consolantes paroles : *Venez les bénis de mon Père, possédez le royaume qui vous a été préparé dès l'origine du monde*§. Saint François d'Assise ayant appris, dans une révélation, qu'il serait prédestiné, ne pouvait plus contenir sa joie. Mais quels transports n'éprouveront pas, alors, ceux qui entendront de la bouche de leur juge cette invitation : « Venez, enfants bénis, venez régner avec moi ; vous n'aurez plus de peines, plus de crainte ; vous êtes déjà et serez éternellement heureux ! Je bénis le sang que j'ai versé pour vous, je bénis les larmes que le repentir a fait couler de vos yeux. Allons dans le ciel, nous y serons toujours ensemble, pendant toute l'éternité. » Marie bénira aussi ses serviteurs fidèles, elle les invitera à l'accompagner au céleste séjour, et c'est en chantant alléluia, alléluia, que les élus entreront triomphants dans la cité sainte, pour posséder, louer et aimer Dieu éternellement.

D'autre part, les réprouvés se tournant vers J.-C., lui diront : Et nous, malheureux, qu'allons-nous devenir ? « Vous, leur répondra-t-il, puisque vous n'avez pas voulu de mes grâces, que vous les avez méprisées, *éloignez-vous de moi, maudits, allez au feu éternel*#. Retirez-vous, je ne veux plus ni vous voir, ni vous entendre davantage. Allez, allez, maudits, vous qui vous êtes moqués de mes bénédictions ! Et où, seigneur, iront-ils ces infortunés ? « En enfer, répliquera-t-il, leurs corps et leurs âmes y seront la proie des flammes. » Et pour combien d'années ? pour combien de siècles, Seigneur ? « Quoi ! des années ? des siècles ? c'est pour l'éternité, tant que Dieu sera Dieu. » Après cette sentence, dit saint Éphrem, les réprouvés se sépareront des Anges, des Saints, de leurs parents et de la très-sainte Vierge. » Adieu, justes, s'écrieront-ils, adieu, croix du Sauveur, adieu ciel, adieu, pères et enfants, nous ne vous reverrons plus. Adieu, vous Marie, Vierge sans tache et mère du Seigneur°. Alors au milieu de

---

* Ps. 31, 1.
† S. Bas. liv. 1 de la virg.
‡ S. Thom. op. 60.
§ S. Math. 25, 34.
# S. Math. 25.
° S. Éphr. des div. tourm. de l'enfer.

cette vallée, l'abîme s'entrouvrira et les démons et les damnés y tomberont et s'y précipiteront tous ensemble. À ce moment, ô Dieu, ils verront se fermer sur eux, une porte qui ne s'ouvrira plus jamais, jamais, jamais, pendant l'éternité toute entière. Ô maudit péché ! c'est toi qui procureras, un jour, ce sort funeste à tant d'âmes infortunées que tu auras séduites ! Ô vous, à qui il est réservé, que vous êtes à plaindre !

Affections et Prières.

Ah ! mon Sauveur, quelle sera ma sentence en ce jour ! Si maintenant, ô mon Jésus, vous me demandiez compte de ma vie, que pourrais-je vous répondre, sinon que je mérite mille fois l'enfer. Oui, mon bon Sauveur, j'en conviens, je mérite mille enfers, mais sachez que je vous aime, que je vous aime plus que moi-même et que la douleur de mes péchés est si grande, que je me résignerais à tout souffrir pour ne pas vous avoir offensé. Vous ne condamnez, ô mon Jésus, que les pécheurs obstinés, mais non ceux qui se repentent et moi, je veux vous aimer. Me voici, conduit à vos pieds par le repentir, faites-moi entendre que vous me pardonnez. Vous me l'avez déjà appris, il est vrai, par votre prophète ; *Revenez à moi*, avez-vous dit, *et je reviendrai à vous**. J'abandonne tout, je renonce à tous les plaisirs et à tous les biens du monde, je me convertis et je m'attache à vous, mon aimable Rédempteur. Ah ! donnez-moi une place dans votre cœur, enflammez-moi de votre saint amour, mais de telle sorte que je ne pense plus jamais à me séparer de vous ! Mon Jésus, sauvez-moi, et que mon salut consiste à vous aimer toujours et à louer toujours vos miséricordes.

Marie, mon espérance, mon refuge et ma mère, aidez-moi et obtenez-moi une sainte persévérance. Jamais aucun de ceux qui ont eu recours à vous ne s'est perdu. Je me recommande donc à vos bontés ; ayez pitié de moi.

---

* Zach. 1, 3.

XXVIE CONSIDÉRATION

DES PEINES DE L'ENFER.

Ils iront au supplice éternel.

— S MATH, 25, 46.

PREMIÈRE PARTIE

Le pécheur est tombé dans un double excès. D'un côté, il a abandonné Dieu, son souverain bien ; de l'autre, il s'est tourné vers les créatures. *Mon peuple a fait deux maux*, dit le Seigneur, *il m'a quitté, moi, qui étais pour lui une source d'eaux vives, et il s'est creusé des citernes entrouvertes qui ne peuvent contenir l'eau**. Ainsi, le pécheur qui s'est attaché aux créatures, au préjudice de Dieu, recevra son châtiment des créatures elles-mêmes. Le feu et le démon le tourmenteront de concert ; c'est là la peine du sens. Mais parce que l'abandon du Seigneur constitue une faute plus grande, la plus grande peine, en enfer sera la peine du damné, qui consiste dans la perte de Dieu.

Considérons d'abord la peine du sens. Il est de foi qu'il y a un enfer. C'est au centre de la terre qu'est cette prison destinée à la punition de ceux qui se sont révoltés contre Dieu. Qu'est-ce que l'enfer ? Un lieu de tourments, ainsi l'appelait le mauvais riche qui y fut condamné[†]. Tous les sens, tous les organes et du corps et toutes les facultés de l'âme, auront leur peine particulière, et plus chacun des sens aura participé à l'offense de Dieu, plus les souffrances qu'il endurera seront grandes[‡]. *Autant il a été*

---

* Jér. 2, 13.
† S. Luc, 16, 28.
‡ Sag. 11, 17.

dans les délices, dit l'ange de l'Apocalypse, *autant faites-lui ressentir de tourments**.

La vue sera offusquée par les ténèbres, car l'enfer est *une terre ténébreuse et enveloppée des ombres de la mort*†. Quelle compassion n'éprouverait-on pas pour un malheureux qui serait relégué dans une fosse obscure, pendant 40 ou 50 ans de sa vie, si toutefois il pouvait y vivre ? Or, l'enfer est un abîme fermé de toutes parts, où ne pénétrera jamais un rayon de soleil ni aucune autre lumière‡. Le feu ici-bas, éclaire ; en enfer, il n'en sera pas de même. *La voix du Seigneur*, dit David, *divise la flamme*§. C'est-à-dire, selon saint Bazile, que Dieu privera le feu de sa lumière ; il brûlera seulement, mais ne répandra pas son éclat ordinaire#. Albert-le-Grand donne de ce passage une explication plus courte. *Il séparera*, dit-il, *la lumière de la chaleur*. La fumée qui sortira de ce feu produira ces flots de ténèbres, dont parle l'apôtre, et aveuglera les damnés°. Ils n'auront de lumière qu'autant qu'il en faudra pour accroître leurs tourments**. À l'aide de cette faible lueur, ils verront le spectacle hideux que leur offrira la présence des autres réprouvés, et des démons qui prendront des formes horribles pour augmenter leur épouvante.

Leur odorat aura son tourment. Quel supplice serait-ce de se trouver enfermé dans un appartement avec un corps mort tombé en putréfaction ? *Une odeur infecte*, dit Isaïe, *s'exhalera de leurs cadavres*††. Le réprouvé aura pour société plusieurs millions de damnés dont les corps vivants, pour ressentir la violence des supplices, seront, toutefois, comme des cadavres qui répandront une infection insupportable. Saint Bonaventure dit que si le corps d'un damné était jeté sur la terre, il exhalerait une odeur pestilentielle capable de faire mourir tous les hommes. Nonobstant ces horribles tourments, nous entendons quelquefois des insensés nous dire encore : Si je vais en enfer au moins je n'y serai pas seul. Malheureux ! mais plus il s'en trouvera dans ce séjour d'horreur, plus vous aurez à souffrir‡‡. Oui, et cette infection, et les cris poussés dans cet affreux séjour aggraveront votre supplice : vous y serez aussi plus à l'étroit, car les réprouvés y seront

---

* Apoc. 18, 7.
† Job, 10, 21.
‡ Ps. 48, 20.
§ Ps. 28, 20.
# S. Basile.
° Ép. de S. Jude, 1, 13.
** S. Thom. 3ᵉ part. quest. 97, c. 5.
†† Is. 34, 3.
‡‡ S. Thom. supplém. quest. 86, art. 1.

amoncelés comme un troupeau de brebis qui, en hiver, se couchent les unes sur les autres*. Il y a plus, ils ressembleront au raisin de la vendange sous le pressoir de la colère de Dieu†. Ils seront immobiles, comme des rochers‡. Ainsi, le réprouvé, dès le moment où il sera précipité en enfer, restera dans sa première position, sans pouvoir changer de place, et se donner le moindre mouvement, ni des pieds, ni des mains, tant que Dieu sera Dieu.

Les hurlements, les explosions continuelles du désespoir, et le bruit non interrompu des démons, seront encore, pour son ouïe, un affreux tourment. *Des cris de terreur retentiront toujours à ses oreilles*§. Pendant la vie, quelle contrariété pénible, si l'on veut se livrer au sommeil, d'entendre, ou les plaintes d'un malade qui se lamente sans cesse ou les aboiements d'un chien, ou les pleurs d'un enfant ; combien n'auront donc pas à souffrir ces malheureux damnés, de ces vociférations confuses qui frapperont leurs oreilles pendant toute l'éternité !

Ils éprouveront, dit David, une faim cruelle#, sans pouvoir jamais se procurer le moindre aliment. À cette faim, se joindra une soif que toutes les eaux de la mer ne sauraient éteindre ; mais ils n'en auront pas une seule goutte. Le mauvais riche n'en demandait pas davantage, il ne l'a pas encore obtenu et ne l'obtiendra jamais, jamais.

Affections et Prières.

Ah ! mon Seigneur, voici à vos pieds celui qui a tenu si peu de compte de votre grâce et de vos châtiments ! Pauvre infortuné ! que je serais à plaindre, si vous n'aviez eu pitié de moi ! Depuis combien d'années devrais-je être dans cette prison infecte, où brûlent déjà un si grand nombre de ceux qui me ressemblent. Ah ! mon Rédempteur, comment se fait-il qu'avec ces pensées, je ne sois pas consumé du feu de votre amour ? Comment pourrais-je, à l'avenir, penser encore à vous offenser ? Ah ! que ce malheur ne m'arrive jamais, mon Jésus, plutôt mourir mille fois ! puisque vous avez commencé votre œuvre, achevez-la. Vous m'avez pardonné un si grand nombre d'offenses et m'avez invité, avec tant de tendresse, à vous aimer, faites que ce temps qui m'est donné soit employé

---

* Ps. 48, 15.
† Apoc. 19, 15.
‡ Exod. 15, 16.
§ Job, 15, 21.
# Ps. 58, 15.

tout entier pour vous ! Avec quelle ardeur les damnés désireraient un jour, une heure du temps que vous m'avez accordé ! Que ferai-je ? l'emploierai-je encore à vous déplaire ? Non, mon Jésus, ne le permettez pas, je vous en prie, par les mérites de votre sang qui, jusqu'alors, m'a préservé de l'enfer. Je vous aime, ô bien suprême, et parce que je vous aime, je me repens de vous avoir outragé ; je ne veux plus agir de la sorte, toujours je vous aimerai.

Marie, qui êtes ma reine et ma mère, priez Jésus pour moi, obtenez-moi le don de la persévérance et de son saint amour.

DEUXIÈME PARTIE

Le supplice le plus terrible du damné, en enfer, c'est le feu. Aussi, le Seigneur dans le jugement en fait, spécialement, mention. *Allez loin de moi, maudits*, leur dira-t-il, *au feu éternel**. Ici-bas, cette peine est la plus horrible de toutes, mais il y a une si énorme différence entre notre feu et celui de l'enfer que l'un ne semble être que la peinture de l'autre†. Le nôtre par comparaison pourrait paraître froid‡. Le motif en est que le feu d'ici-bas a été créé afin de nous être utile, et que celui de l'enfer est l'instrument des vengeances du Très-Haut§.

C'est la colère de Dieu qui l'allume#. Isaïe l'appelle *esprit de feu*°. Or, le réprouvé sera jeté non au feu, mais dans le feu. Il en sera investi, comme l'est un morceau de bois, dans une fournaise. Il sera plongé comme dans un abîme de flammes, abîme au-dessous, abîme au-dessus, abîme autour de lui. Il n'exhalera, il ne verra, il ne respirera plus que des flammes ; il sera dans le feu comme un poisson se trouve dans l'eau. Ce feu, non-seulement, investira le damné, mais il pénétrera en lui, pour enflammer ses entrailles. Son corps deviendra tout de feu, ce feu le brûlera

---

* S. Math. 25, 41.
† S. Aug.
‡ S. Vinc. Ferrier.
§ Tertull.
# Jér. 15, 14.
° Is. 4, 4.

intérieurement, il s'attachera au cœur, dans la poitrine, au cerveau, dans la tête, il fera bouillir le sang dans les veines, la moelle dans les os, chaque damné sera en dedans de lui-même comme une fournaise*.

Il en est qui ne peuvent voyager pendant les ardeurs du soleil, ni se tenir dans un appartement échauffé par un brasier, ni endurer une étincelle qui s'échappe d'une lumière, cependant, ils ne craignent pas d'être dévorés par les flammes. *Qui de vous pourra*, s'écriait Isaïe, *habiter dans un feu dévorant et dans des ardeurs éternelles*†. De même qu'une bête féroce dévore un agneau, de même aussi la flamme dévorera les damnés, oui, elles les dévorera, mais sans les faire mourir. « Courage, insensé, courage, disait saint Pierre Damien à un libertin, continue de satisfaire tes passions charnelles. Il viendra un jour où toutes ces infamies renfermées en toi, alimenteront la flamme qui te brûlera dans l'enfer‡. » Saint Jérôme ajoute que ce feu produira toutes les douleurs qu'on souffre sur la terre, douleurs de flancs, douleurs de tête, douleurs d'entrailles, douleurs de nerfs§. *Les damnés passeront du froid de la neige, à l'excès de la chaleur du feu*#. Ainsi, ils auront encore à souffrir le tourment du froid. Il faut donc bien nous convaincre que toutes les peines de cette vie ne sont qu'une ombre, en comparaison de celles de l'enfer°.

Les puissances de l'âme auront aussi leur supplice particulier. Le réprouvé sera déchiré par le souvenir amer du temps qui lui a été donné pour se sauver, et dont il a abusé pour se perdre ; il se rappellera toutes les grâces dont il n'a pas voulu profiter. Il aura toujours présente la perte immense et irréparable qu'il a faite de Dieu et du ciel. Sa volonté sera constamment contrariée, ne pouvant jamais obtenir ce qu'elle réclamera. *Le désir du pécheur périra*, dit David**. Ce qu'il souhaitera lui sera éternellement refusé, et toujours il aura ce qu'il détestera le plus. Il voudrait s'échapper du milieu de ces tourments et trouver la paix ; mais ces tourments seront éternels, et la paix fuira toujours loin de lui.

---

* Ps. 20, 10.
† Is. 33, 14.
‡ S. P. Dam. Ép. 6.
§ Ép. à Pam.
# Job, 24, 19.
° S. Chrys.
** Ps. 111, 10.

Affections et Prières.

Ah ! mon Jésus, votre sang et votre mort sont mon espérance ! Vous avez souffert le dernier supplice pour me sauver de la mort éternelle. Seigneur, qui a plus abondamment participé aux mérites de votre passion que moi, malheureux, qui me suis si souvent rendu digne de l'enfer ? Oh ! ne permettez plus que je sois encore ingrat, après toutes les grâces dont vous m'avez comblé. Vous m'avez sauvé du feu éternel, parce que vous n'avez pas voulu que je fusse dévoré de ses ardeurs, mais des flammes de votre amour. Secourez-moi donc, pour que j'accomplisse votre désir. Si j'étais, maintenant, en enfer, je ne pourrais plus vous aimer ; mais tant que je pourrai m'acquitter de ce devoir, je veux y être fidèle. Je vous aime, ô bonté infinie, je vous aime, mon Rédempteur qui m'avez tant aimé ! Comment ai-je pu vivre si longtemps sans me souvenir de vous ! Je vous rends grâce de ne pas m'avoir oublié. Si j'avais eu ce malheur, je serais à présent dans cet abîme de tourments, ou bien je n'aurais plus de douleur de mes fautes. Cette contrition qui déchire mon cœur, à la seule pensée de mes offenses ; ce désir de vous aimer, comme je le dois, sont, évidemment, des dons de votre grâce qui m'assiste encore. Je vous en remercie, mon Jésus ; j'espère vous consacrer ce qui me reste de vie. Je renonce à tout. Je veux, seulement, m'occuper de vous servir et de vous plaire. Retracez, dans mon esprit, un vif souvenir de l'enfer que j'ai mérité, et des grâces dont vous m'avez inondé ; ne permettez plus que je me sépare de vous, et que je me condamne, de moi-même, à ces affreux supplices.

Ô mère de Dieu, priez pour moi qui suis un pécheur. Votre intercession m'a sauvé de l'éternité malheureuse, délivrez-moi encore, par le même moyen, ô ma mère, du péché qui peut seul m'y faire condamner de nouveau.

TROISIÈME PARTIE

Mais toutes ces peines, énumérées plus haut, ne sont rien en comparaison de la peine du dam. Ce ne sont pas les ténèbres, l'infection, les cris, le feu qui font l'enfer, c'est le malheur d'avoir perdu Dieu. Saint Bruno disait : « Que j'éprouve tourments sur tourments, mais que je ne sois pas privé de mon Dieu[*] » ! « Mille enfers, en effet, dit saint Jean Chrysostome, ne seraient pas comparables à cette douleur[†]. » Saint Augustin ajoute : « que si les damnés jouissaient de la vue de Dieu, ils ne ressentiraient plus de peine, et que l'enfer même se changerait en un paradis. »

Pour nous faire une idée de ce supplice, supposons, par exemple, une personne qui perd une pierre précieuse d'une valeur de cent écus ; elle en éprouve de la douleur ; si cette pierre en vaut deux cents, le chagrin en est plus fort ; mais si elle en valait quatre cents, assurément, la tristesse serait plus vive encore. Enfin, le regret qui suit une perte se mesure sur le prix de l'objet perdu. Et que n'a pas perdu le réprouvé ? Il a perdu un bien infini qui est Dieu ! Aussi, dit saint Thomas, il ressent une peine, en quelque manière, infinie[‡].

---

[*] Serm du jug. dern.
[†] S. Chrys. hom. 49 au peup. d'Ant.
[‡] 12 quest. 87. art. 4.

C'est la seule que craignent les Saints*. « Seigneur, disait saint Ignace de Loyola, je veux bien supporter toutes les autres peines, mais non celle d'être privé de vous. » Aux yeux des pécheurs qui sont contents, quoique vivant des mois et des années sans Dieu, cette privation n'est rien, parce qu'ils sont dans les ténèbres. À la mort, ils connaîtront toute l'étendue de cette perte. L'âme au sortir de cette vie, comprend, tout à coup, qu'elle a été créée pour Dieu†. Elle s'élance, alors, avec vivacité pour aller se réunir à son souverain bien, mais son péché force Dieu à la repousser loin de lui. Si un chien enchaîné voit un lièvre, quels efforts ne fait-il pas pour s'élancer et saisir sa proie ! L'âme, en se séparant du corps, est naturellement entraînée vers Dieu, mais le péché y met obstacle et la précipite en enfer, loin de cet objet infiniment aimable‡. Tout l'enfer consiste donc dans les premières paroles de la sentence : *éloignez-vous de moi, maudits.* Allez, leur dira J.-C., vous ne verrez plus mon visage. Non, mille enfers n'équivaudront jamais aux effets de cette haine de Dieu§. Quand David condamna Absalom à ne plus paraître en sa présence, ce jeune prince en fut si accablé qu'il répondit : « dites au roi mon père, qu'il me permette de le voir ou qu'il me fasse mourir#. » Philippe II, apercevant un grand de sa cour se comporter avec trop peu de respect dans l'église, lui dit : « Ne vous présentez plus devant moi. » Ce courtisan en conçut tant de chagrin, que, rentré chez lui, il en mourut. Que sera-ce donc quand Dieu, à la mort, dira au réprouvé : « retire-toi, je ne veux plus te voir. » *Je lui cacherai mon visage*, dit-il, *et tous les maux tomberont sur lui*°. Jésus dira en ce dernier jour aux réprouvés : *vous n'êtes plus à moi, je ne suis plus à vous.***

Quelle douleur accablante pour un bon fils, pour une épouse, de voir mourir son père, son mari ; ils s'écrient : Quoi ! mon père, mon mari, je ne vous verrai donc plus ! Si nous demandions, maintenant, à un damné dont nous entendrions les cris : pourquoi pleurez-vous ? il ne répondrait que ces mots : je pleure, parce que j'ai perdu Dieu et que je ne le verrai jamais. Au moins, l'infortuné pourra-t-il aimer son Dieu dans l'enfer et se résigner à sa volonté ? Non, s'il pouvait en être ainsi, l'enfer ne serait plus l'enfer ; il

---

* S. Aug.
† S. Antonin.
‡ Is. 59. 2.
§ S. Chrys. hom. 24 sur S. Math.
\# 2 des Rois, 14, 24.
° Deuter. 31, 17.
** Os. 1, 9.

ne lui est pas non plus possible de se résigner à la volonté de Dieu, parce qu'il est l'ennemi de cette volonté adorable. De son côté, elle le hait et le haïra éternellement. Pour le réprouvé, l'enfer sera de connaître Dieu comme son bien suprême et de se voir forcé de le détester, tout en comprenant ses amabilités infinies. « Je suis cet impie, privé de l'amour de Dieu, » telle fut la réponse du démon, interrogé par sainte Catherine de Gênes. Le réprouvé joindra, à la haine de Dieu, les malédictions, et en le maudissant, il maudira aussi les grâces qu'il lui aura faites, la création, la rédemption, les sacrements, spécialement le baptême, la pénitence, et par-dessus tout l'adorable sacrement de l'autel. Sa haine s'exhalera aussi contre tous les anges, contre son Ange Gardien et ses saints patrons, plus encore contre la mère de Dieu. Il maudira les trois personnes divines, et particulièrement J.-C., qui est mort pour son salut. Il vomira des exécrations contre ses plaies, son sang, ses tourments et sa mort.

Affections et Prières.

Ah ! mon Dieu, vous êtes mon bien suprême et tant de fois, je vous ai perdu volontairement ! Je savais que mon péché vous était désagréable et qu'en le commettant, je perdais votre grâce et je l'ai commis ! Ah si je ne vous voyais pas attaché à la croix, ô fils de Dieu, je n'aurais plus le courage de vous demander ni d'espérer mon pardon. Père éternel, ne me regardez pas ; jetez plutôt les yeux sur ce fils bien-aimé, qui vous demande grâce pour moi ; exaucez-le et pardonnez-moi. Actuellement, je devrais être en enfer, depuis bien des années, sans espérance de pouvoir vous aimer, sans possibilité de recouvrer votre amitié. Mon Dieu, je me repens par-dessus tout des outrages dont je me suis rendu coupable envers vous, en renonçant à votre amour et en le méprisant par attachement aux misérables plaisirs d'ici-bas. Ah ! si j'étais mort, la première fois que je vous ai offensé ! Comment ai-je pu être si insensé et si aveugle ! Je vous remercie, Seigneur, de m'avoir donné le temps de réparer mes torts. Puisque, par l'effet de votre miséricorde, je ne suis pas encore en enfer et que je peux vous aimer, ô mon Dieu je veux vous aimer. Plus de délai pour mon entière conversion. Je vous aime, bonté infinie, je vous aime, ma vie, mon trésor, mon amour, mon tout. Gravez pour toujours en moi, ô Seigneur, le souvenir de l'amour que vous avez eu pour moi et de l'enfer où je devrais être, afin que cette pensée m'enflamme sans cesse, pour produire des actes d'amour et pour vous dire : je vous aime, je vous aime, je vous aime.

Ô Marie, ma reine, ma mère et mon espérance, si j'étais dans l'enfer, je ne pourrais plus vous aimer. Je vous aime, mère tendre, et j'espère en vous, pour ne plus cesser d'aimer Dieu et vous. Aidez-moi, priez Jésus pour moi.

XXVIIE CONSIDÉRATION

DE L'ÉTERNITÉ DE L'ENFER.

Ils iront au supplice éternel.

— S. MATH. 25, 46.

PREMIÈRE PARTIE

Si l'enfer n'était pas éternel, il ne serait point l'enfer. Une peine qui dure peu n'est plus une peine. Si quelqu'un se fait une blessure, si un autre a la gangrène, les douleurs sont vives, mais parce qu'elles ne se font sentir qu'assez peu de temps, ce n'est pas un tourment extraordinaire, mais quel affreux supplice serait-ce, si des opérations où il s'agirait de couper, de brûler, devaient durer pendant une semaine, pendant un mois entier ? Quand les douleurs sont assez persévérantes, bien que légères, comme les maux d'yeux et de dents, elles deviennent insupportables. Mais que dis-je des douleurs ? S'il s'agissait d'une comédie, d'un concert, qui se prolongeraient trop, par exemple, une journée entière, je le suppose, on n'y tiendrait pas d'ennui. Et si elles devaient se continuer un mois ? une année ? Que sera donc l'enfer ? Il ne s'agira pas là de l'éternelle répétition d'une comédie amusante, d'un concert brillant, de maux d'yeux, ni de dents, ni des souffrances d'une opération faite à l'aide du fer ou du feu, il est question de tous les tourments, de toutes les douleurs. Pour combien de temps ? pour toute l'éternité[*].

Cette éternité est de foi, ce n'est point une simple opinion, mais une vérité consignée dans toutes les pages des divines écritures[†]. Comme la propriété du sel est de conserver, ainsi le feu de l'enfer, en même temps

---

[*] Apoc. 20, 10.
[†] S. Math. 25, 41, id. v. 46., 2 Ép. aux Thessal. 1, 9., S. Marc, 9, 48. et alibi.

qu'il tourmente les réprouvés, les rend incorruptibles et leur conserve la vie*.

Ne serait-il pas bien insensé celui qui, pour se procurer le plaisir d'un jour de promenade, courait les risques d'être condamné à une réclusion de vingt ans dans un cachot obscur ? Si l'enfer durait cent ans, que dis-je ? deux ou trois ans, ce serait encore une grande folie de s'exposer, pour un vil plaisir d'un moment, à brûler, pendant deux ou trois ans. Il est ici question non de trente, ni de cent, ni de mille, ni de cent mille années, mais de l'éternité ; d'être plongé dans un feu qui ne s'éteindra jamais, et de souffrir toujours sans pouvoir espérer le moindre adoucissement à ses maux. Donc, les saints ont eu raison, au milieu des dangers que courait leur salut, de gémir et de trembler. Saint Isaïe, solitaire, qui se livrait au jeûne et à la pénitence dans le désert, disait, en pleurant : Malheureux que je suis, je n'ai pas encore la certitude d'éviter la damnation !

Affections et Prières.

Ah ! mon Dieu, si vous m'aviez précipité en enfer, comme je l'ai déjà mérité tant de fois, et qu'ensuite vous m'en eussiez retiré, combien je vous devrais d'actions de grâce ! Comme ma vie aurait été sainte depuis ma sortie de ce lieu de tourments ! Et maintenant que, par une bonté plus grande, vous m'avez préservé d'y tomber, que ferai-je ? Recommencerais-je à vous offenser et à provoquer votre colère, pour que vous me condamniez à brûler, dans cet abîme, où sont renfermés les pécheurs rebelles à votre loi, et où tant d'autres moins criminels que moi sont au milieu des flammes ? Ah ! mon Rédempteur, autrefois, j'ai fait aussi le mal ; car au lieu d'employer à pleurer mes péchés le temps que vous me donniez, j'en ai abusé pour vous offenser davantage. Je suis touché de reconnaissance de ce que votre infinie bonté m'a supporté si longtemps. Si elle n'était infinie, comment aurait-elle jamais pu me souffrir ? Oui, je vous rends grâce de m'avoir attendu, avec tant de patience, jusqu'à présent, mais surtout de faire briller à mes yeux cette lumière de votre grâce pour que je connaisse ma folie et les torts que j'ai eus, en multipliant mes outrages et mes prévarications. Mon Jésus, je déteste cette conduite, je m'en repens de tout mon cœur. Pardonnez-moi, en vue de votre passion et assistez-moi de votre grâce afin que je ne vous offense plus. Je dois craindre à bon droit, que vous ne m'abandonniez, après un premier péché mortel que je

---

* S. Bern. médit. c. 3.

commettrais encore. Ah ! Seigneur, je vous en prie, mettez-moi, sous les yeux, ce juste motif de crainte, si le démon me poussait encore à vous offenser ! Mon Dieu, je vous aime, je ne veux plus vous abandonner, aidez-moi de votre grâce.

Prêtez-moi aussi votre secours, ô très-sainte Vierge, faites que je recoure toujours à vous dans mes tentations, afin que je ne perde plus Dieu. Ô Marie, vous êtes mon espérance.

DEUXIÈME PARTIE

Quiconque entre en enfer n'en sortira jamais. David tremblait à cette pensée : *Que je ne sois point englouti dans ce gouffre, et que ce puits de l'abîme ne se referme pas sur moi*[*]. Aussitôt que le réprouvé est tombé dans l'enfer, la porte se ferme et ne s'ouvre plus. Il y a une porte pour entrer, mais il n'y en a point pour sortir[†]. C'est ainsi que s'expliquent les paroles du psalmiste.

Enfin, tant que le pécheur est vivant, il peut toujours lui rester une espérance, mais, une fois mort dans son péché, il n'y a plus d'espoir[‡]. Au moins, si les damnés pouvaient nourrir quelque illusion, ce serait un adoucissement à leurs maux. Étendu sur un lit de douleur, un pauvre malade, que les médecins ne croient pouvoir arracher à la mort, se berce encore de l'idée de guérir ; il se dit en lui-même : qui sait si, plus tard, il ne se trouvera pas un autre médecin et des remèdes qui me rendront la santé ? Un misérable condamné aux galères se console encore ; qui sait, se dit-il, s'il ne surviendra pas un événement qui brisera mes chaînes ? Si le réprouvé pouvait aussi se flatter de même, et croire que peut-être un jour, il sortira de cet abîme affreux ; s'il lui était possible de se nourrir de cette pensée ! Mais, non, en enfer, il n'y a plus d'espérance, ni vraie, ni fausse ; on n'y

---

[*] Ps. 68, 16.
[†] Eusèbe d'Emesse.
[‡] Prov. 11, 7.

dit plus qui sait ? ni peut-être ? L'infortuné aura toujours sous les yeux la sentence de sa condamnation*, et d'après cette sentence, ses larmes devront couler dans ce lieu de supplices, pendant l'éternité†. Il n'a pas seulement à endurer les souffrances présentes ; à chaque moment, il supporte tout le poids de l'éternité, en se disant à lui-même : ce que je souffre, maintenant, je le souffrirai toujours. Il porte, dit Tertullien, le poids de cette éternité toute entière.

Prions donc le Seigneur, comme le faisait saint Augustin : « Brulez, coupez en moi, Seigneur, pourvu que vous m'épargniez pour l'éternité. » Les peines de cette vie sont passagères, selon ces paroles *Vos flèches passent, et la voix de votre tonnerre est semblable au tour d'une roue*‡ ; mais les châtiments de l'autre vie ne passent jamais. Que cette pensée fasse donc trembler ! que la crainte de cette sentence qui sortira comme le bruit du tonnerre de la bouche du souverain juge contre les réprouvés nous pénètre d'une sainte horreur : *Éloignez-vous de moi, maudits*, dira-t-il, *allez au feu éternel !* La roue est la figure de l'éternité qui n'a point de fin. *J'ai tiré mon épée*, dit le Seigneur, *elle ne rentrera plus dans le fourreau*§. Les peines de l'enfer seront terribles ; mais d'autant plus terribles, qu'elles dureront toujours.

Comment, dira un misérable ; est-ce donc justice de punir, par des supplices éternels, un péché d'un moment ? Je lui répondrai à mon tour : Comment un pécheur peut-il oser, pour une satisfaction si courte, offenser un Dieu dont la majesté est infinie ? Aussi les tribunaux mesurent-ils le châtiment sur la gravité de la faute et non sur sa durée ? Il ne faut qu'un instant, dit saint Thomas, pour commettre un homicide, mais le coupable serait-il puni si l'on ne lui imposait qu'une peine d'un instant# ? Pour un péché mortel, c'est peu d'un enfer ; pour punir l'offense faite à une majesté infinie, il faudrait une punition infinie°. Mais puisque la créature n'est pas capable de recevoir l'application d'une peine intensivement infinie, il est juste que Dieu lui en inflige une dont la durée soit sans fin**.

Au surplus, le supplice doit être, nécessairement, éternel, parce que le réprouvé ne peut plus satisfaire pour ses crimes. Ici-bas, le pécheur péni-

---

* Ps. 49, 21.
† Dan, 12, 2.
‡ Ps. 76, 18.
§ Ézéch. 21,5.
\# S. Thom. 2, quest. 87. art. 3.
° S. Bernardin de Sienne.
** S. Thomas.

peut encore s'acquitter, par l'application qui lui est faite des mérites de J.-C., mais le damné est exclu de toute participation à cette grâce, il ne peut plus rien faire d'agréable à Dieu ; son péché demeure éternellement, son supplice doit être éternel. Il ne pourra jamais apaiser Dieu, il souffrira, pendant l'éternité. Il y aura punition de la faute, expiation, jamais, parce que, selon saint Antonin, le pécheur n'est plus capable de repentir. L'indignation du Seigneur persévérera toujours[*]. En outre, quand il voudrait pardonner, le réprouvé ne le voudrait pas, parce que sa volonté est obstinée et confirmée dans la haine de Dieu. Les réprouvés, dit un saint pontife, ne s'humilieront pas ; au contraire, la malignité de leur haine augmentera toujours[†]. Selon saint Jérôme, leur désir de faire le mal sera insatiable[‡]. Ainsi, la plaie des damnés est incurable, parce qu'ils refusent même d'y apporter remède[§].

Affections et Prières.

Ainsi, ô mon Rédempteur, si j'étais, maintenant, du nombre des réprouvés, comme je l'ai mérité, je serais poussé par une haine obstinée contre vous, mon Dieu, qui avez daigné faire pour moi le sacrifice de votre vie. Oh Dieu ! qu'il serait pénible cet enfer, qui consisterait à vous haïr, vous qui m'avez si tendrement aimé, et qui êtes une beauté et une bonté infinies, dignes d'un amour infini. Donc, si j'étais en enfer, je serais assez infortuné pour refuser le pardon que vous m'offririez ! Mon Jésus, je vous rends grâce de la bonté dont vous m'avez donné tant de preuves, et puisque, actuellement, je puis obtenir mon pardon, je veux vous aimer. Ce pardon que vous m'offrez, je vous le demande, et je l'espère en vue de vos mérites. Je me repens de tant d'offenses que j'ai commises, mais vous, daignez me pardonner. Je vous aime de toute mon âme. Quel mal m'avez-vous fait pour que je dusse éternellement vous haïr ? Quel ami ai-je jamais rencontré qui ait fait et souffert pour moi ce que vous avez fait et souffert en ma faveur, ô mon Jésus ? Ah ! que je n'encoure plus, désormais, votre disgrâce, et que je ne perde pas votre amour ; faites-moi plutôt mourir que de permettre ce qui serait pour moi le plus grand des malheurs.

---

[*] Malach. 1, 4.
[†] Innoc. III, livr. 3 du mépris du monde, c. 10.
[‡] S. Jérôm. sur les Prov. c. 27
[§] Jérém. 15, 18.

Ô Marie, cachez-moi à l'ombre de vos ailes, et ne permettez plus que je me révolte encore contre Dieu et contre vous.

TROISIÈME PARTIE

La mort est ce qui épouvante le plus les pécheurs ici-bas ; dans l'enfer, elle sera l'objet de leurs plus ardents désirs. *Ils chercheront la mort, ils ne la trouveront pas. Ils souhaiteront vivement de mourir, et la mort fuira loin d'eux**.

Ô mort, s'écrie, saint Jérôme, que tu serais douce à celui pour qui tu as été si amère† ! Les damnés seront l'aliment de la mort‡. De même que la brebis qui mange l'herbe, se contente de la tige et laisse la racine ; ainsi la mort se nourrit des réprouvés, elle les dévore à tout moment, mais elle leur laisse la vie, pour les livrer en proie aux châtiments éternels§. Le damné meurt à chaque instant, sans jamais mourir. Il est livré, dit un saint, à une flamme vengeresse qui ne le détruira pas#. Si un homme vient à périr d'une maladie douloureuse, on le plaint. Quant au réprouvé, excitera-t-il au moins la compassion ? Non, l'infortuné, toujours mourant, n'excite et n'excitera jamais en qui que ce soit un sentiment de pitié. L'empereur Zénon, enfermé dans un souterrain, s'écriait : *Par compassion, ouvrez-moi*. Personne n'eut égard à ses cris. Il mourut de désespoir, après s'être

---

* Apoc. 9, 6.
† S. Jérome.
‡ Ps. 48, 15.
§ S. Bernard.
\# S. Grég. liv. I de la mort. c. 12.

dévoré les bras. Les réprouvés poussent les mêmes cris, mais il n'y a personne pour les délivrer, ni pour être touché de leur sort.

Et leurs maux, combien de temps dureront-ils ? Toujours, toujours. Le père Segneri le jeune, raconte, dans ses exercices spirituels, écrits par Muratori, qu'à Rome, où l'on exorcisait un possédé, on demanda au démon combien de temps il devait demeurer en enfer ? il répondit avec l'accent de la rage, en frappant de la main sur un siège : toujours, toujours. L'épouvante fut si grande que plusieurs jeunes gens du Collège Romain, qui se trouvaient présents, firent une confession générale et changèrent de vie pour avoir entendu ces deux paroles : toujours, toujours. Infortuné Judas, il y a dix-sept-cents ans et plus que tu es en enfer, et l'enfer ne fait que commencer pour toi ! Misérable Caïn, tu es dans les flammes, depuis quatre mille huit-cents ans, et tu n'en es encore qu'au prélude de ton supplice ! On demanda une autre fois à un démon, depuis quel temps il était en enfer ? il répondit : depuis hier ; mais lui dit-on : comment depuis hier, n'y as-tu pas été jeté il y a plus de cinq mille ans ? ah ! répliqua-t-il, si l'on savait ce que c'est que l'éternité, l'on comprendrait que mille ans sont à peine un moment ! Si un ange allait faire à un damné cette annonce : tu sortiras de l'enfer, mais lorsqu'il se sera écoulé autant de siècles qu'il y a de gouttes d'eau dans l'univers, de feuilles sur les arbres, et de grains de sable sur le bord de la mer, il en serait plus joyeux qu'un mendiant à qui l'on apporterait la nouvelle qu'il vient d'être proclamé Roi. Oui, car tous les siècles passeront et se multiplieront à l'infini, et l'enfer sera toujours à recommencer. Tout réprouvé ferait volontiers ce pacte avec Dieu : Seigneur, augmentez mes tourments autant que vous le voudrez, qu'ils durent autant qu'il vous plaira, seulement, mettez-y un terme et je serai content. Mais non, jamais il n'y aura de terme. La trompette de l'éternelle justice ne fera retentir en enfer que ces sons : toujours, toujours, jamais, jamais.

Les damnés, comme dans Isaïe, demanderont aux démons qu'est-il arrivé cette nuit* ? Quand sera-t-elle enfin écoulée ? quand cessera cette trompette, quand finiront ces cris, cette infection, ces flammes, ces tourments ? Et on leur répondra jamais, jamais. Combien dureront-ils ? toujours, toujours. Ah ! Seigneur, ouvrez les yeux à tant d'aveugles que l'on conjure de ne pas se précipiter dans ces malheurs et qui répondent : enfin, si nous allons en enfer, nous le souffrirons. Oh Dieu ! ils n'ont pas le courage de supporter un peu de froid, de rester dans un appartement trop

---

* Is. 21, 11.

échauffé, de recevoir avec patience un coup qu'on leur porte, auront-ils assez de patience pour rester dans un Océan de flammes, où ils seront foulés aux pieds des démons, abandonnés de Dieu et de tout le monde, pendant l'éternité.

Affections et Prières.

Ah ! Père des miséricordes vous n'abandonnez pas celui qui vous cherche*. Autrefois, je vous ai si souvent méprisé et vous ne m'avez pas abandonné, ne m'abandonnez pas, maintenant, que je vous poursuis. Je me repens, ô bien suprême, d'avoir si peu estimé votre grâce que j'ai sacrifiée sans raison. Regardez les plaies de votre fils, écoutez sa voix qui vous prie de me pardonner, et pardonnez-moi. Et vous, mon Rédempteur, rappelez-moi toujours le souvenir des supplices que vous avez endurés pour mon salut, de l'amour que vous m'avez témoigné et de l'ingratitude qui m'a fait tant de fois mériter l'enfer, afin que je déplore, sans cesse, mes torts envers vous et que je sois toujours consumé des flammes de votre amour. Ah ! mon Jésus, comment ne brûlerais-je pas de ce beau feu, dans la pensée que, depuis tant d'années, je devrais être en enfer, sur des brasiers ardents, pour toute l'éternité, lorsque je réfléchis, surtout, que vous êtes mort pour m'en préserver et que vous m'en avez, effectivement, sauvé, par l'effet d'une bonté inexprimable. Si j'étais en enfer, je vous haïrais, maintenant, et pour toujours ; mais non, je vous aime et je veux vous aimer, sans cesse. Je l'espère, en considération des mérites de votre sang. Vous m'aimez et je vous aime encore. Vous m'aimerez toujours, si je ne vous quitte pas. Ah ! mon Sauveur, sauvez-moi après le malheur que j'ai eu de me séparer de vous, ensuite, faites de moi ce que vous voudrez. Je mérite tous les châtiments, je les accepte, afin de ne point être, un jour, en punition de mes excès, privé de votre présence.

Ô Marie, mon refuge ! combien de fois je me suis exposé à l'enfer, et vous m'en avez préservé ! Délivrez-moi, maintenant, du péché qui seul peut me priver de la grâce de Dieu et me conduire dans ce lieu de tourments.

---

* Ps. 9, 11.

XXVIIIE CONSIDÉRATION

REMORDS DU RÉPROUVÉ.

Le ver qui le ronge ne meurt pas.

— S. MARC. 9, 47.

PREMIÈRE PARTIE

Par ce vers qui ne meurt pas, saint Thomas entend les remords de la conscience dont le réprouvé sera, éternellement, tourmenté en enfer. Ces remords si cruels pour son cœur seront en grand nombre, mais trois pensées surtout les exciteront et lui feront ressentir les regrets les plus vifs. La première sera de s'être perdu pour si peu de chose. Quand Ésau eut vendu, pour un plat de lentilles, son droit d'aînesse, l'écriture dit que l'idée de l'énormité de sa perte et la peine qu'il en éprouvait, lui faisaient pousser des cris affreux semblables à des hurlements*. Oh ! quelle sera l'explosion du chagrin, quels seront les cris, les rugissements du réprouvé qui se rappellera que, pour de vils plaisirs d'un moment, il a perdu un bonheur éternel, et encouru des châtiments qui ne finiront jamais ! Il pleurera, plus amèrement que Jonathas, lorsque ce jeune prince entendit la sentence de mort, prononcée contre lui par Saül, son père, pour avoir goûté un peu de miel†. Oh Dieu ! quelle douleur causera à cet infortuné le souvenir des motifs de sa réprobation ! Maintenant, que nous semble la portion de notre vie déjà écoulée, sinon un songe, un moment ? En enfer, que paraîtront cinquante, soixante ans de vie, passés ici-bas, à celui qui se trouvera dans les profondeurs de l'éternité, où il aura déjà souffert cent et mille millions d'années, quand il pensera que l'éternité ne fait que

---

* Gén. 27, 34.
† Rois, 14, 43.

commencer. Mais que dis-je, cinquante ans de vie ? Ces cinquante ans auraient-ils été, peut-être, une suite non interrompue de plaisirs ? Quoi ! un pécheur, chargé de fautes et vivant sans Dieu, peut-il être toujours dans la joie ? Combien durent les satisfactions de celui qui fait le mal ? quelques instants seulement, tout le reste passé dans la disgrâce du Seigneur est un temps de peines et de chagrins. Que sembleront ces moments de fausses jouissances au misérable damné, et surtout le dernier péché, pour lequel il se sera perdu ? Ainsi, se dira-t-il, pour une honteuse et brutale satisfaction qui n'a duré qu'un instant, qui a passé comme l'éclair, il me faudra brûler dans ces flammes ; je me vois condamné à un désespoir et à un abandon total, tant que Dieu sera Dieu, pour l'éternité tout entière !

Affections et Prières.

Seigneur, donnez-moi la lumière pour me faire connaître l'injustice de mes offenses, et l'horreur des châtiments éternels que j'ai mérités. Mon Dieu, je ressens une grande peine de vous avoir outragé, mais cette peine même me console. Si vous m'aviez précipité en enfer, comme j'en étais digne, ces remords seraient pour moi, un enfer dans l'enfer même, en pensant que j'aurais encouru une peine éternelle pour si peu de chose ! Oui, ces remords sont ma consolation puisqu'ils me font espérer le pardon que vous ne refusez, jamais, à quiconque vous témoigne son repentir. Oui, mon Seigneur, je me repens de tant d'outrages, j'en éprouve une vive douleur mais elle m'est agréable ; aussi, je vous prie de l'augmenter en moi et de me la conserver, jusqu'à la mort, afin que je déplore toujours avec amertume, les déplaisirs que je vous ai causés. Mon Jésus, mon Rédempteur, pardonnez-moi. Pour avoir pitié de moi, vous n'avez pas eu pitié de vous-même ; vous vous êtes condamné à mourir de douleur, pour me délivrer de l'enfer. Oui, ayez pitié de moi, faites que le remords de vous avoir offensé, entretienne en moi une douleur qui me suive jusqu'au tombeau. Consumez-moi aussi du feu de votre amour, vous qui n'avez tant aimé et qui m'avez supporté avec tant de patience ; maintenant, au lieu de me châtier, prodiguez-moi vos lumières et vos grâces. Je vous remercie, mon Jésus et je vous aime, plus que moi-même, et de tout mon cœur. Vous ne pouvez pas mépriser celui qui se porte avec affection vers vous. Je vous aime, ne me bannissez pas de votre présence. Recevez-moi dans vos bonnes grâces, et ne permettez plus que je vous perde.

Marie, ma mère, acceptez-moi au nombre de vos serviteurs, et attachez-moi à Jésus, votre fils. Priez-le de me pardonner, de me donner son amour et la grâce de la persévérance, jusqu'à la mort.

DEUXIÈME PARTIE

Saint Thomas dit que la plus grande douleur des réprouvés sera la pensée qu'ils se seront perdus pour des choses de néant, tandis que, s'ils eussent voulu, ils auraient pu très-facilement gagner le ciel. Ainsi, le second motif des remords sera l'idée du peu qu'il leur en aurait coûté pour se sauver. Un réprouvé apparut à saint Humbert et lui dit que sa plus grande affliction, en enfer, était de se rappeler combien peu il lui avait fallu pour se perdre, et combien peu il lui en aurait coûté pour être au nombre des élus. Le malheureux damné se dira éternellement Ah ! si je m'étais mortifié, en sacrifiant tel objet, mes passions ; si j'avais vaincu ce respect humain ; si j'avais fui cette occasion, cette société, cette conversation, je ne me serais pas perdu ! Si je m'étais confessé toutes les semaines, si j'avais fréquenté tel exercice de piété, si j'avais fait chaque jour une bonne lecture spirituelle, si je m'étais recommandé à Jésus et à Marie, je ne serais pas retombé dans mes fautes ! Tant de fois, je m'étais proposé de le faire, je ne l'ai pas exécuté, j'ai commencé, ensuite, j'ai lâché prise, et c'est là la cause de ma damnation éternelle. Son désespoir s'augmentera encore, en pensant à l'exemple des amis vertueux qu'il a eus, aux grâces dont Dieu l'avait comblé, pour lui procurer le ciel ; aux dons de la nature, comme la santé, les biens de la fortune, les talents qui lui avaient été départis, afin de l'engager à devenir saint. Il repassera aussi dans sa mémoire, les dons de la grâce, tant de lumières, d'inspirations, d'invitations, et toutes les années qui lui avaient été accordées, pour réparer ses fautes, mais il se convaincra que, dans sa déplorable situation, il n'y a plus de ressource pour lui. Il entendra l'ange du Seigneur qui criera : *Au nom du Dieu vivant, dans tous les siècles, il n'y aura plus de temps**. Le souvenir de toutes ces faveurs seront comme un glaive qui percera l'âme de cet infortuné, lorsqu'il verra qu'il n'est plus temps, en effet, de détourner le malheur éternel qu'il a encouru. Il dira donc, en versant des larmes, de concert avec les autres compagnons de sa cruelle infortune : *La moisson est faite, l'été est passé, et nous ne sommes pas sauvés*†. Ah ! si toutes les peines auxquelles je me suis livré pour l'enfer, je les avais supportées pour le ciel, je serais un grand saint ; et aujourd'hui, je n'ai plus que des remords qui me tourmenteront éternellement ! Oui, cette seule pensée sera plus douloureuse pour le réprouvé, que le feu et tous les autres supplices de l'enfer. Je pouvais être heureux pour toujours, et me voilà malheureux pour l'éternité !

Affections et Prières.

Ah ! mon Jésus, comment avez-vous pu m'attendre si longtemps ? Tant de fois, je me suis séparé de vous, et vous n'avez pas cessé de me poursuivre ! Je vous ai si souvent offensé, et vous m'avez accordé mon pardon. Je suis retombé dans mes fautes, et vous m'avez de nouveau pardonné. Ah ! faites-moi part de cette douleur que vous ressentiez dans le jardin de Gethsémani, à l'occasion de mes péchés, pour lesquels vous avez sué sang et eau ! Je me repens, mon aimable Rédempteur, d'avoir ainsi payé d'ingratitude votre affection. Ô plaisirs maudits, je vous déteste, je vous dis anathème, vous m'avez fait perdre l'amitié de mon Dieu ! Mon doux Sauveur, je vous aime par-dessus tout, je renonce à toute satisfaction coupable, et je me propose de mourir mille fois plutôt que de vous offenser encore. Par la tendresse que vous avez ressentie pour moi sur la croix, et qui vous a fait faire le sacrifice de votre vie, donnez-moi la lumière et la force nécessaire pour résister aux tentations et recourir à vous lorsque j'y serai en butte.

Ô Marie, mon espérance, vous pouvez tout près de Dieu, obtenez-moi une sainte persévérance, obtenez-moi de ne plus renoncer à son saint amour.

---

* Apoc. 10, 5, 6.
† Jér. 8, 20.

TROISIÈME PARTIE

Le troisième regret des damnés sera la pensée des grands biens qu'ils auront perdus, car ces infortunés seront plus affligés de la perte du ciel que des peines même de l'enfer*. La malheureuse Elisabeth, reine d'Angleterre, disait : « que Dieu me donne quarante ans de règne et je renonce au ciel ! » Elle les a passées sur le trône ces longues années, mais, maintenant qu'elle a quitté ce monde, que dit-elle ? Assurément, elle ne pense plus de la sorte. Oh ! à quelle douleur n'est-elle pas en proie, en voyant qu'au prix de ce temps qu'elle a régné, toujours dévorée de mille craintes, de mille soucis, elle a perdu, pour l'éternité, la couronne du ciel !

Ce qui causera la plus vive affliction au damné, c'est qu'il a perdu le ciel et le bien suprême qui est Dieu, non par l'effet d'une destinée funeste, ni de la malveillance d'autrui, mais de sa propre faute. Il verra que Dieu ne l'avait créé que pour le ciel ; qu'il lui avait donné à choisir entre la vie et la mort[†]. Ainsi, il connaîtra qu'il était en son pouvoir d'être heureux, pour l'éternité, et que, de lui-même, il a voulu se précipiter dans cet abîme de tourments, d'où il lui sera impossible de sortir et d'où personne ne pourra plus le tirer. Il verra une foule de ses amis qui se seront sauvés et qui avaient été, peut-être, exposés à des périls plus grands, mais qui ont su se maintenir dans la justice en se recommandant à Dieu. Au moins, s'ils ont

---

* S. Chrys.
† Eccl. 15, 18.

fait des chutes, ils se sont relevés, se sont donnés au Seigneur, et ont évité le naufrage éternel, tandis que lui, pour n'avoir pas voulu mettre un terme à ses iniquités, il se sera précipité en enfer, cet océan de supplices, sans espérance de pouvoir apporter jamais le moindre remède à ses maux.

Ô mon cher frère, si, précédemment, vous avez été insensé à ce point de vouloir sacrifier Dieu et le ciel, pour un misérable plaisir, hâtez-vous, il en est temps encore, de réparer vos pertes. N'allez pas vouloir passer pour un homme qui a perdu le sens. Tremblez d'aller un jour pleurer votre aveuglement. Qui sait si cette considération que vous lisez n'est pas la dernière invitation que Dieu vous fait ? Qui sait, dans le cas où vous ne changeriez pas de vie, si, dès le premier péché mortel que vous commettrez, le Seigneur ne vous abandonnera pas et ne vous condamnera pas à des peines éternelles avec tant d'insensés qu'il jettera dans cet horrible cachot. Ceux qui sont, actuellement, en enfer, avouent leur erreur, mais avec la rage du désespoir, dans la persuasion vraie qu'il ne leur est plus possible d'en revenir. Ainsi, quand le démon vous excitera, de nouveau, à faire le mal, armez-vous de la pensée de l'enfer ; recourez à Dieu et à la très-sainte Vierge. Par ce moyen, vous triompherez de ses attaques*, en recourant à Dieu.

AFFECTIONS ET PRIÈRES.

Ah ! mon bien suprême, combien de fois vous ai-je perdu, pour un rien, et ai-je mérité de vous perdre pour toujours ! Mais je me console, en me rappelant l'invitation du roi prophète : *Que le cœur de ceux qui cherchent le Seigneur*, dit-il, *se réjouisse*†. Je ne dois donc pas désespérer de vous retrouver, ô mon Dieu, si je vous cherche de tout mon cœur. Oui, Seigneur, je soupire après votre grâce plus qu'après tout autre bien. Je me résigne volontiers à être privé de tout, même de la vie, plutôt que de votre amour. Je vous aime, ô mon créateur, par-dessus tout et parce que je vous aime, je me repens de vous avoir offensé. Ô mon Dieu, au lieu de me mépriser, de me condamner, hâtez-vous de m'accorder mon pardon. Faites que je vous retrouve, car je ne veux plus vous perdre. Si vous me recevez encore dans vos bonnes grâces, mon projet est de tout abandonner et de n'aimer que vous ; c'est ce que j'espère de votre miséricorde. Père éternel, exaucez-moi par l'amour de J.-C., pardonnez-moi et faites-moi la grâce de

---

* Eccl. 7, 40.
† Ps. 104, 3.

ne plus me séparer de vous, parce que si de nouveau je venais, volontairement, à vous perdre, je dois craindre qu'enfin vous ne m'abandonniez.

Ô Marie, ô médiatrice des pécheurs, faites que je me réconcilie avec mon Dieu, ensuite, protégez-moi à l'ombre de vos ailes, afin que je ne m'éloigne plus du Seigneur.

XXIXE CONSIDÉRATION

DU CIEL.

Votre tristesse sera changée en joie.

— S. JEAN, 16, 20.

PREMIÈRE PARTIE

Prenons courage, pour souffrir, maintenant, avec patience, les afflictions ; offrons-les à Dieu, en échange des douleurs auxquelles J.-C. s'est condamné, par amour pour nous, et que l'espérance du ciel nous excite à la pratique de la résignation. Angoisses, douleurs, persécutions, craintes, tout finira un jour ; et ces diverses épreuves sont, dans cette vie, une semence qui doit nous produire, dans l'autre, une abondante moisson de gloire et de félicité. *Votre tristesse sera changée en joie*[*].

Considérons, aujourd'hui, quelques-uns des avantages du ciel. Mais que dirons-nous, à ce sujet, si les Saints les plus favorisés des lumières divines n'ont pu, eux-mêmes, nous raconter les délices que le Seigneur y a réservées à ses serviteurs fidèles ? David se trouvait dans l'impuissance de s'exprimer sur ce point, il se borne à dire que c'est un bien souverainement désirable[†]. Mais vous, grand saint Paul, qui avez eu le privilège d'être ravi jusqu'au troisième ciel, racontez-nous au moins quelque chose de ce que vous y avez vu. Non, dit cet illustre apôtre, ce que j'ai vu, il m'est impossible d'en rendre compte. Ces jouissances célestes sont des secrets qu'il n'est pas donné à l'homme de révéler[‡]. Elles sont si ineffables que, pour en parler, il faudrait en jouir ; c'est tout ce que je puis en dire.

---

[*] S. Jean, 16, 20.
[†] Ps. 83.
[‡] 2 Ép. aux Cor. 12, 14.

L'œil de l'homme n'a pas vu, continue l'apôtre, *son oreille n'a pas entendu, il n'est jamais monté à son cœur rien de comparable en beauté, en harmonie, en félicité, à ce que Dieu prépare-à ceux qui l'aiment**.

Comment comprendre les avantages du ciel, nous qui n'avons l'idée que de ceux de la terre ? Si par exemple, un cheval avait la raison, et s'il apprenait que son maître, le jour de ses noces, a préparé un festin magnifique, il s'imaginerait que les mets consisteraient en bon foin, en avoine excellente, car ces animaux n'ont pas l'idée d'autres aliments. Telle est aussi notre manière d'envisager les biens de l'autre vie, nous les comparons à ceux que nous possédons en celle-ci. Ainsi, il est agréable de voir, en une belle nuit d'été, le ciel parsemé d'étoiles. C'est un vrai plaisir, au printemps, de se promener sur un petit navire, en mer, lorsqu'elle est calme ; l'aspect des rochers embellis de verdure ; la vue des poissons qui nagent et frétillent, offrent quelque chose de ravissant. Quelle satisfaction encore de visiter un jardin, rempli de fruits et de fleurs, arrosé de fontaines, pourvu de jets d'eau ; une multitude d'oiseaux volent çà et là et font retentir de la mélodie de leurs chants tous les lieux d'alentour ; c'est un paradis, s'écrie-t-on.

Quel paradis ! Ah ! les plaisirs du ciel dont nous parlons, sont bien différents ! Pour comprendre, quoique confusément, une partie de ce qu'il est, il faut considérer que le Dieu tout-puissant qui l'habite est tout entier à combler de délices les âmes qu'il aime. Voulez-vous savoir ce qu'est le ciel, dit saint Bernard ? Il n'y a rien qui fasse peine, tout, au contraire, y est de nature à vous transporter de joie.

Ô Dieu ! que dira mon âme, en entrant dans ce royaume heureux ! Figurons-nous un jeune homme, une jeune personne vertueuse et pure, l'un et l'autre consacrés par amour à J.-C. La mort vient les frapper, ils quittent la terre. Quel est leur sort ? L'âme paraît devant son juge, il la reçoit avec tous les témoignages de la tendresse la plus vive, et lui annonce qu'elle est sauvée. Son ange gardien vient à elle, il est dans l'allégresse, et elle lui rend grâce des secours que lui a procurés son assistance. Courage, âme vertueuse, lui dit-il, livrez-vous à tous vos transports de joie, vous voilà sauvée, venez contempler la face de votre Dieu. Cette âme franchissant l'espace occupé par les nuages et les astres, entre dans le ciel. Ô Dieu ! que dira-t-elle, en entrant, pour la première fois, dans cette patrie céleste, et en jetant un coup d'œil sur cette cité si délicieuse ? Les anges, les saints viendront à sa rencontre et la combleront de félicitations. Quel

---
* 2 Ép. aux Cor. 2, 9.

sera son bonheur d'y trouver des parents, des amis déjà introduits avant elle, et ses saints patrons ! Elle se présentera à ces derniers, pour leur rendre hommage, mais ils lui crieront : *Gardez-vous bien d'en agir ainsi, nous ne sommes que des serviteurs de Dieu comme vous*[*]. Elle ira ensuite baiser les pieds de Marie, la reine du ciel. De quels sentiments d'amour ne sera-t-elle pas pénétrée, en voyant ainsi, pour la première fois, cette divine mère dont l'intercession lui aura valu tant de secours, qui auront si puissamment contribués à sa sanctification ! Elle connaîtra, en effet, toutes les grâces que lui a obtenues cette Vierge sainte qui, de son côté, l'accueillera avec les témoignages de la tendresse la plus vive. Elle ira, ensuite, à Jésus, qui la recevra comme son épouse, et lui adressera ces belles paroles : *Venez des montagnes du Liban, épouse chérie, venez recevoir la couronne*[†] . Soyez dans l'allégresse. Il n'y aura plus ni larmes, ni peines, ni craintes, recevez ce diadème qui ne vous sera jamais ravi, et que je vous ai acquis au prix de mon sang. Jésus lui-même la conduira pour être bénie de la main de Dieu son Père, qui, en l'accueillant avec bonté, et en la couvrant de ses bénédictions, lui dira : *Entrez dans la joie de votre Seigneur*[‡]. Il lui fera partager la félicité dont il est la source féconde.

Affections et Prières.

Voici, mon Dieu, à vos pieds, un ingrat que vous avez créé pour le ciel, mais qui, bien souvent, y a renoncé sans crainte, pour de misérables plaisirs, s'exposant ainsi, de gaieté de cœur, au danger d'être précipité dans les supplices de l'enfer. Vous m'avez déjà pardonné, je l'espère, tous les outrages dont je me suis rendu coupable envers vous ; la peine que je ressens de ces péchés est toujours nouvelle, je veux m'en repentir jusqu'à la mort, pour que vous tiriez de là un motif toujours nouveau de pardon. Mais, ô mon Dieu, quoique vous m'ayez déjà fait grâce, il sera toujours vrai de dire que j'ai eu l'affreux courage d'affliger votre cœur, ô Sauveur si tendre, qui m'avez tiré du néant, pour me faire régner avec vous ! Que votre miséricorde soit louée et bénie à jamais, ô mon Jésus, qui m'avez supporté si patiemment, et qui, au lieu de me punir, avez multiplié en ma faveur vos lumières et vos invitations. Je vois, mon bon Sauveur, que vous voulez absolument me sauver, que vous voulez me voir dans votre patrie,

---

[*] Apoc. 22, 9.
[†] Cant. des Cant. 4, 8.
[‡] S. Math. 25, 21.

éternellement occupé de vous aimer, mais vous exigez, d'abord, que je vous aime ici-bas, et c'est là mon désir. N'y eût-il pas de récompense éternelle, je veux, tant que je respirerai, vous aimer de toute mon âme et de toutes mes forces. Il me suffit, ô mon Dieu, de savoir que vous le désirez de moi. Mon Jésus, aidez-moi du secours de votre grâce, ne m'abandonnez pas. Mon âme est immortelle, ainsi je devrais vous aimer, ou vous haïr pendant l'éternité. Ah ! je veux vous aimer éternellement, et pour cela, le faire dans cette vie pour continuer dans l'autre. Disposez de moi, comme il vous plaira ; châtiez-moi comme vous le voudrez, seulement ne me privez pas de votre amour, ensuite faites de moi, selon votre bon plaisir. Mon Jésus, vos mérites infinis sont le sujet de mon espérance.

Ô Marie, je me confie entièrement en votre intercession, vous m'avez délivré de l'enfer quand j'étais dans le péché, maintenant que je veux m'attacher à Dieu, veuillez me sauver et me faire devenir saint.

DEUXIÈME PARTIE

D ès que l'âme sera entrée dans la joie du Seigneur, et mise en possession de la félicité des élus, rien ne la tourmentera plus. *Dieu essuiera les larmes de ses saints*, dit l'ange de l'Apocalypse, *et la mort ne sera plus. Il n'y aura plus, ni pleurs, ni cris, ni afflictions, parce que le premier état sera passé. Celui qui est assis sur le trône dit : Je vais faire toutes choses nouvelles**. Ainsi, dans le ciel, plus de maladies, plus d'indigences, plus d'incommodités ; on n'y passera plus successivement du jour à la nuit, ni de la nuit au jour ; on n'y sera plus tourmenté par le froid, ni brûlé par l'ardeur excessive des rayons enflammés du soleil ; il y aura un jour éternel et constamment serein, un continuel et délicieux printemps. Là, plus de persécutions, ni de jalousie, car dans ce royaume de l'amour, tous s'aiment tendrement, et chacun jouit du bonheur des autres comme du sien propre. Plus d'appréhension, parce que l'âme, confirmée en grâce, ne peut plus ni pécher, ni perdre Dieu. Tout est nouveau, tout console et rassasie l'âme. On y trouve tout, selon ses désirs.

Dans le ciel, la vue sera satisfaite, en considérant cette *cité d'une beauté si parfaite*†. Quel plaisir n'aurait-on pas de voir une ville, dont le pavé des rues serait d'un cristal pur, où les palais seraient d'argent massif, les colonnes en or embellies de festons et de fleurs ! Ô combien l'emporte

---

* Apoc. 21, 4.
† Threu. 2, 15.

la cité céleste sur cette magnificence ! Que serait-ce, ensuite, si l'on voyait tous les habitants de cette ville opulente, revêtus de la pourpre royale ? Or, dans le Ciel, tous les élus sont rois, comme le dit saint Augustin : autant de citoyens de la sainte Jérusalem, autant de Rois ! Quel ravissement à l'aspect de Marie, qui surpassera en éclat, en beauté le ciel lui-même tout entier ! Que sera-ce de contempler l'agneau de Dieu, ce divin époux de nos âmes ! Sainte Thérèse une fois aperçut à peine la main de J.-C., elle demeura dans une extase qui la priva longtemps de l'usage de ses sens, frappée qu'elle était de cette grande vision.

L'odorat, en respirant l'odeur des parfums les plus exquis, aura également sa jouissance. Il en sera de même de l'ouïe que charmera l'harmonie des concerts célestes. Saint François entendit une fois la voix d'un ange ; il faillit en mourir de bonheur. Que sera-ce, alors, d'entendre tous les saints et tous les esprits bienheureux, chanter en chœur, les louanges de Dieu ! *Ils vous loueront, Seigneur*, dit David, *dans les siècles des siècles**. Que sera-ce d'entendre sortir les louanges de Dieu de la bouche de Marie ! La voix de cette divine mère, selon saint François de Sales, l'emportera autant sur tous les concerts du ciel, que le chant du rossignol dans les bocages, sur celui des petits oiseaux qui s'y trouvent. En un mot, le Paradis est la réunion de toutes les jouissances qu'on peut désirer.

Mais ces beautés considérées jusqu'à présent ne sont que les moindres avantages. Le bien qui constitue à lui seul le ciel, le bien par excellence, c'est Dieu. Les récompenses qu'il nous promet ne sont pas seulement l'éclat, l'harmonie, ni les autres joies de cet heureux séjour, la principale c'est Dieu même, c'est de l'aimer, c'est de le voir face à face. *Je serai moi-même*, dit-il, *votre récompense infiniment grande*†. Saint Augustin nous assure que si Dieu se montrait aux réprouvés, l'enfer serait, tout à coup changé, en un paradis de délices. Il ajoute que, si une âme, sortie de ce monde, avait à choisir, ou de voir Dieu et d'être, en même temps, en enfer, ou de ne pas le voir et d'être délivrée de l'enfer, elle ne balancerait pas, elle resterait dans les tourments, à la condition de n'être pas privé de sa présence.

Ce bonheur d'aimer et de voir Dieu face à face, nous ne pouvons le comprendre ici-bas ; mais représentons-nous, d'abord, combien doit être consolant cet amour qui, même en cette vie, opère de si étonnants prodiges. En effet, il a le pouvoir de ravir non seulement les âmes, mais

---

* Ps. 85, 5.
† Gén. 25, 1.

les corps mêmes des saints. Saint Philippe de Néri fut, une fois, enlevé dans l'air avec le siège auquel il se tenait attaché. Saint Pierre d'Alcantara fut aussi élevé de terre, quoique, pour l'éviter, il tînt un arbre fortement embrassé. Nous savons encore que les martyrs remplis des douceurs de ce sentiment si pur, tressaillaient de joie, malgré la violence de leurs tourments. Saint Vincent, au milieu des supplices, parlait de manière, dit saint Augustin, à faire croire qu'il y avait en lui deux êtres, l'un qui souffrait et l'autre qui s'exprimait de la sorte. Saint Laurent, sur un gril embrasé, insultait au tyran : tourne-moi de l'autre côté, lui disait-il, et mange. Oui, dit le même saint, le bienheureux Laurent, embrasé du feu de l'amour divin, ne sentait pas le feu matériel. En outre, de quelles douceurs n'est pas inondé un coupable, qui déplore ses crimes ! C'est ce qui faisait dire à saint Bernard : « mon Dieu, s'il est si doux de pleurer pour vous, que sera-ce ensuite de jouir de vous ! » Quelle suavité goûte une âme lorsque, dans l'oraison, favorisée d'un rayon de lumière, elle envisage les bontés, les miséricordes dont Dieu l'a comblée, et l'amour que lui a manifesté et lui, manifeste encore le Sauveur ! Elle se sent comme épuisée et en défaillance par l'effet de l'amour. Cependant, sur la terre, nous ne voyons pas Dieu tel qu'il est ; *ce n'est qu'à travers l'obscurité ; mais, alors, nous le verrons face à face**. Maintenant, nous avons un bandeau sur les yeux, et Dieu est sous les voiles de la foi, sans se montrer à nos regards ; que sera-ce quand il arrachera ce bandeau, que le voile sera déchiré, et que nous contemplerons son visage à découvert. Nous nous convaincrons combien il y a en lui de beauté, de grandeur, de justice, de perfections, d'amabilités et d'amour.

Affections et Prières.

Ah ! mon bien suprême, je suis cet infortuné qui me suis tant de fois détourné de vous, et qui ai renoncé à votre amour ! Je ne mériterais plus ni de vous voir, ni de vous aimer ; mais pour avoir pitié de moi, vous n'avez pas eu compassion de vous-même, puisque, pour moi, vous vous êtes condamné à être cloué sur un gibet infâme et à mourir dans d'affreux tourments ! C'est donc votre mort qui me fait espérer de vous voir un jour, de jouir enfin de votre présence, et de vous aimer de toutes mes forces. Mais, maintenant que je suis encore en danger de vous perdre pour toujours, maintenant que je vous ai perdu plusieurs fois, par suite de mes péchés, que ferai-je le reste de ma vie ? Continuerai-je de vous offenser ? Non,

---

* 1 Ép. aux Cor. 13, 21.

mon Jésus, je déteste, de toute l'énergie de mon âme, les fautes dont je me suis rendu coupable ; ces outrages qui ont rejailli sur vous me déplaisent souverainement, et je vous aime de tout mon cœur. Éloigneriez-vous une âme qui se repent et qui vous aime ? Non, je sais bien que vous avez dit, que vous ne pouvez, ô mon aimable Sauveur, repousser personne, lorsque c'est une sincère douleur qui ramène à vos pieds : *Je n'éloignerai pas*, avez-vous dit, *celui qui vient à moi**. Mon Jésus, j'abandonne tout, je me convertis à vous, je vous embrasse, je vous presse sur mon cœur, embrassez-moi et pressez-moi aussi contre votre divin cœur. J'ose tenir ce langage parce que je m'entretiens, parce que je traite avec un Dieu d'une bonté infinie, et que je parle à un Dieu qui a trouvé un vrai bonheur à mourir pour moi. Mon Sauveur bien-aimé, donnez-moi la persévérance dans votre amour.

Marie, ma bonne mère, par toute la tendresse et l'amour que vous portez à Jésus, votre fils, obtenez-moi cette persévérance. Je l'espère. Ainsi soit-il.

---

* S. Jean, 6, 37.

TROISIÈME PARTIE

Ici-bas, le plus grand sujet de peine et d'affliction pour les âmes qui aiment Dieu, c'est la crainte de ne pas assez l'aimer et de ne pas en être aimées, car *l'homme ne sait s'il est digne d'amour ou de haine**. Mais dans le ciel, l'âme est assurée de cet amour réciproque, elle sent qu'elle en est comme absorbée, elle voit le Seigneur la presser entre ses bras comme sa fille chérie, et éternellement, il en sera de même. La connaissance plus parfaite de la tendresse qui a pu porter un Dieu à se faire homme et à mourir pour nous, à instituer l'adorable sacrement de la divine eucharistie, à se réduire au point de devenir l'aliment d'un ver de terre est un des motifs qui rendra toujours plus ardentes les flammes qui dévorent cette âme ! Elle verra, alors, distinctement toutes les grâces que lui a prodiguées le Seigneur, pour la délivrer de la tentation et des dangers qui auraient pu la perdre. Elle verra que ces tribulations, ces maladies, ces persécutions et ces pertes qu'elle appelait disgrâces et châtiments de Dieu, n'ont été que des traits d'amour et des moyens employés par la Providence pour la conduire au ciel ! Elle verra, surtout, que la patience avec laquelle Dieu l'a supportée après tant de péchés et les miséricordes dont il l'a comblée, en lui donnant tant de lumières et en lui faisant tant d'invitations dictées par son amour ! Tandis que du haut de cette sainte montagne, elle apercevra, une infinité d'âmes réprouvées et condamnées au supplice de l'enfer,

---

* Eccl. 9, 1.

quoique moins coupables qu'elle, elle se verra avec complaisance parvenue heureusement au port, possédant Dieu, sûre d'ailleurs de ne plus pouvoir perdre ce souverain bien pendant les siècles des siècles.

Ainsi, le bienheureux jouira de cette félicité qui, pendant l'éternité, et à chaque instant, lui semblera toujours nouvelle, comme si c'était la première fois qu'il la ressentît. Toujours, il la désirera et toujours il l'obtiendra, toujours désaltéré et toujours pressé par la soif, toujours affamé et toujours rassasié. Les désirs dans le ciel sont sans mélange de peines, la possession n'engendre pas l'ennui. En un mot, comme les réprouvés sont semblables à des vases remplis de la colère de Dieu, ainsi les bienheureux ressemblent à des vases pleins de la joie du Seigneur ; ils n'auront plus rien à désirer.

Sainte Thérèse disait que, même sur la terre, quand Dieu admet une âme aux communications intimes de son amour, il l'enivre d'un tel sentiment de bonheur qu'elle en perd le goût de toutes les choses de la terre. Mais, admise dans le ciel, que son bonheur sera bien plus parfait, s'écrie David, car c'est là que les élus seront inondés de l'abondance des biens que renferme cette demeure sainte* ! Alors contemplant tous ces biens, à découvert, possédant sans réserve le bien par excellence, elle sera dans une telle ivresse de joie et d'amour qu'elle se perdra en Dieu ; dans cette jouissance ineffable, elle s'oubliera elle-même, elle ne pensera plus, désormais, qu'à aimer, qu'à louer, qu'à bénir ce bien infini qu'elle possède.

Quand donc les croix de cette vie nous accablent, encourageons-nous à les porter avec résignation, par l'espérance du ciel. Sainte Marie d'Égypte, interrogée sur la fin de sa vie, par l'abbé Zozime, comment elle avait pu s'accoutumer à toutes les incommodités qu'elle supportait depuis tant d'années au milieu d'un affreux désert, lui répondit : c'est par l'espoir d'obtenir le ciel. Saint Philippe de Néri, qu'on voulut honorer du cardinalat, jeta la barrette en l'air, en s'écriant : le ciel ! le ciel ! Chaque fois que le frère Égidius, franciscain, entendait parler du ciel, il était ravi en extase. Il en est encore de même de nous. Quand nous nous voyons écrasés sous le poids des misères d'ici-bas, nous levons les yeux, et nous nous consolons, en soupirant et en nous écriant : Ô ciel ! ô ciel ! Pensons que si nous sommes fidèles à Dieu, un jour arrivés à la fin de toutes ces peines, de ces misères, de ces craintes, nous nous réunirons dans cette heureuse patrie, où nous jouirons d'une félicité sans bornes, tant que Dieu sera Dieu. Déjà

---

* Ps. 35, 9.

Marie, déjà les saints nous attendent, et Jésus a dans ses mains notre couronne, pour nous proclamer souverains de ce royaume éternel.

Affections et Prières.

Mon bon Sauveur, vous m'avez enseigné à faire cette prière : *Que votre règne arrive* ; c'est là le vœu que je forme. Oui, que votre règne vienne s'établir dans mon âme, que vous la possédiez tout entière et qu'elle vous possède, ô bien suprême ! Ô mon Jésus, vous n'avez rien épargné pour me sauver et pour gagner mon amour ; sauvez-moi donc, et mon salut consistera à vous aimer, toujours, dans cette vie et dans l'autre. Tant de fois, je me suis détourné de vous et nonobstant mes ingratitudes, vous m'apprenez que vous ne dédaignerez pas de me recevoir dans vos bras, pour toute l'éternité, avec autant de tendresse que si, jamais, je ne vous avais offensé ! Instruit de tant de bontés, pourrais-je encore aimer autre chose que vous, voyant, surtout, que vous voulez me donner le ciel, à moi qui, si souvent, ai mérité l'enfer. Ô Seigneur, puissé-je ne vous avoir jamais offensé ! Ah ! si j'étais encore à naître, je voudrais vous aimer toujours ! Mais ce qui est fait est fait. Maintenant, je ne puis vous donner que ce qui me reste de vie ; mais je vous le donne tout entier et le consacre à votre amour. Sortez de mon cœur, affections et désirs de la terre, faites place à mon Dieu qui veut le posséder sans partage. Oui, prenez possession de tout moi-même, ô mon Rédempteur, mon amour, mon Dieu ! Dès maintenant, je ne veux plus penser qu'à vous plaire. Aidez-moi de votre grâce, je l'espère en vue de vos mérites. Augmentez toujours en moi, de plus en plus, votre amour et le désir de vous être agréable. Ô ciel ! ô ciel ! quand sera-ce, Seigneur, que je vous verrai face à face, et que je me trouverai entre vos bras, sans plus avoir à craindre de vous perdre ! Ah ! mon Dieu, conduisez-moi par la main, afin que je ne sois plus assez malheureux pour vous offenser !

Ô Marie, quand me verrai-je à vos pieds dans le ciel ! Sauvez-moi, ma mère ; ne permettez pas que je me perde et que j'aille en enfer, loin de vous et de Jésus, votre divin fils.

XXXE CONSIDÉRATION

DE LA PRIÈRE.

Demandez et vous recevrez ; quiconque demande obtient.

— S. LUC 11, 9 ET 10.

PREMIÈRE PARTIE

Ce n'est pas une fois, c'est mille fois que Dieu, dans l'Ancien et le NouveauTestament, promet d'exaucer celui qui le prie. *Criez vers moi et je vous exaucerai**. *Invoquez-moi, et je vous délivrerai*†. *Si vous me demandez quelque chose en mon nom, je vous l'accorderai*‡. *Vous demanderez ce que vous voudrez et il vous sera donné*§, et tant d'autres passages semblables ! Aussi, Théodoret dit que la prière seule peut tout nous obtenir. Quand nous prions, Dieu nous donne ou la grâce que nous réclamons, ou une autre qu'il sait devoir nous être plus utile#. Le roi prophète nous encourage aussi à prier, en nous assurant que le Seigneur est toujours favorablement disposé envers ceux qui l'appellent à leur secours°. Saint Jacques va plus loin encore : *Si quelqu'un de vous a besoin de sagesse, qu'il la demande à Dieu qui donne à tous avec abondance***. Cet apôtre nous assure que, quand nous adressons nos prières au Seigneur, il ouvre sa main et nous accorde plus que nous ne lui demandons. Il ne nous reprochera point les déplaisirs que nous lui avons causés, car quand on le prie, il

---

* Jér. 33, 3.
† Ps. 49, 15.
‡ S. Jean, 14, 14.
§ Ibid. 15, 7.
\# Serm. 5, pour le mercredi des cendres.
° Ps. 85.
** Ép. c. 1.

éloigne de son souvenir toutes les offenses dont on s'est rendu coupable envers lui.

Saint Jean Climaque disait que la prière fait, en quelque sorte, violence à Dieu. Oui, dit Tertullien, mais cette violence, il l'aime, et il désire que nous usions de ce moyen près de lui. Il a plus d'ardeur, ajoute saint Augustin, pour nous faire du bien, que nous n'en avons pour en recevoir de lui. On en sent la raison, c'est que Dieu de sa nature, dit saint Léon, est la bonté même. Aussi a-t-il un très-grand empressement à nous faire part des richesses de sa grâce. Sainte Magdelaine de Pazzi disait que Dieu sait presque gré à une âme qui le prie, parce qu'elle lui fournit l'occasion de satisfaire son désir de répandre ses bienfaits. La bonté du Seigneur, en exauçant, aussitôt, la prière de celui qui le réclame lui fait connaître qu'il est véritablement son Dieu. « C'est donc à tort, selon la remarque de saint Bernard, qu'un grand nombre se plaignent que la grâce leur manque, la grâce, de son côté, aurait à se plaindre plutôt, qu'ils lui manquent à elle-même, en négligeant de la solliciter. » C'est précisément le reproche qu'un jour le Sauveur faisait à ses disciples : *Jusqu'à présent, vous n'avez rien demandé en mon nom, demandez et vous recevrez, afin que votre joie soit parfaite**. « Ne m'accusez donc pas, semble-t-il leur dire, si vous n'êtes pas pleinement heureux, accusez-vous vous-mêmes, de n'avoir pas sollicité mes grâces ; demandez-les dorénavant et vous serez satisfaits. »

En conséquence, des moines anciens conclurent, dans leurs conférences, qu'il n'y avait point d'exercice plus utile pour le salut que de prier toujours et de dire à Dieu : *Seigneur, venez à mon secours, aidez-moi*. Le vénérable père Paul Segneri disait que dans ses méditations, il s'amusait, d'abord, à produire des affections, mais que s'étant ensuite pénétré de la grande efficacité de la prière, il s'occupait davantage à multiplier ses demandes. Nous aussi, faisons toujours de même. Nous avons un Dieu qui nous aime avec tendresse ; il s'intéresse avec une vive sollicitude à notre salut, c'est le motif pour lequel il est si prompt à exaucer ceux qui le prient. Les oreilles des princes, selon saint Chrysostome, ne sont ouvertes qu'à un petit nombre de personnes, tandis que celles de Dieu le sont à tous ceux qui le veulent.

---

* S. Jean, 14, 24.

Affections et Prières.

Dieu éternel, je vous adore, et vous rends grâce de la multitude des bienfaits dont vous m'avez comblé. Vous m'avez créé ; vous m'avez racheté par J.-C. ; vous m'avez rendu chrétien vous m'avez attendu quand j'étais dans le péché, et surtout vous m'avez pardonné si souvent ! Ah ! mon Dieu, je ne serais jamais livré au mal si, dans les tentations, j'avais eu recours à vous. Je vous rends grâce de me faire connaître, maintenant, que mon salut consiste à vous prier, et à vous demander des grâces. Voilà que je vous prie, au nom de Jésus, de me donner une grande douleur de mes fautes, la persévérance dans votre grâce, une bonne mort, le paradis et par-dessus tout, de m'accorder le don, par excellence, de votre amour et, d'une résignation parfaite à votre sainte volonté. Je ne mérite pas ces faveurs, je le sais, mais vous vous êtes engagé à les accorder à ceux qui les réclameront par les mérites de J.-C. Je vous les demande donc et j'espère les obtenir.

Ô Marie, vos prières obtiendront tout ce que vous voudrez, priez vous-même pour moi.

DEUXIÈME PARTIE

Considérons, en outre, la nécessité de la prière. Comme le corps séparé de son âme est mort, dit saint Chrysostome, de même, sans l'oraison, notre âme est également privée de vie. L'eau est nécessaire aux plantes qui, faute d'être arrosées, se dessécheraient, la prière nous est aussi indispensable, si nous ne voulons pas nous perdre. *Dieu veut*, dit saint Paul, *que tous les hommes soient sauvés**. *Il agit patiemment envers nous*, ajoute saint Pierre, *ne voulant pas que personne périsse, mais que tous reviennent à lui par le repentir*†. Sa volonté, néanmoins, est que nous lui demandions les secours dont nous avons besoin pour nous sauver. Car, d'un côté, nous ne pouvons observer les commandements ni nous sanctifier, sans une grâce actuelle ; de l'autre, le Seigneur ne veut pas, ordinairement, donner ses grâces à ceux qui ne les réclament point. C'est pourquoi le Concile de Trente nous dit : « Dieu ne commande point l'impossible ; mais en nous intimant ses ordres, il nous avertit de faire ce que nous pouvons, de demander ensuite ce que nous ne pouvons pas, et il nous aide pour nous en rendre capables‡. »

Il nous donne les premiers secours, tels que la vocation à la foi, l'invi-

---

* 1 Ép. à Tim. 2, 4.
† 2 Ép. 3, 9.
‡ Concile de Trente, sess. 6, c. 11.

à la pénitence ; quant aux autres, et spécialement la persévérance, il ne les accorde qu'à ceux qui les lui demandent*.

De là, les théologiens concluent avec saint Basile, saint Augustin, saint Chrysostome, saint Clément d'Alexandrie, etc., que la prière, est nécessaire aux adultes, de nécessité de moyen. Ainsi, sans la prière, il est impossible à qui que ce soit de se sauver ; le savant Lessius assure que cette vérité est de foi[†].

L'Écriture s'explique clairement sur cet article : *il faut toujours prier*, dit-elle [‡]. *Priez, afin que vous ne succombiez point à la tentation*[§]. *Demandez et vous recevrez*[#]. *Priez sans cesse*°. Or, cette expression, il faut et autres semblables, selon le sentiment commun des docteurs, d'accord avec saint Thomas, emportent un précepte qui oblige, sous peine de faute grave, surtout dans les trois cas suivants ; d'abord, quand on est en péché ; ensuite, en danger de mort ; troisièmement, enfin, dans de fortes tentations. En outre, ces saints docteurs enseignent ordinairement que quiconque, pendant un mois, deux mois au plus, ne prierait pas, ne pourrait être excusé d'un péché mortel. Ils en donnent pour raison que la prière est un moyen sans lequel nous sommes dans l'impossibilité d'obtenir les secours de Dieu et de faire notre salut.

Demandez et vous recevrez, celui qui demande obtient**. Ainsi, dit sainte Thérèse, celui qui ne demande pas, n'obtient rien. Saint Jacques l'avait déjà dit avant elle : *Vous n'avez pas, parce que vous ne demandez pas*[††]. La prière est, surtout, de nécessité pour obtenir la vertu de continence. *Quand j'ai su*, dit le sage, *que je ne pouvais être continent sans un don de Dieu, je me suis adressé au Seigneur et je l'ai prié*[‡‡]. Tirons de tout ceci nos conclusions : celui qui prie, sera certainement sauvé, et celui qui ne prie pas, se damnera. Tous ceux qui sont dans le ciel, y sont parvenus par la prière, et tous ceux qui sont en enfer, y sont tombés, pour n'avoir pas prié. Cette pensée qu'ils auraient pu se sauver facilement, avec le secours de la prière, et qu'il n'est plus temps d'y recourir, fera toujours le plus grand désespoir des réprouvés.

---

* S. Aug. du don de la persév. c. 6.
† De justitia, 1.2, chap. 37, n° 9.
‡ S. Luc, 18, 1.
§ Ibid. 16, 24.
\# S. Jean, 4, 2.
° 1 Ép. aux Thess. 5, 17.
** S. Jacq. 4, 2.
†† S. Jacq. 4, 3.
‡‡ Sag. 8, 21.

Affections et Prières.

Oh ! mon Sauveur, comment ai-je pu par le passé, vivre dans un si grand oubli de vous ! Vous étiez disposé à me combler de grâces, si je les avais demandées ; vous n'attendiez de ma part, que cette condition, mais je ne pensais qu'à satisfaire mes passions, sans m'inquiéter du malheur d'être privé de vos faveurs et de votre amour ! Seigneur, oubliez tant d'ingratitudes et ayez pitié de moi. Pardonnez tous les déplaisirs que je vous ai causés, et accordez-moi la persévérance ; faites-moi la grâce de réclamer toujours votre secours pour ne plus vous offenser, ô Dieu de mon âme ! Ne permettez pas que je néglige cette importante obligation, comme je l'ai fait autrefois. Éclairez-moi et communiquez-moi la force d'avoir toujours recours à vous, spécialement quand mes ennemis m'exciteront encore à de nouvelles fautes. Faites-moi cette grâce, ô mon Dieu, par les mérites de J.-C. et par l'amour que vous lui portez. C'est assez, Seigneur, de vous avoir outragé ; je veux vous aimer le reste de ma vie. Percez mon cœur des traits de votre amour, ce sera le moyen de me rappeler la nécessité de vous demander de me secourir, chaque fois que je risquerai de vous perdre par le péché.

Marie, mon espérance, j'espère être assez heureux pour me recommander toujours à vos bontés et à celles de votre fils, dans mes tentations. En vue de l'amour que vous avez pour Jésus, ô ma reine, exaucez-moi.

TROISIÈME PARTIE

Considérons enfin, les conditions de la prière. Beaucoup prient et n'obtiennent pas, parce qu'ils ne prient pas avec les conditions requises[*]. Pour bien prier, il faut d'abord s'humilier, car *Dieu résiste aux superbes et ne donne sa grâce qu'aux humbles*[†]. Le Seigneur n'exauce pas les orgueilleux, tandis que les humbles ne sortent pas de la prière, sans recevoir l'effet de leurs demandes. *La prière de celui qui s'humilie pénétrera les nuées... elle ne s'éloignera pas que le tout-puissant ne jette sur elle un regard*[‡]. Quand même, par le passé, nous aurions été coupables, *vous ne mépriserez pas, Seigneur, un cœur contrit et humilié*[§].

Secondement, il faut avoir confiance. *Aucun de ceux qui ont espéré dans le Seigneur n'a été confondu*[#]. C'est pour cela que J.-C. nous dit de ne point donner à Dieu, dans nos prières, d'autre nom que celui de *père*, afin que nous allions à lui avec autant d'assurance qu'un fils en a pour se présenter à son père. Ainsi, quiconque demande de la sorte obtient tout. *Quoique ce soit que vous demandiez dans la prière, croyez que vous l'obtiendrez, et il vous sera accordé*[°]. Qui peut craindre, en effet, dit saint

---

[*] S. Jacq. 4, 3.
[†] Ibid. 4, 6.
[‡] Eccl. 35, 21.
[§] Ps. 50.
[#] Eccl. 2, 11.
[°] S. Marc, 11, 24.

Augustin, de se voir refuser ce que lui promet Dieu, la vérité même ? Le Très-Haut, dit aussi l'Écriture, ne ressemble pas à l'homme qui s'engage bien, mais qui manque, ensuite, à sa parole ; ou parce qu'il s'oblige avec l'intention de ne pas tenir à ses promesses, ou parce qu'ensuite il change de volonté*. Et pourquoi, ajoute le même saint Augustin, le Seigneur nous exhorterait-il tant à lui demander des grâces, s'il ne voulait pas nous en accorder† ? En vertu de cet engagement, il se constitue notre débiteur.

Mais dira quelqu'un : je suis pécheur, ainsi je ne mérite pas d'être exaucé. Saint Thomas répond à cette prétendue difficulté, que la prière ne se fonde pas sur nos mérites, mais sur la bonté de Dieu. *Quiconque demande obtient*‡. Un auteur explique ce passage : « Quiconque, dit-il, c'est-à-dire, tous, soit justes, soit pécheurs. Le Sauveur nous délivre, d'ailleurs, de toutes nos craintes, à cet égard : *En vérité, en vérité, je vous le dis, si vous demandez quelque chose à mon père en mon nom, il vous le donnera*§. » Comme s'il disait : « Pécheurs, vous prétendez être dépourvus de mérites, mais les miens sont entre les mains de mon Père ; demandez-les donc, en mon nom, et vous obtiendrez, je vous le promets, tout ce que vous solliciterez par ce moyen. »

Il n'est pas nécessaire d'avertir que ces promesses ne regardent point les avantages temporels, comme la santé, les biens de la fortune et autres semblables. Ces grâces souvent le Seigneur les refuse, parce qu'il voit qu'elles nuiraient à notre salut éternel. « Le médecin sait mieux, dit saint Augustin, ce qui convient au malade, que le malade lui-même#. » Il ajoute : « Que Dieu refuse aux uns, dans sa miséricorde, ce qu'il donne à d'autres, dans sa colère. » Ainsi, pour ce qui concerne les grâces temporelles, nous ne devons les réclamer qu'à la condition qu'elles soient utiles à notre âme. Au contraire, les faveurs spirituelles, comme le pardon de nos fautes, la persévérance, l'amour de Dieu et autres de même genre, il faut les demander sans restriction, avec la ferme confiance de les obtenir. *Si, étant mauvais comme vous l'êtes*, disait J.-C., *vous savez donner de bonnes choses à vos enfants, à combien plus forte raison votre Père qui est dans le ciel accordera-t-il un esprit bon et docile à ceux qui lui en font la demande*° ?

---

* Nombr. 23.
† Serm. 5, sur les paroles du Seigneur.
‡ S. Luc, 11, 10.
§ S. Jean, 16, 25.
\# S. Aug. tom. 3, c. 212.
° S. Luc, 11, 13.

Il faut, surtout, que la prière soit persévérante, et le Seigneur veut, en effet, que notre persévérance aille jusqu'à l'importunité. C'est aussi ce que marquent les saintes Écritures. *Il faut toujours prier**. *Veillez, priez en tout temps*[†]. *Priez sans cesse*[‡]. La répétition des paroles qui suivent, nous indique, la même chose : *Demandez et vous recevrez, cherchez et vous trouverez, frappez et on vous ouvrira*[§]. Il suffisait bien, ce semble, de dire : *Demandez*, mais, non ; le Seigneur veut nous faire comprendre que nous devons imiter les mendiants qui ne se lassent pas de solliciter, d'insister, de frapper à la porte, jusqu'à ce qu'ils aient reçu quelque chose. La persévérance finale, en particulier, est une grâce qu'on n'obtient que par une prière continuelle, dit S. Augustin[#]. Prions donc toujours ; ne nous lassons pas de prier, si nous voulons nous sanctifier. Au surplus, un confesseur, un prédicateur qui veut sauver les âmes, ne cesse jamais d'exhorter à la prière.

Comme le dit saint Bernard, recourons encore à l'intercession de Marie : « Cherchons la grâce et cherchons la par le moyen de Marie, parce que ce qu'elle cherche, elle le trouve, elle ne peut être trompée dans ses espérances°. »

Affections et Prières.

Mon Dieu, j'espère que vous m'avez déjà pardonné, mais mes ennemis ne cesseront pas de me combattre jusqu'à la mort ; si vous ne m'aidez, je me perdrai de nouveau. Oh ! par les mérites de J.-C. votre fils, je vous prie de m'accorder la persévérance ! *Ne permettez pas que je me sépare de vous.* Je vous demande la même faveur, pour tous ceux qui sont en état de grâce. Je suis certain, d'après vos promesses, que vous me donnerez cette persévérance, si je continue de la demander. Mais c'est précisément ce que je crains, que dans les tentations, je n'aie pas recours à vous et que je ne retombe. Je vous conjure donc de ne pas permettre que je me lasse jamais de prier. Que dans les occasions de rechute, je me recommande à vous et que j'appelle à mon aide les saints noms de Jésus et de Marie ! Mon Dieu,

---

* Ibid. 11.
[†] Ibid. 21, 36.
[‡] 1 Ép. aux Thess. 5, 17.
§ S. Luc, 11, 9.
# S. Aug. du don de la persév. c. 6.
° S. Bern. sermon.

c'est ce que je me propose et ce que j'espère, moyennant votre grâce. Pour l'amour de J.-C. exaucez-moi.

Ô Marie, ma mère, obtenez-moi de recourir toujours à votre fils et à vous, dans les dangers où je serais de perdre Dieu.

XXXIE CONSIDÉRATION

DE LA PERSÉVÉRANCE.

Celui qui persévérera jusqu'à la fin sera sauvé.

— S. MATHIEU 24, 13.

PREMIÈRE PARTIE

Beaucoup commencent, disait saint Jérôme, mais peu persévèrent*. Un Saül, un Judas, un Tertullien commencèrent bien, ils ont mal fini toutefois, parce qu'ils n'ont point persévéré. Le Seigneur n'exige pas seulement le commencement d'une vie chrétienne, il veut qu'on pratique la vertu jusqu'à la fin, condition indispensable pour obtenir la récompense†. Il n'y a que la persévérance qui soit couronnée‡. Elle est la porte du ciel§. Ainsi, à moins de trouver cette porte, on ne peut entrer dans le ciel. Mon cher frère, vous avez maintenant quitté le péché ; vous avez, à bon droit, l'espoir d'avoir obtenu votre pardon ; vous êtes donc l'ami de Dieu ; sachez néanmoins que vous n'êtes pas encore sauvé. Quand le serez-vous ? Quand vous aurez persévéré jusqu'à la fin, car N. S. dit : *Celui qui persévérera jusqu'à la fin sera sauvé*. Vous avez commencé de pratiquer la vertu ; rendez-en grâce au Seigneur ; mais saint Bernard vous avertit que le salaire qui est promis, à la vérité, à ceux qui commencent, ne se donne qu'à ceux qui persévèrent#. Il ne suffit pas de courir vers le but, il faut l'atteindre. *Courez de manière à arriver au terme,* dit l'apôtre°.

---

* Livre 1, contre Jovinien
† S. Jérôme, Ép. à Fur.
‡ S. Bonav.
§ S. Laurent Justin.
\# Serm. 6 de la manière de bien vivre.
° 1 Ép. aux Cor. 9, 25.

Or, vous avez déjà mis la main à la charrue, vous avez jeté le plan d'une vie vertueuse, craignez plus que jamais et tremblez. *Opérez votre salut*, dit saint Paul, *avec crainte et tremblement**. Et pourquoi ? parce que si vous recommencez à pécher, Dieu vous déclarera indigne du ciel. *Celui qui met la main à la charrue et qui, ensuite, regarde en arrière, n'est pas propre au royaume des cieux*†. Désormais, avec la grâce de Dieu, fuyez les occasions dangereuses, fréquentez les sacrements, faites chaque jour, votre méditation. Je vous félicite si vous persévérez à agir de la sorte, et si J.-C. venant, pour vous juger, vous trouve fidèle à ces saints exercices. Bienheureux le serviteur, dit-il, que le maître, à son retour, verra ainsi occupé‡.

N'allez pas croire, toutefois, que vous appliquant actuellement à servir le Seigneur, vous n'aurez presque plus d'épreuves à subir ; écoutez ce que vous dit l'Esprit-Saint : *Mon fils, lorsque vous entrez au service de Dieu, préparez votre âme à la tentation*§. Oui, plus que jamais vous devez vous disposer au combat, parce que vos ennemis, le démon, le monde et la chair s'apprêtent à vous livrer les assauts les plus rudes, pour vous faire perdre les mérites que vous auriez acquis. Plus un chrétien montre de générosité envers Dieu, plus l'esprit de ténèbres montre de rage pour le perdre#. L'Évangile le dit expressément : *Lorsque l'esprit impur est sorti d'un homme, il s'en va par des lieux arides, cherchant du repos ; et comme il n'en trouve point, il dit je retournerai dans la maison d'où je suis sorti, et y venant, il prend avec lui sept autres esprits plus méchants que lui ; ils entrent dans cette maison, ils y font leur demeure, et le second état de cet homme devient pire que le premier*°. Quand, en effet, le démon est expulsé d'un cœur, il ne trouve plus de repos, il met tout en œuvre pour y rentrer. Il appelle même ses compagnons à son aide ; c'est pour lui un plaisir de s'emparer, de nouveau, du poste qu'il a quitté ; mais aussi, cette âme se trouve, alors, dans une situation plus déplorable qu'auparavant.

Réfléchissez donc, et voyez quelles armes il vous faut pour vous défendre contre ces adversaires puissants, et vous maintenir dans la grâce de Dieu. Pour ne pas être vaincus, vous n'avez d'autres moyens que la prière. *Cette lutte terrible*, dit saint Paul, *n'est pas contre des hommes de*

---

* Ép. aux Phil. 2, 12.
† S. Luc. 9, 62.
‡ S. Math. 24, 46.
§ Eccl. 2, 1.
# Denys le Chartreux.
° S. Luc, 11, 24.

chair et de sang, mais contre les princes et les puissances de l'enfer*. Il veut nous prévenir que, de nous-mêmes, nous sommes trop faibles pour résister, et que nous avons besoin de l'aide de Dieu ; mais nous pouvons tout, ajoute-t-il, *en Dieu qui nous fortifie*†. Ainsi parlait l'apôtre. Ainsi doit parler chacun de nous. Ce secours divin ne s'obtient que par le moyen de la prière : *Demandez et vous recevrez*. Ne comptons donc pas sur nos résolutions ; si nous y avions confiance, nous serions perdus sans ressource. Lorsque le démon nous tente, mettons tout notre espoir en Dieu, recommandons-nous à J.-C. et à sa très-sainte mère.

Il faut que nous prenions ces précautions, surtout, lorsque nous sommes tentés contre la chasteté, parce que cette attaque est la plus terrible, et celle où le démon remporte plus de déplorables victoires. De nous-mêmes, nous sommes incapables de conserver la chasteté, c'est Dieu qui la donne. Salomon disait : *Quand j'ai su que je ne pouvais être continent que par un don de Dieu... je me suis adressé à lui et je l'ai prié*‡. Il est donc nécessaire, dans ces tentations, de recourir aussitôt à N.-S. et à sa sainte mère, en invoquant fréquemment leurs noms sacrés. Quiconque prend ces précautions remportera la victoire, et qui ne les prendra pas sera vaincu.

Affections et Prières.

Ne me bannissez pas de votre présence§. Non, mon Dieu, que je n'aie pas ce malheur ! Je sais bien que vous ne m'abandonnerez pas, à moins que je ne vous abandonne le premier ; mais ce qui me fait craindre le plus, c'est la triste expérience de ma faiblesse. C'est à vous, Seigneur, à me donner la force dont j'ai besoin pour me défendre contre l'enfer, qui prétend me rendre de nouveau son esclave. Je vous la demande par l'amour de J.-C. Établissez, ô mon Sauveur, entre vous et moi, une paix durable que rien ne trouble plus. En conséquence, donnez-moi votre saint amour ; *car celui qui n'aime pas demeure dans la mort*#. Délivrez-moi de cette mort malheureuse, ô Dieu de mon âme. J'étais perdu, vous le savez. Votre bonté infinie m'a rendu à l'état où je suis maintenant, et j'espère y persévérer. Oh ! ne permettez pas, mon Jésus, par la mort cruelle que vous

---

* Éphés. 6, 12.
† Philipp. 4, 16.
‡ Sag, 8, 21.
§ Ps. 50.
# S. Jean.

avez soufferte pour moi, que je me replonge volontairement dans le péché. Je vous aime par-dessus tout. J'ai l'espoir de me voir, toujours, dans les heureux liens de votre saint amour, et à ma mort et pendant l'éternité.

Ô Marie, vous qu'on appelle la mère de la persévérance, c'est par vos mains que se distribue ce don inestimable, je vous le demande et je l'attends de Dieu par votre intercession.

DEUXIÈME PARTIE

Voyons, maintenant, comment on peut vaincre le monde. Le démon est un ennemi bien acharné, mais le monde est encore plus redoutable. Si le démon ne se servait pas contre nous des hommes qu'il tient captifs (ceux dont se compose le monde), il ne remporterait pas tant de victoires. Le Sauveur nous recommande avec plus d'instances de nous tenir en garde contre le monde que contre le démon ; *défiez-vous des hommes,* nous dit-il*. Les hommes, effectivement, sont souvent pires que les démons car ceux-ci fuient encore quand on emploie contre eux la prière et l'invocation des saints noms de Jésus et de Marie ; mais lorsque les méchants essaient d'entretenir quelqu'un dans le mal, si on leur adresse quelques réflexions dictées par la crainte de Dieu, ils redoublent leurs attaques, ils vous tournent en ridicule, vous signalent comme un caractère bas, un esprit étroit, qui n'est bon à rien, et, après avoir épuisé toutes les injures, ils vous traitent d'hypocrite, qui affichez une régularité que vous n'avez pas. Et alors certaines âmes trop faibles pour supporter ces dérisions, ces opprobres, se rendent à ces ministres de l'enfer, et retournent à leur vomissement. Mon frère, persuadez-vous bien que si vous voulez vivre dans la pratique de la vertu, vous serez exposé, sans cesse, à être moqué, et vilipendé par les méchants. *Les impies ont en abomination ceux*

---

* S. Math. 10, 17.

qui marchent dans la voie droite*. Ceux qui sont adonnés au vice ne peuvent souffrir les hommes solidement vertueux, et pourquoi ? parce que la conduite de ces derniers est pour eux un continuel reproche. Ils auraient à cœur que tout le monde les imitât, pour ne pas ressentir, continuellement, les remords que la vue d'une vie chrétienne excite dans leur conscience coupable. C'est une nécessité, dit l'apôtre : *Tous ceux qui veulent vivre pieusement en J.-C. souffriront persécution*†. Tous les saints l'ont éprouvé. Qui est plus saint que J.-C. ? Le monde ne l'a-t-il pas poursuivi avec chaleur, jusqu'à l'attacher à une croix, et le faire mourir.

Il est impossible d'éviter cette lutte, car les maximes du monde sont en opposition directe avec celles de J.-C. Ce que le monde estime J.-C. le traite de folie‡. De son côté, le monde appelle folie les choses que J.-C. estime, telles que les croix, les peines, les mépris. *La parole de la croix est aux yeux de ceux qui périssent quelque chose d'insensé*§. Mais consolons-nous ceux que les méchants blâment et maudissent, *Dieu les loue et les bénit ; ils maudiront et vous, vous bénirez*#. Est-ce qu'il ne nous suffit pas d'être loués de Dieu, de Marie, des Saints et de toutes les âmes vertueuses ? Laissons donc les pécheurs dire ce que bon leur semble et continuons, nous, à plaire à un Dieu qui est si bon et si fidèle envers ceux qui le servent. Plus nous rencontrerons de contradictions et de difficultés dans la pratique du bien, plus nous donnerons de satisfaction à Dieu, plus nous aurons de mérites. Quand ces misérables nous accableront de leurs railleries, de leurs outrages, prions le Seigneur pour eux, et remercions-le de nous avoir favorisés des lumières qu'il ne leur donne pas, ensuite continuons, paisiblement, notre route. N'ayons pas honte de paraître chrétiens, parce que si nous rougissions de J.-C., il nous proteste qu'il rougira de nous au jour du jugement°.

Si nous voulons nous sauver, il faut que nous nous résignions à souffrir, et à nous faire violence. *Le chemin qui conduit à la vie est étroit***. *Le royaume des cieux souffre violence et ceux qui se feront violence l'emporteront*††. Ainsi quiconque ne fait pas d'efforts ne se sauvera pas. La chose

---

* Prov. 29, 27.
† 2 à Tim, 3, 12.
‡ 1 aux Cor. 3, 19.
§ Ibid. 1, 18.
# Ps. 108, 28.
° S. Luc, 9, 26.
** S. Math. 7, 14.
†† Ibid. 11, 12.

est impossible autrement, car nous devons combattre une nature rebelle, si nous voulons pratiquer la vertu. C'est, surtout, au commencement qu'il faut s'efforcer de déraciner les mauvaises habitudes qui seraient en nous et en contracter de bonnes. Ainsi, nous rendrons-nous facile et douce l'observation de la loi de Dieu. Le Seigneur disait à sainte Brigite que ceux qui, pour pratiquer la vertu, souffraient avec patience et avec courage les premières piqûres des épines, verraient ensuite ces épines se changer en roses. Soyez donc attentif, cher chrétien ; c'est à vous que J.-C. dit actuellement ce qu'il disait au paralytique : *Voilà que vous êtes guéri, ne péchez plus, de peur qu'il ne vous arrive quelque chose de plus fâcheux*[*]. Vous le comprenez, reprend saint Bernard, une rechute est plus funeste qu'une chute. *Malheur à vous*, dit le Seigneur, à ceux qui suivent d'abord la voie de Dieu et qui l'abandonnent ensuite, *malheur à vous, enfants, qui désertez mon service*[†]. Ils sont punis comme ayant été *rebelles à la lumière*[‡]. Le châtiment de ces infortunés qui avaient été favorisés de la connaissance des lois de Dieu et qui y deviennent infidèles, sera de rester frappés d'aveuglement et de mourir dans leur péché. *Si le juste se détourne de la justice... vivra-t-il ? Je ne me ressouviendrai plus de toutes les vertus qu'il a pratiquées, il mourra dans son péché*[§].

Affections et Prières.

Ah mon Dieu ! j'ai déjà mérité plusieurs fois ce châtiment. Plusieurs fois, éclairé de vos lumières, j'ai renoncé au péché, puis j'ai malheureusement recommencé à le commettre. Je suis infiniment reconnaissant envers votre miséricorde qui ne m'a pas abandonné à mon aveuglement, en me privant de vos grâces, comme je l'aurais mérité. Je vous ai trop d'obligations, mon Jésus, pour me séparer encore de vous, ce serait, de ma part, trop d'ingratitude. Non, mon Rédempteur, il n'en sera pas ainsi ; *je chanterai éternellement vos miséricordes*[#]. J'espère, pour ce qui me reste de vie à passer ici-bas et pendant l'éternité tout entière, chanter et louer constamment votre bonté, vous aimer toujours et ne plus être privé du trésor de votre grâce. L'affreuse ingratitude dont je me suis autrefois rendu coupable envers vous, je la déteste, je la maudis plus que tous les autres

---

[*] S. Jean, 5, 14.
[†] Is. 30, 1.
[‡] Job, 24, 13.
[§] Ézech. 18, 24.
[#] Ps.

maux. Elle servira à me faire répandre des larmes amères pour expier mes torts. Cette triste pensée enflammera davantage mon cœur pour vous aimer, ô mon Dieu, qui après tant d'offenses, m'avez encore inondé de tant de faveurs. Oui, que je vous aime, ô mon Dieu, vous qui êtes digne d'un amour infini ! Dorénavant, vous serez l'unique objet de mes affections, mon unique bien. Ô père éternel, par les mérites de J.-C., je vous demande la persévérance finale dans votre grâce et votre amour. Vous l'accorderez toujours, je le sais, à ceux qui vous la demanderont, mais qui m'assurera que je serai exact à la réclamer ? Maintenant, mon Dieu, j'insiste près de vous pour obtenir la grâce de la solliciter sans cesse.

Ô Marie, mon avocate, mon refuge et mon espérance, obtenez-moi, vous-même, par votre intercession, la constance à demander toujours à Dieu cette persévérance jusqu'à la fin. Par tout l'amour que vous portez à J.-C., je vous en prie, procurez-la-moi.

TROISIÈME PARTIE

Venons au troisième ennemi le plus funeste de tous, c'est-à-dire la chair, et voyons comment nous devrons la combattre. C'est d'abord par la prière, mais nous en avons déjà parlé plus haut.

Le second moyen, est la fuite des occasions ; nous allons nous attacher à vous convaincre de la nécessité de prendre ce moyen. Saint Bernardin de Sienne dit que la précaution la plus importante, celle qui est comme le fondement de la vie chrétienne, est la fuite des occasions dangereuses*.

Le démon avoua une fois, pendant des exorcismes, que les prédications qui lui déplaisaient le plus, étaient celles qui roulaient sur la nécessité de se soustraire aux dangers. Et, en effet, cet esprit de ténèbres se moque de toutes les résolutions, de toutes les promesses et du repentir d'un pécheur, quand il ne renonce pas à ces occasions fatales. L'occasion, en matière d'impureté surtout, est comme un bandeau qui empêche de voir et les résolutions qu'on a prises, et les lumières qu'on a reçues, et les vérités éternelles ; l'occasion, en un mot, fait tout oublier et produit l'aveuglement. C'est pour ne pas avoir fui l'occasion que nos premiers parents sont tombés. Dieu leur avait prescrit de ne pas toucher au fruit de l'arbre de la science. Le Seigneur nous a défendu, disait Ève, d'y porter la main, mais l'imprudente *le regarda, le cueillit et en mangea*. Oui, elle commença à jeter les yeux sur ce fruit, puis le prit dans sa main, et enfin

---

* Tom. 1, serm. 21.

en goûta. Celui qui s'expose, de plein gré, au péril, y trouvera sa perte. Quiconque aime le danger, y périra*. *Le démon tourne toujours autour de nous, cherchant à nous dévorer*†. Aussi, pour rentrer dans une âme d'où il a été chassé, que fait-il ? Il va chercher l'occasion. *Il examine, s'il y a un endroit par où il pourra pénétrer*‡. Si l'âme se laisse entraîner dans une occasion, c'en est fait, l'ennemi rentrera et dévorera cette âme. Lazare ressuscita les pieds et les mains liés et mourut une seconde fois§. Malheureux pécheur, vous sortez du tombeau du péché, mais lié encore à l'occasion, vous mourrez de nouveau. Il faut donc que ceux qui veulent se sauver, non seulement renoncent au péché mais à l'occasion, c'est-à-dire à cette société, à la fréquentation de cette maison, à cette correspondance.

Mais, direz-vous, j'ai maintenant changé de conduite. Je ne me propose plus une fin coupable en voyant cette personne ; ainsi, il n'y a plus, pour moi, de danger dans cette occasion. Voici ma réponse à cette excuse : On raconte que, dans la Mauritanie, il y a des ours qui vont à la chasse des singes. Aussitôt que ceux-ci aperçoivent l'animal, ils se sauvent sur les arbres, mais que fait l'ours ? Il s'étend sous l'arbre et contrefait le mort ; les singes descendent, alors il se lève, les saisit et le mange. C'est là la ruse du démon. Il persuade que la tentation est morte, mais quand ce pécheur descend et vient se mettre dans l'occasion, la tentation se réveille et la mort en est le résultat. Ô combien de chrétiens qui à certaines époques, faisaient de fréquentes oraisons, s'approchaient souvent de la communion et à qui on pouvait justement donner le nom de saints et qui ensuite se trouvant dans l'occasion y ont succombé et sont restés la proie de l'enfer ! Voici un trait, entre autres, que nous lisons dans l'histoire ecclésiastique : Une femme vertueuse, poussée par la charité, dans un temps de persécution ensevelissait les martyrs. Un jour, elle en trouva un qui n'avait pas encore rendu le dernier soupir, elle le porta dans sa maison et le guérit. Qu'en arriva-t-il ? Ces deux saints, car ils étaient dignes de ce nom, se rencontrant dans l'occasion, perdirent d'abord la grâce de Dieu, et ensuite la foi.

Le Seigneur ordonna à Isaïe d'annoncer que l'homme est comme le foin#. Là-dessus, saint Chrysostome disait : Mettez le feu à du foin, puis, soyez assez hardi pour prétendre qu'il ne brûlera pas ! Il est impossible, dit

---

* Eccl. 3, 27.
† S. Pierre.
‡ S. Cypr.
§ L'abbé Gueric.
# Is. 40, 6.

aussi saint Cyprien, d'être dans un incendie et de ne pas brûler. Notre force, selon le prophète, est comparée à l'étoupe jetée dans la flamme*. *L'homme peut-il marcher sur un brasier sans que ses pieds en reçoivent d'atteinte*†* ? De même, on doit regarder comme insensé celui qui prétendrait s'exposer à l'occasion, et croirait ne pas tomber. Il faut donc *fuir le péché comme la présence d'un serpent*‡. Préservez-vous non seulement de ses morsures, non-seulement, ne le touchez pas, mais n'en approchez pas même.

Vous me direz, peut-être : cependant, cette maison, l'amitié de cette personne est favorable à mes intérêts. Qu'importe ! Si vous voyez que cette société est pour vous le chemin de l'enfer, il n'y a pas d'autres moyens, il faut l'abandonner, si vous ne voulez pas vous perdre. Quand il s'agirait de votre œil droit, dit le Seigneur, dès-la même qu'il vous scandalise, qu'il est pour vous une cause de damnation, arrachez-le, jetez-le loin de vous§. Remarquez bien ces expressions, ce n'est pas tout près, mais loin de vous qu'il faut le jeter, pour nous montrer comment on doit se séparer de toutes les occasions. Saint François d'Assise disait que le démon tente les personnes pieuses dévouées à Dieu, autrement que les méchants. D'abord, il ne cherche pas à les lier avec une corde, il se contente d'un cheveu puis d'un fil, et successivement d'une ficelle et d'un câble, et enfin il les entraîne au péché. Ainsi, quiconque veut se préserver du danger, doit d'abord retrancher ce cheveu, c'est-à-dire toutes les occasions, ces politesses, ces repas, ces billets et choses semblables. Et puisque nous parlons, surtout, de l'impureté, je dis que pour celui qui a eu le malheur d'en contracter l'habitude, il ne lui suffira pas de fuir l'occasion prochaine, s'il ne s'arrache aussi à l'occasion éloignée, il retombera certainement.

Il est donc nécessaire à quiconque veut assurer son salut, de fortifier et de renouveler fréquemment la résolution de ne plus se séparer de Dieu et de répéter sans cesse cette maxime des saints : que je perde tout, pourvu que je ne perde pas Dieu. Mais cette résolution ne suffit pas, il faut encore prendre tous les moyens, pour se maintenir dans la possession de la grâce. Le premier est la fuite des occasions, dont nous avons déjà parlé ; le second est la fréquentation du tribunal de la pénitence et de la table sainte. La malpropreté ne régnera pas dans une maison qu'on balaye souvent. Par

---

* Is. 1, 31.
† Prov. 6, 17.
‡ Eccl. 21, 2.
§ S. Math. 5, 30.

la confession, l'âme se maintient pure, on obtient par elle non seulement la rémission de ses fautes, mais encore des secours pour résister aux tentations. Ensuite, la communion qui est appelée, à bon droit, le pain céleste, soutient l'âme. Car de même que le corps ne peut vivre sans l'usage du pain matériel, l'âme ne peut non plus se soutenir sans cet aliment divin. *Si vous ne mangez la chair du fils de l'homme et si vous ne buvez son sang, vous n'aurez point la vie en vous*[*]. Au contraire, *quiconque mange de ce pain*, le Sauveur le promet, *vivra éternellement*[†]. C'est pour cette raison que le saint Concile de Trente appelle *la communion un remède qui nous délivre des fautes journalières et nous préserve des péchés mortels*[‡].

Le troisième moyen est la méditation, l'oraison mentale. *Souvenez-vous de vos fins dernières et vous ne pécherez jamais*[§]. Celui qui a toujours présente la pensée des vérités éternelles, qui réfléchit à la mort, au jugement et à l'éternité, ne se livrera pas au mal. Dans la méditation, Dieu nous éclaire[#]. Il nous indique par un langage intérieur ce que nous avons à éviter et à faire ; *je la conduirai dans la solitude, et là, je parlerai à son cœur*[°]. La méditation est une fournaise qui nous enflamme de l'amour divin[**].

En outre, comme il a déjà été dit plusieurs fois, pour se maintenir dans la grâce de Dieu, il est indispensable de prier toujours et de demander les secours dont nous avons besoin. Qui ne fait pas l'oraison mentale, prie difficilement, et en ne priant pas, on est sûr de se perdre.

Il est donc nécessaire de prendre les moyens de se sauver et de suivre un règlement de vie, tel que celui-ci, par exemple : le matin, après le lever, produire les actes du chrétien, actes de remerciement, d'amour et d'offrande ; se proposer de pratiquer le bien et d'éviter le mal, prier Jésus et Marie de nous préserver du péché, pendant ce jour. Ensuite, vaquer à la méditation et entendre la messe ; dans la journée, faire une lecture spirituelle, la visite au saint-sacrement et à la sainte Vierge ; le soir, réciter le rosaire, ou le chapelet et examiner sa conscience ; la communion, plusieurs fois la semaine, selon le conseil d'un directeur à qui l'on doit tenir, sans en changer. Il serait aussi fort utile de faire les exercices spiri-

---

[*] S. Jean, 6, 53.
[†] Ibid. 6, 51.
[‡] Sess. 13, c. 2.
[§] Eccl. 7, 40.
[#] Ps. 33, 6.
[°] Os. 2, 14.
[**] Ps. 38, 4.

et d'honorer Marie de quelque pratique spéciale, telle que le jeûne du samedi. Cette Vierge sainte est appelée la mère de la persévérance qui est promise à ses serviteurs fidèles. Il est nécessaire par-dessus tout de demander à Dieu la persévérance, surtout dans les moments de tentation, en invoquant, alors, plus souvent, les saints noms de Jésus et de Marie, tant que dure l'attaque. En agissant ainsi, votre salut est assuré ; autrement, votre perte est certaine.

Affections et Prières.

Mon bon Sauveur, je vous rends grâce de m'éclairer ainsi sur les moyens de salut que je dois prendre. Je vous proteste de ma volonté sincère et persévérante de les mettre en usage. Aidez-moi seulement à y être fidèle. Je le vois, vous voulez me sauver, c'est aussi mon désir pour complaire à votre divin cœur, qui souhaite si ardemment ma sanctification. Non, non, je ne veux plus, ô mon Dieu, résister à votre amour. C'est par amour que vous m'avez supporté avec une si grande patience quand je vous offensais. Vous m'avez invité à vous aimer et je ne veux plus aimer que vous. Je vous aime, bonté infinie, je vous aime, vous êtes tout mon bien. Ah ! je vous en prie par les mérites de J.-C., ne permettez plus que je sois ingrat, ou mettez fin à mon ingratitude, ou faites-moi mourir. Seigneur, vous avez commencé l'œuvre, achevez-la maintenant. Éclairez-moi, fortifiez-moi, enflammez-moi de votre amour.

Ô Marie, vous qui êtes la dispensatrice du trésor de la grâce, secourez-moi. Agréez-moi pour votre serviteur, car je veux l'être et priez Jésus pour moi. Les mérites de J.-C. d'abord, et ensuite, vos prières seront le gage de mon salut.

XXXIIE CONSIDÉRATION

DE LA CONFIANCE EN LA PROTECTION DE MARIE.

Celui qui me trouvera, trouvera la vie, et obtiendra du Seigneur le salut de son âme.

— PROV. 8, 35.

PREMIÈRE PARTIE

Que d'actions de grâces ne devons-nous pas à Dieu qui nous a donné Marie pour avocate. Elle peut, en effet, nous obtenir, par ses prières, dit saint Bonaventure, toutes les grâces que nous désirons. Ô mes frères, nous qui avons péché, si nous nous trouvons coupables envers la justice du Seigneur, si déjà nos péchés nous ont rendus dignes de l'enfer, ne désespérons pas, recourons à cette divine mère, mettons-nous sous sa protection, elle nous sauvera. Dieu exige de nous une résolution ferme de changer de vie, et moyennant cette résolution et une grande confiance en cette vierge sainte, nous serons sauvés. Pourquoi ? Parce que Marie est une avocate puissante, charitable et animée du désir de nous faire parvenir au salut.

En premier lieu, arrêtons-nous à considérer la puissance de Marie qui peut tout auprès de notre juge en faveur de ceux qui lui sont dévoués. C'est l'auguste privilège de Marie de jouir d'un crédit sans bornes près de son fils[*]. Jean Gerson dit qu'elle ne lui demande rien avec une volonté absolue sans l'obtenir et, qu'en sa qualité de Reine, elle donne ses ordres aux Anges, pour qu'ils éclairent, purifient et mènent à la perfection ses serviteurs fidèles. Aussi l'Église pour nous pénétrer d'une grande confiance en Marie met sur nos lèvres cette invocation : Vierge puissante, priez pour nous. Et pourquoi la protection de Marie est-elle si puissante ?

---

[*] S. Bonav.

C'est parce qu'elle est la mère de Dieu. Sa prière, dit saint Antonin, est comme un ordre ; de là vient qu'il est impossible qu'elle ne soit pas exaucée. Son fils satisfait, en quelque sorte, à une dette quand il se rend aux demandes qu'elle lui adresse*. Ce divin fils aime d'être prié par sa mère, parce qu'il veut accéder à ses vœux, et la récompenser ainsi de l'avoir porté dans son sein†. Réjouissez-vous, Marie, réjouissez-vous, dit saint Methodius, vous avez pour débiteur votre fils ; nous lui sommes tous redevables, et lui n'est redevable qu'à vous.

Cosme de Jérusalem dit que *le secours de Marie est tout-puissant*. Oui, il en est ainsi, parce qu'il est juste que la mère participe à la toute puissance du fils. Le fils, étant tout-puissant a rendu aussi sa mère toute-puissante. Le fils l'est par nature, la mère l'est par grâce. Ce que Dieu peut par autorité, Marie le peut par ses prières‡.

Ne nous semble-t-il pas entendre le Sauveur dire à Marie : « Ma mère, demandez ce que vous voudrez, je prêterai à vos vœux une oreille attentive. Vous ne m'avez rien refusé sur la terre, je ne vous refuserai rien dans le ciel. »

En un mot, il n'est personne, quelque soit le poids de ses crimes, qu'elle ne puisse sauver par son intercession, dit saint Grégoire de Nicomédie. S'adressant ensuite à elle, il s'écrie : « Ô mère de mon Dieu, rien ne peut résister à votre puissance, car celui qui vous a créée, attache autant de prix à votre gloire qu'à la sienne. » « Vous pouvez donc tout, lui dit aussi saint Pierre Damien, puisque vous avez le pouvoir de sauver ceux-mêmes qui sont dans un état désespéré. »

Affections et Prières.

Ô Marie, ma reine et ma tendre mère, je vous dirai avec un de vos grands serviteurs : « Vous êtes toute-puissante pour le salut des pécheurs, et vous n'avez pas besoin d'autre recommandation près de Dieu, parce que vous êtes la mère de la vie. »§ Ainsi, en recourant à vous, mes péchés, quelque nombreux qu'ils soient, ne peuvent me faire désespérer de mon salut. Vous obtenez, par votre intercession, tout ce que vous voulez. Si vous priez pour moi, je serai assuré de mon salut. Priez donc pour un

---

* S. Antonin.
† S. Greg. Arch. de Nicomédie : discours sur la mort de Marie.
‡ *Quod Deus imperie tu prece, virgo, potes.*
§ Serm. 3. S. Germain.

malheureux tel que moi ; vous dirai-je avec saint Bernard, ô digne mère de Dieu, parce que votre Fils vous écoute et vous accorde tout ce que vous lui demandez. Je suis un prévaricateur, il est vrai, mais je veux me corriger, et je me flatte d'être un de vos plus dévoués serviteurs, Je suis, je le confesse encore, tout à fait indigne de votre protection, mais vous n'avez jamais délaissé aucun de ceux qui ont mis en vous leur confiance. Vous pouvez et vous voulez me sauver, et je me confie en vous. Quand j'étais dans le péché, je ne pensais pas à vous, et vous, vous avez pensé à moi et m'avez obtenu la grâce de rentrer en moi-même. Combien plus dois-je avoir d'espoir en votre bonté, maintenant que je me suis consacré à votre service, que je me recommande à vous et que je me confie en vos bontés. Ô Marie, priez pour moi, faites que je me sanctifie ! Obtenez-moi la persévérance, un grand amour envers votre fils et envers vous, mon aimable mère ! Vous êtes ma reine, je vous aime et j'ai l'espoir de vous aimer toujours. Aimez-moi aussi, et par l'effet de votre amour, faites que je devienne saint, de pécheur que je suis.

DEUXIÈME PARTIE

Considérons, en second lieu, qu'autant Marie est puissante par son intercession, autant elle est pleine de charité et de compassion pour nous. Elle ne peut, en effet, refuser sa protection à quiconque recoure à elle. Les yeux de Dieu sont fixés sur les justes et les pécheurs. Il en est de même de cette mère de miséricorde, dit Richard de Saint-Laurent ; elle veut nous empêcher de tomber ou nous relever, par le secours de ses prières, s'il nous arrive de faire des chutes. « Oui, lorsque je vous regarde, ô Marie, disait saint Bonaventure, il me semble voir la miséricorde même. » « Pourquoi de l'abîme de nos misères, dit saint Bernard, redouterions-nous d'approcher de Marie ? Il n'y a rien d'austère, rien d'effrayant en elle, elle est la douceur par excellence*. » Aussi est-elle comparée à l'olive. Comme l'olive renferme l'huile, symbole de la douceur, ainsi il n'y a en Marie que compassion, que bonté dont elle fait part à ceux qui ont recours à elle ; c'est donc à bon droit que Denys le chartreux l'appelle l'avocate de tous les pécheurs qui se réfugient sous les ailes de sa miséricorde.

Oh Dieu ! quelle sera l'affliction d'un chrétien qui aura le malheur de se perdre ! Il pouvait, en s'adressant à cette bonne mère, se sauver avec tant de facilité, et il ne l'aura pas fait, et il ne sera plus temps de le faire ! Elle dit un jour à sainte Brigite : Tous m'appellent mère de miséricorde, et

---

* S. Bernard.

en effet la miséricorde de Dieu m'a rendue telle. D'ailleurs, qui nous a donné en elle une avocate pour nous défendre, sinon cette miséricorde infinie, qui veut nous sauver ? Aussi, malheur à celui qui ne s'adresse pas à Marie ! Il est à plaindre et il le sera surtout, pendant l'éternité.

Craindrions-nous peut-être, dit saint Bonaventure, qu'en réclamant le secours de Marie, elle ne nous le refusât ? Non, dit ce saint, elle ne peut se dispenser d'avoir pitié des infortunés ; non, elle ne le peut, parce que Dieu nous l'a donnée, en qualité de reine et de mère de la miséricorde, dit saint Bernard. C'est donc un devoir pour elle de prendre soin de ceux qui sont dans le malheur. Il ajoute, ensuite, dans un profond sentiment d'humilité, ces belles paroles : « ô mère de mon Dieu, puisque vous êtes la reine de la miséricorde, vous devez avoir plus soin de moi que de tous les autres, parce que je suis le plus grand de tous les pécheurs. » Enfin, pour justifier son titre de mère de la miséricorde, elle doit s'intéresser à délivrer de la mort ses enfants, attaqués de maladies spirituelles, puisque sa seule bonté l'a rendue leur mère. De même, dit saint Basile, que dans les hôpitaux publics, on doit admettre les pauvres malades, et que ceux qui sont les plus indigents ont plus de droits d'y être reçus, de même aussi, selon le même saint, Marie est obligée d'accueillir avec plus de tendresse et d'affection les plus grands coupables qui s'adressent à elle.

Ne doutons pas, surtout, de sa bonté. Quand un criminel réclame son secours, elle ne fait nulle attention à la multitude des péchés qu'il a commis, mais à la bonne volonté avec laquelle il se présente. S'il a un désir sincère de se corriger, elle le reçoit et le guérit, en appliquant des remèdes à toutes ses plaies, parce qu'elle est appelée et qu'elle est, en effet, la mère de la miséricorde. Saint Bonaventure nous encourage en ces termes : « Pauvres pécheurs, ne désespérez pas, levez les yeux vers Marie et ayez la plus grande confiance dans la tendresse de cette bonne mère. » « Cherchons donc la grâce, ajoute saint Bernard, mais cherchons-la, par le moyen de Marie. » Cette grâce que nous avons eu le malheur de perdre, elle l'a retrouvée, dit Richard de St.-Laurent, donc, il est nécessaire d'aller à Marie pour la recouvrer. Quand l'Archange Gabriel vint annoncer à cette Vierge sainte qu'elle serait mère du Sauveur, il lui dit entre autres choses : *Ne craignez pas, vous avez trouvé grâce devant Dieu.* Mais si elle ne fut jamais privée de la grâce, si elle en fut toujours enrichie, comment peut-on dire qu'elle l'a retrouvée ? Le cardinal Hugo répond à cette question, que Marie n'a pas trouvé la grâce pour elle, parce qu'elle en a constamment joui ; mais, pour nous, qui avions eu le malheur de la perdre. Allons donc à elle, dit ce pieux cardinal, et disons-lui : « Vierge sainte, la robe doit être rendue à celui qui l'a perdue ; cette grâce que vous avez retrouvée n'est pas à vous, parce que vous l'avez toujours eue en votre possession ; elle est à nous, nous l'avions perdue par notre faute, c'est donc à nous que vous devez la rendre. » Courez, pécheurs, courez à Marie, et dites-lui, avec une pieuse assurance : Rendez-nous ce que vous avez trouvé.

Affections et Prières.

Voici, ô mère de mon Dieu, voici à vos pieds un malheureux pécheur, qui, non pas une fois, mais souvent, a voulu perdre la grâce de Dieu que votre fils lui avait acquise au prix de son sang. Ô mère de miséricorde, je viens à vous, l'âme toute meurtrie de coups, toute couverte de plaies, cependant ne me dédaignez pas ; laissez-vous plutôt toucher d'une plus grande compassion et aidez-moi. Regardez la confiance que j'ai en vous, et ne m'abandonnez pas. Je ne cherche point les biens de la terre, mais la grâce de Dieu et l'amour de votre fils. Marie, ma mère, priez pour moi et ne cessez jamais de prier. Les mérites de J.-C. et votre intercession me sauveront. Votre office est de prier pour les pécheurs, je vous dirai donc avec saint Thomas de Villeneuve, puisque vous êtes notre avocate, justifiez ce titre, recommandez-moi à Dieu et défendez-moi. Les causes même les plus désespérées ne se perdent pas, quand elles sont défendues par vous. Vous êtes l'espérance des pécheurs et la mienne. Ô Marie, je ne me lasserai jamais de vous servir, de vous aimer et de recourir à vous, ne vous lassez pas non plus, de me secourir, surtout, dans les moments où je serais en danger de perdre la grâce de Dieu. Ô Marie, ô mère de mon Sauveur, ayez pitié de moi.

TROISIÈME PARTIE

Considérons, en troisième lieu, que Marie, cette avocate si compatissante, non seulement nous aide à recourir à elle, mais qu'elle cherche encore les pécheurs pour les défendre et leur procurer le salut. Justes et pécheurs, elle nous appelle tous[*]. Le démon tourne sans cesse autour de nous pour nous dévorer, dit saint Pierre ; cette divine mère fait de même, mais pour nous sauver[†]. Marie est la mère de miséricorde, parce que la tendresse qu'elle a pour nous la rend compatissante et anime sa sollicitude pour notre sanctification. Elle ressemble à une mère tendre qui ne peut voir ses enfants en danger de se perdre sans voler à leur secours. Et qui jamais, après J.-C., a pris plus de soin de notre salut que vous, ô Marie[‡] ? Vous êtes, sans cesse, occupée des misérables, vous ne semblez vous intéresser qu'à eux[§].

Oui, elle nous aide, quand nous recourons à elle, et personne n'en a jamais essuyé le moindre refus. Mais ce n'est pas assez pour le cœur compatissant de Marie. Sa bonté prévient même nos demandes et s'intéresse à nos misères, avant même que nous n'invoquions son secours[#]. Les entrailles de sa miséricorde sont si vivement émues, à la connaissance de

---

[*] Pelbart.
[†] Bernard de Bus.
[‡] S. Germ. serm.
[§] S. Bonav. sur le Salve, Reg.
[#] Rich. de Saint-Victor.

nos besoins, qu'elle se prête aussitôt à les alléger, parce qu'elle ne peut voir nos maux, sans y apporter remède*. C'est ce qu'elle fit tant qu'elle vécut sur la terre, et en particulier, aux noces de Cana. Le vin étant venu à manquer, elle n'attendit pas qu'on la priât, mais compatissant à la confusion, et à la peine des nouveaux époux, elle demanda à son fils de les secourir. *Ils n'ont pas de vin*, lui dit-elle, et Jésus par un miracle y pourvut aussitôt. Or, si pendant le cours de sa vie mortelle, Marie se montrait si pleine de charité, dit saint Bonaventure, envers ceux qui étaient dans l'affliction, combien maintenant, dans le ciel, cette charité n'est-elle pas plus vivement excitée par la vue claire de nos maux ! Si elle est si prompte à venir à notre secours, sans en avoir été priée, que ne fera-t-elle pas, lorsque nous l'en conjurerons† ?

N'omettons donc jamais de recourir, dans tous nos besoins, à cette divine mère, toujours prête à exaucer nos vœux. Elle désire plus de nous faire du bien et de nous communiquer ses faveurs, que nous d'y participer‡. Nous la trouverons, toujours, les mains pleines de grâces et de miséricordes. Son zèle à nous protéger et à contribuer à notre salut est si ardent qu'elle n'est pas seulement offensée des torts que nous aurions à son égard, mais même de notre omission à la prier§. Saint Bonaventure ajoute que quiconque recourt à Marie, avec la volonté de se corriger de ses fautes, est déjà sauvé. Aussi, l'appelle-t-il le salut de ceux qui l'invoquent. Oui, recourons sans cesse à cette divine mère, et disons-lui, toujours, avec le même saint : *Ô Marie, j'ai espéré en vous, je ne serai jamais confondu. Non, je ne me damnerai pas, ayant mis en vous mon espérance.*

Affections et Prières.

Ô Marie, voici à vos pieds un misérable esclave de l'enfer, qui demande grâce. Il est vrai que je ne mérite aucun bien, mais vous êtes la mère de miséricorde, et la miséricorde s'exerce envers les malheureux. Le monde entier vous appelle le refuge et l'espérance des pécheurs ; soyez donc mon refuge et mon espérance. Je suis une brebis perdue, mais c'est pour sauver les brebis perdues que le Verbe éternel est descendu du ciel, et est devenu votre Fils. Il veut que j'aie recours à vous et que vous m'aidiez

---

* Ibid.
† Novarin.
‡ Bernardin de Bus.
§ S. Bonav.

de vos prières. Sainte Marie, mère de Dieu, priez pour nous pauvres pécheurs. Ah ! vous priez pour tous, priez aussi pour moi. Dites-lui que je vous suis dévoué et que vous me protégez. Dites-lui de me pardonner et que je me repens de toutes les fautes que j'ai commises contre lui. Dites-lui qu'il me donne, en vue de ses miséricordes, la grâce de persévérer. Dites-lui qu'il m'accorde de l'aimer de tout mon cœur. Dites-lui, en un mot, que vous voulez me sauver. Il fait tout ce que vous lui demandez. Ô Marie, mon espérance, je me confie en vous, ayez pitié de moi.

XXXIIIE CONSIDÉRATION

DE L'AMOUR DE DIEU.

Aimons donc Dieu, puisqu'il nous a aimés le premier.
— S. JEAN, 4, 19.

PREMIÈRE PARTIE

Considérez d'abord que Dieu mérite votre amour, parce qu'il vous a aimé le premier et avant tous les autres. *Je vous ai aimé d'un amour éternel**. Ici-bas, c'est de vos parents que vous avez reçu les premières marques d'affection ; mais encore ne vous ont-ils témoigné leur tendresse qu'après vous avoir connu ; et lorsque vous étiez encore dans le néant, Dieu vous aimait déjà. Votre père ni votre mère n'existaient pas, l'univers lui-même n'était pas encore créé, et déjà vous étiez l'objet de l'amour du Seigneur. Était-ce encore peut-être mille ans, mille siècles avant ? Avec Dieu, on ne peut compter ni par années ni par siècles. Sachez seulement qu'il vous a aimé de toute éternité[†], en un mot, depuis qu'il est Dieu, et dès le moment où il s'est aimé lui-même. Ainsi, sainte Agnès avait donc raison de dire, lorsque le monde et les créatures réclamaient son attachement : *J'ai été prévenue par un autre*. Non, monde et vous créatures, qui que vous soyez, je ne puis vous aimer, mon Dieu a été le premier à me donner des preuves de sa tendresse ; il est donc juste que ce soit à lui seul que je consacre tout mon amour.

C'est ainsi, mon frère, que Dieu vous a aimé de toute éternité, et c'est pour ce motif qu'il vous a donné l'être et placé dans ce monde, de préférence à tant d'autres qu'il aurait pu créer. C'est encore pour le même motif

---

* Jérém. 31, 3.
† Jér, 31, 3.

qu'il a suscité, en votre faveur, une multitude d'autres êtres destinés à votre service et à vous rappeler l'amour qu'il vous a porté et celui que vous lui devez. Le ciel et la terre, et toutes les créatures, Seigneur, me disent de vous aimer*. Quand le saint évêque d'Hyppone regardait le soleil, la lune, les étoiles, les montagnes, les fleuves, il lui semblait que tous ces objets lui criaient de concert : « Augustin aime Dieu, parce qu'il nous a créés pour toi, afin de te déterminer à lui donner ton amour. » L'abbé de Rancé, fondateur de la Trappe, à la vue des collines, des ruisseaux et des fleurs dont leurs bords étaient parsemés, disait que toutes ces beautés lui rappelaient l'amour que Dieu lui avait porté. Sainte Thérèse disait, de même, que les créatures lui reprochaient son ingratitude envers le Seigneur. Quand sainte Marie-Magdelaine de Pazzi avait à la main soit une belle fleur, soit un fruit, elle sentait son cœur comme percé d'un trait d'amour, et elle se disait aussi à elle-même : Mon Dieu a cependant pensé de toute éternité à produire cette fleur, ce fruit pour m'engager à l'aimer.

Considérez, en outre, la tendresse toute particulière que Dieu vous a manifestée, en vous faisant naître dans un pays chrétien et dans le sein de son Église. Combien en est-il qui naissent parmi les idolâtres, les juifs, les mahométans, les hérétiques qui se perdent tous ? À travers une foule prodigieuse d'hommes dans l'erreur, vous avez eu l'inappréciable avantage d'être choisi, pour être éclairé des lumières de la foi. Quelle grâce immense ! Que de millions d'hommes se trouvent privés des sacrements, et qui n'ont ni instructions, ni bons exemples de personnes vertueuses, ni tous les autres secours que vous trouvez dans la véritable Église pour vous sauver. Dieu, sans aucun mérite de votre part, a voulu vous accorder tous ces moyens puissants de sanctification, tout en prévoyant même l'abus que vous en feriez. Lorsqu'il pensait à vous donner l'être et à vous combler de ces faveurs, il prévoyait déjà les torts que vous deviez avoir envers lui.

---

* S. Aug.

Affections et Prières.

Ô souverain Seigneur du ciel et de la terre, bien infini, majesté également infinie, vous qui avez tant aimé les hommes, comment se fait-il qu'ils vous méprisent avec tant d'insolence ? Mais, parmi une si grande multitude, ô mon Dieu, vous m'avez aimé de préférence, en me favorisant de tant de grâces spéciales que vous n'avez pas accordées à une infinité d'autres, et je me suis rendu le plus coupable envers vous ! Je me prosterne à vos pieds, ô Jésus, mon Sauveur, ne me rejetez pas loin de vous. Je mériterais d'être abandonné en punition de tant d'ingratitudes, mais vous avez dit que vous ne repoussez pas l'hommage d'un cœur contrit qui revient à vous*. Mon Jésus, je me repens de vous avoir offensé. Autrefois, je vous ai méconnu, maintenant, je vous reconnais pour mon Seigneur et mon Rédempteur, qui avez voulu mourir pour mon salut et pour exciter mon amour. Quand cesserai-je, ô mon Jésus, d'être ingrat ? Quand commencerai-je enfin à vous aimer ? Je veux, dès maintenant, vous aimer de tout mon cœur, et ne plus aimer que vous. Ô bonté infinie, je vous adore pour tous ceux qui ne vous adorent pas, je vous aime pour ceux qui ne vous aiment pas. Je crois en vous, j'espère en vous, je vous aime, je m'offre tout à vous, aidez-moi de votre grâce. Vous connaissez ma faiblesse ; mais, si vous m'avez tant favorisé quand je ne vous aimais pas, pas, et que je ne désirais pas même de vous aimer, combien plus dois-je espérer en vos miséricordes, maintenant que je vous aime et que je désire n'aimer que vous ? Seigneur, mon Dieu, donnez-moi votre amour, mais un amour fervent qui me fasse oublier toutes les créatures, un amour fort qui me fasse surmonter toutes les difficultés pour vous plaire, un amour constant qui me préserve à jamais du malheur de me séparer de vous. J'attends tout de vos mérites, ô mon Jésus, et vous, ô Marie, j'espère également tout de votre intercession.

---

* S. Jean, 6, 37.

DEUXIÈME PARTIE

C'était peu, pour Dieu, de nous fournir des preuves de son amour, en destinant à notre usage tant d'êtres de toute espèce, il voulut encore se donner lui-même à nous*. Le péché nous avait fait perdre la grâce et le bonheur éternel, et nous avait rendus esclaves de l'enfer, mais le fils de Dieu, au grand étonnement du ciel et de la terre, voulut venir ici-bas, se faire homme, pour nous racheter de la mort, nous faire recouvrer l'amitié de son père, et le ciel que nous avions perdu. Quelle merveille si un roi, pouvant se réduire à l'état d'un ver de terre, s'y réduisait en effet pour l'amour des vers, mais le prodige d'un Dieu fait homme par amour pour les hommes, n'est-il pas infiniment plus grand ? *Il s'est anéanti*, dit saint Paul, *en prenant la forme d'esclave*†. Un Dieu s'est fait chair‡. Toutefois le miracle n'est-il pas, à nos yeux, bien plus étonnant encore dans ce qu'il a fait et souffert pour notre amour ! Que fallait-il, de sa part, pour nous racheter ? Une seule goutte de son sang, une larme, une prière, parce qu'étant Dieu, tout ce qu'il faisait était d'un prix infini et suffisait pour sauver le monde entier, et même des mondes sans nombre.

Ah ! s'écrie saint Chrysostome, ce qui suffisait pour notre rédemption, ne suffisait pas à l'immensité de son amour. Il voulait, non-seulement,

---

* Ép. aux Galat. 3, 20.
† Aux Phil. 2, 7.
‡ S. Jean, 1, 14.

nous sauver, mais encore, par tendresse, nous obliger à l'aimer ; c'est là le motif pour lequel il choisit une vie toute semée de peines et d'humiliations et la mort la plus cruelle de toutes pour nous faire comprendre l'amour infini qui le consumait. *Il s'est humilié, il a été obéissant jusqu'à la mort et jusqu'à la mort de la croix**. Ô excès de l'amour d'un Dieu ! non, jamais, ni les hommes, ni les anges ne pourront le comprendre ! Je dis excès parce que ce fut le terme dont se servirent et Moïse et Élie sur le Thabor, en parlant de la passion du Sauveur†. Ce fut un excès de douleur, et par là même un excès d'amour, dit saint Bonaventure. Si J.-C. n'eut pas été Dieu, mais simplement un de nos amis, un de nos parents, quelle plus forte preuve d'attachement aurait-il pu nous donner que de souffrir la mort pour nous ? *Personne, en effet, n'a un plus grand amour que celui qui sacrifie sa vie en faveur de ses amis*‡. Si J.-C. avait eu à sauver son père, qu'aurait-il pu faire de plus par affection pour lui ? Et vous, mon frère, si vous-même eussiez été Dieu, et créateur de J.-C., quel plus grand sacrifice auriez-vous pu vous imposer, que de mourir, après avoir passé à travers les outrages et les douleurs de tout genre ? Si le dernier des hommes avait montré pour vous le même amour que J.-C., pourriez-vous vivre sans l'aimer ?

Mais que dites-vous ? Croyez-vous à l'incarnation et à la mort de J.-C. ? Vous y croyez et vous ne l'aimez pas ? Comment pouvez-vous seulement penser à vous attacher à autre chose qu'à lui ? Peut-être, doutez-vous de son amour ? Il n'est cependant venu, dit saint Augustin, que pour donner à connaître à l'homme combien il l'aime. Avant l'incarnation, les hommes pouvaient douter si Dieu les aimait avec tendresse, mais depuis que lui-même s'est fait homme et qu'il est mort pour nous, comment qualifierions-nous l'incertitude en ce point ? Quelle preuve plus touchante d'attachement était-il capable de vous fournir qu'en mourant pour vous ? Nous sommes accoutumés à entendre parler de la création de la rédemption, de la naissance d'un Dieu dans une étable, de sa mort sur une croix, nous n'en éprouvons plus aucune impression. Ô foi sainte, éclairez-nous !

---

* Aux Phil. 2, 8.
† S, Luc, 9, 31.
‡ S. Jean, 15, 13.

Affections et Prières.

Ô mon Jésus, je vois qu'il vous était impossible d'en faire davantage pour me mettre dans l'heureuse nécessité de vous aimer, lorsque mon ingratitude vous forçait à m'abandonner. Soyez à jamais béni, pour la patience avec laquelle vous m'avez supporté ; je mériterais un enfer tout exprès, mais votre mort m'inspire une vive confiance, Ah ! faites-moi parfaitement connaître les titres que vous avez à mon amour, ô trésor infini, et l'obligation où je suis de vous consacrer mon cœur ! Je savais, ô mon Jésus, que vous étiez mort pour moi, et comment ai-je pu, ô mon Dieu, vivre tant d'années dans l'oubli de votre saint nom ? Ah ! si je pouvais revenir au temps où j'ai commencé à vous offenser, je voudrais, Seigneur, vous le consacrer tout entier, mais les moments se passent sans retour ; au moins suis-je décidé à employer le reste de ma vie à vous aimer et à vous plaire. Mon aimable Rédempteur, je vous aime de toute mon âme, mais augmentez en moi cet amour, rappelez, sans cesse, à ma mémoire ce que vous avez fait pour moi, et ne permettez pas que je prolonge encore mes ingratitudes. Non, non, c'en est fait, je ne veux plus résister à la lumière dont vous m'éclairez. Vous voulez que je vous aime, je veux, de mon côté, vous aimer. Et que voudrais-je aimer, sinon un Dieu qui est une beauté et une bonté infinies, un Dieu qui est mort pour moi, un Dieu qui m'a supporté avec une si grande patience et qui, au lieu de me punir, comme je le méritais, a converti ses châtiments en autant de grâces et de faveurs ? Oui, que je vous aime, ô Dieu, digne d'un amour infini, et que je ne désire, que je ne cherche plus autre chose que votre amour, oubliant ainsi tout ce qui n'est pas vous ! Ô charité infinie de mon Dieu, secourez une âme qui n'aspire qu'au bonheur d'être tout à vous !

Secourez-moi, par votre intercession, ô vous, heureuse mère de mon Dieu, et priez Jésus de m'attacher entièrement à lui.

TROISIÈME PARTIE

Le prodige croit encore à nos yeux, lorsque nous réfléchissons à l'ardeur avec laquelle J.-C. souhaitait de souffrir et de mourir pour nous. Il le disait dans le cours de sa vie mortelle : Je dois être baptisé dans mon sang et je meurs d'empressement de le verser et de sacrifier ma vie, pour faire promptement connaître aux hommes l'amour que j'ai pour eux. C'est dans le même sentiment de charité qu'il disait aussi à ses disciples, la nuit qui précéda sa passion : *J'ai désiré d'un vif désir de manger cette pâque avec vous**. Nouvelle preuve, dit saint Basile de Séleucie, qu'il ne pouvait se rassasier d'aimer les hommes. Ah ! mon Jésus, les hommes ne vous aiment pas, parce qu'ils ne pensent pas à l'amour qui vous attache à eux. Ô Ciel ! comment une âme qui considérerait qu'un Dieu est mort, pour elle, qu'il n'aspirait qu'après le moment de lui prouver ainsi son affection, comment pourrait-elle vivre sans l'aimer ? Ah ! dit saint Paul, ce n'est pas tant ce qu'il a fait et souffert, que l'amour qu'il a manifesté, en mourant pour nous, qui nous oblige et nous force, en quelque sorte, à l'aimer ! Aussi saint Laurent Justinien, dans cette pensée, s'écrie : Nous avons vu le sage par excellence devenu insensé, par excès d'amour. Et qui pourrait jamais se persuader, si la foi ne nous obligeait à le croire, que le créateur ait voulu mourir pour ses créatures ? Sainte Marie-Magdelaine de Pazzi étant un jour en extase prit en main le crucifix, et s'écria : « Ô mon

---

* S. Luc, 22, 15.

Jésus, votre amour pour nous va jusqu'à la folie ! » Les païens étaient préoccupés de la même idée, lorsqu'on leur parlait de l'amour de J.-C. ; ils ne pouvaient y ajouter foi. C'est ce qu'assure l'apôtre : *Nous vous prêchons*, disait-il, *Jésus crucifié, sujet de scandale pour les Juifs, et objet de folie aux yeux des Gentils**. « Comment est-il possible, disaient-ils, qu'un Dieu heureux en lui-même, et qui n'a besoin de personne, soit descendu sur la terre, se soit fait homme, et soit mort pour les hommes qu'il a créés ? Admettre cette croyance, ce serait admettre équivalemment que ce Dieu, par amour pour eux a perdu la raison. » Néanmoins, il est incontestablement de foi que J.-C., vrai fils de Dieu, a donné sa vie pour nous. *Il nous a aimés*, dit saint Paul, *et s'est livré pour nous*†.

Pourquoi en a-t-il agi ainsi ? C'est, dit le même apôtre, *afin que ceux qui vivent, ne vivent plus pour eux, mais pour celui qui est mort en leur faveur*‡ ; c'est afin qu'en nous manifestant son amour, il se conciliât toutes les affections de nos cœurs. Aussi, les saints, réfléchissant à la mort de J.-C., ont regardé, comme bien peu de chose, de sacrifier leurs biens et leur vie même, à l'amour d'un Dieu qui les avait aimés avec tant de tendresse. Combien de grands, de princes même ont abandonné leurs parents, leurs richesses, leur patrie, leurs couronnes, pour s'enfermer dans des cloîtres et s'y consacrer à l'amour de J.-C. ! Combien de martyrs ont souffert la mort dans cette vue ! Combien de vierges chrétiennes ont renoncé aux engagements les plus honorables, pour aller au supplice vers lequel elles marchaient avec une joie inexprimable, afin de rendre à un Dieu mort pour elles, amour pour amour. Et vous, mon frère qu'avez-vous fait, jusqu'à présent, pour l'amour de ce divin Sauveur ? S'il est mort pour les saints, n'est-il pas mort aussi pour vous ? Que vous proposez-vous, au moins, pour le temps qui vous reste ici-bas et que Dieu vous accorde afin que vous l'aimiez ? Désormais, jetez fréquemment les yeux sur le crucifix, en le regardant, rappelez-vous la tendresse qu'il a eue pour vous, et dites-lui, en vous-même : Vous êtes donc mort pour moi, ô mon Dieu ! Suivez ce conseil ; faites souvent ce que je vous recommande, et avec cette attention, si peu pénible, vous ne pourrez vous défendre d'un doux penchant à aimer un Dieu qui vous a tant aimé.

---

* Ép. aux Cor. 1, 23.
† Aux Éph. 5, 2.
‡ 2ᵉ aux Cor. 5, 7.

Affections et Prières.

Ah ! mon bon Sauveur, je ne vous ai pas aimé, il est vrai, parce que je n'ai pas pensé à l'amour que vous avez eu pour moi ! Ah ! mon Jésus, j'ai poussé trop loin l'ingratitude ! Vous avez sacrifié votre vie pour moi, vous avez souffert la mort la plus cruelle, et j'ai pu être insensible au point de ne pas même vouloir y réfléchir ! Pardonnez-moi, moyennant la promesse que, dorénavant, ô mon amour crucifié, vous serez l'unique objet de mes pensées, et de toutes les affections de mon âme. Quand le démon, ou le monde me présenteront le fruit défendu, rappelez-moi, ô mon aimable Sauveur, les souffrances que vous avez endurées par amour pour moi, afin que je vous aime et que je ne vous offense plus. Ah ! qu'un de mes serviteurs en ait fait pour moi-autant que vous, je n'aurais pas le courage de le contrister, tandis que j'ai eu celui de me séparer si souvent de vous, qui êtes mort pour moi ! Ô pures flammes d'amour, qui avez obligé un Dieu à mourir pour moi, venez, remplissez, brûlez mon cœur et consumez-y toute affection qui m'attirerait encore vers les créatures. Ô mon aimable Rédempteur, comment vous considérer, ou dans l'étable de Bethléem, ou attaché à la croix sur le calvaire, ou sur les autels dans votre sacrement, et ne pas se sentir pénétré d'amour pour vous ? Mon Jésus, je vous aime de toute mon âme. Pour ce qui me reste de vie, vous serez mon unique bien, mon unique amour. Assez et trop d'années malheureuses se sont passées dans l'oubli de vos douleurs et de votre charité ! Je me donne tout à vous, et si je ne puis le faire comme je le dois, prenez-moi vous-même, et régnez, en maître absolu, dans mon cœur, que votre règne arrive ! Je ne veux plus être esclave que de votre amour, mes paroles, mes actions, mes pensées, mes soupirs n'auront pour but que votre amour et le désir de ne plus vous déplaire. Aidez-moi toujours de votre grâce, pour que je sois constamment fidèle à ces engagements. Je me confie en vos mérites, ô mon Jésus.

Ô mère du bel amour, faites-moi aimer ardemment votre fils, qui est si digne d'être aimé, et qui m'a donné tant de preuves de sa tendresse pour moi !

XXXIVE CONSIDÉRATION

DE LA SAINTE COMMUNION.

Prenez et mangez, ceci est mon corps.

— S. MATH. 26.

PREMIÈRE PARTIE

Voyons combien est précieux le don que le Sauveur nous a fait de ce sacrement, l'amour immense qu'il nous a manifesté en l'instituant, et le grand désir qu'il a de nous voir y participer.

Considérons, en premier lieu, la grandeur du présent que nous offre J.-C. en se donnant tout à nous, comme aliment, dans la sainte communion. Quoique tout-puissant, dit saint Augustin, il ne pouvait faire plus. Est-il trésor plus désirable que le corps et le sang de J.-C. ? et nous pouvons toutefois le posséder dans nos cœurs[*] ! Ô hommes, s'écrie Isaïe, faites connaître les inventions de l'amour d'un Dieu qui est la bonté même[†]. Si le Sauveur ne nous avait offert ce don magnifique, qui jamais aurait pu lui en faire la demande ? Qui jamais aurait osé lui dire : « Seigneur, si vous voulez nous donner une preuve de votre affection, donnez-vous à nous sous les espèces du pain, et consentez à devenir ainsi notre nourriture ? » C'eût été une folie d'en avoir même la pensée. N'en est-ce pas une en apparence, selon saint Augustin, de dire : mangez ma chair, buvez mon sang. Aussi, quand J.-C. révéla à ses disciples son intention de nous léguer ce sacrement, ils ne pouvaient se déterminer à y ajouter foi, ils le quittèrent presque tous, en disant : *Comment peut-il nous donner sa chair à manger et son sang à boire ? Ce langage est inintelligible, qui peut l'en-*

---

[*] Bernardin de Sienne.
[†] Is. 12.

[*] ? Mais ce que les hommes ne pouvaient s'imaginer, l'amour infini de Dieu y a pensé et l'a exécuté.

Le Seigneur a établi ce sacrement, dit saint Bernard, comme un souvenir de l'amour qu'il nous a manifesté dans les douleurs de sa passion. Il le dit lui-même à ses apôtres : *Faites ceci en mémoire de moi*[†]. Ce n'était pas assez, pour son amour, disait saint Bernardin de Sienne, de sacrifier sa vie pour nous ; avant sa mort, l'excès de sa charité l'obligea, en quelque sorte, d'opérer le plus grand de tous ses prodiges, en nous donnant son corps pour nourriture[‡]. L'institution de ce mystère fut le dernier effort de sa tendresse ; et d'après le Concile de Trente, le Sauveur y prodigua toutes les ressources de sa charité en faveur des hommes[§].

Ce serait de la part d'un prince, une grande preuve de bonté, d'envoyer à un pauvre un des mets de sa table ; mais que serait-ce s'il lui faisait servir son dîner tout entier[#] ? Jésus, dans la sainte communion, a fait plus encore ; il nous donne, non-seulement quelques mets, mais son propre corps. *Prenez et mangez*, dit-il, *ceci est mon corps*. Avec ce corps sacré, nous recevons aussi son âme et sa divinité. En un mot, J.-C., en se donnant lui-même à nous dans la sainte communion, se livre tout entier et ne se réserve rien[°]. Saint Thomas dit la même chose. Voilà, s'écrie saint Bonaventure, que, dans ce mystère, ce grand Dieu, que l'univers ne peut contenir, devient notre prisonnier. Or, quand il se donne ainsi à nous dans ce sacrement, comment pouvons-nous craindre qu'il ne nous refuse quelque chose, lorsque nous lui en faisons la demande.[**]

---

[*] S. Jean, 6, 61.
[†] S. Luc, 22, 19.
[‡] Tom. 2, serm. 54.
[§] Sess. 13, c. 2.
[#] S. Fr. de Sales.
[°] S. Jean Chrys.
[**] Aux Rom. 8, 32.

Affections et Prières.

Ô mon Jésus, eh ! qui, jamais, a pu vous déterminer à vous donner à nous, comme aliment ? Que vous reste-t-il encore, après ce don précieux, pour nous obliger à vous aimer ? Ah ! Seigneur, éclairez-nous et faites-nous connaître combien est grand cet excès d'affection qui vous force à devenir ainsi notre nourriture, pour pouvoir vous unir à de misérables pécheurs tels que nous ! Si vous vous donnez ainsi tout à nous, n'est-il pas bien raisonnable que nous nous consacrions aussi tout à vous ? Ô mon Rédempteur, comment ai-je donc pu vous offenser, vous qui m'avez tant aimé et qui n'avez pu faire plus, pour m'attacher à vous ? Pour moi, vous vous êtes fait homme ; pour moi, vous avez sacrifié votre vie, vous vous êtes encore réduit à devenir mon aliment ; dites-moi, que vous reste-t-il encore à faire ? Je vous aime, ô bonté incomparable ; je vous aime, digne objet de mon amour qui devrait être infini comme le vôtre. Seigneur, venez souvent visiter mon âme, consumez-moi tout entier du feu de votre saint amour ; que j'oublie tout pour ne plus penser qu'à vous, pour ne plus aimer que vous !

Sainte Marie, priez pour moi. Rendez-moi digne, par votre intercession, de recevoir souvent votre fils dans ce sacrement adorable.

DEUXIÈME PARTIE

Considérons, en second lieu, la charité dont le Seigneur nous a donné une preuve si touchante, en nous favorisant de ce don précieux. L'Eucharistie est un présent qui n'a été offert que par l'amour. D'après le décret porté dans le ciel, il était nécessaire, pour notre salut, que le Rédempteur mourût, et satisfît, pour nos péchés, à la justice divine, par le sacrifice de sa vie ; mais quelle nécessité y avait-il qu'il nous laissât, après sa mort, cet aliment miraculeux ? Son amour l'a voulu ainsi. Ce n'était que pour prouver son excessive tendresse, qu'il institua ce divin sacrement, et pour nous faire comprendre l'immense affection qu'il nous portait[*]. C'est donc à bon droit que saint Jean nous dit : *Jésus, sachant que son heure était venue de passer, de ce monde, à son Père, comme il avait aimé les siens, il les aima jusqu'à la fin*[†], c'est-à-dire, qu'il poussa l'amour jusqu'à ses dernières limites[‡].

Faites aussi la remarque qui n'a pas échappé à l'apôtre : *La nuit où il fut livré, il prit du pain, et rendant grâces, il le rompit et dit : prenez et mangez, ceci est mon corps*[§]. C'était au moment où ses aveugles et criminels persécuteurs préparaient déjà les fouets, les épines et la croix pour son

---

[*] S. Laurent Justin.
[†] S. Jean, 13, 1.
[‡] Théophylacte et S. Chrys.
[§] 1 aux Cor. 11.

supplice, que ce doux Sauveur, poussé par sa charité, voulait nous donner cette dernière marque de sa tendresse. Pourquoi attend-il à sa mort, pour l'institution de ce sacrement ? Pourquoi ne l'établit-il pas auparavant ? c'est que les gages d'amour qu'on donne au terme de la vie, restent plus profondément gravés dans la mémoire, et sont d'un plus grand prix*. J.-C. s'était déjà donné à nous d'une multitude de manières : comme compagnon de notre exil, comme maître, comme père, comme lumière, comme modèle et comme victime ; restait le dernier degré de l'amour, qui le détermina à devenir, lui-même, notre nourriture, pour nous être intimement uni, comme les aliments s'unissent à celui qui les prend†. Ainsi, les liens qui l'unissaient à la nature humaine, en général, ne lui suffisaient pas, il voulait trouver encore le moyen de les étendre à chacun de nous, en particulier.

Saint François de Sales disait : « On ne peut considérer le Sauveur, dans aucune autre circonstance, ni plus tendre, ni plus rempli d'amour, que dans son Sacrement, où il s'anéantit, pour ainsi dire, et s'abaisse au point de devenir notre nourriture, afin de pénétrer dans nos âmes, et de s'unir au cœur de ses serviteurs fidèles. » C'est ainsi que nous sommes unis à cet adorable Sauveur, sur qui les anges eux-mêmes n'osent fixer leurs regards, et que nous devenons, avec lui, un même corps, une même chair‡. Quel pasteur abreuve ses brebis de son propre sang ? Et que dis-je, un pasteur ? Une multitude de mères donnent des nourrices à leurs enfants, le Seigneur n'a pas voulu se conduire de même envers nous ; notre nourriture, c'est sa propre substance§. Et pourquoi se faire aussi notre nourriture ? C'est parce que nous aimant de l'amour le plus ardent, il voulut se donner tout entier à nous et ne plus faire avec nous qu'une même chose#. Il a opéré, ainsi, le plus grand de tous les prodiges, en proposant cet aliment divin à ceux qui le craignent° ; il satisfaisait de cette manière à son ardent désir de rester avec nous et de ne plus faire de son cœur et du nôtre qu'un même cœur. Ô quel étonnant amour ! Seigneur Jésus, qui avez voulu vous incorporer à nous de manière qu'un lien indissoluble unit notre cœur à votre cœur et votre âme à notre âme** !

---

* S. Bernardin.
† Ibid.
‡ S. Chrys.
§ Ibid.
# S. Chrys. hom. 51.
° Ps. 110.
** S. Laur. Justin.

Un grand serviteur de Dieu, le père de la Colombière, disait : Si quelque chose pouvait ébranler ma foi, touchant le mystère de l'Eucharistie, ce ne serait pas sur la puissance de Dieu que s'exerceraient mes doutes, mais sur le vif amour que ce bon maître nous manifeste dans ce sacrement. Que le pain soit changé au corps de J.-C., que ce bon maître se trouve en plusieurs lieux, à la fois, je me dis : Dieu peut tout. Mais si vous me demandez comment un Dieu nous aime jusqu'à cet excès, je vous réponds que je n'en sais rien et que je ne puis le comprendre. Oh ! Seigneur, une affection si vive et si ardente qui vous excite à devenir notre nourriture paraît ne pas convenir à votre majesté infinie, mais saint Bernard nous dit que l'amour fait oublier à celui qui en est pénétré, sa dignité propre. Il ne va pas chercher les raisons de convenance, quand il s'agit de se montrer à l'objet aimé : « *L'amour est comme insensé*, dit saint Chrysostome, *il va où on le conduit et non où il doit aller*[*] » Aussi, le docteur angélique appelle l'Eucharistie, *le sacrement de l'amour, le gage de l'amour*[†], et saint Bernard, *l'amour des amours*. Sainte Marie-Magdelaine de Pazzi appelait aussi le jeudi-saint, jour où l'Eucharistie fut instituée, *le jour de l'amour*.

Affections et Prières.

Ô amour infini de mon Jésus, digne d'un amour également infini, quand, ô bon Sauveur, vous aimerai-je comme vous m'avez aimé ? Il vous a été impossible d'en faire davantage pour m'engager à vous aimer, et j'ai eu, toutefois, l'affreux courage de vous abandonner, ô bien infini, pour courir après d'autres biens qui sont vils et méprisables ! Oh ! éclairez-moi, mon Dieu, découvrez-moi, toujours de plus en plus, la grandeur de votre bonté, afin que je me pénètre intimement d'amour pour vous, et que je mette tout mon bonheur à vous plaire ! Oui, je vous aime, mon Jésus, mon amour, mon tout, et je veux souvent m'unir à vous dans votre sacrement, pour y puiser un entier détachement de tout, et ne plus aimer que vous qui êtes ma vie. Secourez-moi, ô mon Sauveur, par les mérites de votre passion.

Aidez-moi, ô mère de Jésus, qui êtes aussi la mienne ; priez votre divin fils de m'enflammer tout entier du feu de son saint amour.

---

[*] S. Chrys. serm. 145.
[†] S. Thom. opusc. 68.

TROISIÈME PARTIE

Considérons, en troisième lieu, avec quelle ardeur J.-C. désire que nous le recevions dans la sainte Eucharistie. *Jésus sachant que son heure était venue**, dit saint Jean. Mais comment pouvait-il appeler son *heure*, cette nuit fatale où il allait entrer dans la carrière de ses souffrances ? Cependant, il l'appelle *son heure*, parce qu'il devait, alors, nous laisser ce sacrement adorable, pour s'unir intimement à ses âmes bien-aimées. C'est ce qui lui fait dire : *J'ai désiré d'un grand désir de manger cette Pâque avec vous*†, paroles admirables ! elles décèlent la vivacité de son empressement à s'incorporer avec chacun de nous dans ce mystère. *J'ai désiré d'un grand désir*, c'est là l'expression de la charité la plus vive‡. S'il se cache sous l'apparence du pain, c'est afin que chacun puisse le recevoir ; s'il eût choisi d'autres espèces d'un grand prix, les pauvres n'auraient pu se procurer ce bonheur ou du moins, elles ne se seraient, peut-être, pas trouvées en tout lieu, mais s'il a préféré l'espèce du pain, c'est parce qu'il coûte peu, qu'il est aisé de s'en procurer, et qu'ainsi tous les fidèles ont la facilité de trouver ce bon maître et de le recevoir.

Pour manifester son désir à nous faire participer à ce puissant moyen de salut, il nous y invite de la manière la plus affectueuse : *Venez*, dit-il,

---

* S. Jean, 13, 1.
† S. Luc, 22.
‡ S. Laur. Just.

mangez mon pain, buvez le vin que je vous ai préparé*. *Mangez mes amis, buvez, enivrez-vous*†. Ce n'est pas tout, il nous fait de la communion un précepte formel : *Prenez et mangez*, dit-il, *ceci est mon corps*‡. Il y a plus, pour nous engager, plus efficacement, à cette grande action, il s'oblige de nous donner le ciel : *Celui qui mange ma chair a la vie éternelle*§. *Celui qui mange ce pain vivra éternellement*#. Si nous ne nous rendons pas à ses vœux, il nous menace de la privation du ciel : *Si vous ne mangez la chair du fils de l'homme*, dit-il, *vous n'aurez pas la vie en vous*°. Ces invitations, ces promesses, ces menaces partent évidemment du vif désir qu'à J.-C. de s'unir à nous dans son sacrement. Et ce désir naît de l'amour ardent qu'il a pour nous, parce que, comme le dit saint François de Sales, la fin de l'amour est l'union avec l'objet qu'on aime, et par ce moyen, il s'unit intimement à nos âmes. *Celui qui mange ma chair et boit mon sang, demeure en moi et moi en lui***. Voilà pourquoi il souhaite que nous le recevions. Il disait un jour à sainte Mathilde : Une abeille ne se jette pas sur les fleurs, pour en sucer le miel avec autant d'empressement que j'en ai, pour venir dans les âmes qui aspirent au bonheur de me recevoir.

Oh ! si les fidèles réfléchissaient sur les avantages immenses que procure la communion ! Jésus est le maître de toutes les richesses, parce que *son Père lui a remis tout entre les mains*††. Aussi, quand il descend dans une âme par la sainte communion, il apporte avec lui d'inépuisables trésors de grâces. *Tous les biens me sont venus avec elle*, disait Salomon, en parlant de la sagesse éternelle‡‡.

L'Eucharistie a, surtout, l'éminente propriété d'opérer la sanctification des âmes§§. Saint Vincent Ferrier nous dit, dans les écrits qu'il nous a laissés, qu'une seule communion est plus profitable qu'une semaine entière, passée dans un jeûne austère au pain et à l'eau. Elle est le remède qui nous délivre des fautes journalières, dit le saint concile de Trente, et nous préserve des chutes mortelles##. Saint Ignace martyr, l'appelle le moyen

---

* Prov. 9, 5.
† Cantiq. 5, 1.
‡ S. Math. 25.
§ S. Jean, 6, 54.
# Id. 58.
° Id. 53.
** S. Jean, 6, 35.
†† Ibid. 13, 3.
‡‡ Sag. 7, 11.
§§ S. Denys.
Conc. de Trente, sess. 13, c. 2.

par lequel nous arrivons à l'immortalité. Par le mystère de la croix, disait-il, J.-C. nous a arrachés à la puissance du péché, et par l'Eucharistie, il nous ôte le pouvoir de faire le mal*.

Ce sacrement allume aussi en nous le feu de l'amour divin. Saint Grégoire de Nysse nous dit que la communion est le vin de ce cellier dont parle l'Écriture, et où l'âme est tellement enivrée de l'amour céleste, qu'elle perd de vue la terre et toutes les choses créées ; c'est là proprement languir d'amour. Le vénérable père François Olympe, Théatin, disait que la sainte communion est le plus grand moyen de nous consumer d'amour pour Dieu. Saint Jean ne nous dit-il pas que Dieu est amour†. *C'est*, dit Moïse, *un feu qui consume*‡. Et ce feu, le verbe éternel est venu pour en embraser la terre§. Oh ! quelles belles flammes Jésus allume dans les âmes qui reçoivent, avec un ardent désir, la divine Eucharistie ! Sainte Catherine de Sienne vit un jour la sainte hostie entre les mains d'un prêtre, comme une fournaise d'amour, et cette âme si vive s'étonnait qu'un aussi vaste incendie ne brulât et ne consumât pas le cœur de tous les hommes. Sainte Rose de Lima disait, qu'en communiant, il lui sembla recevoir le soleil qui lançait de tels rayons tout autour, qu'elle en fut toute éblouie. Il s'exhalait une telle chaleur de sa bouche, que quelqu'un, lui ayant présenté à boire, après la communion, sentit sa main brûler, comme s'il l'eût approchée d'une fournaise. Le saint roi Venceslas, allant visiter le saint Sacrement, était tellement embrasé, même à l'extérieur, que le domestique qui l'accompagnait, marchant sur ses traces dans la neige, ne sentait plus de froid.

L'Eucharistie, disait saint Jean Chrysostome est comme un charbon ardent, qui nous enflamme au point que nous sortons de cette table sainte, comme des lions, respirant le feu de l'amour divin, et redoutables au démon lui-même.

Mais dira quelqu'un : je ne vais pas souvent à la communion, parce que je suis froid et que je ne ressens pas assez d'amour. C'est, dit Gerson, comme si l'on ne voulait pas s'approcher du feu, sous prétexte qu'on n'a pas chaud. Ainsi, plus nous sentons notre cœur glacé, plus nous devons nous présenter fréquemment à ce banquet céleste, supposé toujours le désir d'aimer Dieu. « Si l'on vous demande, dit saint François de Sales, pourquoi vous communiez si souvent, répondez que deux sortes de

---

* Innoc. 3.
† S. Jean, 4, 8.
‡ Deut. 4, 24.
§ S. Luc, 12, 49.

personnes doivent communier souvent, les parfaits et les imparfaits ; les premiers pour se maintenir dans la perfection, et les seconds pour y arriver*. » Quoique tiède, approchez-vous cependant, avec confiance en la miséricorde divine. Plus on est malade, dit saint Bonaventure, plus on a besoin de médecin. J.-C. disait à sainte Mathilde : quand vous devez communier, désirez tout l'amour qui ait jamais pu m'être offert par un cœur fidèle, et je recevrai cet amour comme étant arrivé au degré où vous désireriez l'avoir.

Affections et Prières.

Ô mon Jésus, qui aimez si passionnément les âmes, il vous est impossible de nous donner une preuve plus grande de l'amour que vous avez pour nous. Que vous reste-t-il à inventer, pour vous faire aimer de nous ? Ô bonté infinie, faites que, désormais, je vous aime de toute l'activité et de toute l'énergie de mon âme. Pour qui mon cœur doit-il éprouver une tendresse plus vive que pour vous, ô mon Sauveur, qui, après avoir sacrifié pour moi votre vie, vous êtes encore donné vous-même à moi dans ce sacrement ? Ah ! Seigneur, que ma mémoire me rappelle constamment votre amour, pour me détacher de tout et m'engager à vous aimer seul, sans interruption et sans réserve ! Je vous aime par-dessus tout, ô mon Jésus, et veux n'aimer que vous. Dégagez mon cœur, je vous en conjure, de toutes les affections qui ne sont pas pour vous. Je vous rends grâce de m'avoir donné le temps de vous aimer et de pleurer les outrages dont je me suis rendu coupable envers vous. Mon Jésus, je désire que vous soyez l'unique objet de mes affections. Secourez-moi, sauvez-moi, et que mon salut consiste à vous aimer de tout mon cœur, et toujours, dans cette vie, et dans l'autre.

Marie, ma bonne mère, aidez-moi à aimer Jésus, et priez-le pour moi.

---

* Introd. c. 21.

XXXVE CONSIDÉRATION

DE L'AMOUR QUI FORCE JÉSUS À DEMEURER SUR L'AUTEL DANS LE SAINT SACREMENT.

Venez tous à moi vous qui êtes dans la peine et qui êtes chargés, et je vous soulagerai.

— S. MATTH. 11, 28.

PREMIÈRE PARTIE

Le Seigneur devait quitter la terre, après avoir terminé l'œuvre de notre rédemption, mais son amour ne lui permit pas de nous laisser seuls dans cette vallée de larmes. « Nulle langue, dit saint Pierre d'Alcantara, ne pourrait jamais exprimer la grandeur de l'amour que Dieu porte à une âme. Ce divin époux, sur le point de sortir de cette vie, institua ce Sacrement, pour que son retour dans le ciel ne nous le fit pas oublier. Il réside dans l'Eucharistie ne voulant pas, qu'entre lui et l'homme, il y ait d'autre gage que lui-même, pour perpétuer son souvenir. » Cette ineffable preuve d'amour, de la part de J.-C., mérite de nous un grand retour d'affection et d'attachement. C'est pourquoi, dans ces derniers temps, il a ménagé l'institution de la fête, en l'honneur de son cœur sacré, d'après la révélation faite à sa fidèle servante sœur Marguerite Marie ; c'était pour nous fournir l'occasion de lui consacrer nos hommages et nos sentiments, en échange de l'amour qui le fait demeurer sur nos autels, et de protester contre les mépris auxquels il a été et est encore constamment en butte, de la part des hérétiques ou des mauvais chrétiens.

Jésus est resté dans son Sacrement, 1° pour se rendre accessible à tous ; 2° pour donner audience à tous ; 3° pour faire des grâces à tous.

Et d'abord, il se rend accessible à tous, sur les autels, en tant de lieux différents, afin que quiconque désire le trouver, le puisse. Dans cette nuit fatale, où ce doux Sauveur faisait ses adieux à ses disciples, pour aller à la mort, ils étaient plongés dans la tristesse et dans les larmes, pensant qu'il leur faudrait se séparer de leur bon maître ; mais il les consola, en leur disant ces paroles qui s'adressent aussi à nous : « Mes enfants, je vais mourir, afin de vous prouver le vif attachement que je ressens pour vous ; mais, en mourant, je ne veux pas toutefois vous laisser seuls. Tant que vous serez sur la terre, je veux rester avec vous, dans le sacrement de l'autel. Je vous lègue mon corps, mon âme, ma divinité, enfin tout moi-même. Non, tant que vous resterez ici-bas, je ne consentirai pas à me séparer de vous. *Je suis avec vous, tous les jours, jusqu'à la consommation des siècles**. L'époux, dit saint Pierre d'Alcantara, voulait, pendant une si longue privation de sa présence sensible, laisser une compagnie à l'Église, son épouse, pour qu'elle ne restât pas seule ; c'est pour cette raison qu'il lui donna ce Sacrement, où il réside lui-même ; quelle meilleure société pouvait-elle avoir ? » Les gentils qui ont forgé, dans leur imagination, tant de dieux, n'ont jamais pu s'en figurer un seul qui fût aussi plein de tendresse que le nôtre, qui fût aussi près d'eux et qui les assistât avec tant d'amour. Non, s'écrie Moïse, *il n'y a point d'autre nation, quelque puissante qu'elle soit, qui ait des dieux aussi près d'elles que notre Dieu l'est de nous*†. Ce passage, la sainte Église l'applique à la divine Eucharistie dans son office.

Voilà donc J.-C. sur nos autels, enfermé, par amour, dans autant de prisons qu'il y a de tabernacles. Les prêtres l'en tirent pour l'exposer à nos regards, pour le donner dans la communion, puis le renferment, et ce doux Jésus demeure en cet état et le jour et la nuit. Mais que vous sert, ô mon Sauveur, de rester aussi la nuit dans tant d'églises, lorsque les portes se ferment sur vous, et les chrétiens vous laissent dans un isolement si complet ? Ne suffirait-il pas d'y être présent pendant le jour ? Non, il veut encore, quoiqu'isolé, se tenir la nuit dans nos tabernacles, afin qu'aucun de ceux qui désirent le trouver dès le matin, ne soit frustré dans son espérance. L'épouse des cantiques cherchant son bien-aimé, demandait à ceux qu'elle rencontrait : *N'avez-vous pas vu celui que mon cœur aime*‡ ? Et ne le trouvant pas, elle élevait la voix : *Mon époux*, disait-elle, *faites-moi savoir où vous êtes*§ ? Cette épouse, alors, ne le trouvait pas parce que ce divin Sacrement n'existait point encore ; mais maintenant, si une âme veut aller à J.-C., il lui suffit d'entrer dans une de nos églises, ce bien-aimé y

---

* S. Math. 28, 20.
† Deutér. 4, 7.
‡ Cant. 3, 3.
§ Id. 1, 6.

est, il l'attend. Il n'y a pas de hameau, quelque peu considérable qu'il soit, qui ne possède ce sacrement adorable. En tout lieu réside le roi du ciel, il est enfermé dans un tabernacle, fait souvent de quelques planches ou d'une pierre. C'est là qu'il daigne habiter, la plupart du temps, seul ; à peine une lampe brûle-t-elle à côté par honneur, sans que personne lui tienne compagnie. « Mais, Seigneur, dit saint Bernard, cet abaissement ne convient point à votre majesté sainte ! » Qu'importe, répond J.-C., s'il y a en cela quelque chose d'indigne de ma majesté, il n'y a rien d'indigne de mon amour.

Quels tendres sentiments éprouvent les pèlerins, en visitant la sainte maison de Lorette, ou les endroits de la Judée, consacrés par les mystères du Seigneur, comme l'étable de Bethléem, le calvaire, le saint sépulcre, tous ces lieux, enfin, où Jésus naquit, où il habita, où il mourut, où il fut enseveli ! Mais quelle dévotion plus grande ne devrions-nous pas ressentir, quand nous nous trouvons dans une église, en présence de J.-C. dans son sacrement ! Le vénérable père Jean d'Avila disait qu'il ne pouvait trouver de sanctuaire qui lui inspira plus de consolation, plus de piété qu'une église où réside Jésus dans l'Eucharistie. De son côté, le père Balthasar Alvarez versait des larmes, en voyant les palais des rois toujours remplis de courtisans, tandis que les églises où demeure J.-C. étaient désertes et abandonnées.

Ô Ciel ! si le Seigneur fût resté dans un seul temple, tel que celui de saint Pierre de Rome, et qu'il ne s'y montrât qu'un seul jour de l'année, que de pèlerins ! que d'hommes distingués ! que de souverains même auraient voulu se procurer le bonheur de venir, à cet heureux moment, pour former un brillant cortège au monarque du ciel qui reparaîtrait ainsi sur la terre ! Ne lui destinerait-t-on pas un magnifique tabernacle d'or massif enrichi de pierreries ? Que de flambeaux allumés ajouteraient à la solennité de ce grand jour, où le Sauveur consentirait à demeurer parmi les hommes ? Mais non, dit J.-C., je ne veux pas résider seulement dans une église, ni pour un seul jour ; peu m'importent tant de richesses étalées alors, tant de flambeaux qui répandraient un vif éclat, je veux faire ma résidence habituelle de tous les jours, dans tous les lieux où j'ai des enfants, afin que tous me trouvent avec facilité, toujours et au moment même qu'ils voudront choisir.

Ah ! si Jésus n'avait porté, de lui-même, l'amour à un tel excès, qui jamais aurait pu y penser ? Lorsqu'il monta au ciel, si quelqu'un lui avait dit : « Seigneur, Seigneur, si vous voulez nous montrer votre tendresse, restez avec nous, sur l'autel, sous les espèces du pain, afin que nous puissions vous visiter, chaque fois que nous en aurons le désir. » N'aurait-on pas vu une inexcusable témérité dans une semblable demande ? Mais ce qui était bien au-dessus de la portée des hommes, le Sauveur l'a pensé, il l'a exécuté ! Hélas ! combien n'avons-nous pas été peu reconnaissants d'une telle faveur ? Si un roi venait de loin dans un pays, tout exprès, pour recevoir la visite d'un simple habitant de la campagne, combien serait ingrat ce paysan, s'il refusait de voir le prince, ou s'il ne le voyait que comme en passant !

Affections et Prières.

Ô Jésus, mon Rédempteur, ô amour de mon âme, combien ne vous en a-t-il pas coûté, pour rester avec nous dans ce sacrement ! Vous avez dû souffrir la mort, pour pouvoir rester sur nos autels, et ensuite, endurer des outrages sans nombre dans ce sacrement, pour nous honorer et nous fortifier de votre présence. Et nous sommes si froids, si négligents pour venir vous visiter, sachant que vous souhaitez avec tant d'ardeur de nous voir à vos pieds, pour nous combler de bienfaits ! Seigneur, pardonnez-moi, puisque parmi tant d'ingrats, je vous suis encore dévoué. Désormais, mon Jésus, je veux vous visiter souvent et prolonger, autant que possible, mes entretiens avec vous afin de vous rendre grâce, de vous témoigner mon amour et de solliciter vos faveurs, puisque c'est dans cette intention, que vous restez enfermé dans nos tabernacles et que vous vous êtes rendu, par amour, notre prisonnier. Je vous aime, ô bonté infinie, je vous aime, ô Dieu d'amour, je vous aime, ô souverain bien, qui méritez plus d'être aimé que toutes les richesses réunies de la terre. Faites que j'oublie tout, que je m'oublie moi-même, pour me souvenir seulement de votre amour, et pour employer tout le reste de ma vie à vous plaire. Que, désormais, je n'aie point de plaisir plus grand que de m'entretenir avec vous, et d'être prosterné à vos pieds ! Enflammez-moi du feu de votre saint amour.

Marie, ma mère, obtenez-moi un grand amour envers cet adorable Sacrement, et quand vous me verrez tomber dans l'indifférence, rappelez-moi la promesse que je vous fais, maintenant, de le visiter tous les jours.

DEUXIÈME PARTIE

Secondement, J.-C., dans l'Eucharistie, donne audience à tous. Sur la terre, disait sainte Thérèse, tous ne peuvent pas parler à un prince. À peine les pauvres peuvent-ils espérer de lui présenter une supplique, et de lui faire connaître leurs besoins, par des intermédiaires, mais pour traiter avec le monarque du ciel, ces moyens sont inutiles ; grands et petits, pauvres et riches, tous peuvent lui parler, face à face, dans son Sacrement. C'est pour cela que J.-C. s'appelle *la fleur des champs, et le lys des vallées**. Celles qui croissent, dans les jardins, sont renfermées et conservées avec soin, mais celles qui poussent dans les champs, sont à la disposition de tout le monde. Je suis la fleur des champs, parce que je me laisse trouver par tous ceux qui me cherchent ; c'est ainsi que le cardinal Hugo commente ce passage.

Ainsi, tout le monde peut s'adresser à J.-C. dans son sacrement et à toute heure du jour. Saint Pierre Chrysologue, traitant de la naissance du Sauveur dans l'étable de Bethléem, dit que les rois ne se montrent pas toujours disposés à s'entretenir avec leurs sujets. Souvent, il arrive que quelqu'un se présentant à la cour, les gardes le renvoient, sous prétexte que ce n'est pas le moment, qu'il faut venir plus tard. Mais J.-C. veut naître dans une étable ouverte de toutes parts, sans porte et sans garde pour écouter tous ceux qui se présentent et à tous les instants. Il n'y a point là

---

* Cant. 2, 1.

de soldats pour dire : ce n'est pas l'heure. Il en est de même pour le saint Sacrement. Les églises sont constamment ouvertes au concours des fidèles, chacun peut parler au roi du ciel, quand bon lui semble. Il exige là toute notre confiance, et c'est pour la gagner qu'il s'est mis sous l'espèce du pain. Si nos autels étaient surmontés d'un trône brillant, sur lequel il fut assis, comme au dernier jugement, qui de nous oserait jamais l'approcher ? Mais dit sainte Thérèse, ce doux Sauveur veut que nous lui adressions nos prières et que nous réclamions ses grâces avec confiance, et sans crainte, et c'est pour cela qu'il a voilé sa majesté sous ces apparences grossières. Il désire, dit le pieux auteur de l'imitation, que nous traitions avec lui, comme un ami avec son ami.

Quand un chrétien fervent vient répandre son âme au pied des autels, ne semble-t-il pas que J.-C. adresse à cette âme ces belles paroles du cantique des cantiques : *lève-toi, empresse-toi, ma bien-aimée, viens**. *Lève-toi, âme pieuse*, lui dit-il, ne crains pas ; *hâte-toi*, approche près de moi, *ma bien-aimée*, tu n'es plus mon ennemie, maintenant que tu m'aimes et que tu te repens de m'avoir offensé ; tu n'as plus, à mes yeux, aucune difformité, ma grâce t'a rendu toute ta beauté ; viens ; oui, *viens* avec confiance, dis-moi ce que tu désires ; c'est pour t'exaucer que je suis sur cet autel.

Quelle joie ne ressentiriez-vous pas, cher lecteur, si un roi vous appelait dans son cabinet et vous disait : Demandez-moi quelque faveur ; que voulez-vous ? De quoi avez-vous besoin ? je vous aime et je désire vous faire du bien. Le roi des cieux tient le même langage à tous ceux qui le visitent. *Venez à moi, vous tous qui êtes dans la peine et qui êtes chargés, et je vous soulagerai*†. Venez, pauvres, venez, infirmes, venez, vous tous qui êtes dans l'affliction, je puis et je veux vous enrichir, vous guérir et vous consoler. C'est dans ces intentions que je demeure dans mes tabernacles ; vous m'appellerez et je vous répondrai : me voici.

---

* Cant. 2, 10.
† S. Math. 12, 28.

Affections et Prières.

Ainsi, mon aimable Jésus, puisque vous résidez sur nos autels, pour écouter les vœux des infortunés qui recourent à vous, prêtez une oreille favorable à la prière qu'un misérable pécheur tel que moi ose vous adresser. Ô agneau de Dieu qui vous êtes sacrifié et qui êtes mort sur une croix, je suis une âme rachetée au prix de votre sang, pardonnez-moi tous les outrages dont je me suis rendu coupable envers vous, et assistez-moi du secours de votre grâce, afin que je ne vous perde plus ! Faites-moi, ô mon Jésus, partager la douleur que vous avez ressentie de mes péchés, dans le jardin des Oliviers. Ô mon Dieu ! puissé-je ne vous avoir jamais offensé ! Mon bon Sauveur, si j'avais le malheur de mourir dans le péché, je ne pourrais plus vous aimer, mais si vous m'avez attendu, c'était pour vous faire aimer de moi. Je vous rends grâce des moments que vous m'accordez. Inspirez-moi votre saint amour, mais un amour tel que j'oublie tout, pour ne plus penser qu'à satisfaire votre cœur dévoré des flammes de la plus ardente charité. Ah ! mon Jésus, vous avez employé pour moi votre vie tout entière, faites que j'emploie au moins, pour vous, les jours qui me restent encore à passer sur la terre. Attirez-moi tout entier à votre amour, que je sois tout à vous avant ma mort ! J'espère tout des mérites de votre passion.

Je me confie aussi en votre intercession, ô Marie ; vous savez que je vous aime, ayez pitié de moi.

TROISIÈME PARTIE

Jésus, dans son sacrement, accueille sans distinction, tous ceux qui se présentent et leur accorde ses grâces. « Il a plus d'empressement, dit saint Augustin, pour nous faire du bien que nous n'en avons pour en recevoir, » parce que sa bonté est infinie, parce qu'il est la bonté par essence et qu'il désire nous faire tous participer à ses miséricordes. Il se plaint même, de ce qu'on ne vient pas réclamer ses faveurs. *Suis-je donc condamné à la solitude dans Israël ? suis-je comme une terre dont les fruits ne mûrissent point ? Pourquoi donc mon peuple m'a-t-il dit : Nous nous retirons, nous ne viendrons plus dorénavant à vous** ? Pourquoi, dit-il, ne voulez-vous plus venir à moi ? m'avez-vous donc envisagé comme un champ stérile, lorsque vous êtes venu me demander des grâces ? Saint Jean vit le Seigneur, portant sur sa poitrine une ceinture d'or, symbole de la miséricorde dont son cœur est rempli ; la ceinture d'or, en effet, est le signe de l'amour, qui lui fait souhaiter de nous dispenser ses bienfaits. Il est toujours prêt à nous communiquer ses dons ; mais c'est, surtout, dans ce sacrement qu'il se montre plus généreux. Le bienheureux Henri Suson dit, que c'est dans ce sacrement que le Sauveur exauce plus volontiers nos prières.

Comme une mère, dont le sein est rempli de lait, s'empresse de le présenter à ses enfants pour qu'ils la déchargent de ce poids, ainsi le

---

* Jérem. 2, 31.

Seigneur nous appelle tous du fond de ses tabernacles, et nous dit : *Je vous porterai sur mon sein, comme une mère qui caresse son petit enfant, je vous consolerai**. Le père Balthasar Alvarez voyait Jésus dans son sacrement, les mains pleines de grâces, pour les distribuer aux hommes ; mais personne ne les voulait.

Ô bienheureuse l'âme qui se présente, au pied des autels, pour solliciter les bénédictions du Seigneur ! La comtesse de Féria, devenue religieuse de Sainte Claire, restait, autant qu'il lui était possible, aux pieds du Sauveur, renfermé dans ce mystère ; aussi l'appelait-on l'épouse du saint Sacrement, et elle en tirait continuellement de nouveaux trésors de grâces. On lui demanda un jour ce qu'elle faisait, pendant si longtemps, en présence de J.-C., elle répondit : « *Je voudrais y être toute l'éternité !* Que fais-je devant le saint Sacrement ? et que n'y fais-je pas ? Mais que fait un pauvre devant un riche ? Que fait un malade en présence du médecin ? Que fais-je ? Je remercie le Seigneur, je l'aime, je lui demande des grâces. » Oh ! que ces dernières paroles renferment un sens utile ! Qu'il nous serait avantageux de nous entretenir de cette manière avec notre Dieu, caché sur les autels.

J.-C. se plaignit de l'ingratitude des hommes à sa servante, sœur Marguerite, dont nous avons déjà parlé, ingratitude presque générale envers ce sacrement d'amour. Il lui fit voir son cœur sacré, entouré d'épines, surmonté d'une croix, sur un trône tout de feu, pour montrer son amour qui le porte à demeurer au milieu de nous dans l'Eucharistie, et lui dit : « Le voici ce cœur qui a tant aimé les hommes et qui n'a rien épargné pour eux ; il se consume, pour leur indiquer toute l'étendue de ma tendresse ; mais, au lieu de témoignages de reconnaissance, je ne reçois qu'ingratitude du plus grand nombre ; dans ce sacrement d'amour, je n'éprouve, de leur part, qu'irrévérence et mépris auxquels je suis d'autant plus sensible que ces outrages me viennent de ceux qui me sont consacrés. » En effet, pourquoi les hommes ne vont-ils pas s'entretenir avec J.-C. ? c'est qu'ils ne l'aiment pas. C'est un véritable plaisir pour eux de converser avec un ami, pendant des heures entières ; une demi-heure d'entretien avec J.-C. les accable d'ennui.

Mais dira quelqu'un : pourquoi J.-C. ne m'accorde-t-il pas son amour ? Si vous ne détachez pas votre cœur de la terre, lui répondrai-je, comment voulez-vous que l'amour de Dieu y pénètre ? Ah ! que ne puissiez-vous dire, avec vérité, et du fond de votre âme, ce que disait saint

---

* Is. 66, 12.

Philippe de Néri, à la vue du saint Sacrement : *Voilà mon amour ! voilà mon amour !* Alors des heures, des journées entières, en présence de la divine Eucharistie, ne vous paraîtraient plus un fardeau.

Effectivement, à une âme qui est pénétrée d'amour pour le Seigneur renfermé dans ce mystère, les heures paraissent s'écouler bien rapidement. Saint François Xavier qui, tout le jour, se livrait à de rudes fatigues pour le bien des âmes, s'entretenait la nuit devant le saint Sacrement ; c'était son repos. Saint François Régis, ce grand missionnaire de France, après avoir passé les journées entières, en chaire et au confessionnal, se retirait la nuit dans une église. La trouvait-il quelque fois fermée ? il restait à la porte, exposé à tous les vents et au froid, pour tenir compagnie, quoique de loin, à son aimable Sauveur. Et saint Louis de Gonzague désirait être toujours devant le saint Sacrement, mais parce que ses supérieurs le lui avaient défendu, il faisait, par obéissance, tous ses efforts pour se retirer, lorsqu'en passant devant l'autel, il se sentait engagé par l'attrait de la grâce, à y rester. Alors ce saint jeune homme disait amoureusement : *Éloignez-vous, Seigneur, éloignez-vous de moi.* Ne m'attirez pas, Seigneur, laissez-moi partir, ainsi l'exige l'obéissance. Ô mon cher frère, si vous n'éprouvez pas de tels sentiments d'amour pour J.-C., procurez-vous au moins l'avantage de le visiter chaque jour, et il enflammera votre cœur. Vous sentez-vous froid ? Approchez-vous du feu, dit sainte Catherine de Sienne. Oh ! que vous seriez heureux, si Jésus vous faisait la grâce d'embraser votre âme ! Alors, bien certainement vous n'aimeriez plus, vous mépriseriez toutes les choses de la terre. Saint François de Sales disait : « Quand la maison brûle, on jette tous les meubles par la fenêtre. »

Affections et Prières.

Ah ! mon Jésus, faites-vous connaître et aimer. Vous êtes si aimable, et vous n'avez pu faire davantage pour inspirer aux hommes votre amour, comment donc en est-il si peu qui vous aiment ? Hélas ! malheureux que je suis, j'étais du nombre de ces ingrats ! Je n'ai pas manqué de reconnaissance envers les créatures, quand elles m'ont procuré quelques biens, quelques faveurs ; je n'ai été coupable d'ingratitude qu'envers vous. Cependant m'avez donné l'être, devais-je si souvent vous déplaire et vous outrager ! Toutefois, au lieu de m'abandonner, vous vous êtes mis à ma poursuite pour me demander mon amour. Et j'entends que vous faites encore retentir à mes oreilles, ce doux précepte : *Vous aimerez le Seigneur votre Dieu, de tout votre cœur.* Ainsi, puisque vous voulez que je vous aime, nonobstant mes ingratitudes, je veux aussi vous aimer. Vous désirez mon amour, et moi, maintenant favorisé de votre grâce, je n'aspire à autre chose qu'au bonheur de vous aimer. Je vous aime, mon amour, mon tout. Je vous en conjure par les mérites du sang que vous avez répandu pour moi, aidez-moi à vous aimer. Mon aimable Rédempteur, je mets toute ma confiance dans ce sang précieux et dans l'intercession de votre sainte mère, parce que vous voulez que ses prières nous soient un moyen de salut.

Ô Marie, ma mère, priez Jésus pour moi. Embrasez de l'amour divin tous ceux qui vous aiment ; faites-moi la même grâce, à moi qui vous aime avec une ardeur si vive.

XXXVIE CONSIDÉRATION

DE LA CONFORMITÉ À LA VOLONTÉ DE DIEU.

La vie consiste à faire la volonté de Dieu.

— PS. 29, 6.

PREMIÈRE PARTIE

Notre salut et notre perfection consistent essentiellement dans l'amour de Dieu. *Celui qui n'aime pas*, dit saint Jean, *demeure dans la mort**. *La charité*, dit saint Paul, *est le lien de la perfection*†. Mais la perfection de l'amour exige une conformité entière de notre volonté à celle de Dieu, car l'effet principal de l'amour est, selon saint Denys l'aréopagite, de ne plus faire qu'un seul cœur et une seule volonté de tous les cœurs et de toutes les volontés de ceux qui s'aiment. Aussi, nos œuvres, nos pénitences, nos communions, nos aumônes ne plaisent au Seigneur qu'autant qu'elles sont selon sa divine volonté ; autrement, loin d'être des actes de vertu, elles sont défectueuses et dignes de châtiments.

Notre Seigneur est venu particulièrement pour nous enseigner cette vérité par son exemple. C'est ce qu'il dit en entrant dans le monde, au rapport de l'apôtre saint Paul : Vous avez rejeté les victimes que vous offraient les hommes, ô mon Père, vous voulez, maintenant, que ce corps que vous m'avez donné soit frappé du coup de la mort, me voici prêt à me soumettre à tout ce que vous voudrez. Combien de fois n'a-t-il professé cette doctrine : *Je suis descendu du ciel*, disait-il, *non pour faire ma volonté, mais la volonté de celui qui m'a envoyé*‡ ! S'il a marché à la mort,

---

* 1ᵉ Ép. de S. Jean, 3, 14.
† Coloss. 3.
‡ S. Jean, 6, 38.

c'était pour nous montrer l'amour qu'il porte à son père. *Afin que le monde connaisse, que j'aime mon père*, ajoute-t-il, en s'adressant à ses apôtres, *et que je fais ce qu'il m'a ordonné, levez-vous, et marchons**. À quelle marque reconnaît-il ses disciples ? *Quiconque*, dit-il, *fera la volonté de mon père qui est dans le ciel, celui-là est mon frère et ma sœur et ma mère*†. C'est là l'unique objet, l'unique but que se sont proposé les saints dans toutes leurs actions, l'accomplissement de la volonté divine. Le bienheureux Henri Suson disait : « j'aimerais mieux être ici-bas, d'après la volonté de Dieu, un ver de terre, qu'un Séraphin dans le ciel, en vertu de la mienne. Quiconque s'exerce à l'oraison, disait sainte Thérèse, doit chercher uniquement à se conformer à la volonté divine, et bien se persuader que c'est en cela que consiste la plus haute perfection ; celui qui l'accomplira le plus parfaitement, recevra de Dieu de plus grandes grâces, et fera plus de progrès dans la vie intérieure. » Les bienheureux, dans le ciel, aiment Dieu d'un amour parfait, parce qu'ils suivent en tout son adorable volonté. Que nous enseigne J.-C., sinon de demander la grâce de faire la volonté du Seigneur sur la terre, comme les saints dans le ciel ? Celui qui la prend pour règle, deviendra un homme, selon le cœur de Dieu, comme le Seigneur lui-même le dit du roi prophète : *J'ai trouvé un homme selon mon cœur qui exécute toutes mes volontés*‡. Et pourquoi ? parce que David était toujours disposé à agir selon le bon plaisir de Dieu. *Mon cœur est prêt, Seigneur*, disait-il, *mon cœur est prêt*§. Il ne réclamait que cette grâce : *enseignez-moi, Seigneur, à faire votre volonté*#.

Oh ! de quelle valeur est un acte de résignation à la volonté de Dieu ! il suffit pour faire un saint. Quand Saül persécutait l'Église, Jésus lui apparut, l'éclaira et le convertit. Que dit-il alors ? *Seigneur, que voulez-vous que je fasse*° ? Et aussitôt, J.-C. le proclama vase d'élection, chargé de porter son nom aux nations infidèles**. Celui qui jeûne, qui fait l'aumône, qui se mortifie, ne donne à Dieu qu'une portion de lui-même, mais quiconque lui laisse sa volonté, lui donne tout, et, ce tout qu'il nous demande, c'est notre cœur, c'est notre volonté. *Mon fils*, dit-il, *donne-moi*

---

* Id. 31, 14.
† S. Math. 12, 50.
‡ 1 liv. des Rois, 1, 14.
§ Ps. 56, 7 et Ps. 107, 1.
# Ps. 142, 10.
° Act. des ap. 9, 6.
** Act. des ap. 9, 15.

ton cœur*. En un mot, l'accomplissement de la volonté de Dieu doit être le terme de nos désirs, le but de nos pratiques de piété, de nos méditations, de nos communions, etc. Obtenir la grâce d'exécuter ce que Dieu veut de nous, c'est aussi ce qu'il nous faut demander dans toutes nos prières. Pour cela, réclamons l'intervention de nos saints protecteurs, et spécialement de Marie, afin d'obtenir par leur secours, la lumière et la force de nous conformer à la volonté divine en toutes choses, mais surtout de nous soumettre à ce qui répugne le plus à l'amour-propre. Le vénérable Jean d'Avila disait que ces mots : Dieu soit béni, prononcé dans l'adversité valaient plus que mille actions de grâces, quand tout réussit selon nos désirs.

Affections et Prières.

Ah ! mon Dieu, tout mon malheur, autrefois, a été de ne pas me conformer à votre volonté sainte. Je déteste, et je maudis à jamais les jours et les moments où pour suivre ma volonté, j'ai agi contre la vôtre, ô Dieu de mon âme ! Maintenant cette volonté rebelle, je vous la consacre tout entière, ô Seigneur, mais attachez-la tellement à votre amour qu'elle ne puisse plus jamais se révolter. Je vous aime, bonté infinie, et par l'amour que je vous porte je m'offre tout à vous. Disposez de tout ce qui est à moi et de moi-même, comme il vous plaira ; je me résigne, sans réserve, à votre bon plaisir. Délivrez-moi du malheur de m'opposer en quelque chose à votre adorable volonté, ensuite traitez-moi comme vous le voudrez. Père éternel, par l'amour de J.-C., exaucez-moi, et vous, mon Jésus, par les mérites de votre passion. Prêtez à mes vœux une oreille attentive.

Aidez-moi aussi, très-sainte Vierge, obtenez-moi la grâce d'accomplir en moi-même la volonté divine, car c'est de là que dépend mon salut, et c'est tout ce que je demande.

---

* Prov. 23, 1.

DEUXIÈME PARTIE

Il faut nous résigner dans les événements fâcheux qui viennent directement de Dieu, comme sont les infirmités, les désolations d'esprit, la perte des biens ou des parents. Ce n'est pas assez ; il est encore nécessaire de nous soumettre aux désagréments qui nous viennent indirectement de Dieu, et directement des hommes, comme le mépris, l'infamie, les injures et les autres persécutions de tout genre. Faisons ici une réflexion importante : quand on nous cause un dommage quelconque, soit dans nos biens, soit dans notre honneur, Dieu, sans doute, ne veut pas le péché de celui qui nous offense de la sorte, il en veut seulement l'effet, qui est de nous priver d'un bien, ou de nous humilier. Il est certain que si nos entreprises réussissent, nous en sommes redevables à la volonté de Dieu. *Je suis le Seigneur*, dit-il, *c'est moi qui crée la lumière, qui crée les ténèbres, qui fais la paix et qui suscite le mal*[*]. L'Ecclésiastique l'avait dit aussi : *Les biens et les maux, la vie et la mort viennent de Dieu*[†]. En un mot, tout vient de Dieu, le bien et le mal.

Il est des choses que nous appelons un mal, mais elles ne sont mal, au fond, que par l'effet de notre imprudence ; car, si nous les acceptions comme de la main de Dieu, elles seraient pour nous, non des maux, mais de véritables biens. Les pierres précieuses qui ornent la couronne des

---

[*] Is. 45, 7.
[†] Ch. 11, v. 14.

saints, sont les tribulations qu'ils ont acceptées pour Dieu, pensant qu'elles leur arrivaient par un effet de sa volonté. Lorsque le saint homme Job, par exemple, fut informé que les Sabéens avaient enlevé ce qui lui appartenait, il répondit : *Le Seigneur me l'avait donné, le Seigneur me l'a ôté**. Il ne dit pas : le Seigneur m'avait donné ces biens, les Sabéens me les ont enlevés, mais le Seigneur me les avait donnés, il me les a ôtés ; aussi, le bénissait-il, dans la pensée que tout était le résultat de sa volonté adorable. *Il n'est arrivé que ce qu'il a plu au Seigneur, que son nom soit béni*† ! Les saints martyrs Épictète et Atton, déchirés avec des ongles de fer, brûlés avec des torches ardentes, se contentaient de dire : « Seigneur, que votre volonté se fasse en nous. » Et en mourant, ils ajoutaient : « Soyez béni, Seigneur, de ce que vous nous donnez la force d'accomplir en nous votre volonté. » Telles furent leurs dernières paroles.

Un moine, au rapport de Césarius, ne menait pas une vie plus austère que les autres, et néanmoins, il faisait beaucoup de miracles. Son abbé, dans l'étonnement, lui demanda un jour quelles dévotions il pratiquait ? Il lui répondit : « je suis plus imparfait que les autres, mais je mets la plus sérieuse attention à me conformer en tout à la volonté de Dieu. » Quoi reprend l'abbé, ne ressentez-vous donc aucune peine des dommages que l'ennemi a causés dans nos terres ? « Non, mon père, répliqua-t-il, mais j'en rends grâce au Seigneur, parce qu'il permet et fait tout pour notre avantage. » Ce peu de paroles suffirent pour convaincre l'abbé de la sainteté de ce bon religieux.

Lorsqu'il nous survient quelque adversité, nous devrions faire de même. Acceptons tous les désagréments, comme nous venant de la main de Dieu, non-seulement avec patience, mais avec allégresse, à l'exemple des apôtres, dont il est dit : Ils sortaient avec joie de l'assemblée, parce qu'ils avaient été jugés dignes de souffrir des outrages pour le nom de Jésus‡. Quelle plus grande satisfaction peut ressentir une âme que d'avoir à porter sa croix, et de savoir qu'en l'embrassant elle plaît à Dieu ! Si donc nous voulons vivre toujours dans la paix, faisons en sorte, dorénavant, de nous unir à la volonté du Seigneur et de dire en tout ce qui arrive : *Il en est ainsi, ô mon Père, parce que vous l'avez voulu*§. Dirigeons vers ce but toutes nos méditations, nos communions, nos visites au saint Sacrement,

---

* Job, 1, 21.
† Ibid.
‡ Act. des ap. 5, 4.
§ S. Math. 11, 26.

nos prières, conjurant toujours le Seigneur de nous conformer à sa sainte volonté. Offrons-nous sans cesse à lui, en disant : Mon Dieu, me voici, faites de moi ce qu'il vous plaira. C'était la pratique de sainte Thérèse, pratique qu'elle répétait au moins cinquante fois par jour, pour que Dieu disposât d'elle, comme il lui semblerait bon.

Affections et Prières.

Ah ! mon divin Roi, mon bien-aimé Rédempteur, venez et régnez, désormais, seul dans mon âme ! Prenez possession de toute ma volonté, afin qu'elle ne désire, qu'elle ne veuille que ce que vous voulez vous-même. Ô mon Jésus, autrefois, je vous ai si souvent mécontenté en m'opposant à vos volontés adorables ! C'est pour moi le sujet d'une peine plus grande que j'avais eu à souffrir tous les autres maux. Je m'en repens, de tout mon cœur. Je mérite des châtiments, je ne les refuse pas, je les accepte, au contraire ; seulement ne me punissez pas par la privation de votre amour, ensuite faites de moi ce que vous voudrez. Je vous aime, mon bon Sauveur ; je vous aime, mon Dieu, et parce que je vous aime, je veux faire tout ce que vous me prescrirez. Ô volonté de Dieu ! soyez l'objet de mon amour ! ô sang de mon Jésus, vous êtes mon espérance ; oui, j'espère désormais, Seigneur, rester toujours uni à votre volonté, elle sera mon guide, mon désir, mon amour et ma paix. Je veux toujours trouver en elle ma vie et mon repos. En tout ce qui m'arrivera, je dirai sans cesse : mon Dieu, vous l'avez ainsi voulu, je le veux de même ; mon Dieu, je ne veux que ce que vous voulez. Que votre volonté soit faite ! Mon Jésus, par vos mérites infinis, accordez-moi la grâce de vous répéter, toujours, cette belle parole dictée par l'amour que votre volonté soit faite ! que votre volonté soit faite !

Ô Marie, ma mère, que vous êtes heureuse d'avoir accompli, toujours et en tout point, la volonté de Dieu ! Obtenez-moi la grâce de l'exécuter, désormais, avec la même ponctualité. Je vous en conjure par tout l'amour que vous avez pour J.-C. ; procurez-moi cette faveur, c'est de vous que je l'espère.

TROISIÈME PARTIE

Celui qui se conforme à la volonté de Dieu jouit même dès cette vie d'une paix inaltérable. *Quoiqu'il arrive au juste, rien ne l'attriste*[*]. En effet, une âme ne peut avoir un plus grand plaisir que de voir l'accomplissement parfait de ce qu'elle veut, et quiconque ne désire que ce que Dieu veut, a tout ce qu'il souhaite, parce que tout ce qui arrive n'est que le résultat de la volonté de Dieu. « Les âmes résignées, dit Salvien, si elles sont humiliées, le veulent ; si elles souffrent la pauvreté, elles veulent être pauvres, en un mot, elles veulent tout ce qui arrive, et c'est pour cela, qu'elles sont heureuses. » Le froid, le chaud, la pluie, le vent, peu importe à celui qui est résigné ; il dit : je veux ce froid, ce chaud, etc., parce que Dieu le veut ainsi. S'agit-il d'une perte ? d'une persécution ? d'une maladie ? de la mort même ? il dit : je veux souffrir cette perte, être persécuté, être malade, je veux même mourir, puisque Dieu le veut. Quiconque se repose de la sorte dans la volonté du Seigneur et se plaît à recevoir tout de lui, est comme placé au-dessus des nuages ; il voit la tempête, mais il n'en est ni troublé, ni atteint. C'est là cette paix qui, comme le dit l'apôtre, *surpasse tout sentiment*[†], et qui l'emporte sur tous les délices du monde, une paix, enfin, qui est stable et permanente. L'insensé, c'est-à-dire, le pécheur, change comme la lune, qui paraît aujourd'hui plus grande, et qui,

---

[*] Prov. 19, 11.
[†] Aux Éph. 3, 2.

demain, diminue. Aussi, voyez-le, tantôt il rit, tantôt il pleure ; maintenant, il est dans des transports de joie, il est la douceur même ; plus tard, il sera plongé dans l'affliction, ou se laissera emporter à des accès de fureur ; en un mot, il subit différentes phases, selon le bon ou mauvais état de ses affaires. Mais le juste est semblable au soleil, son humeur est toujours égale ; il est d'un caractère uniforme, quoiqu'il arrive, parce que sa paix repose sur le fondement de la conformité à la volonté de Dieu : *Paix sur la terre aux hommes de bonne volonté**.

Sainte Magdelaine de Pazzi, entendant nommer la volonté de Dieu, éprouvait un sentiment de consolation tellement vif, qu'elle en tombait en extase. La partie inférieure de notre âme éprouvera bien une certaine peine dans l'adversité, mais la partie supérieure est toujours en paix, quand la volonté est unie à celle de Dieu. *Personne ne vous ravira votre joie*, dit J.-C.†. Quelle folie, en effet, de prétendre résister à ce que veut le Seigneur ? Ce qu'il veut s'accomplira infailliblement, car qui peut s'opposer à sa puissance‡ ? Aussi, le malheureux pécheur doit porter sa croix, mais sans fruit, privé de ce doux calme qui en allège la pesanteur ; *car qui a résisté à Dieu, et a eu la paix*§ ?

Que se propose le Très-Haut, sinon notre bonheur ? *La volonté de Dieu*, dit saint Paul, *est que vous soyez saints*#. Il le veut, pour que nous soyons contents dans cette vie et heureux dans l'autre. Réfléchissons bien que les croix qui nous viennent de Dieu tournent à notre avantage°. Les adversités d'ici-bas nous sont envoyées, non pour nous perdre, mais pour nous corriger et nous faire acquérir la vie éternelle. Le Seigneur nous aime avec tant de tendresse, que non-seulement il désire avec ardeur le salut de chacun de nous, mais qu'il porte son désir jusqu'à l'inquiétude. *N'ayant pas épargné son propre fils, l'ayant même livré pour tous, ne nous a-t-il pas donné tout avec lui*** ? Abandonnons-nous donc toujours entre les mains d'un Dieu qui a sans cesse en vue notre avantage, tandis que nous sommes sur la terre††. Pensez, toujours, à moi, disait le Seigneur à sainte Catherine de Sienne et je penserai toujours à vous. Disons souvent avec

---

* S. Luc, 2, 14.
† S. Jean, 16, 22.
‡ Rom. 9, 19.
§ Job, 9, 4.
# 1 aux Thess. 4, 3.
° Rom. 8, 28.
** Rom. 8, 32.
†† S. Pierre, 5, 7.

l'épouse des cantiques : *Mon bien-aimé est à moi, et je suis tout à lui**. Mon bien-aimé pense à mon bonheur, et moi, je ne veux penser qu'à lui plaire et à m'unir à sa sainte volonté. Nous ne devons pas prier Dieu de faire ce que nous voulons, mais plutôt d'accomplir sa volonté.

Quiconque se conduit de la sorte, aura une vie heureuse et une mort sainte. Quand on meurt, avec une parfaite résignation, on laisse aux vivants une certitude morale de son salut, mais lorsqu'on n'est pas uni, pendant la vie, à la volonté de Dieu, on n'y sera pas même à la mort et l'on ne se sauvera pas. Rendons-nous familiers quelques passages des divines écritures, pour nous tenir toujours attachés à cette volonté sainte, par exemple ceux-ci : *Seigneur, que voulez-vous que je fasse ?* Seigneur, dites-moi ce que vous désirez de moi, je veux faire tout ce qui vous plaira. *Voici la servante du Seigneur*, voici mon âme en cette qualité, commandez et vous serez obéi. *Je suis à vous, sauvez-moi*. Oui, sauvez-moi, Seigneur, ensuite, faites de moi ce que vous voudrez ; je suis à vous, je ne suis plus à moi. Quand un accident fâcheux nous survient, disons aussitôt : *Oui, mon père, qu'il en soit selon votre bon plaisir*. Attachons-nous, surtout, à la troisième demande de l'oraison dominicale : *Que votre volonté soit faite sur la terre, comme dans le ciel !* Répétons-la, souvent, avec affection. Heureux, si nous vivions et si nous mourions en disant : *Que votre volonté soit faite !*

Affections et Prières.

Ô Jésus, mon Sauveur, vous avez sacrifié votre vie sur la croix, au milieu des plus affreux tourments, pour que je vous fusse redevable de mon salut ! Ayez donc pitié de moi, sauvez-moi et ne permettez pas qu'une âme rachetée, au prix de tant de souffrances et avec tant d'amour, vous haïsse éternellement en enfer. Vous n'avez pu faire davantage pour m'obliger à vous aimer ; c'est ce que vous avez voulu me faire entendre sur la croix avant d'expirer lorsque vous vous êtes écrié : *Tout est consommé* ; mais, comment ai-je correspondu à une charité si vive ? Hélas ! il m'était impossible d'en faire davantage pour vous déplaire et vous obliger de me haïr. Je vous rends grâce de m'avoir supporté avec tant de patience, de me donner maintenant le temps de réparer mes ingratitudes et de vous aimer avant de mourir. Oui, je veux vous aimer, vous aimer de tout mon cœur, vous, mon Sauveur, mon amour, mon Dieu et mon tout ; je

---

* Cant. 2, 16.

veux faire tout ce qui vous plaira. Je vous abandonne ma volonté, ma liberté tout entière et tout ce que je possède. Je vous sacrifie, dès maintenant, ma vie, en acceptant la mort, telle que vous me l'enverrez, avec toutes les douleurs et les circonstances qui l'accompagneront. J'unis, par avance, ce sacrifice à celui de la croix, ô mon Jésus, sacrifice que vous avez offert pour moi. Je veux mourir pour accomplir votre volonté. Ah ! par les mérites de votre passion, donnez-moi la grâce de me résigner toujours aux dispositions de votre providence, et quand cette mort viendra pour me frapper, faites que je la reçoive, en me conformant à votre bon plaisir. Je veux, mon Jésus, mourir pour vous plaire. Je veux mourir, en disant : *Que votre volonté soit faite !*

Marie, ma mère, c'est ainsi que vous avez terminé votre carrière, obtenez-moi aussi de la terminer de la sorte.

Vivent Jésus, notre amour et Marie, notre espérance !

EXISTE ÉGALEMENT

Copyright © 2024 by ALICIA EDITIONS
Crédits image : Canva, Wikipédia Commons photographie d'**Andreas F. Borchert** - Saint Alphonse agenouillé devant le Très-Saint-Sacrement, vitrail de Franz Mayer à la cathédrale de Carlow.
https://fr.m.wikipedia.org/wiki/Fichier:Carlow_Cathedral_St_Alphonsus_kneeling_before_the_Most_Holy_Sacrament_2009_09_03.jpg
Tous droits réservés

www.ingramcontent.com/pod-product-compliance
Lightning Source LLC
LaVergne TN
LVHW092012090526
838202LV00002B/109